Martin Thiering
Kognitive Semantik und Kognitive Anthropologie

Martin Thiering

Kognitive Semantik und Kognitive Anthropologie

―

Eine Einführung

DE GRUYTER

ISBN 978-3-11-044515-2
e-ISBN (PDF) 978-3-11-044516-9
e-ISBN (EPUB) 978-3-11-043738-6

Library of Congress Control Number: 2018955819

Bibliografische Information der Deutschen Nationalbibliothek
Die Deutsche Nationalbibliothek verzeichnet diese Publikation in der Deutschen Nationalbibliografie; detaillierte bibliografische Daten sind im Internet über http://dnb.dnb.de abrufbar.

© 2018 Walter de Gruyter GmbH, Berlin/Boston
Druck und Bindung: CPI books GmbH, Leck

www.degruyter.com

I've seen horrors [...] horrors that you've seen. But you have no right to call me a murderer. You have a right to kill me. You have a right to do that [...] But you have no right to judge me. It's impossible for words to describe what is necessary to those who do not know what horror means.

Francis Ford Coppola. 1979. *Apocalypse Now*.
Colonel Walter E. Kurtz im Enddialog mit Captain Willard

Prolog: Eine Gebrauchs- und Leseanweisung

Diese Einführung geht davon aus, dass die/der Leser*in nicht vertraut ist mit den gängigen, oftmals technischen Termini der hier einzuführenden Disziplinen. Daher werden sämtliche Begriffe definiert, auch in Wiederholung an späterer Stelle im Text. Die Einzelkapitel funktionieren prinzipiell autonom, allerdings kann es manchmal hilfreich sein, die Einleitung als Basiswissen heranzuziehen. Die Einleitung stellt die facettenreiche Thematik zusammenfassend dar, ist damit *in a nutshell* das, was auf Sie zukommen wird.

Diese Einführung baut auf die Neugier und Geduld der Leser*in, denn viele Zitate der Originalquellen, häufig in englischer Sprache, werden herangezogen. Die Zitate werden in ihren jeweiligen Kontexten zitiert, damit ergeben sich häufig längere Passagen, die allerdings der Leser*in helfen sollen, die jeweiligen Argumente selbst einordnen und bewerten zu können. In den meisten Fällen werden die Zitate bzw. die wesentlichen Punkte vom Autor kurz zusammengefasst. Die Fußnoten sind dabei notwendige Ergänzungen, die in vielen Fällen nicht zu überlesen sind. Eine Reihe von Abbildungen, Grafiken und Diagrammen ergänzen an ausgewählten Stellen den Text. Die Internetquellen werden an den jeweiligen Stellen zitiert und nicht gesondert in der Bibliografie aufgenommen.

Als Weiteres ist anzumerken, dass neben den fachlichen Zitaten zu Begriffen, Modellen und Theorien, vor allem populäre Textbeispiele herangezogen werden, also Beispiele aus Romanen, Filmen und Zeitungen. Diese Beispiele sollen der Leser*in die alltägliche Relevanz der hier präsentierten Konzepte belegen. Auch ist dies ein Versuch, über Beispiele aus dem Alltagsleben die teilweise recht abstrakten Ansätze greifbar zu machen. An manchen Stellen ist es durchaus sinnvoll, die Beispiele ein zweites Mal zu lesen, deshalb auch die erhoffte Geduld beim Lesen.

Die Fachliteratur ist auf dem neuesten Stand ausgehend vom Buchdruck im Sommer 2018. Die Grundlagentexte werden an den gegebenen Stellen aufgelistet. Eine ausführliche Bibliografie findet sich am Ende der Einführung.

Bleibt nur noch zu schreiben, dass der Autor der Leser*in für das Interesse und die Geduld im Voraus danken möchte.

Inhalt

Prolog: **Eine Gebrauchs- und Leseanweisung**

Danksagung

1	**Einleitung und Setzung der Themen: Vorhang auf!** —— 1	
1.1	Praktiken —— 6	
1.2	Die Bühnenmetapher —— 11	
1.3	Kulturelle Prägungen und semiotische Enkodierungen —— 13	
1.4	Prototypische Semantiktheorie und Familienähnlichkeiten —— 14	
1.5	Raumkognition —— 17	
1.6	N-Räume —— 20	
1.7	Mentale Räume und mentale Modelle —— 22	
1.8	*Kognitive* Linguistik vs. *kognitive* Linguistik —— 24	
1.9	Sprachliche Relativität: Einige Bemerkungen vorab —— 26	
1.10	Räumliche Referenzrahmen: Vorannahmen —— 31	
1.11	Wo bleibt die Kognitive Anthropologie? Ein erster Ausblick —— 32	
1.12	Gliederung —— 34	
2	**Sprachliche Relativität: Sprachliche Unterschiede der Wahrnehmung einer außersprachlichen Welt** —— 36	
2.1	Stand der Neo-Whorfschen Forschung —— 44	
2.2	Grundsätzliche Überlegungen —— 50	
2.3	Verkörperung als sprachliches Handeln —— 51	
2.4	Sprechakte —— 52	
2.5	Sprache=Denken-Isomorphismus —— 56	
2.6	Pfeifen, Treppen, Kippfiguren: *Ceci n'est pas une pipe* —— 60	
2.7	Thinking-for-speaking/Experiencing-for-speaking —— 61	
2.8	Ausgangspunkt: Historischer Kontext —— 63	
2.9	Molyneux' Frage und sprachliche Relativität —— 66	
2.10	Eine historische Zäsur —— 68	
2.11	Strukturale Linguistik —— 70	
2.12	Kurzweiliges zur Universalgrammatik —— 73	
2.13	Forschungsgeschichtliche Zäsur —— 74	
2.14	Sprache – Kognition: Stand der Dinge —— 75	
2.15	Der aktuelle Stand der Diskussion —— 77	
2.16	Hopi-Raum und recht viel Schnee bei den Inuit: Douglas Adams *revisited* —— 79	

2.17		Noch mehr Schnee: Semiotische Praktiken —— 81
2.18		Der Beginn der Kognitiven Linguistik und der Kognitiven Semantik —— 83
2.19		Transportiert und transformiert Sprache Ideen? Ein Exkurs —— 86
3		**Räumliche Referenzrahmen —— 92**
3.1		Desorientierung trotz oder wegen Navigationsgeräten —— 101
3.2		Funktion von räumlichen Referenzrahmen —— 106
3.3		Körperlicher Raum und Körperraum nach Kant —— 108
3.4		Körperraum als relativer Referenzrahmen —— 110
3.5		Sprachbeispiele —— 116
3.6		Ray Jackendoffs Referenzrahmen —— 125
3.7		Gary Palmers Referenzrahmen —— 127
3.8		Claude Vandeloise' funktionaler Ansatz —— 129
4		**Räumliche Referenzrahmen: Die Forschungsergebnisse der Max-Planck-Gruppe in Nijmegen —— 133**
4.1		Empirische Evidenzen —— 141
4.2		Topologische Relationen: Formal-logische Beschreibungen —— 146
4.3		Men-and-tree-Spiel —— 150
4.4		Landmarken in Ahtna: Das Haus als Kompass —— 156
4.5		Mentale Rotationstests —— 160
4.6		Bewegung: Verben und Satelliten —— 170
4.7		Wegbeschreibung: Intralinguale Unterschiede studentischer Erhebungen —— 179
4.8		Levinsons Fazit und Ausblick —— 186
5		**Kognitive Parameter —— 189**
5.1		Die Bühnenmetapher *revisited* —— 194
5.2		Vektorraum als Koordinatensystem —— 197
5.3		Verankerungspunkte einer Raummatrix —— 199
5.4		Grundregeln von Raumkonstellationen —— 210
5.5		Kognitive Parameter in „Der Name der Rose" —— 212
5.6		Kognitiv-Semantische Konfigurationen —— 217
5.7		Implizite Wissensprozesse —— 223
6		**Mentale Raummodelle —— 228**
6.1		Wahrnehmungsprozesse —— 234
6.2		Wissensformen —— 235
6.3		Ein einfaches mentales Modell des Alltags —— 238

6.4	Ein nichtalltägliches, weniger einfaches mentales Modell —— **241**	
6.5	Raumsprache – Sprachraum: ein weiteres mentales Modell —— **245**	
6.6	Mentale Modelle der Narration: Audiodeskription beim Hörfilm —— **247**	
6.7	Mentale Modelle in Anwendung: Audioguides im Museum —— **255**	
6.8	Ein Vorgriff auf mentale Modelle der Navigation: Mikronesische Praktiken der Navigation —— **256**	
7	**Gestalttheorie —— 260**	
7.1	Ein Würfel —— **265**	
7.2	Gestaltprinzipien: Eine Auswahl —— **269**	
7.3	Ein Anschauungsobjekt: Kanizsas Dreiecke —— **269**	
7.4	Figur-Grund-Relationen in der Kognitiven Semantik —— **277**	
7.5	Hase und Ente: Wittgensteins Aspektsehen als gestalttheoretische Pragmatik —— **281**	
8	**Verkörperungstheorien 287**	
8.1	Gehirn ohne Körper – Körper ohne Gehirn? —— **291**	
8.2	Alltagspraktiken als verkörperte Handlungen —— **299**	
8.3	Verteilte (Raum)Kognition: Semiotische Praktiken *in the wild* —— **300**	
8.4	Verteilte Kognition: Praxis des Hausbaus der Eipomek —— **323**	

Epilog —— **328**

Bibliografie —— **331**

Index —— **354**

Danksagung

Allen voran danke ich dem Verlag De Gruyter Mouton und dessen Studienbuchreihe für die Annahme dieser Einführung. Insbesondere danke ich Daniel Gietz für die Begleitung des Studienbuches vom Anfang der inhaltlichen Planung bis zum Ende der Veröffentlichung.

Für das stilistische und inhaltliche Lektorat geht mein Dank an Ulf Heidel für seine behutsame und kritische Lesart. Ebenso Anke Lewerenz, die den Text einem ersten Lektorat unterzog und für Ordnung sorgte. Für die Grafiken und das Layout gebührt Anat Frumkin mein Dank, insbesondere für die von ihr eigens entworfene Bildsprache der diversen Abbildungen, die sich hervorragend in dieses Studienbuch einfügen.

Für inhaltliche Anregungen danke ich dem Kolleg-Forschergruppe „Bildakt und Verkörperung" Berlin und der jour fixe-Diskussionsrunde in den Jahren 2014 und 2015. Die Grundidee für dieses Studienbuch entstand dort. Insbesondere soll hier Jürgen Trabant Erwähnung finden, der mir mit seinen Weltansichten einen entscheidenden Impuls gab und mich in meinem Ansatz des Buchprojektes bestätigte.

Ganz besonders möchte ich den Student*innen meiner Seminare an der TU Berlin im Fachbereich Allgemeine Linguistik am Institut für Sprache und Kommunikation danken. Dort gebe ich seit 2012 Seminare vor allem zu Raumsprache und Raumdenken. Nicht nur die diversen Diskussionen in den Seminaren, sondern auch die unterschiedlichen Feldforschungen und Einzelstudien der Student*innen haben fruchtbare Anregungen zu diesem Studienbuch gegeben. Die jeweiligen Abschlussworkshops waren immer äußerst anregend und inhaltlich weiterführend, ebenso die von mir betreuten Abschlussarbeiten zu Raumkognition und Raumsprache, die ich mit diesem Buch würdigen möchte.

Persönlich danke ich Alex für Spaziergänge an die Elbe, Elbfährfahrten sowie Kaffee und Kuchen in Hamburg. Diese Spaziergänge waren und sind immer eine sehr angenehme Ablenkung von der Schreibtischarbeit in Klausur.

Ich danke Anke und Jochen für die stetige Unterstützung auf unterschiedlichen Ebenen. Und ganz besonders gilt mein Dank wie immer Susann. Das Klagen ob der Schreibklausur hat vorerst ein Ende.

1 Einleitung und Setzung der Themen: Vorhang auf!

Die Leser*innen, die sich diese Einführung in die Kognitive Semantik und Kognitive Anthropologie herausgesucht ausgesucht und aufgeschlagen haben, erwarten sicherlich einige Bemerkungen zu der Frage, weshalb diese zwei Themenfelder hier zusammengebracht werden. Diese Bemerkungen sollen dieser Einleitung in der Tat vorangestellt werden. Es wird hiermit dazu eingeladen, durch die unterschiedlichen interdisziplinär ausgerichteten Forschungsrichtungen zwei recht neue Forschungsansätze kennenzulernen, zu erweitern und eben (wieder) zusammenzubringen.[1] Ebenso sollen Denkanstöße gegeben und kritische Überlegungen zum Verhältnis von Kultur[2], Sprache und Kognition präsentiert werden, die einige verbreitete Vorannahmen zu diesem Verhältnis in Frage stellen.[3] Dabei

---

[1] Dasselbe Ziel verfolgen z.B. auch Yamaguchi et al.: „By recognizing that the study of language, culture, and cognition has been fragmented into separate disciplines and paradigms [...], we aim to re-establish dialogue between cognitive linguistics and linguistic anthropology in order to advance our understanding of the relationship among language, culture, and cognition. [...] At the same time we also draw explicit attention to the reciprocal contributions that cognitive linguistics and linguistic anthropology can make toward each other in both conceptual and empirical terms." (Yamaguchi et al. 2014: 1, 7). Zu betonen ist, dass der hier vorgestellte Ansatz im Prinzip gar nicht neu ist, allerdings ist er im Zuge der Entwicklung hin zu mehr quantitativer Forschung, der Reduktion auf das menschliche Gehirn und damit der Fokussierung auf das rein Mentale in den Hintergrund gerückt. Der Einzug der Kognitionswissenschaften sowie der Beschäftigung mit künstlicher Intelligenz hat dazu geführt, dass Laborsituationen und Modellierungen immer mehr in den Fokus gerieten. Ob diese allerdings dem Zusammenspiel von Sprache und Denken immer gerecht werden können, bleibt zu diskutieren.

[2] Der Begriff der Kultur bzw. kultureller Phänomene sollte nicht als ein homogener Gesamtbegriff einer geschlossenen Gemeinschaft verstanden werden, sondern als heterogene Beschreibung, die sich unter anderem in Dia-, Ideo-, Sozio-, und Regiolekten, unterschiedlichen Lebensformen und Gewohnheiten spiegeln und ebenfalls in spezifischen Begriffen wie Arbeits-, Denk-, Ess-, Gedenk-, Lebens-, Lern-, Koch-, Seh-, Hör- und Wohnkulturen. Der Kulturbegriff ist im Folgenden als sich stets dynamisch verändernder, historisch-politisch gewachsener und damit heterogener Begriff zu verstehen (siehe auch Geertz 1973: 5). Es sollte somit von Kulturen im Plural geschrieben werden. Dies gilt ebenfalls für den Begriff Sprache, der hier ebenfalls heterogen benutzt wird. Diese Grundproblematik wird unten noch ausführlicher behandelt.

[3] „In this section, we situate the embodiment thesis in the wider engagement of cognitive linguists, and others, with the mutual relationships between *language*, *culture*, and *cognition*. The *triadic relationship* of these three terms is widely recognized to have constituted a fundamental field of scientific inquiry and debate since at least the time of Wilhelm von Humboldt [...]." (Sinha & Jens en de López 2000: 26; Hervorhebung M.T.)

steht grundsätzlich die Frage nach Universalien und Kulturspezifika in der Raumlinguistik und Raumkognition im Vordergrund.

Grundsätzlich liegt der Fokus in der Kognitiven Linguistik auf Fragen nach allgemeingültigen, universalen kognitiven Prinzipien bzw. kulturspezifischen Ausprägungen kognitiver Phänomene, die in der Kognitiven Semantik verhandelt werden. Sprache wird in dieser Einführung dementsprechend nicht isoliert betrachtet und verstanden, sondern im Zusammenhang mit weiteren kognitiven Prozessen im Wechselspiel mit der Umwelt.

Dieser Band ergänzt Einführungswerke wie Schwarz-Friesels *Einführung in die kognitive Linguistik* (2008) oder Wolfgang Wildgens *Einführung in die kognitive Grammatik* (2012) vor allem in zweierlei Hinsicht: Leser*innen sollen nicht nur die wesentlichen Aspekte der nordamerikanisch geprägten Kognitiven Semantik näher gebracht werden, sondern durch die Beschäftigung mit der Kognitiven Anthropologie auch dazu angeregt werden, den Blick über das rein Mentale bzw. Kognitive hinaus auf das situierte Handeln von Menschen im Raum zu erweitern.[4] Dies setzt besonderes Interesse an interdisziplinärer Arbeit und ebenso ein wenig Geduld im Umgang mit den unterschiedlichen, teils recht abstrakten Theorien, Heuristiken und Modellen voraus.

Zugleich möchte dieses Studienbuch eine Gebrauchsanleitung zu kognitiv-semantischen Analysen bieten. Durch die Einbeziehung wahrnehmungs- und verkörperungstheoretischer Ansätze wird dabei dem Subjekt als zentralem Akteur aller Bedeutungszuweisung eine fundamentale Rolle zugewiesen. Dabei wird der Aufbau der Einzelkapitel nicht nur zu einer fundierten und forschungsaktuellen Einführung hinleiten, sondern auch zu einer Neuausrichtung der Kognitionswissenschaften, zu denen die Kognitive Semantik und Kognitive Anthropologie zählen. Nach dem forschungstheoretischen Hintergrund sollen die Leser*innen einen interdisziplinären Einblick in ausgewählte kognitive Strukturen und Bereiche und ihre sprachlichen Manifestationen erhalten haben, die sich anhand unterschiedlicher Wissenssysteme und Praktiken zeigen lassen. Diese sind primär sprachlich, aber eben auch handlungsbasiert und abhängig von umweltspezifischen Faktoren – den sogenannten *affordances* von Objekten.[5]

---

4 Siehe Bellers et al. (2012) programmatischen Titel *Should Anthropology Be Part of Cognitive Science?* sowie Ross et al. (2014) *Language, Culture, and Spatial Cognition. Bringing Anthropology to the Table* wie auch Leavitts (2015) *Ethnosemantics*.

5 Gibson, der den Begriff geprägt hat, definiert ihn wie folgt: „The *affordances* of the environment are what it *offers* the animal, what it *provides* or *furnishes*, either for good or ill. The verb *to afford* is found in the dictionary, but the noun *affordance* is not. I have made it up. I mean by it something that refers to both the environment and the animal in a way that no existing term does. It implies the complementarity of the animal and the environment. [...] let us consider

Als Ausgangspunkt und exemplarischen Untersuchungsgegenstand nimmt dieses Studienbuch die Navigation und Orientierung im Raum.[6] Dies bietet sich nicht nur deshalb an, weil die aktuelle Forschung zur Frage des Einflusses von Sprache auf Kognition verstärkt den Fokus auf Raumkognition setzt, sondern auch, weil die Anfänge der nordamerikanisch geprägten Kognitiven Semantik und der Kognitiven Linguistik generell von wahrnehmungstheoretischen Ansätzen des frühen 20. Jahrhunderts ausgehen. Ebenso spielt in der Kognitiven Anthropologie der n-Raum eine wesentliche Rolle, also die Idee, dass es unterschiedliche Räume gibt (z.B. sprachliche, mentale, historische, mathematische; siehe Thiering 2015 und Blomberg & Thiering 2016 zu n-Räumen).

---

examples of an affordance. If a terrestrial surface is nearly horizontal (instead of slanted), nearly flat (instead of convex or concave), and sufficiently extended (relative to the size of the animal) and if its substance is rigid (relative to the weight of the animal), then the surface *affords support*. It is a surface of support, and we call it a substratum, ground, or floor. It is stand-on-able, permitting an upright posture for quadrupeds and bipeds. It is therefore walk-on-able and run-over-able. It is not sink-into-able like a surface of water or a swamp, that is, not for heavy terrestrial animals. Support for water bugs is different." (Gibson 2015: 119; Hervorhebung im Original). Der Neologismus *affordance* bezeichnet also in etwa die Eigenschaften von Objekten der Umwelt, die auf den Menschen bzw. Tiere wirken, oder sogar Aufforderungen oder Angebotsoptionen (Handlungsoptionen), die von Objekten ausgehen. Gibsons Beispiele zeigen recht anschaulich, wie unterschiedliche physische Umweltfaktoren auf den Menschen wirken können. Einen Hammer nehmen wir eher als Schlagwerkzeug denn als Schreibwerkzeug wahr und benutzen ihn dementsprechend. Der Hammer lädt damit aufgrund menschlicher Erfahrung der Handhabung ein zum Hämmern und hat also eine spezifische Werkzeugfunktion. Ein Füller oder Kugelschreiber lädt zum Schreiben ein, zumindest prototypisch. Ein Laptop oder Tablet fordert zum Schreiben und Surfen im Internet auf. Es mag Situationen geben, in denen ein Kugelschreiber eher wie ein Hammer verwendet und seine prototypische Funktion damit modifiziert wird. Die Reihe der Beispiele kann beliebig erweitert werden. Wichtig ist dabei zu betonen, dass Objekte Funktionen kulturspezifisch eingeschrieben bekommen. Thiering verweist auf den affordance Charakter in der Sprache (Thiering 2015).

6 Wissentlich, dass die Zeitkomponente ein ebenso wesentlicher und konstitutiver Faktor ist, aber dies ist eine andere Einführung zur Raumzeit wie sie mit Albert Einsteins Relativitätstheorie Einzug nahm; siehe aktuell Sinha (2014) aus kognitivlinguistischer Perspektive; in der Literaturwissenschaft und aus Kulturwissenschaft wird der Begriff nach Bachtin 2008 [1937] und Lotman 1973 *Chronotopos* genannt (*chronos* = Zeit, *topos* = Ort; siehe als allgemeine Einführung zu Raum in den Kulturwissenschaften Günzel 2018).

Nun zum Titel, der die Kognitive Semantik und Kognitive Anthropologie zusammenbringt. Kognition wird hier verstanden als die Gesamtheit sämtlicher geistiger (mentaler) Prozesse. Dazu zählen unter anderem:
a) die Wahrnehmung (visuell, taktil, auditiv, olfaktorisch oder sensitiv),
b) das Problemlösen (siehe hierzu das Kapitel zu mentalen Modellen; beispielhaft sei hier bereits auf das Turm-von-Hanoi-Problem oder Bouldern hingewiesen, dazu später mehr),
c) die Verarbeitung und die Speicherung von Informationen,
d) der Abruf von Informationen, der Kategorisierung der außersprachlichen Welt etc.
e) das Erinnern und Antizipieren von Ereignissen.

Mit Bezug auf die Sprache zählen zur Kognition außerdem:
f) die Sprachproduktion (der Übergang eines Gedankens zu sprachlichen Lauten) und damit die Anwendung korrekter phonologischer, morphologischer, syntaktischer, semantischer und pragmatischer Regeln,
g) die Sprachrezeption (die Übergang und Einordnung von etwas Gesagtem und die Fähigkeit, darauf adäquat zu antworten),
h) der Spracherwerb (der Erwerb eines oder auch mehrerer Sprachsysteme)

Dieser Katalog zeigt bereits die zu verhandelnde Vielschichtigkeit des Themas und damit zugleich die Grenzen dieses Studienbuchs auf, da die verschiedenen Dimensionen und Facetten dieses Themas nur ansatzweise diskutiert werden können. Der Fokus liegt exemplarisch auf der Frage nach dem grundsätzlichen Zusammenhang von Kultur, Sprache und Kognition im Rahmen von Raumwahrnehmung und Raumkonstruktion. Der Zusammenhang von Kultur, Sprache und Kognition kann, wie der Ethnolinguist (cultural linguist) Farzad Sharifian zutreffend schreibt, als „[o]ne of the most important and at the same time challenging questions facing anthropological linguists" (Sharifian 2015: 488) angesehen werden. In dieser Einleitung wird der Versuch unternommen, diesem Dreiklang im Kontext der Raumkognition nachzuspüren.

Es sei betont, dass kognitive Prozesse hier nicht als nur ergebnisorientiert behandelt werden sollen. Zum Beispiel sind sie nicht nur auf Problemlöseprozesse zu reduzieren, sondern implizieren die Kategorisierungen oder auch das (Ein)Ordnen der Welt bzw. *Weltansichten* (Wilhelm von Humboldt; zu Humboldts *Weltansichten* siehe insbesondere Heeschen 1977, 2014; Wagner 2001). Der Begriff der Kategorisierung – hier verstanden als ein aktiver Akt der Bedeutungswerdung und -verhandlung oder Sinngebung – wirft folgende Fragen auf:
a) Wie und mit welchen Mitteln kategorisieren Menschen ihre Umwelt?
b) Wie wird diese Umwelt sinnvoll strukturiert und repräsentiert?

c) Welcher Ausschnitt der jeweiligen Umwelt wird in den Fokus genommen?
d) Wie interagieren die unterschiedlichen Informationssysteme?
e) Welche Funktion haben Sprachen und Sprechen in diesen Kategorisierungsprozessen?

Die Grundidee dieses Studienbuches ist der Begriff der Kultur, da Sprache und Denken immer in einem historisch spezifischen Kontext praktiziert werden. Deshalb ist es auch richtig, den Begriff der Kognition der Kultur voranzustellen. Das Konzept der kulturellen Kognition (*cultural cognition*) wird im folgenden Zitat von Sharifian vorgestellt:

> Cultural cognition embraces the cultural knowledge that emerges from the interactions between members of a cultural group across time and space. [...] In other words, cultural cognition is the cognition that results from the interactions between parts of the system (the members of a group) which is more than the sum of its parts (more than the sum of the cognitions of the individual members). Like all emergent systems, cultural cognition is *dynamic* in that it is constantly being negotiated and renegotiated within and across the generations of the relevant cultural group, as well as through the contact that members of that group have with other cultures. Language is a central aspect of cultural cognition as it serves [...] as a ‚collective memory bank' of the cultural cognition of a group. Many aspects of language are shaped by the cultural cognition that prevailed at earlier stages in the history of a speech community. Historical cultural practices leave traces in current linguistic practice, some of which are in fossilised forms that may no longer be analysable. In this sense language can be viewed as storing and communicating cultural cognition. In other words language acts both as a memory bank and a fluid vehicle for the (re-)transmission of cultural cognition and its component parts or *cultural conceptualisations* [...].
> (Sharifian 2015: 476–477; Hervorhebung im Original)

Sharifian hebt hervor, dass kulturelle Kognition ein Resultat der Interaktion zwischen sozialen Systemen oder Teilen von Systemen ist. Kulturelle Kognition ist inhärent dynamisch, verändert sich ständig und muss immerzu neu verhandelt werden.

Damit erfüllt Sprache eine wesentliche und konstitutive Funktion bei der Bedeutungsgenerierung.[7]

In der Linguistik wird Sprache synchron analysiert, aber – um hier noch einmal einen Ausschnitt aus dem obigen Zitat zu wiederholen – „[h]istorical cultural practices leave traces in current linguistic practice [...]. In this sense

---

[7] Siehe hierzu vor allem das von Sharifian herausgegebene *Routledge Handbook of Language and Culture* (2015) und den ebenfalls von Sharifian herausgegebenen Band *Advances in Cultural Linguistics* (2017), ebenso D'Andrade *The Development of Cognitive Anthropology* (2003).

language can be viewed as storing and communicating cultural cognition." In der Sprache finden sich Spuren (*traces*) kultureller Praktiken, diese verweisen wiederum auf vergangenes Wissen und Wissensformen. Damit wird Sprache hier als panchron (diachron [historisch] + synchron [aktuell] = panchron) betrachtet, also als Produkt des Zusammenspiels historischer und aktueller Faktoren.

Sprache ist also wesentlicher Bestandteil der *cultural cognition*. Dabei werden kulturelle Praktiken und sprachliche Praktiken, in welchen Erstere, wie Sharifian feststellt, Spuren hinterlassen haben, in diesem Studienbuch gemeinsam als *semiotische Praktiken* verstanden.[8] Diese sprachlichen Praktiken bestehen dabei aus einem Netz, „das über die Wirklichkeit geworfen wird; die Maschen dieses Netzes sind nicht in allen Sprachgemeinschaften [...] gleich groß und verlaufen nicht überall gleich" (Pelz 1984: 35).

Die Sprache kann als eine Art Wissensspeicher verstanden werden. In und mit der Sprache werden kulturelle Formen geprägt, aufbewahrt und modifiziert. Des Weiteren wird Sprache und Sprechen hier als Praxis verstanden.[9] Im Gebrauch von Sprache und im Zusammenspiel mit weiteren außersprachlichen Faktoren wie z.B. Gestik und Mimik konstituieren Sprecher*innen ihre jeweiligen Welten oder Wirklichkeiten.

1.1 Praktiken

Praktiken sollen hier als alltägliche Handlungen verstanden werden, die bewusst oder unbewusst ablaufen. Die Praxis des intentionalen (mit einer bestimmten Absicht) Sprechens geschieht primär bewusst, aber die korrekte Verwendung grammatischer Regeln, syntaktischer Strukturen und semantischer Bedeutungsvarianten laufen dabei unbewusst ab. Dies wird immer dann deutlich, wenn jemandem „etwas auf der Zunge liegt". Dies zeigt sich während des Sprechens in Form einer Pause durch ein „äh", „hmm" oder durch „genau" als eine Art Selbstvergewisserung. Ebenso sind kurze Sprechpausen oft Hinweis auf das bewusste

---

8 Ludwig Wittgenstein schreibt von der „Praxis des Gebrauchs der Sprache" und nennt diese sprachlichen Praktiken auch *Sprachspiele* (Wittgenstein 1982: 19 [§ 8]). Den Sprachgebrauch erweitert Wittgenstein, indem er schreibt: „Man kann für eine *große* Klasse von Fällen der Benützung des Wortes ‚Bedeutung' – wenn auch nicht für *alle* Fälle seiner Benützung – dieses Wort so erklären: Die Bedeutung eines Wortes ist sein Gebrauch in der Sprache." (Wittgenstein 1982: 41 [§ 43]) Für Wittgenstein liegt die Bedeutung also in der Verwendung von Sprache. (Wittgenstein 1982: 126 [§ 197]; siehe auch Cassirers *Philosophie der symbolischen Formen* [2001])
9 Siehe auch Thiering 2015; Wittgenstein 1982; in anderen Kontexten wird von Sprechakten gesprochen, die allerdings auf der Satzebene verharren; siehe ausführlich unten.

Suchen eines passenden Wortes. Sprecher*innen müssen somit nicht nur die Syntax beherrschen, sondern auch die semantischen Besonderheiten etwa bei mehrdeutigen Begriffen kennen.

Es wird sich in dieser Einführung zeigen, dass die Interaktion von sprechenden Akteur*innen mit der Umwelt konstitutiv ist für die Kategorisierung einer außersprachlichen Welt. Auch wird sich dabei en passant zeigen, dass die Arbeiten von frühen Vertretern der strukturalen Linguistik und Semiotik weiterhin aktuell sind.[10]

In dieser Einführung soll die Bedeutung als Sprachpraxis, die durch und mit Sprachen hervorgebracht wird, beleuchtet werden.[11] Das linguistische Teilgebiet, das sich mit der Wortbedeutung beschäftigt, also der Beschreibung und Definition von atomisierten Worteinheiten und deren Bedeutungen innerhalb eines Satzes basierend auf satzimmanenten Wortfeldern, ist die Semantik, oder genauer die lexikalische Semantik. Im weitesten Sinne werden in der Semantik sprachliche Zeichensysteme untersucht, die allerdings von weiteren kognitiven Faktoren oftmals abgekoppelt werden. Ebenso werden in semantischen Untersuchungen lexikalische Einheiten als Bedeutungsträger analysiert, die auf der

---

10 Dazu zählen Karl Bühler (1934), Roman Jakobson & Morris Halle (1956), Charles Kay Ogden und Ivor Armstrong Richards (1923), Ferdinand de Saussure (1916), aber auch Charles Saunders Peirce (1983) und in der Philosophie Ernst Cassirer (1923) und der späte Ludwig Wittgenstein (1953).

11 Geeraerts & Cuyckens zeigen exakt diesen Fokus innerhalb der Kognitiven Lingusitik auf: „[...] three fundamental characteristics of Cognitive Linguistics can be derived: the primacy of semantics in linguistic analysis, the encyclopedic nature of linguistic meaning, and the perspectival nature of linguistic meaning. The first characteristic merely states that the basic function of language involves meaning; the other two characteristics specify the nature of the semantic phenomena in question. The *primacy of semantics* in linguistic analysis follows in a straightforward fashion from the cognitive perspective itself: if the primary function of language is categorization, then meaning must be the primary linguistic phenomenon. The *encyclopedic nature of linguistic meaning* follows from the categorial function of language: if language is a system for the categorization of the world, there is no need to postulate a systemic or structural level of linguistic meaning that is different from the level where world knowledge is associated with linguistic forms. The *perspectival nature of linguistic meaning* implies that the world is not objectively reflected in the language: the categorization function of the language imposes a structure on the world rather than just mirroring objective reality. Specifically, language is a way of organizing knowledge that reflects the needs, interests, and experiences of individuals and cultures. The idea that linguistic meaning has a perspectivizing function is theoretically elaborated in the philosophical, epistemological position taken by Cognitive Linguistics [...]. The *experientialist* position of Cognitive Linguistics vis-à-vis human knowledge emphasizes the view that human reason is determined by our organic embodiment and by our individual and collective experiences." (Geeraerts & Cuyckens 2007: 5; Hervorhebungen im Original)

Satzebene verweilen, wobei der Zusammenhang zwischen Kulturen, Sprache und Denken keine vordergründige Rolle spielt.[12]

Die Zusammenführung von Kognition und Semantik spiegelt vor allem die nordamerikanische Tradition in der Sprachwissenschaft Ende der 1970er wider, die davon ausgeht, dass sprachliche Strukturen allgemeinen kognitiven Mechanismen und Wahrnehmungsprozessen unterliegen und damit Sprache nicht von diesen Zusammenhängen abgekoppelt werden kann.[13] Kognition bedeutet aber auch, dass es um die einzelne Sprecher*in und ihre mentalen Leistungen geht.[14] Die Einbeziehung der Kognitiven Anthropologie erweitert diesen Ansatz in Richtung einer angewandten Semantik, die über die Wort- und Satzgrenze hinausgeht, aber auch über die Pragmatik als der Beschäftigung mit der Verwendung von Sprache in konkreten kommunikativen Situationen, die sich im realen oder im virtuellen Raum abspielen können. Sprache wird damit im alltäglichen Gebrauch in unmittelbarer Abhängigkeit von umweltbedingten und auch evolutionären Faktoren verstanden.

---

12 Anders ausgedrückt, die lexikalische Semantik untersucht Beziehungen auf der horizontalen Satzebene. Die hier vorliegende Einführung erweitert diesen Ansatz in Richtung der Einbeziehung einer vertikalen Ebene, die über die Satzgrenze hinausgeht. Damit wird die lexikalische Semantik in direktem Zusammenhang mit der Verwendung von Sprache (Pragmatik und Sprechakttheorie) und der kategorisierenden und konstruktiven Funktion gesehen. In der jeweiligen Einzelsprache bilden damit Sprecher*innen spezifische Weltansichten ab bzw. konstruieren sie (Letztere werden weiter unten ausführlich behandelt).
13 Als programmatischer Titel sei hier Ray Jackendoffs *Semantics and Cognition* (1983) genannt, allerdings verfolgt Jackendoff keinen genuin kognitiv-linguistischen Ansatz, dazu unten mehr (siehe auch Jackendoff 1987a,b, 1988). Cuyckens & Geeraerts kennzeichnen diesen Ansatz wie folgt: „Cognitive Linguistics is the study of language in its cognitive function, where cognitive refers to the crucial role of intermediate informational structures in our encounters with the world. Cognitive Linguistics is cognitive in the same way that cognitive psychology is: by assuming that our interaction with the world is mediated through informational structures in the mind. It is more specific than cognitive psychology, however, by focusing on natural language as a means for organizing, processing, and conveying that information. Language, then, is seen as a repository of world knowledge, a structured collection of meaningful categories that help us deal with new experiences and store information about old ones." (Geeraerts & Cuyckens 2007: 5)
14 In einem Onlineessay schreibt Kluwe passend: Der Begriff Kognition wird als Sammelbezeichnung für die geistige Aktivität von Menschen verwendet. In der kognitionspsychologischen Forschung bezeichnet Kognition die Gesamtheit der informationsverarbeitenden Prozesse und Strukturen eines intelligenten Systems (Intelligenz), unabhängig vom materiellen Substrat dieses Systems. Menschliche intelligente Systeme umfassen Prozesse und Strukturen für Wahrnehmung und Aufmerksamkeit, für Gedächtnis, Denken und Problemlösen, für Lernen sowie für Sprachverstehen und Sprachproduktion (Sprache). (Siehe: https://www.spektrum.de/lexikon/psychologie/kognition/7882; letzter Abruf am 13.07.2018; klassisch Ebbinghaus 1885)

Mit Bezug auf eine gängige Definition der Kognitive Anthropologie schreibt Casson in der *MIT Encyclopedia of the Cognitive Sciences*:

> Cognitive anthropology is a unified subfield of cultural anthropology whose principal aim is to understand and describe how people in societies conceive and experience their world [...]. The definition of culture that guides research in cognitive anthropology holds that culture is an idealized cognitive system – a system of knowledge, beliefs, and values – that exists in the minds of members of society. Culture is the mental equipment that society members use in orienting, transacting, discussing, defining, categorizing, and interpreting actual social behavior in their society. [...] Cultural models, often termed schemata, are abstractions that represent conceptual knowledge. They are cognitive structures in memory that represent stereotypical concepts. Schemata structure our knowledge of objects and situations, events and actions, and sequences of events and actions. General aspects of concepts are represented at higher levels in schematic structures, and variables associated with specific elements are represented at lower levels. (Casson 1999: 120; siehe auch Kronenfeld et al. 2011)

Und weiter führt Claudia Strauss aus:

> Cognitive anthropology has been defined as ‚the study of the relation between human society and human thought' [...]. Human thought has two aspects: it is both a process (thinking) and a product (thoughts). Cognitive anthropologists tend to divide between those who focus on the process of thinking (e.g., cognition in practice, distributed cognition studies) and those who study the content, form, organization, and distribution of cultural understandings (e.g., cultural models, cultural consensus, and cultural domain studies). (Strauss 2015: 386)

Kulturelle Modelle, wie sie im Zitat der MIT-Enzyklopädie definiert wurden, spielen in dieser Einführung eine wesentliche Rolle, da sie die Hintergrundfolie für die kulturspezifische Ausprägung der Raumorientierung bilden. Sie sind Wissensspeicher, die Wissen über Objekte, Situationen, Ereignissen oder Handlungen einbeziehen. Das Verständnis von Kognition wird damit erweitert als „An alternative major approach within cognitive anthropology is to focus on cognition as an activity (thinking) rather than on shared mental representations" (Strauss 2015: 393).

Die Kognitive Linguistik „can be tied into three traditional approaches that are central to anthropological linguistics: Boasian linguistics, ethnosemantics (ethno science), and the ethnography of speaking. To the synthesis that results I have given the name *cultural linguistics*." (Palmer zit. n. Sharifian 2014: 199: 5; Hervorhebung im Original) Weiter fokussiert Palmer

> the intersection of cultural knowledge with the semantic component of Cognitive Grammar. In the theory of Cognitive Grammar, the semantic component includes Idealized Cognitive Models [kurz *ICM*, siehe Lakoff 1987; M.T.] and maps, domains of experience, image

> schemas, conceptual metaphors and metonymies, prototypes, complex categories, radial categories, and encyclopedic knowledge [...]. These elements almost always present important cultural components, in that they take specific forms which speakers learn in the course of socialization and enculturation. Cognitive models that are culturally specific may be termed *cultural models*. Though we may think of cultural models as primarily structuring social interaction and cultural artifacts, they may also provide specific conceptual structure for cognitive maps of salient physical domains of nature, such as geography or anatomy [...]. Cultural models of social action may be termed *scenarios* [...] or *cultural scripts* [...], depending on whether one wishes to highlight contingencies and expectations (scenarios) or fixed sequences with slots for paradigmatic alternatives (scripts). Others simply refer to them as *schemas* [...] or scenes [...]. (Palmer 2007: 1046; Hervorhebung im Original)

Strauss schreibt unter dem Titel „Language and culture in cognitive anthropology":

> As elaborated in psychology, linguistics (especially frame semantics, e.g. [...]), and artificial intelligence starting in the 1970s, schemas (also called ‚frames', ‚scripts', ‚scenes', and other terms) are mental structures representing the relations among the typical elements of any type of concrete or abstract thing. We have schemas [in dem vorliegenden Studienbuch wird das Konzept der mentalen Modelle angewandt; M.T.] for everything we encounter or learn about, from the mundane and concrete (how to recognize and use everyday objects) to the lofty and abstract (what is a desirable life course, whether there is a higher power, folk psychology, folk economics, and so on). Cultural schemas are derived from learned, shared experiences, either ones personally experienced by multiple members of a group or ones communicated among them. Cultural schemas are local models of how the humanly created, natural, supernatural, interpersonal, and wider sociopolitical worlds work. (Strauss 2015: 391)

Es gibt somit ein ständiges Wechselspiel zwischen Sprecher*in und Umweltfaktoren und sich ständig verändernden Informationssystemen, die auf die menschliche Kognition einwirken. Dazu gehört z.B. der Einfluss auf unsere Raumwahrnehmung durch digitale Geräte (wie Smartphone, Tablet, Computer), *virtual reality* (VR), *augmented reality* und Computerspiele, GPS-Systeme in Autos oder Tracking-Systeme fürs Laufen. Die Verwischung von virtueller oder erweiterter (*augmented*) Realität zum einen und der physischen Realität zum anderen zeigt sich in Spielen wie Pokemon Go, der Benutzung von VR-Brillen und e-Sport-Livetreffen allgemein.[15]

---

[15] „OXO, Pong, Pac Man, Tetris, Pokémon, Mario, The Sims, Counter Strike – die Erfolgsgeschichte der Tele-, Konsolen- und Videospiele steht nicht allein für den Digital Turn und den damit verbundenen tief einschneidenden Wandel in Kultur und Gesellschaft, sondern gleichermaßen für den unbändigen Spieltrieb des *Homo ludens* [der spielende Mensch; M.T.; Hervorhebung im Original]." (Webseitenankündigungstext zur *Digital Games. Kunst und Computerspiele*

Die diversen Raumwahrnehmungs- und Orientierungsprozesse werden in dieser Einführung als anschauliche Beispiele verwendet, um darzustellen, wie Sprache und konkrete Handlungen in verschiedenen Umgebungen einen Einfluss auf das Denken haben können und wie das Denken wiederum auf die Sprache Einfluss ausübt (siehe Malt & Wolff 2010). Dabei wird sich zeigen, dass monokausale Erklärungsmuster, die nur einen der unterschiedlichen Einflussfaktoren, auf die noch eingegangen wird, für maßgeblich halten, kaum ausreichen. Im Gegenteil, das ständige Zusammenspiel unterschiedlicher Einflüsse ist prägend für das Verhältnis von Kultur, Sprache und Kognition.[16]

1.2 Die Bühnenmetapher

Da der rote Faden dieser Einführung sich an zentralen Fragen und Ideen der Raumlinguistik und der Raumkognition entlangschlängelt, hieß es am Anfang dieser Einleitung „Vorhang auf!". Diese Order bezieht sich auf ein wesentliches Element der nordamerikanisch geprägten Kognitiven Linguistik: die Bühnenmetapher (*stage metaphor*), die dem Theater entlehnt ist.[17] Wie sich im Laufe dieser Einführung zeigen wird, bestehen einige wesentliche Grundannahmen dieses linguistischen Forschungszweiges in der Adaption wahrnehmungs- und gestalttheoretischer Modelle. Eines dieser Modelle ist dabei ebenjene Bühnenmetapher, deshalb also „Vorhang auf!".

Des Weiteren soll bereits hier darauf verwiesen werden, dass der bestimmte Artikel ‚die' in *die* Kognitive Linguistik womöglich impliziert, dass es *eine* homogene Theorie gibt, die sich Kognitive Linguistik nennt.[18] Dies ist allerdings nicht

---

Ausstellung, Ludwig Forum Aachen; letzter Aufruf November 2017: http://ludwigforum.de/event/digital-games/)

16 „Jeden Raum, den wir betreten, müssen wir als einen kulturellen Raum begreifen: Kultur wird in jedem Schritt verhandelt, den wir tun. Und so unterschiedlich wir sind, so unterschiedlich sind diese Schritte." (Salzmann 13.10.2017 Beitrag Deutschlandfunk Kultur; http://www.deutschlandfunkkultur.de/auseinandersetzung-mit-der-afd-dialog-ist-notwendig.1005.de.html?dram:article_id=398060)

17 Als Bezeichnung für das hier behandelte Forschungsfeld wurde anfangs auch Raumgrammatik (*space grammar*) erwogen (Langacker 1979, 1982). Es soll hier der Begriff der *diagrammatischen Raumsemantik* genannt werden, der die Grundannahmen der ersten Generation kognitiver Linguist*innen aufnimmt und phänomenologisch zu unterfüttern sucht. Diagrammatisch deshalb, weil sich die Kognitive Grammatik und die Kognitive Linguistik visueller Diagramme bedienen, die die unterschiedlichen kognitiven Prozesse und inhaltlichen Setzungen bildlich darstellen.

18 „[...] Cognitive Linguistics is a flexible framework rather than a single theory of language. In

der Fall, im Gegenteil, es gibt heterogene Ansätze und vor allem wesentliche Unterschiede zwischen der nordamerikanischen und der westeuropäischen Ausrichtung der Kognitiven Linguistik(en).

Die nordamerikanische Ausrichtung wurde in der phänomenologischen Philosophie spätestens von Maurice Merleau-Ponty und dessen „Phänomenologie der Wahrnehmung" indirekt vorweggenommen, denn Merleau-Ponty (1974) geht davon aus, dass Menschen, insofern sie körperliche oder körpergebundene Wesen sind, immer eine bestimmte Perspektive einnehmen, so wie eben eine Bühne eine bestimmte Perspektive oder Blickrichtung vorgibt und die Zuschauer*innen ihre subjektiven Bedeutungszuweisungen aus dieser Perspektive vornehmen.[19]

Die Analogie der Bühne dürfte recht einleuchtend und greifbar sein. Zuschauer*innen nehmen eine bestimmte Perspektive ein, wenn sie sich mit dem Körper und dem Gesicht zur Bühne positionieren, was traditionell durch die Ausrichtung der Stuhlreihen und die Raumaufteilung vorgegeben ist.[20] Sie kategorisieren die Objekte auf der Bühne und deren Relationen zueinander unbewusst oder besser implizit.[21] Schauspieler*innen, die wichtige Figuren darstellen und die Handlungsstränge vorantreiben, werden in ihrer Aufteilung der Rollen wahrgenommen, andere Aspekte treten in den Hintergrund.[22] Genau diese selbst-

---

terms of category structure (one of the standard topics for analysis in Cognitive Linguistics), we might say that Cognitive Linguistics itself, when viewed as a category, has a family resemblance structure [...]: it constitutes a cluster of many partially overlapping approaches rather than a single well-defined theory." (Geeraerts & Cuyckens 2007: 4)

19 In der „Vorrede des Übersetzers" stellt ebendieser diesen Aspekt sehr prägnant dar: „Denn der Leib ist schlechthin unser Gesichtspunkt zur Welt [also die egozentrische Perspektive; M.T.], der Gesichtspunkt aller Gesichtspunkte, den wir nicht nur faktisch nie je zu verlassen vermögen und der selber immer uns zwingt, Gesichtspunkte einzunehmen, sondern ohne den wir, nicht mehr weltzugehörig, überhaupt nichts zu sehen vermöchten, und damit zugleich der phänomenale Beweis dafür, daß wir Gesichtspunkte einnehmen müssen, um was auch immer zu sehen." (Merleau-Ponty 1974: V)

20 Dies funktioniert ebenso in Arenen, in denen Zuschauer*innen kreisförmig angeordnet sind und das Spielfeld bzw. die Bühne sich im Zentrum befindet.

21 Die Relevanz der Analogie zeigt auch folgender Eintrag: „[...] backstage cognition: A term coined by Gilles Fauconnier. Refers to the observation that much of what goes on in the construction of meaning occurs ‚behind the scenes'. Fauconnier argues that language does not encode thought in its complex entirety but encodes rudimentary instructions for the creation of rich and elaborate ideas. Fauconnier gives the label ‚backstage cognition' to these ‚behind-the-scenes' conceptualisation processes that are involved in meaning construction." (Evans 2007: 9)

22 Talmy erläutert die für sprachliche Raumbeschreibung essentielle „schematization" wie folgt: „a process that involves the systematic selection of certain aspects of a referent scene to represent the whole, while disregarding the remaining aspects" (Talmy 2000: 177). Hier zeigt sich noch einmal deutlich, dass auf ausgewählte Bereiche fokussiert wird („systematic selection of

verständlich wirkenden Kategorisierungsprozesse sind alles andere als trivial. Sie sind grundsätzlich und fundamental für die menschliche Konstruktion von Bedeutung, also die subjektive Zuschreibung von Bedeutung durch Sprache, aber auch durch andere semiotische Systeme wie Gesten, Körpersprache, Praktiken oder Mimik.

Dabei variiert die Art und Weise der Bedeutungszuschreibung nicht nur zwischen individuellen Sprecher*innen, sondern auch zwischen Kulturen. Diese Feststellung verweist somit auf das zweite im Buchtitel genannte Forschungsfeld, die Kognitive Anthropologie, denn diese geht historisch zurück auf die Frage, ob und wie Kultur über Sprache einen Einfluss auf das Denken hat bzw. haben kann. Und es soll schon vorab betont werden, dass vor allem die Forschung am Max-Planck-Institut für Psycholinguistik in Nijmegen zu nicht-europäischen Sprachen gezeigt hat, dass in der Forschung wohl etwas vorschnell von sprachlichen und kognitiven Universalien ausgegangen worden ist, also der Idee, dass alle Menschen das gleiche sprachliche und kognitive Repertoire aufweisen, unabhängig von individuellen und umweltbedingten Faktoren.

1.3 Kulturelle Prägungen und semiotische Enkodierungen

Grundsätzlich wird in dieser Einführung davon ausgegangen, dass unterschiedliche kulturelle Prägungen vermittelt über semiotische Enkodierungen, insbesondere über die Sprache, einen wesentlichen Einfluss auf das Denken haben. Dieses abgewandelte linguistische Relativitätsprinzip, das im Zentrum der Sapir-Whorf- bzw. *Neo-Whorfian* Theorie steht, liegt auch dieser Einführung zugrunde (siehe das Kapitel zur linguistischen Relativität). Im Weiteren geht diese Einführung von einem genuin pragmatischen Sprachprinzip aus. Ludwig Wittgenstein (1982) schreibt dazu, dass die (sprachliche) Bedeutung erst in ihrem Gebrauch entsteht, und widerspricht damit auch seinem eigenen Diktum aus dem *Tractatus*, dass die Grenzen (m)einer Sprache die Grenzen (m)einer Welt bedeuten. Sprache sollte somit nicht nur isoliert und idealisiert analysiert werden, sondern parallel dazu in ihrem jeweiligen, sei es aktuellen oder historischen Gebrauch.

Diese Einführung ist motiviert von dem Diktum der Kognitiven Linguistik, dass Syntax und Semantik, ebenso wenig wie Grammatik und Lexikon, nicht voneinander zu trennen sind (wenngleich eine Trennung aus analytischer Perspektive durchaus Sinn ergeben kann). Im Gegensatz zum modularen Denken

---

certain aspects"), während andere ausgeklammert werden („while disregarding the remaining aspects").

innerhalb der generativen Linguistik wird hier ein eher *holistischer* Ansatz vertreten. Der in der Forschung gängige Begriff holistisch – der etwas esoterisch klingt und dazu recht vage bleibt – wird hier, auch wenn er etwas unglücklich gewählt ist, mangels einer besseren Alternative verwendet (Zlatev benutzt diesen Begriff 2003). *Orchestriert* wäre eventuell passender, da so der dynamische und interaktive Aspekt des Zusammenspiels betont wird.

Der modulare Ansatz ist ein Ansatz innerhalb der generativen Linguistik bzw. der Transformationsgrammatik, die von Noam Chomsky als Kritik an Skinners Behaviorismus entwickelt wurde (Bloomfield 1933; Chomsky 1965c). Die generative Linguistik hat sich dabei zum Ziel gesetzt, syntaktische Strukturen und Erzeugungsmechanismen für sämtliche natürliche Sprachen formal-logisch und mathematisch darzulegen. Demnach soll auf Grundlage einer endlichen Zahl an Regeln eine unendliche Zahl von Sätzen produziert werden können.

Die im Behaviorismus ausgeklammerte *black box*, ein geschlossenes System, dessen innere Funktionen nicht direkt beobachtbar sind, wird durch Regelsysteme explizit beschrieben oder modelliert. Im besten Falle werden universelle, also sprachübergreifende Regelsysteme aufgestellt, die im Idealfall durch wenige allgemeine Formeln konstituiert werden (Minimalismus). Dieser Ansatz ist von der Heuristik her einleuchtend und notwendig, birgt allerdings eine formal-technische Definition von Sprache, die für den Gebrauch von Sprache in alltäglichen Situationen nicht sehr ergiebig ist, insbesondere im Hinblick auf die Frage, wie Sprecher*innen sich ihre Welt sprachlich aneignen bzw. wie sie diese kategorisieren.

1.4 Prototypische Semantiktheorie und Familienähnlichkeiten

Im Folgenden soll das oben bereits erwähnte Konzept der Prototypikalität näher erläutert werden. Dabei wird ein Beispiel aus der Philosophie Ludwig Wittgensteins herangezogen, das als Vergleichsfolie bzw. argumentativer Ausgangspunkt für kognitionspsychologische und kognitiv-linguistische Darstellungen dient. Zwei konkrete Beispiele für eine prototypische Bedeutung sind die Kategorie ‚Vogel' und das Konzept ‚Spiel'. Wittgenstein, dessen Ansatz ein wesentlicher Vorläufer der Prototypentheorie ist, stellt anschaulich dar, wie komplex eine Definition von Konzepten ist (siehe auch Fodor 1998).

> Betrachte z.B. einmal die Vorgänge, die wir „Spiele" nennen. Ich meine Brettspiele, Kartenspiele, Ballspiel, Kampfspiele, usw. Was ist allen diesen gemeinsam? – Sag nicht: „Es *muß* ihnen etwas gemeinsam sein, sonst hießen sie nicht ‚Spiele'" – sondern *schau*, ob ihnen *allen* etwas gemeinsam ist. – Denn wenn du sie anschaust, wirst du zwar nicht etwas

sehen, was allen gemeinsam wäre, aber du wirst Ähnlichkeiten, Verwandtschaften, sehen, und zwar eine ganze Reihe. Wie gesagt: denk nicht, sondern schau! – Schau z.B. die Brettspiele an, mit ihren mannigfachen Verwandtschaften. Nun geh zu den Kartenspielen über: hier findest du viele Entsprechungen mit jener ersten Klasse, aber viele gemeinsame Züge verschwinden, andere treten auf. Wenn wir nun zu den Ballspielen übergehen, so bleibt manches Gemeinsame erhalten, aber vieles geht verloren. – Sind sie alle ‚unterhaltend'? Vergleiche Schach mit dem Mühlfahren. Oder gibt es überall ein Gewinnen und Verlieren, oder eine Konkurrenz der Spielenden? Denk an die Patiencen. In den Ballspielen gibt es Gewinnen und Verlieren; aber wenn ein Kind den Ball an die Wand wirft und wieder auffängt, so ist dieser Zug verschwunden. Schau, welche Rolle Geschick und Glück spielen. Und wie verschieden ist Geschick im Schachspiel und Geschick im Tennisspiel. Denk nun an die Reigenspiele: Hier ist das Element der Unterhaltung, aber wie viele der anderen Charakterzüge sind verschwunden! Und so können wir durch die vielen, vielen anderen Gruppen von Spielen gehen, Ähnlichkeiten auftauchen und verschwinden sehen. Und das Ergebnis dieser Betrachtung lautet nun: Wir sehen ein kompliziertes Netz von Ähnlichkeiten, die einander übergreifen und kreuzen. Ähnlichkeiten im Großen und Kleinen. Ich kann diese Ähnlichkeiten nicht besser charakterisieren als durch das Wort „Familienähnlichkeiten"; denn so übergreifen und kreuzen sich die verschiedenen Ähnlichkeiten, die zwischen den Gliedern einer Familie bestehen: Wuchs, Gesichtszüge, Augenfarbe, Gang, Temperament, etc. etc. – Und ich werde sagen: die ‚Spiele' bilden eine Familie. (Wittgenstein 1982: 56–57 [§ 66–67]; Hervorhebung im Original)

Dieses längere Zitat zeigt anschaulich, wie komplex eine *einheitliche* Definition angesichts der Vielfalt von Spielen ist. Unabhängig davon, ob nun das Werfen eines Balles an eine Wand als Spiel gelten kann, wird deutlich, dass eine alles abdeckende Definition der Kategorie ‚Spiel' nicht ohne Weiteres zu finden ist. Wird Wittgensteins Beispiel auf heutige Verhältnisse übertragen, dann verkompliziert sich seine Spieleanalogie noch durch weitere Spielarten, etwa durch Computer- und Handyspiele oder neue Sportarten wie Paintball etc.[23] Was zeichnet also ein Spiel aus? Wittgensteins Ansatz ist insofern interessant, als er von der Empirie ausgeht, also sich erst Spieldaten anguckt und dann fragt, was ihnen gemeinsam sein kann. Sind es die Regelsysteme, die Anzahl der Spieler*innen, das Ziel des Spiels, der Konkurrenzkampf, die Spielfiguren etc.?

In der kognitiven Psychologie und in der Kognitiven Semantik wird dieses Beispiel aufgenommen und dient als Argument für semantische Netzwerke (ein Netz von Verhältnissen, Bedingungen und Relationen). In der kognitiven Psychologie wird danach gefragt, wie die Kategorie ‚VOGEL' definiert wird, sodass er sich a) von anderen Lebewesen unterscheidet, b) einen Wiedererkennungswert hat

---

[23] Insbesondere und recht aktuell *Echo,* in dem jede Aktion der Spieler*in zweischneidig ist, jede Aktion erfordert eine Reaktion und das Spiel lernt auf die Reaktionen der menschlichen Spieler*in zu reagieren und adaptieren diese. Weitere Spiele und Spielarten sind Egoshooter, Pokemon Go, Rollsportarten, Parcours, Wii-Konsole etc.

und c) sich zu anderen Vögeln verhält. Machen einige Exemplare bessere Vögel aus als andere? Wie viel *Vogel* steckt in einem Laufvogel wie dem Strauß oder aber in einem Pinguin im Vergleich zu einem Rotkelchen oder Spatzen?

Ausgehend von notwendigen und ausreichenden Merkmalen, die durch die mathematischen Symbole +/− gekennzeichnet werden, ist erst einmal festzustellen, dass im deutschsprachigen Raum ein Spatz prototypisch als Vogel anerkannt ist, ein Pinguin oder Strauß dagegen eher nicht: Beide können nicht fliegen (daher das Attribut − fliegen), haben aber ebenfalls Flügel (+ Flügel) und zeichnen sich durch weitere Gemeinsamkeiten mit dem Spatz aus (+ Federn, + Schnabel, + legen Eier etc.).[24]

Douglas Adams verweist auf einen weiteren Vogel, der äußerst speziell ist und nicht prototypisch für die Klasse der Vögel, den ebenfalls flugunfähigen Kakapo auf Neuseeland (Adams & Carwardine 1990; der Kakapo *flies like a brick*). Wie Strauß und Pinguin scheint der Kakapo damit merkmalstheoretisch nicht zur Klasse der Vögel zu gehören, wenn wir das Fliegen als prototypisches Merkmal für die Kategorie VOGEL festlegen. Da er aber genügend (Familien)Ähnlichkeiten zu anderen Vögeln aufweist, gehört er sehr wohl zu dieser Klasse, wenn auch nicht prototypisch.

Damit wären wir wieder beim oben eingeführten wichtigen Begriff der *Familienähnlichkeiten* von Wittgenstein. Dem Zitat oben folgend argumentiert Wittgenstein dafür, dass es innerhalb einer Familie sehr verzweigte Verwandtschaftsverhältnisse gibt. Dies fängt an bei den Eltern und geht über zu den Kindern, diese bekommen ggf. ihrerseits Kinder, und weiter geht es mit Neffen, Kusinen (jeweils väter- oder mütterlicherseits), Großeltern, Tanten, Urenkeln etc. Ein genealogischer Verwandtschaftsbaum würde diese Relationen in Form von Hierarchien und Abzweigungen abbilden und auch aufzeigen. Trotzdem sind sie durchaus verwandt bzw. ähnlich, auch wenn es vielleicht physiognomisch nur wenige Übereinstimmungen gibt. Die Übereinstimmungen sind eben ausreichend, so wie in dem Vergleich zwischen einem Spatz und einem Pinguin.

In dieser Einführung soll also von grundsätzlicher Polysemie, Mehrdeutigkeit und damit von Familienähnlichkeiten (Englisch: *family resemblances*) ausgegangen werden (siehe Lakoff 1987). Polysemy bedeutet, dass sich aus einem Lemma mehrere Bedeutungen entwickelt haben, so wie sich eben ein Familienbaum entwickelt und verzweigt.

---

[24] Es dürfte deutlich sein, dass ein Zoowärter eventuell eher einen Strauß oder Pinguin nennen würde, deshalb ist es wichtig, empirisch die Erscheinungsfrequenzen zu untersuchen, unter anderem eben durch Verwendung von Korpora, aber auch auf der Grundlage ausgedehnter Interviews mit Zoobesucher*innen.

1.5 Raumkognition

Kommen wir zurück zum Ausgangspunkt dieser Einführung, zur Raumkognition. Was bedeutet ganz allgemein Raumkognition? Grundsätzlich geht es bei der Raumkognition um Handlungen, die sich in realen, fiktiven (und imaginierten), virtuellen und anderen Räumen abspielen. Diese Handlungen bestehen also schlichtweg darin, dass Menschen sich in ihrer Umgebung orientieren müssen, dass sie ihre täglichen Wege gehen, sich online im Datennetz bewegen oder mithilfe eines GPS auf dem Smartphone in ihnen bekannten oder unbekannten Gegenden navigieren.[25]

Wir gehen oder fahren täglich alleine oder mit Freund*innen durch Straßen, über Plätze und zeigen mit dem Finger, durch Kopfnicken oder andere körperliche Gesten auf Dinge.[26] Wir treffen sprachliche Aussagen und nehmen damit Setzungen der visuellen Wahrnehmung vor, wie in der Aussage „Schau mal, ein Hase (oder eine Ente)". Und wir zeigen eventuell auf ein lebendiges Objekt oder aber eine Abbildung, die wir als einen Hasen oder eben als Ente identifizieren würden („ein Hase" zu sagen reicht bereits zum Verweis auf ein Objekt, wenn zeitgleich der Blick in Richtung des zu identifizierenden Objekts gerichtet wird).[27] Wir folgen tagtäglich den Anweisungen von Verkehrsschildern, die bestimmte Symbole für Verhaltensweisen im Verkehr darstellen, bleiben an roten Ampeln meist stehen, gehen durch enge Gassen, durch weitläufige Parks und sind, während wir so unterwegs sind, ständig dabei uns zu orientieren und zu navigieren. Dies tun wir allerdings häufig implizit, also ohne den diversen kognitiven Denkprozesse dabei größere Beachtung zu schenken. Diese automatisierten Prozesse werden daher als implizit oder auch als prozedural bezeichnet.

In uns fremden Städten versuchen wir anhand von Straßensystemen, GIS, GPS, Wikitude, Navigationshilfen, Karten oder indem wir ortskundige Passant*innen befragen, eine Orientierung zu erlangen.[28] Während wir unsere

---

25 Eventuell benutzen sie auch einen Tracker, der anzeigt, wie viele Schritte sie am Tag bereits gelaufen sind, um die tägliche Bewegung unter Kontrolle zu halten – eine Form der freiwilligen Selbstdisziplinierung (siehe Foucault 1994).
26 Das Zeigen mit dem Arm und den Händen und das Bedeuten mit dem Kopf wird deiktisches Verweisen genannt und soll in den Kapiteln zu Verkörperungstheorien und räumlichen Referenzrahmen ausgeführt werden.
27 Einige Leser*innen mögen vielleicht Quines Gavagai kennen und an diesen jetzt denken, aber dieser ist hier nicht gemeint, sondern hier geht es um Wittgensteins Hasen bzw. die Kippfigur des Hase-Enten-Kopfes (siehe das Unterkapitel zu Kippfiguren und Vexierbildern in der Gestalttheorie und Phänomenologie).
28 Zur Funktion von Karten schreibt Tversky: „More commonly, maps show a single perspec-

Frage meist mündlich stellen, kann eine Antwort wie „dort entlang geht es zum Eiscafé" oft auch einen Handzeig in Richtung von Dingen oder Orten in der Umwelt umfassen. Dabei kann eine Anweisung wie „dort entlang" eventuell nur durch eine solche parallele Geste verstanden werden, um eine Richtung oder auch Distanz zu spezifizieren.[29] Jene Landmarken, also die Referenzpunkte im Raum, auf die wir uns bei Wegbeschreibungen beziehen, sind uns sonst nicht unbedingt bewusst, wir nehmen sie meist nur implizit wahr und achten erst besonders auf sie, wenn sie z.B. in einer Wegbeschreibung plötzlich eine größere Bedeutung erhalten.[30]

Wir bewegen uns zu Fuß oder mit einem Fortbewegungsmittel, sei es mit dem Fahrrad, dem Skateboard, der S/U/Straßen-Bahn oder dem Auto, somit ständig im Raum und organisieren unsere unmittelbare Umwelt zwecks Orientierung anhand von mentalen Rekonstruktionen der Umwelt, sogenannten kognitiven Karten (siehe das Kapitel zu mentalen Raummodellen). Eventuell laufen wir Parkour, bewegen uns damit abhängig von den umweltbedingten Faktoren wie z.B. Bänken, Mauern, Treppenstufen, Absätzen unterschiedlich, die bestimmtes Problemlösen erfordern. Der Waldweg ist anders als der gepflasterte Gehweg, beim Laufen zeigt sich dies relativ schnell.

Kognitive Karten sind dabei ganz allgemein mentale Repräsentationen von primär realen Gegebenheiten der Umwelt. Eine Repräsentation ist ganz grundlegend das Abbild bzw. die Abbildung eines realen Gegenstandes, eines Ereignisses

---

tive, a two-dimensional overview of a three-dimensional world. Designers of spaces, architects, seem to work and think in two dimensions at a time, plans or elevations. Architectural plans map an overview of a design; they show the relations among entrances, walls, furniture, and the like, and are used for designing behavior, for the functional aspects of buildings and complexes. Elevations show how structures will be viewed from the outside, and are important for designing aesthetic aspects of buildings." (Tversky 2014: 12; siehe zu GIS Systemen Frank & Campari 1993)

29 Die Leser*in mag bei der nächsten Wegbeschreibung gern einmal „da vorne entlang" sagen und gleichzeitig durch sich durch *nach hinten* zeigen. Dies könnte zu Irritationen führen. In manchen Kulturen wird allerdings exakt auf diese Art und Weise Deixis vollzogen (siehe Levinson 2003).

30 Solche realen Gegebenheiten der Umwelt werden Landmarken genannt. Diese können die einfache Funktion haben, einen Gegenstand zu lokalisieren. Hier ein Beispiel aus dem Film *The Good, the Bad and the Ugly* (USA 1966): „Why don't we tell each other our half of the secret? Why don't we? You go first. No, I think it's better that ... you start. All right. The name of the cemetery is ... Sad Hill! Now it's your turn! The name on the grave is ... Arch Stanton. Arch Stanton?" In diesem Dialog wollen die beiden Protagonisten den Ort angeben, an dem eine Geldtruhe vergraben ist. Es ist ein Friedhof (Sad Hill als Landmarke) und ein ganz spezifisches Grab (von Arch Stanton; wie sich in der Filmsequenz später herausstellen wird, steht auf dem Grabstein bzw. Holzkreuz gar kein Name).

oder eines Erlebnisses.[31] Der Begriff ist allerdings mit Vorsicht zu genießen, wie gleich noch ausführlich dargelegt wird, denn was heißt Re-Präsentation?[32] Und wie ist etwas im Gehirn abgelegt, sodass wir jederzeit wieder darauf zurückgreifen können? Hier nur so viel: Nehmen Sie ein Glas Wasser und stellen einen Stift hinein. Wie *erscheint* Ihnen nun der Stift? Sehr wahrscheinlich leicht gekrümmt. Hier stellt sich somit die Frage, was eigentlich real ist? Sind Wahrnehmungen objektiv beschreibbar oder immer subjektive Konstruktionen, die auf Erfahrungen basieren? Sind diese Konstruktionen somit immer auch subjektive Perspektiven?

Um die hier bereits vorgestellte Bühnenmetapher zu strapazieren, sei die folgende Frage gestellt: Wenn 300 Theaterzuschauer*innen eine Aufführung sehen und jede Theaterzuschauer*in ihre individuelle Wahrnehmung davon hat, wie viele Aufführungen gibt es dann zu sehen? Und um noch einmal auf den gekrümmten Stift zurückzukommen: Ja, dieser lässt sich durch die physikalische Brechung des Lichts durch Wasser erklären. Aber das ändert nichts an der Tatsache des phänomenalen Aspekts.

---

31 Einige kognitive Prozesse der Repräsentation, Verarbeitung und Produktion basieren eventuell auf universellen, fundamentalen Prinzipien kognitiver Ökonomie, die sich phylogenetisch bewährt haben. Die jeweiligen Ausprägungen und Gewichtungen werden allerdings sprecher*innenspezifisch und kulturell bedingt ausgeformt. Dies zeigt sich sprachlich in den sehr unterschiedlichen grammatischen Enkodierungssystemen (siehe Kapitel Referenzrahmen zu verschiedenen Sprachdaten).

32 „The concept of ‚representation' is one of the most ambiguous in the cognitive sciences, and as a consequence it is ambiguous in the theory of vision as well. Its ambiguity is due to the fact that on the one hand the term refers to the taken-for-granted *external independently existing object* to which our *acts* are directed, and on the other to the more or less accurate *image* of the object which exists *internally* in our mind (and/or brain, according to the disciplinary background of the researcher). Apart from the exponents of an extreme constructivism [...], no one seems to question that the ontological weight of existence resides entirely in three-dimensional objects existing in the so-called ‚external world', or the position-space of physics and that they are endowed with the properties that the latter ascribes to them [...]. Also positions close to a phenomenological psychophysics, for example, share the idea that perception consists in detecting *objective properties* of the world like the illumination, brightness, distance, direction and so on of physical objects [...]. Generic ecological optics, for example, coincide with a subset of physics, assuming the point of view of a ‚standard' observer [...]. From this point of view, the perceptual system informs us about elementary physical quantities of whatever type, intended as energy of sounds, intensity and wavelength of light. In short, these theories take identification of the *phenomenal object* with the *physical object* for granted and do not consider it at all problematic." (Albertazzi 2006: 14; Hervorhebungen im Original)

Zurück zur Karte: Eine Karte ist häufig eine Form der idealisierten Abstraktion, die allerdings genügend Informationen beinhaltet, um sie zur Wegfindung anwenden zu können. Dabei gibt es unterschiedliche Karten, Straßenkarten und geografische Karten etwa sind maßstabgetreu, dagegen zeigen U-Bahnnetzkarten lediglich simplifizierte Relationen, die nicht maßstabgetreu abgebildet sind. Wenn die Leser*in einmal den U-Bahn-Plan in London mit seinen mannigfachen Umsteigevariationen ansieht, dann aber an einem Knotenpunkt die U-Bahn verlässt und zu Fuß geht, wird sie feststellen, dass einige Stationen recht nah beieinander liegen und das Umsteigen länger dauert, als von Punkt A zu Punkt B zu gehen. Die Karte suggeriert also größere Abstände als tatsächlich gegeben. Normalerweise funktionieren Karten allerdings in die andere Richtung.

Wir bewegen uns aber heute nicht mehr nur in einer physischen Welt, sondern zunehmend auch in einer virtuellen, also mittels Computern, Computerspielen und Avataren, Tablets, Wii-Konsolen, Smartphones oder sogenannten sozialen Netzwerken im virtuellen Raum. Auch hier orientieren wir uns anhand von Zeichen und Symbolen, wir klicken uns durch Webseiten, gehen auf Apps. Wir tun dies durch die Aneignung des virtuellen Raumes mittels unserer kulturspezifischen und damit sprachspezifischen Kompetenzen, die wir im Kindesalter erworben und erlernt haben. *Digital natives* eignen sich dies bereits seit ihren Kindesbeinen an.[33] Die Raumerfahrungen, die wir sammeln, sind dabei nicht universell, sondern kultur- und damit sprachspezifisch (siehe Kapitel zur sprachlichen Relativität). Hier zeigt sich bereits, dass wir kaum von ‚Raum' im Singular sprechen dürften, sondern auch dem sogenannten *spatial turn* zufolge stets von ‚Räumen' sprechen müssten (siehe u.a. Dünne & Thielmann 2008; Günzel 2010; Warf & Arias 2009).

1.6 N-Räume

In der vorliegenden Einführung wird das Konzept von *n-Räumen* vorgestellt (zuerst vorgeschlagen wird dieses Konzept in Blomberg & Thiering 2016; siehe ebenfalls Thiering 2015). Der Buchstabe *n* (die Menge der natürlichen Zahlen) steht dabei als mathematische Funktion für eine variierende Anzahl an Möglichkeiten. Dies können neben dem physischen Objektraum, der entweder als absolut oder aber relational beschrieben werden kann, der mentale, sprachliche,

---

[33] Jean Piaget (1976, 1992) und anderen Entwicklungspsycholog*innen zufolge sind diese kulturspezifischen Kompetenzen teils in der Phylogenese, also der Stammesgeschichte einer spezifischen Kultur, aber auch der Ontogenese, der individuellen Ausprägung, angelegt.

phänomenale, soziale, museale, historische, virtuelle, visuelle, auditive, koloniale, utopische oder auch der Erinnerungsraum sein, der Bühnenraum oder der Manegenraum im Zirkus (der einen Innen- und Außen bzw. einen Akteur*innen und Zuschauer*innenraum differenziert).[34] In dieser Einführung wird also von *n-Räumen* gesprochen, um zu verdeutlichen, dass Menschen während eines Spaziergangs durch eine Stadt oder eine Landschaft immer verschiedene Raumkonstellationen abrufen, um sich zu orientieren (sehr anschaulich am Beispiel des Flanierens erläutert bei de Certeau (1984); siehe auch Lefebvre 1991). Dabei werden vormals gesammelte Informationen konstant im Gedächtnis festgehalten und zu den sich ändernden Aspekten der jeweiligen Umwelt addiert.

N-Räume werden hier verstanden als kulturspezifische Konstrukte, die sich vor allem in sprachlichen, sozialen und weiteren kulturellen Praktiken zeigen und festschreiben. Dem bestimmten Artikel, der von *dem* Raum als einer Art vorausgesetzte Gegebenheit ausgeht (nach Immanuel Kant also ein Apriori), soll hier also das pluralistische, wenn nicht sogar polyseme, also mehrdeutige Konzept der n-Räume gegenübergestellt werden.

Damit folgt diese Einführung grundsätzlich poststrukturalistischen Ansätzen, denen zufolge Raum als ein historisches und damit veränderbares Konstrukt verstanden werden muss (Foucault 2005).

---

[34] Hier soll bereits auf *n-Räume* in Bezug auf deren Abbildung eines semiotischen *aliquid-stat-pro-aliquo*-Verhältnisses („etwas steht für etwas anderes") verwiesen werden: „Der Repräsentationsraum ist die imaginäre Ebene einer von dem französischen Soziologen und Philosophen Henri Lefebvre in *La production de l'espace* von 1974 konzipierten räumlichen Dreiheit: Er ist die räumlich verstandene Repräsentation von Räumlichkeit, der ‚gelebte' Raum (frz. *espace vécu*). Er ist ein vermittelter Raum und legt sich Lefebvre zufolge [...] über den physischen Raum und benutzt seine Objekte symbolisch. Während die Raumrepräsentation den konzeptionellen Raum der Architekten, Wissenschaftler und Stadtplaner darstellt, ist der Repräsentationsraum verbunden mit der „unterirdischen Seite des sozialen Lebens, aber auch mit der Kunst, die man [...] als Code der Repräsentationsräume auffassen kann [...]. Lefebvre verbindet in seiner phänomenologischen Dreiheit die räumliche Praxis als ‚wahrgenommenen Raum', die Raumrepräsentation als ‚konzipierten Raum' und Repräsentationsraum als ‚gelebten Raum' miteinander, wobei diese Trias einer nach Kohärenz trachtenden Wechselwirkung unterliegt." (Günzel 2012: 342; siehe auch Lynch 1969) Es zeigt sich bereits, dass der Raumbegriff eng mit dem Begriff der Repräsentation zusammenhängt. Die hier angesprochene ‚räumliche Praxis' ist ebenso Leitfaden dieser Einführung. „Die diesjährige Edition widmet sich der Frage, wie wir uns metaphorisch, symbolisch und tatsächlich auf und in das Wasser begeben können, um es von einer sozialen Leerstelle in einen öffentlichen Raum zu verwandeln. Zusammen mit Künstler_innen, Nachbarn und Wasserexpertinnen wird der angrenzende Fluss Bille und dessen Ufer als Möglichkeitsraum getestet." (HALLO Festspiele Hamburg: https://hallohallohallo.org/de/festspiele; letzter Abruf 04.08.2018)

Allerdings soll hier der Sprachraum, der wiederum in einen unmittelbaren Zusammenhang zum mentalen Raum gestellt wird, im Fokus stehen (siehe das Kapitel zu mentalen Raummodellen). Da der physische Raum kanonisch als universell gegeben gilt, im Alltag aber unterschiedliche n-Räume wichtig sind und damit die Aneignung von n-Räumen notwendig ist, stellt sich die Frage, welche Wissenssysteme zusammenspielen, sodass Menschen sich im physischen und virtuellen Raum orientieren können. Diese sehr grundsätzliche Frage ist auch für die aktuelle kognitionswissenschaftliche Forschung von fundamentaler Bedeutung, vor allem im Hinblick auf die Orientierung mittels sogenannter *räumlicher Referenzrahmen*. Hierzu werden im entsprechenden Kapitel die auf unterschiedlichen räumlichen Koordinaten beruhenden Referenzrahmen behandelt: der vom (eigenen) Körper ausgehende relative Referenzrahmen, der von intrinsischen Eigenschaften von Objekten ausgehende intrinsische Referenzrahmen und der von umweltbezogenen Koordinaten wie dem Sternensystem, Gebirgen oder Flüssen ausgehende absolute Referenzrahmen. Die Forschung zu diesen Referenzrahmen zeigt sehr anschaulich das Zusammenspiel von kulturspezifischen Ausprägungen der räumlichen Orientierung, die sich in der jeweiligen Sprache widerspiegeln (vgl. Brown 2015; Everett 2013; Haun et al. 2011; Levinson 2003; Levinson & Wilkins 2006).[35]

1.7 Mentale Räume und mentale Modelle

Mentale Räume, auf die im gleichnamigen Kapitel ausführlich eingegangen wird, basieren auf kognitiven Abbildungen der jeweiligen Umwelt, die in der Forschung als kognitive Karten oder aber mentale Modelle bezeichnet werden. Im Rahmen dieser Einführung werden neben Sprachkulturen aus dem europäischen Kulturraum auch nicht-europäische Sprachkulturen herangezogen, deren Techniken der Navigation sich von den ‚unseren' teilweise erheblich unterscheiden – was die kulturspezifische Ausprägung räumlicher Orientierung offenkundig werden lässt.[36]

---

[35] Zugleich werden in der aktuellen Forschung – gewissermaßen ‚unterhalb' der kulturspezifischen Orientierungstechniken – auch spezifisch subjektive und intersubjektive Orientierungsformen untersucht.

[36] Dabei gibt es nicht immer schriftsprachliche Quellen oder Artefakte von Raumbeschreibungen in den betreffenden Kulturen, sodass die Rekonstruktion der mentalen Räume in ihnen auf mündlichsprachigen Überlieferungen und der Untersuchung weiterer Wissensformen und Praktiken beruht (siehe hierzu auch exemplarisch die Ausführungen zu Praktiken der Navigation und des Hausbaus im Kapitel zu Verkörperungstechniken; auch Thiering & Schiefenhövel 2016).

Die generelle Orientierung im n-Raum wird durch unterschiedliche Parameter, also Umweltfaktoren beeinflusst und bedingt, die auf kulturspezifische Weise als Anknüpfungspunkte für das Navigieren genutzt werden und sich in der jeweiligen Einzelsprache niederschlagen. Es macht einen wesentlichen Unterschied, ob ich mich, wie in den germanischen Sprachen, mithilfe von Angaben wie *rechts* und *links* orientiere oder aber mithilfe von solchen wie *nach Nordost, flussaufwärts* oder *am Fuße des Berges*, wie in vielen *First-Nations*-Sprachen Nordamerikas.[37] Dabei kann es sogar sein, dass nicht nur der Fluss nordöstlich von der Sprecher*in liegt, sondern auch der Löffel nordöstlich von der Gabel auf dem Tisch liegt (siehe ausführlich hierzu das Kap. zu räumlichen Referenzrahmen; weiter auch Majid et al. 2004 zu exakt diesem Beispiel; Haun et al. 2011). Der Vorteil einer solchen Form der räumlichen Zuschreibung ist es, dass sich der reale Raum nicht mit der körperlichen Position der Sprecher*in bzw. ihrer Perspektive ändert, an welche die Angaben *rechts* und *links* stets gebunden sind: Drehe ich mich 180° um die eigene Achse, befindet sich das, was zuvor links von mir war, nun auf meiner rechten Seite.[38] Bei der Benutzung von absoluten Referenzsystemen wie den Himmelsrichtungen bleibt das Koordinatensystem hingegen konstant. Welche kognitiven Leistungen bei den entsprechenden Orientierungsprozessen geleistet werden, wird in dieser Einführung ausführlich behandelt.

Unterschiedliche Bedingungen und Formen der Raumkognition, wie sie sich in der jeweiligen Einzelsprache zeigen, sind ein zentraler Gegenstand dieser Einführung. Das Hauptaugenmerk liegt dabei auf den sprachspezifischen Einschreibungen, also den kognitiv-semantischen Aspekten, die kulturspezifische Praktiken ausdrücken und somit kognitiv-anthropologische Bedingungen darstellen. Damit sind wir stehenden Fußes bei der aktuellen sprachwissenschaftlichen und -philosophischen Debatte darüber angelangt, ob bzw. wie die jeweilige Kultur vermittelt über Sprache das Denken beeinflusst.

---

37 Im Folgenden wird die von den (meisten) Ureinwohner*innen Kanadas bevorzugte kollektive Eigenbezeichnung *First Nations* benutzt.
38 Dabei helfen kognitive Karten, die bestimmte Perspektiven ermöglich; nochmals Tversky: „More commonly, maps show a single perspective, a two-dimensional overview of a three-dimensional world. Designers of spaces, architects, seem to work and think in two dimensions at a time, plans or elevations. Architectural plans map an overview of a design; they show the relations among entrances, walls, furniture, and the like, and are used for designing behavior, for the functional aspects of buildings and complexes. Elevations show how structures will be viewed from the outside, and are important for designing aesthetic aspects of buildings." (Tversky 2014: 12)

1.8 *K*ognitive Linguistik vs. *k*ognitive Linguistik

Die Frage nach dem Einfluss der jeweiligen Kultur auf das Denken ist Anfang der 1990er Jahre in den Fokus unterschiedlicher Disziplinen gerückt (Gumperz & Levinson 1996; Lucy 1992a, b, 1996). Im Rahmen rein modularer Ansätze innerhalb der Linguistik und in der kognitiven Linguistik nicht-nordamerikanischer Prägung werden diese Fragen nicht gestellt bzw. lediglich angedeutet. Spätestens jetzt dürfte der Leser*in aufgefallen sein, dass hier die kognitive Linguistik mit kleinem *k* und Kognitive Linguistik bzw. Semantik mit großem *K* geschrieben wird. Damit folgt diese Einführung den Setzungen der Deutschen Gesellschaft für Kognitive Linguistik (DGKL), die mittels Groß- und Kleinschreibung den Unterschied zwischen der deutschsprachigen und der nordamerikanischen Debatte aufzeigen möchte.[39]

Der Fokus der linguistischen Forschung auf zumeist schriftsprachliche Kulturen germanischen und romanischen Ursprungs hat ebenfalls seinen Teil dazu beigetragen, dass die Frage nach Kulturspezifika und dem Verhältnis zur Einzelsprache seit der Mitte des 20. Jahrhunderts zunehmend aus dem Fokus rückte und universalistische bzw. universalgrammatische Theorien Konjunktur hatten.[40] Die vornehmlich universalistische Ausrichtung des Fachs seit dieser Zeit spiegelt sich wider in der teils vehementen und bitterbösen Kritik an der sogenannten Sapir-Whorf-Theorie bzw. aktuell am Neo-Whorfschen Ansatz (siehe ausführlich hierzu das Kapitel zur linguistischen Relativität).[41] Das Whorf-Bashing, so dras-

---

39 Siehe die Satzung der DGKL unter: http://www.dgkl-gcla.de/ueber-uns/. Ebenso bietet es sich als Einstieg an, einfach den deutschen und den englischen Eintrag zur kognitiven Linguistik (https://de.wikipedia.org/wiki/Kognitive_Linguistik) bzw. zur *cognitive linguistics* aufzurufen (https://en.wikipedia.org/wiki/Cognitive_linguistics). Der inhaltliche Unterschied ist evident und Gegenstand dieser Einführung.
40 Noam Chomsky (1965a–d) hat das Feld der generativen Linguistik noch weiter eingeschränkt, indem er die Syntax als eigenständiges Untersuchungsmodul hervorhob, die Kompetenz (vs. Performanz) der Sprecher*in postulierte und die Linguistik als synchrone Wissenschaft präzisierte. Damit fielen diachrone, also historische Aspekte von Sprachen aus dem Untersuchungsfokus. Auch lässt Chomskys streng formal-mathematische Vorgehensweise die kognitivanthropologischen Bedingungen und ihren Einfluss auf Sprecher*innen gänzlich außer Acht. Jürgen Trabant zeigt in *Weltansichten* anschaulich die Chomskys kartesische Vereinfachung (siehe Trabant 2012, v.a. Kap. 13).
41 „And supposedly there is a scientific basis for these assumptions: the famous Sapir-Whorf hypothesis of linguistic determinism, stating that people's thoughts are determined by the categories made available by their language, and its weaker version, linguistic relativity, stating that differences among languages cause differences in the thoughts of their speakers. People who remember little else from their college education can rattle off the factoids: the languages

tisch muss es wohl ausgedrückt werden, hat sich im Laufe der letzten Jahrzehnte verselbstständigt, sodass die Originaltexte von Benjamin Lee Whorf wie auch den ihm vorausgehenden Vertretern einer linguistischen Relativität wie Wilhelm von Humboldt, Franz Boas und Edward Sapir in großen Teilen der linguistischen Forschungsgemeinschaft als irrelevant bzw. spekulativ abgetan und nicht mehr gelesen wurden (siehe das Kapitel zur linguistischen Relativität).[42] Vor allem Whorf wurde vielfach für seine teils stark verallgemeinernden, durchaus auch provokanten und zudem empirisch kaum abgesicherten Thesen angegriffen, aber teilweise auch aus dem rein formalen Grund, dass er kein ausgebildeter Linguist war. Auch werden in der Kritik an Whorf immer wieder dieselben Textpassagen aus seinen Schriften zitiert, dabei oft aus dem Kontext gerissen, was die Kritik nicht richtiger macht. Selbst der Whorf gegenüber sehr kritisch eingestellte Linguist Ekkehart Malotki zeigt, dass Whorf – auch wenn seine Analysen zum Hopi oft ungenau und simplifizierend sind – durch den Verweis auf die Unterschiedlichkeit grammatischer Systeme gezeigt hat, wie fruchtbar der Sprachvergleich und wie problematisch die Ableitung von Universalien allein aus der Erforschung germanischer und romanischer Sprachen ist.[43]

Mag also ein Teil der Kritik an Whorfs Arbeit auch berechtigt sein, vertrete ich hier dezidiert die Position, dass die aktuelle Forschung vor allem am Max-Planck-Institut für Psycholinguistik in Nijmegen durch die Anwendung unterschiedlicher empirischer Erhebungsverfahren in sehr unterschiedlichen Kulturen Hinweise liefert, die durchaus einen Einfluss von Kultur auf Sprache und damit Kognition annehmen lassen und damit Whorfs Ansatz zumindest zum Teil rehabilitieren (für einen Überblick siehe C. Everett 2013). Auch soll demonstriert werden, wie fruchtbar interdisziplinäre Forschung ist. Dabei ist es sinnvoll, erkenntnistheoretische Grundlagenforschung ohne disziplinäre Scheuklappen anzugehen, die

---

that carve the spectrum into color words at different places, the fundamentally different Hopi concept of time, the dozens of Eskimo words for snow. The implication is heavy: the foundational categories of reality are not „in" the world but are imposed by one's culture (and hence can be challenged, perhaps accounting for the perennial appeal of the hypothesis to undergraduate sensibilities). *But it is wrong, all wrong.* The idea that thought is the same thing as language is an example of what can be called a conventional absurdity: a statement that goes against all common sense but that everyone believes because they dimly recall having heard it somewhere and because it is so pregnant with implications." (Pinker 1994: 57; Hervorhebung M.T.)

42 Zwei Bücher, in denen ein solches Whorf-Bashing betrieben wird, sind Steven Pinkers *The Language Instinct* von 1994 und Geoffrey Pullums *The Great Eskimo Hoax* von 1991.

43 Siehe das Kapitel zur linguistischen Relativität und Malotki, Ekkehart (1983): Hopi Time und derselbe 1979 zum Hopiraum, ebenso Robering (2014) zu den n-Räumen der Hopi. Ebenso wird deutlich, dass Whorf im Prinzip die Idee der n-Räume vorwegnimmt, was Robering (2014) sehr anschaulich darlegt.

mit der Verbindung von Kognitiver Semantik und Kognitiver Anthropologie einhergeht, aber weitere Forschungsgebiete und Ansätze einbezieht, vor allem die Philosophie der visuellen Wahrnehmung oder auch die Phänomenologie, die Gestalttheorie und verkörperungstheoretische Ansätze.[44]

1.9 Sprachliche Relativität: Einige Bemerkungen vorab

Das hier vorliegende, als Beitrag zur Kognitionswissenschaft konzipierte Studienbuch führt in die nordamerikanisch geprägte Kognitive Semantik unter Bezugnahme kognitiv-anthropologischer Aspekte ein. Dabei wird die wissenschaftliche Beschäftigung mit der Frage nach dem Einfluss der Sprache auf die Kognition auch historisch bis zu ihren Anfängen im Deutschland des 19. Jahrhunderts zurückverfolgt: Ausgangspunkt der Theorie einer linguistischen Relativität ist Wilhelm von Humboldts (1767–1835) Ansatz der *Weltansichten*, in dem er die Idee verfolgt, dass die Verschiedenheit der Sprachen „nicht eine von Schällen und Zeichen, sondern eine Verschiedenheit der Weltansichten selbst" sei. Die Sprache ist „das bildende Organ des Gedanken" (Humboldt zit. n. Trabant 2012: 313). Diese Grundidee wurde dann erst wieder im frühen 20. Jahrhundert in Nordamerika durch die den Anthropologen und Ethnolinguisten Franz Boas (1858–1942) und seinem Doktoranden Edward Sapir (1884–1939) aufgegriffen und weiterentwickelt. Diese Entwicklung fand ihren Schlusspunkt zunächst in *Language, Thought and Reality*, einer 1956 postum veröffentlichten Sammlung von Artikeln des Sapir-Schülers Benjamin Lee Whorf (1897–1941). Whorfs Adaption des Humboldt'schen Ansatzes besagt – in seinen eigenen Worten –,

> that users of markedly different grammars are pointed by their grammars toward different types of observations and different evaluations of externally similar acts of observation, and hence are not equivalent as observers but must arrive at somewhat different views of the world. (Whorf 1956: 221)

---

[44] Der Begründer der Kognitiven Semantik, Leonard Talmy, schreibt dann auch, „[c]ognitive semantics is thus a branch of phenomenology, specifically, the phenomenology of conceptual content and its structure in language" (Talmy 2000: 4). Die Kognitive Semantik ist damit Teil Phänomenologie, insbesondere liegt der Fokus auf dem konzeptuellen Inhalt und sprachlichen Strukturen und deren Zusammenhang (siehe Merleau-Ponty 1974, 1976; Gallagher & Zahavi 2008).

Der Fokus liegt auf grammatischen Unterschieden, die nach Whorf auf kognitive Unterschiede in unterschiedlichen Kulturen – „different types of observations" – verweisen.
Weiter schreibt Whorf:

> We dissect nature along lines laid down by our native languages. The categories and types that we isolate from the world of phenomena we do not find there because they stare every observer in the face; on the contrary, the world is presented in a kaleidoscopic flux of impressions which has to be organised by our minds – and this means largely by the linguistic systems in our minds. (Whorf 1956: 213)

Wie bereits angedeutet ist mit Noam Chomskys Kritik am Behaviorismus Skinners in den 1950er Jahren und damit dem ‚Siegeszug' der generativen Linguistik die von Whorf und seinen Vorgängern verfolgte Fragestellung im Fach weitgehend in den Hintergrund getreten. Erst seit den frühen 1990er Jahren hat eine Forscher*innengruppe unter Leitung von Stephen Levinson, die am Max-Planck-Institut für Psycholinguistik in Nijmegen (MPI Nijmegen) intensiv zu unterschiedlichen kognitiven Bereichen wie Raum, Zeit, Farb- und Objektwahrnehmung forscht, diesen Faden wieder aufgenommen. Die Forscher*innengruppe hat dabei die größte Schwäche der älteren Ansätze zur linguistischen Relativität behoben, indem sie grundlegende empirische Forschung betreibt. Wie Humboldt, Boas, Sapir und Whorf vergleichen sie dabei europäische mit – oft bis dato noch nicht dokumentierten und teilweise bedrohten – außereuropäischen Sprachen, die sie mithilfe einer Reihe von visuell-basierten Erhebungsverfahren untersuchen. Damit werden Fragen zu Universalien nicht nur durch eine eurozentristische Brille betrachtet, wie es in der *armchair linguistics* passiert, sondern es kommen auch Sprachen und Kulturen bzw. deren Sprecher*innen zu Wort, die ansonsten selten eine Stimme bekommen.[45]

Grundsätzlich soll betont werden, dass hier kein deterministischer Ansatz vertreten wird, dem zufolge die Strukturen einer Sprache das Denken ihrer Sprecher*innen Denken steuern, sondern es wird lediglich davon ausgegangen, dass Sprache einen Einfluss auf das Denken hat. Eben danach, welchen Einfluss

---

45 Damit knüpfen sie also wieder an die Arbeiten der früheren Vertreter einer sprachlichen Relativität – also Humboldt, der unter anderem zu Kawi, einer mittlerweile ausgestorbenen malayo-polynesischen Sprache, arbeitete, Boas, der unter anderem zu den westkanadischen First-Nation-Sprachen Bella Coola und Kwakiutl arbeitete, Sapir und Whorf, der die uto-aztekische Sprache Hopi untersuchte –, wenn auch primär noch anhand von Arbeiten zur englischen Sprache (mit Ausnahmen, z.B. arbeitete Eugene Casad – Doktorand Ron Langackers – zu Cora, ebenfalls eine uto-aztekische Sprache).

Sprache auf unterschiedliche kognitive Bereiche wie Raum-, Zeit- oder Farbwahrnehmung hat, wird in dieser Einführung gefragt.

Die hier vorliegende Einführung zeigt die unterschiedlichen Facetten der Diskussionen in den verschiedenen Disziplinen für ein deutschsprachiges Publikum. Dabei wird deutlich, wie vielfältig sprachliche Phänomene sind und damit, wie vielversprechend der Ansatz der sprachlichen Relativität ist. Ebenfalls wird sich zeigen, wie oftmals vorschnell aus einer westlichen Perspektive sprachliche und kognitive Universalien postuliert werden, wo doch die einzelsprachlichen, teilweise subtilen semantischen Unterschiede auf sehr unterschiedliche Weltansichten schließen lassen (siehe bereits Boas' Kritik an der Universalisierung linguistischer Kategorien, Boas 1997 [1911]: 35–43).

Ausgangspunkt vor allem der Kognitiven Linguistik als Reaktion auf Chomskys generative Linguistik ist die in den 1970er Jahren sich entwickelnde Kognitionspsychologie (Neisser 1976). Hier entsteht aufbauend auf Erkenntnissen der Kognitionspsychologie ein neuer Forschungszweig innerhalb der Psychologie, der untersucht, wie menschliches Denken funktioniert. Im Zuge dessen entsteht die Kognitive Linguistik Ende der 70er Jahre vor allem an der US-amerikanischen Westküste. Diese ist geprägt durch die Arbeiten der ersten Generation Kognitiver Linguisten, Ron Langacker (Kognitive Grammatik), George Lakoff (Kognitive Semantik, Metapherntheorie und aktuell Spiegelneuronen), Leonard Talmy (Kognitive Semantik), Mark Johnson (*image schemas* und erste Verkörperungsansätze), Gilles Fauconnier (mentale Räume, *conceptual blending*), Claude Vandeloise und Mark Turner (*conceptual blending*), um nur einige zu nennen. Allen gemeinsam ist, dass sie noch auf der Grundlage der generativen Grammatik studierten und promovierten, also die generative Schule Chomskys durchliefen.[46] Zeitgleich entwickelt sich das kognitionspsychologische Forschungsparadigma der Beschreibung und Modellierung menschlicher Denkprozesse. Dies führte Anfang der 1980er zu einer interdisziplinären Neuausrichtung der Linguistik.

Im Gegensatz zu Ray Jackendoffs einflussreichem generativen und modularen Kognitivismus in *Semantics and Cognition* (1983) und Jerry Fodors *Language of Thought* und *Modularity of Mind* (1975, 1983), die noch eher der generativen

---

[46] Zlatev beschreibt dann auch sehr anschaulich: „What attracted me to Cognitive Linguistics in the late 1980s was the promise of bringing language back to experience. Rather than just skeletal trees, meaningless symbols, computational algorithms, possible worlds and mathematical functions, etc. the door was opened toward understanding language as what it felt like: rich in imagination, rooted in the body, socially negotiated and driven by communicative needs." (Zlatev 2016: 559) Zlatev bindet somit Sprache an Erfahrung zurück. Dieser Zusammenhang wird aktuell in verkörperungstheoretischen Ansätzen der Philosophie, Psychologie, Computerwissenschaften und Neurologie verhandelt. Dazu detaillierter weiter unten.

Linguistik als der kognitiven Linguistik zuzurechnen sind, stellen Lakoff, Langacker, Talmy und andere explizit die Frage nach der Relation zwischen Sprache bzw. grammatischen und semantischen Enkodierungen und menschlicher Kognition.

Langackers Kognitive *Grammatik*[47] (vs. Talmys Kognitive *Semantik*) bezieht sich auf die Arbeiten des Genfer Sprachwissenschaftlers Ferdinand de Saussure, dessen *Grundfragen der allgemeinen Sprachwissenschaft* die strukturale Linguistik mitbegründete und mit seinem Zeichenbegriff einen wesentlichen Beitrag zur Semiotik lieferte (siehe auch Eco 1977, 1985, 1987). Die Genfer Schule um de Saussure, die Prager Schule um Roman Jacobson und Nikolai Trubetzkoy sowie die Kopenhagener Schule um Louis Hjelmslev stehen für drei unterschiedliche theoretische Ausrichtungen von ca. 1920 bis Ende der 1940er Jahre innerhalb der Sprachwissenschaften (als weitere Strömung im Fach kann ergänzend noch Leonard Bloomfields und Zellig Harris' taxonomische Linguistik genannt werden). Gemeinsam ist diesen unterschiedlichen Schulen allerdings, dass in ihnen Grammatik und Semantik nicht zu trennen sind. Insbesondere de Saussure stellt – ähnlich wie schon von Humboldt – Wort und Konzept, das heißt die abstrakte mentale Repräsentation eines Objektes, das durch ein Wort bezeichnet wird, in eine direkte Eins-zu-eins-Beziehung.[48] Demnach entspricht das Wort ‚Baum' einem bestimmten Bild, oder umgangssprachlich einer Vorstellung – (Re)Präsentation – eines Baumes auf der kognitiven Ebene. Daran schließt die Frage an, inwieweit Sprache und Kognition zusammenhängen. Gibt es zwischen Sprache und Kognition einen Isomorphismus oder eher eine Vermittlerebene oder Schnittmenge, wie Jackendoff (1983) es in seinem Ansatz der *projected world* annimmt? Je nach Beantwortung dieser Frage haben sprachliche Unterschiede als Manifestationen kultureller Besonderheiten (k)einen Einfluss auf kognitive Strukturen. 1987 schreibt Langacker in seinem ersten Teil der *Foundations of Cognitive Grammar*:

> Language is symbolic in nature. It makes available to the speaker – for either personal or communicative use – an open-ended set of linguistic *signs* or *expressions*, each of which associates a semantic representation of some kind with a phonological representation. I therefore embrace the spirit of classic Saussurean diagramms [...], with the understanding

---

[47] Langackers Ansatz, in dem recht einfache, allerdings komplexe Relationen darstellende Diagramme eine wichtige Funktion haben, kann auch als *Bildsemantik* bezeichnet werden.
[48] Trabant schreibt kritisch: „Die natürliche Sprache steht nicht in Eins-zu-Eins-Relation zu den Gegenständen, sondern jede Sprache wirft einen ihr eigenen Blick auf die Welt." (Trabant 2012: 233) Dieser Ansatz wird im Kapitel zur sprachlichen Relativität wieder aufgenommen.

that explicit, substantive characterization is required for the elements they depict. (Langacker 1987: 11)

Sprache ist symbolisch und steht in direktem Zusammenhang mit der konzeptuellen Ebene, mit dem, was bei de Saussure *signifié* und *signifiant* für das Zeichen und dessen Vorstellung genannt wird. Wie oben bereits erwähnt, wird dieser Ansatz mit dem Wiedererstarken der Neo-Whorfschen Theorie vor allem im MPI Nijmegen empirisch untersucht (vgl. Deutscher 2010; C. Everett 2013; Levinson & Wilkins 2006; Wolff & Holmes 2011; Thiering 2014, 2015; Zlatev 2015).

In der nach wie vor vorherrschenden generativen Schule der Linguistik wird Sprache, die in ihr in Sprachproduktion und Sprachrezeption als autonome Module unterteilt wird, als unabhängig von allgemeinen kognitiven Fähigkeiten betrachtet, also von der Kognition abgekoppelt. Hier setzen die erste Schule der Kognitiven Linguisten und die aktuelle Forschung an. Das folgende Zitat stellt den nordamerikanischen kognitiv-linguistischen Ansatz noch einmal deutlich heraus, dem zufolge

> language reflects patterns of thought. Therefore, to study language [...] is to study patterns of *conceptualization*. Language offers a window into cognitive function, providing insights into the nature, structure and organization of thoughts and ideas. (Evans & Green 2007: 5; Hervorhebung im Original)

Die Sprache bietet somit einen Einblick – *a window* – in die konzeptuellen Strukturen kognitiver Prozesse. Dabei werden diese allgemeinen kognitiven Prozesse im Zusammenhang mit Sprachstrukturen verstanden. Die Kognitive Linguistik bzw. Kognitive Semantik stellt nicht nur die Vorstellung von Sprache als einem autonomen, modularen System in Frage, sondern setzt Sprache in direkten Zusammenhang mit der Wahrnehmung des Menschen. Hier zeigt sich die wichtige Verbindung der Kognitiven Semantik zu gestalttheoretischen Ansätzen der 1920er und 30er Jahre und den von ihr postulierten universalen Wahrnehmungsprinzipien (siehe Kap. zur Gestalttheorie, die bereits im 19 Jahrhundert ihre Anfänge hat).

Der erste Schritt einer anwendungs- und wahrnehmungsbasierten Kognitiven Linguistik wurde somit vollzogen: Syntax und Semantik/Lexikon bilden eine Einheit und sind keine autonomen, voneinander unabhängigen Module mehr (Langacker 1987, 1988, 1990, 1991, 2008). Langacker argumentiert dann auch, dass

> Language is an integral part of human cognition. An account of lingusitic structure should therefore articulate with what is known about cognitive processing in general, regardless of whether one posits a special language „module" [...], or an innate *faculté de langage*. If

such a faculty exists, it is nevertheless embedded in the general psychological matrix, for it represents the evolution and fixation of structures having less specialized origin. (Langacker 1987: 12–13)

Langacker macht hier sehr deutlich, dass sprachliche Strukturen von kognitiven abhängen bzw. in direkter Beziehung zu diesen stehen. Damit ist die Annahme einer autonomen und modularen Sprache für Langacker obsolet, denn Sprache ist ein integraler Teil der menschlichen Kognition. Er argumentiert weiter:

Even if the blueprints for language are wired genetically into the human organism, their elaboration into a fully specified linguistic system during language acquisition, and their implementation in everyday language use, are clearly dependent on experiential factors and inextricably bound up with psychological phenomena that are not specifically linguistic in character. Thus we have no valid reason to anticipate a sharp dichotomy between linguistic ability and other aspects of cognitive processing. Instead of grasping at any apparent rationale for asserting the uniqueness and insularity of language, we should try more seriously to integrate the findings of linguistics and cognitive psychology. (Langacker 1987: 13)

Insbesondere die letzten beiden Sätze sind meines Erachtens maßgeblich, macht Langacker doch deutlich, dass sprachliche Fähigkeiten und Fertigkeiten von weiteren kognitiven Prozessen nicht zu trennen sind – es gibt „no valid reason [...] sharp dichotomy between linguistic ability and other aspects of cognitive processing" –, und dass Erkenntnisse der Linguistik und der Kognitionspsychologie interdisziplinär integriert werden sollten.

1.10 Räumliche Referenzrahmen: Vorannahmen

Wenn wir uns räumlich orientieren, tun wir dies mithilfe der oben bereits erläuterten Referenzrahmen. Diese manifestieren sich sprachlich unter anderem in Präpositionen wie *rechts*, *links* (adjektivisch in: auf der rechten/linken Seite; mit der rechten/linken Hand), Adverbien wie *da*, *dort*, *nördlich*, *östlich* oder *bergauf*, *flussabwärts* etc. Meines Erachtens ist der Raum bzw. sind die Objektrelationen im Raum als fundamentales Konzept ein sehr anschaulicher Untersuchungsgegenstand, dessen Analyse mittels empirischer, teilweise bildbasierter Erhebungsverfahren auch für Einsteiger*innen recht gut nachvollziehbar ist. Die Einführung präsentiert konkrete Forschungsergebnisse, um die allgemeinen und theoretischen Überlegungen empirisch einzubetten. Dabei werden Sprachen kontrastiv präsentiert, um die verschiedenen Enkodierungsmöglichkeiten bzw. die semantische und konzeptuelle Varianz in unterschiedlichen Kulturen darzustellen.

Ein signifikantes Ergebnis der aktuellen Forschung ist der Nachweis dessen, dass in unterschiedlichen Kulturen und unter unterschiedlichen Umweltbedingungen verschiedene räumliche Referenzrahmen angewendet werden. Nach Levinson und seiner Forscher*innengruppe gibt es die drei oben schon erwähnten Referenzrahmen: den intrinsischen, den relativen und den absoluten.

– Der intrinsische Referenzrahmen geht vom Objekt aus: *Der Käfer parkt vor dem Porsche.*
– Der relative Referenzrahmen von der Betrachter*in: *Der Käfer parkt links vom Porsche.*
– Und der absolute bezieht sich auf Betrachter*innen-unabhängige Parameter der Umwelt wie Gebirge, Flüsse und die Himmelsrichtungen: *Der Käfer parkt nördlich vom Porsche.*

Ein Objekt kann sich also im Verhältnis zu etwas anderem z.B. *vor* oder *neben*, *links* oder *rechts*, *nördlich* oder *bergauf* befinden. Hier zeigen sich auf deutliche Weise kulturelle Unterschiede sprachlicher Setzungen, denn welchen Referenzrahmen Menschen verwenden, um eine bestimmte räumliche Konstellation zu beschreiben, ist nachweislich kulturabhängig (C. Everett 2013; Thiering 2014, 2015).

Die Forschung zu räumlichen Referenzrahmen hat mittlerweile den empirischen Nachweis der Neo-Whorfschen Prämisse erbracht, dass die Kultur vermittelt über Sprache die Kognition beeinflusst (Thiering 2014). Spätestens hier kommt mit der Kognitiven Anthropologie das zweite im Titel dieser Einführung genannte Forschungsfeld ins Spiel. Hierbei wird Bezug genommen auf unterschiedliche verkörperungstheoretische Ansätze, die Kognition etwa als *embodied* (verkörpert), *situated* (situiert) oder *distributed* (verteilt) konzipieren (Gallagher 2005; Lakoff 1987; Zlatev 1997, 2010). Damit greift das Studienbuch aktuelle inter- und transdisziplinäre Debatten auf, die für das Verständnis kognitiver Denk- und Sprachprozesse maßgeblich sind.

1.11 Wo bleibt die Kognitive Anthropologie? Ein erster Ausblick

Abschließend soll eine Forschungslücke im deutschsprachigen Raum an einem greifbaren Beispiel dargelegt werden. Das 870 Seiten starke *Wörterbuch der Kognitionswissenschaft* von Strube et al. (1996) gilt als Standardwerk des Fachs. Schon der Bucheinband nennt die in einem Pentagramm angeordneten Disziplinen, die hier zur Kognitionswissenschaft gezählt werden, nämlich: 1. Philosophie, 2. Neurowissenschaft, 3. Psychologie, 4. Informatik und 5. Linguistik. Hier setzt diese Einführung an, indem sie nicht nur die nordamerikanisch geprägte Kognitive Linguistik darstellt, sondern einen weiteren und m.E. wesentlichen Faktor kognitiver Prozesse mit einbezieht, d.h. das Individuum in seiner kulturellen und historischen Situiertheit.

Die Kognitive Anthropologie fehlt im *Wörterbuch der Kognitionswissenschaft* von Strube et al. sowie in einem Großteil der hiesigen Forschungslandschaft.[49] Mit Aufkommen von Verkörperungstheorien in der Philosophie und Kulturwissenschaften, spielt allerdings der Körper wieder eine entscheidende und unmittelbare Rolle bei der Wahrnehmung von Raum und Zeit (Sinha 2014).

Die vorliegende Einführung soll somit zum einen in eine anwendungsbasierte und auch funktionale Kognitive Semantik nordamerikanischer Prägung einführen und zum anderen einen direkten Bezug zur Kognitiven Anthropologie herstellen.[50] Die Beispiele, die ich teilweise auch aus eigener Feldforschung in verschiedenen Sprachfamilien heranziehen werde, zeigen, wie sich Sprache als semiotischer Akt in aktuellen Handlungen (Praktiken) niederschlägt. Den thematischen Schwerpunkt meiner Ausführungen stellt die Wahrnehmung von und die Orientierung im Raum dar. Raum wird dabei nicht nur als physikalisch gegebener Container im Sinne Newtons verstanden, sondern als subjektiv konstruierter Erfahrungsbereich, der inter- und intrasprachlich variiert.

Palmer erläutert, warum vielleicht gerade der Raum bzw. die Raumwahrnehmung in diesem Zusammenhang ein interessanter Gegenstand ist:

> Spatial language holds great fascination for both cognitive and anthropological linguists, perhaps because spatial contexts can be more readily controlled and described than is possible for domains such as emotion. Perhaps we all feel that we understand our three-dimensional environment intuitively and that cross-linguistic studies will readily sort out languages into a few logical types in their partitioning of space. If that is the case, it is not evident in recent research results, which favor a relativistic view of spatial language. If the topic of how people talk about space, spatial relations, and orientations in space appears at first to be straightforward, it soon leads on into unexpected complexities. Subtopics include image schemas and their transformations [...], deixis and orientation [...], folk topographical and navigational models [...], metonymy and compositionality of spatial terms [...], and spatial metaphors. (Palmer 2007: 1053; siehe auch Palmer 1996)[51]

---

49 Interessanterweise erweitert Georg Miller [2003] aus Princeton in den USA das Pentagramm in der Tat zu einem Hexagramm und bezieht explizit die Anthropologie mit ein, aber eben wieder aus nordamerikanischer Perspektive.
50 Dies zeigt z.B. sehr anschaulich Hutchins in seiner Monografie *Cognition in the Wild* (1995); siehe auch Tverskys Aussage einer *communication in the wild* (Tversky 2014: 3), also Kommunikation und Kognition in unmittelbaren Anwendungssituation des Alltags.
51 Siehe Evans & Green (2007). *Cognitive Linguistics: An Introduction*; Ungerer und Schmid (2006). *An Introduction to Cognitive Linguistics*; Geeraerts & Cuyckens (2007). *The Oxford Handbook of Cognitive Linguistics*; Wildgen (2012). *Kognitive Grammatik. Klassische Paradigmen und neue Perspektiven*; Schwarz-Friesel. 2008[1994]. *Einführung in die kognitive Linguistik*.

Während es bisher keine deutschsprachige Einführung in die Kognitive Linguistik gibt, die auch die Kognitive Anthropologie mit einbezieht, wie es hier geschieht, wird diese Verbindung im englischsprachigen Raum vor allem vom *Oxford Handbook of Cognitive Linguistics* von Cuyckens & Geeraerts (2007) hergestellt, das die verschieden Teilbereiche der Kognitiven Linguistik und die angegliederten Disziplinen abdeckt.[52]

1.12 Gliederung

Die Gliederung dieses Bandes richtet sich a) nach den historischen Vorläufern und b) den aktuell diskutierten Forschungsansätzen. Dabei ist es notwendig, einleitend den breiten thematischen Rahmen – Kulturen, Sprachen, Denken – abzustecken, um dann in den Einzelkapiteln die verschiedenen inhaltlichen Aspekte aufzuarbeiten.

Die Brücke zwischen Kognitiver Semantik und Kognitiver Anthropologie schließt sich m.E. über die Arbeiten an weniger präsenten Sprachen, die teilweise sogar vom Aussterben bedroht sind. Sie gelten als „exotische" Sprachen, wie Werlen (2002: 37–38, auch Anm. 15) eher abwertend betont, sind aber meines Erachtens eine notwendige Vergleichsfolie, um die universalistischen Axiome der universalen Sprachstrukturen anhängenden generativen Linguistik hinterfragen zu können. Die Einzelkapitel folgen dann jeweils einem Top-down-Prinzip: Es werden jeweils allgemeine theoretische Aspekte und die sich mit ihnen beschäftigenden Forschungsdiskussionen vorgestellt, um dann anhand konkreter Beispiele – oftmals aus nicht-europäischen Sprachen – die Theorien und Modelle zu illustrieren.

---

52 Des Weiteren gibt es den sehr umfangreichen Band *Cognitive Linguistics. An Introduction* von Evans & Green (2007), allerdings ohne Bezug zur Kognitiven Anthropologie (siehe Duranti 2007). Das deutschsprachige Standardwerk zur Einführung k (hier mit kleinem *k*) ist das erstmals 1994 erschienene UTB-Buch von Monika Schwarz *Einführung in die kognitive Linguistik*. Allerdings taucht auch in der aktuellen dritten Auflage von 2008 die nordamerikanisch ausgerichtete Kognitive Linguistik nur am Rande auf, der Zusammenhang zur Kognitiven Anthropologie wird nicht hergestellt und die Forschung zu Raumreferenz bzw. Neo-Whorfsche Ansätze spielt ebenfalls keine Rolle. Hier bietet sich eher Friedrich Ungerers und Hans-Jörg Schmids *Introduction to Cognitive Linguistics* (2006) an. Zudem können die Klassiker herangezogen werden, allen voran Ronald Langackers zweibändige Schrift *Foundations of Cognitive Grammar* (1987, 1991), George Lakoffs *Women, Fire, and Dangerous Things* (1987) und Leonard Talmys zweibändiges Werk *Towards a Cognitive Semantics* (2000).

Nach der grundsätzlichen Einführung zur Entwicklung der nordamerikanisch geprägten Kognitiven Semantik und Kognitiven Anthropologie und der Darstellung der Forschungslandschaft im Allgemeinen im ersten Kapitel soll im zweiten Kapitel die linguistische Relativitätstheorie skizziert werden. Der Schwerpunkt wird dabei, wie oben begründet wurde, auf nicht-europäische Sprachen gelegt, da die Beschäftigung mit ihnen dabei hilft, sprachliche Universalien, die in der Linguistik weiterhin Konjunktur haben, kritisch zu hinterfragen (siehe u.a. O'Meara & Báez 2011). Ausgehend von der Frage nach den sprach- und kulturspezifischen *Weltansichten* nach Wilhelm von Humboldt gilt es somit, auf die Frage der sprachlichen Relativität einzugehen und zu zeigen, dass es Hinweise darauf gibt, dass sprachliche Unterschiede auch kognitive Unterschiede darstellen. Das Kapitel endet mit einem aktuellen Ausblick zur Neo-Whorfschen Theorie mit Bezug auf Arbeiten nach 1945.

Im dritten und vierten Kapitel werden räumliche Referenzrahmen der Kognitiven Semantik, die auf den frühen Ansätzen der Gestalttheorie beruhen (und aktuell auch phänomenologische Ansätze einbeziehen), dargestellt. Im vierten Kapitel soll die Forschung von Vertreter*innen des neo-whorfschen Ansatzes erörtert und anhand konkreter Beispiele dargestellt werden. Das fünfte und sechste Kapitel ergänzen die räumlichen Referenzrahmen im Hinblick auf kognitive Parameter und mentale Modelle.

Im siebten Kapitel werden die Gestaltgesetze, die maßgeblich für die Kognitive Semantik nordamerikanischer Prägung sind, eingeführt. Gestalttheoretische Ansätze sind aus dem Alltag bekannt und allgegenwärtig. Sie zeigen sich z.B. bei Wahrnehmungsverschiebungen in Kippfiguren oder Vexierbildern wie Ludwig Wittgensteins Hase-Enten-Kopf. Dabei wird eine Figur-Grund-Relation konstruiert, die dazu führt, dass die Wahrnehmung kippt – wir sehen entweder einen Hasen oder eine Ente (oder nichts von beidem), nehmen somit unterschiedliche Setzungen (oder auch situationsbezogene Festschreibungen) vor. Diese Setzungen durch Figur und Grund werden in der Kognitiven Semantik analog zu Subjekt/Objekt (Thema/Rhema) auf der Syntaxebene gesehen. Allerdings bieten Figur und Grund eine Verankerung in der unmittelbaren visuellen Wahrnehmung und damit Bedeutungskonstitution räumlicher Konstellationen, die sich in verschiedenen Sprachsystemen über diverse Enkodierungsmuster ausprägen.

Eine wesentliche Verbindungsstelle zur Kognitiven Anthropologie wird zum Abschluss erörtert. Es handelt sich um Verkörperungstheorien (u.a. in der Raumdeixis durch Gesten) der Raumorientierung in Kulturen, die keine nautischen Instrumente zur Navigation benutzen. Hier wird deutlich, wie sich sprachliche und nicht-sprachliche Praktiken gegenseitig bedingen und beeinflussen.

It was a particular type of rain that he particularly disliked, particularly when he was driving. He had a number for it. It was rain type 17. He had read somewhere that the Eskimos had over two hundred different words for snow, without which their conversation would probably have got very monotonous. So they would distinguish between thin snow and thick snow, light snow and heavy snow, sludgy snow, brittle snow, snow that came in flurries, snow that came in drifts, snow that came in on the bottom of your neighbour's boots all over your nice clean igloo floor, the snows of winter, the snows of spring, the snows you remember from your childhood that were so much better than any of your modern snow, fine snow, feathery snow, hill snow, valley snow, snow that falls in the morning, snow that falls at night, snow that falls out of a sudden just when you were going out fishing, and snow that despite all your efforts to train them, the huskies have pissed on. Rob McKenna had two hundred and thirty-one different types of rain entered in his little book, and he didn't like any of them. (Adams, Douglas (1984): *So long, and Thanks for all the Fish. The Fourth Book in the Hitch-Hiker Trilogy.* London: Pan, 13)

Zwischen allen Sprachen tun sich Bilder auf. Jeder Satz ist ein von seinen Sprechern so und nicht anders geformter Blick auf die Dinge. Jede Sprache sieht die Welt anders an, hat ihr gesamtes Vokabular durch diese andere Sicht anders gefunden – ja sogar eingefädelt ins Netz ihrer Grammatik. In jeder Sprache sitzen andere Augen in den Wörtern. (Herta Müller zitiert nach Trabant (2012): Einleitung; siehe online: http://www.dhm.de/archiv/ausstellungen/goethe/katalog/mueller.htm; letzter Abruf Mai 2018)

Sprache schafft Realitäten (DENK_Raum: Sprache als politisches Instrument; ega Frauen im Zentrum; Elisabeth Wehling & Sybille Straubinger, Wien am 14. Dezember 2016; ab Minute 3:52; https://www.youtube.com/watch?v=xNrHFTa1hnI; letzter Abruf Juni 2018)

2 Sprachliche Relativität: Sprachliche Unterschiede der Wahrnehmung einer außersprachlichen Welt

Wie schon der Titel deutlich macht, stellt dieses Studienbuch die beiden nordamerikanisch geprägten Forschungsfelder der Kognitiven Semantik und der Kognitiven Anthropologie in einen unmittelbaren Sinnzusammenhang. Dieser Zusammenhang soll hier an der Schnittstelle zwischen Kognition und Kultur dargestellt werden. Das folgende Kapitel zeichnet zunächst aus einer philologischphilosophischen Perspektive linguistische Evidenzen nach und beschreibt damit, welchen Einfluss Sprache auf das Denken haben kann.[53]

---

53 Mit dem Aufkommen von ‚Twitterwahrheiten' (oder sonstigen sogenannten ‚sozialen' Medien) vor allem durch die Wahl Donald Trumps zum US-amerikanischen Präsidenten 2016 hat sich auf problematische Weise gezeigt, dass (Schrift)Sprache Wissen als falsch postulieren kann, ohne dafür einen Nachweis zu erbringen. Im Prinzip muss eine Behauptung nur oft genug wiederholt werden, damit sie wahr bzw. als wahr erachtet wird, wie es sich vor allem durch die unterschiedlichsten Verschwörungstheorien bzw. eher Verschwörungsemotionen oder fantasien (von Theorien kann nicht gesprochen werden; siehe Monika Schwarz-Friesels Vortrag vom 19. Februar 2018 auf der Wiener Konferenz An End to Antisemitism!: Online Hate and Antisemitism 2.0: The Spreading of Judeophobia on the World Wide Web. youtube.com/watch?v=r1T2JjpNiq8 [18.04.2018]) und anhand von alternative facts und fake news zeigt. In der Tagesschau wird dies ebenfalls aufgegriffen: tagesschau.de/ausland/orwell-101.html (Mai 2017); das Interview mit Kellyanne Conway zu alternative facts findet sich hier (Press Secretary Sean Spicer Gave ‚Alternative Facts', NBC vom 22.01.2017): youtube.com/watch?v=VSrEEDQgFc8; als Weiteres ein kurzes Video bezüglich der Anzahl der Menschen, die bei der Amtseinführung Trumps angeblich vor Ort waren: WELT Netzreporterin Antje Lorenz (23.01.2017) youtube.com/watch?v=nXFuBkZSVZM oder auch Horst Evers im ZDF „Volle Kanne" vom 23.01.2017 youtube.com/watch?v=k4Vtf2MJ_b4 (18.04.2018). Dies erinnert dann stark an Georg Orwells anti-utopischem Roman 1984, in dem durch das staatlich verordnete „Neusprech" ‚Wahrheiten' und ‚Realitäten' medial konstruiert werden. Mit dem Begriff der sprachlichen Relativität ist jedoch etwas anderes gemeint. Gipper hat im Anschluss unter Bezugnahme auf Einsteins Relativitätstheorie den Unterschied zwischen Relativität und Relativismus herausgestellt: „[...] man gelangt zu der irrigen Vorstellung, nun hätten die alten physikalischen [d.h. newtonschen] Gesetze ihre Gültigkeit verloren, es gebe keine festen Bestimmungen mehr. [...] In Wahrheit aber trifft genau das Gegenteil zu: Mit Einsteins Relativitätstheorie wird keineswegs der bisherigen physikalischen Erkenntnis der Boden entzogen. Vielmehr wird diese nun erst auf festen Grund gestellt, denn mit der Einsicht, daß die bisherigen Bezugsgrößen abhängig von ihren jeweiligen Zuständen und von bestimmten Beobachtungsbedingungen sind, wird es erst möglich, bisher auftretende Widersprüche beim physikalischen Messen und Rechnen im kosmischen Bezugsrahmen zu beseitigen." (Gipper 1972: 2)

Sprache bzw. die wissenschaftliche Untersuchung von Sprachstrukturen innerhalb der Linguistik dient hier als eine Art Kitt, wie Gary Palmer mit Bezug auf eine *Cultural Linguistics* pointiert zusammenfasst:

> Coming from opposite directions on the cognitive-cultural spectrum, linguists are approaching a theory of grammar in which meaning originates not only in biologically driven cognitive processes and embodied categories of physical and social experience, but also in cultural traditions. Each of these sources of meaning provides schemas and more elaborate cognitive models that constitute semantic categories. Culture takes on heightened significance in this equation when we consider that even embodied categories such as that of 'container' may be shaped by living within dwellings of various architectures or by the sight, feel, and characteristic usage of household cups, bowls, saucers, and baskets [...]. This perspective has been called Cultural Linguistics [...], but it is entirely consistent with Cognitive Linguistics as defined by Langacker [...], who has stated that „language is an essential instrument and component of culture, whose reflection in linguistic structure is pervasive and quite significant." Similarly, Lakoff has argued that metaphorical idioms involve cultural knowledge in the form of conventional images and that links in radial semantic categories are structured by experiential domains, which may be culture-specific [...]. Thus, it is clear that Cognitive Linguistics must keep one eye on culture. (Palmer 2007: 1045–1046)

Kulturelle Ausprägungen und sprachlichen Enkodierungen werden hier in einen direkten Zusammenhang gebracht, denn – wie es im letzten Satz des Zitats heißt – „Cognitive Linguistics must keep one eye on culture". Dafür werden die beiden prominentesten Vertreter der Kognitiven Linguistik argumentativ in Stellung gebracht. Zum einen wird Ron Langacker mit den Worten zitiert: „[...] language is an essential instrument and component of culture, whose reflection in linguistic structure is pervasive and quite significant", womit der Sprache eine entscheidende Funktion innerhalb einer Kultur zugesprochen wird, die sogar *signifikant* ist. Zum anderen verweist Palmer auf Georg Lakoff, der vor allem in seiner Publikation *Women, Fire, and Dangerous Things* von 1987 herausgearbeitet hat, dass kulturspezifische Metaphern essentiell sind für die Bedeutungsgenerierung innerhalb einer Sprachfamilie, „that links in radial semantic categories are structured by experiential domains, which may be culture-specific" (vgl. auch Lakoff & Johnson 1980). Dies bedeutet nichts anderes, als dass es netzwerkartige Bedeutungszusammenhänge oder auch semantische Netzwerke gibt, die auf Erfahrungen basieren – *experiential domains* –, die wiederum kulturspezifisch sind. Mit dem Fokus auf einem Netzwerk wird deutlich, dass es sich um ein sich überlappendes, überkreuzendes Geflecht von Bedeutungen handelt, weniger um klar abzugrenzende Strukturen – dies sind damit *fuzzy boundaries*, wie Lakoff sie nennt (Lakoff 1987: Kap. 2; siehe aber v. a. Labov 1973 zu Bedeutungsgrenzen bei Wörtern).

In dieser Einführung wird das Grundprinzip einer *Cultural Linguistics* als Leitmotiv verstanden und auf den Aspekt der Raumorientierung hin überprüft. Im alltäglichen sprachlichen Handeln nehmen Menschen Setzungen und Fokussierungen vor, die intersubjektiv und kulturell verschieden ausgeprägt sind. Solche Setzungen können z.b. *Versprechen, Bitten, Wegbeschreibungen, Lügen, Danksagungen* etc. sein. Des Weiteren sind Setzungen räumliche Zuschreibungen durch deiktische Verweise wie *guck mal da (hinten, vorn)/hier, rechts/links von (Dir/mir), hinauf/hinab, bergauf/bergab, flussaufwärts/flussabwärts, ich/du* ausgedrückt wird. Ebenso gibt es zeitliche Setzungen wie *gleich, demnächst, morgen, gestern, nächste Woche, in einem Jahr, im Jahr 2001, vor drei Jahrzehnten, Freitag, der 13.* etc. Wie im Kapitel zu kognitiven Parametern gezeigt wird, sind diese Setzungen fundamental für die alltägliche räumliche oder zeitliche Orientierung (die universellen Gestaltprinzipien werden unten dargelegt).[54] Sie sind so fundamental, dass auf den ersten Blick eine Universalität solcher Setzungsprozesse angenommen werden kann. Demnach gäbe es in allen Kulturen räumliche und zeitliche Setzungen und Verweise, die ähnlich oder sogar gleich strukturiert sind? Eben diese vermeintlichen Universalien werden im Rahmen der linguistischen Relativitätstheorie oder auch Sapir-Whorf-Theorie in Frage gestellt.

Der aktuelle Ansatz des Sapir-Whorf-Ansatzes wird als *Neo-Whorfsche Theorie* bezeichnet. Dieser Anfang der 1990er Jahre aufkommende Ansatz beruht auf sprachvergleichenden Untersuchungen vor allem in nicht-schriftsprachlichen Kulturen. Prominenteste Vertreter und Ideengeber sind John Lucy und Stephen Levinson, wobei insbesondere Levinsons Forscher*innengruppe am Max-Planck-Institut für Psycholinguistik in Nijmegen den Ansatz maßgeblich prägte (Levinson 2003; Lucy 1992a, b; Levinson & Wilkins 2006). Andere Forscher*innen sprechen nicht von der Neo-Whorfschen Theorie, sondern von *whorfoiden Befunden* (Berthele 2014).[55]

---

[54] Es zeigt sich, dass die zeitliche und die temporale Dimension eng verzahnt sind. Hill zeigt dies z.B. anhand der Sprache Kikuyu im ostafrikanischen Kenia: „In most languages the lexical resources used for representing orientation along the front/back axis in horizontal space are also used for representing temporal orientation. In certain languages, the lexical items that represent ‚front' and ‚back', whose referential functions are anchored in human anataomy itself, are directly used in expressing temporal orientation. In Kikuyu, for example, *mbere* functions as an equivalent to temporal *before* as well as spatial *in front of*, *thutha* as an equivalent to temporal *after* as well as spatial *behind*." (Hill 1978: 524; Hervorhebung im Original) Sinha kritisiert die Gleichung *time is space*, da diese einen universell gültigen Zusammenhang nahelegt (Sinha 2014: 183).

[55] Allerdings sei hier bereits angemerkt, dass sich Berthele recht kritisch über den whorfoiden Ansatz auslässt, da er seine sprachpolitische Dimension für problematisch hält. Bertheles Kritik geht in die Richtung, dass der whorfsche Ansatz immer dann aus dem Hut gezaubert wird, wenn

Weshalb nun wird eine so fundamentale Behauptung mit Bezug auf die Funktion von Sprache und Sprechen aufgestellt bzw. weshalb wird der Sprache eine solche Bedeutung zugeschrieben? In und mit unseren sprachlichen Ausdrucksmitteln wählen wir bestimmte räumliche und zeitliche Bezugspunkte (auch Referenzrahmen genannt), wir adressieren eine Hörer*in und wählen bestimmte Ausdrucksformen. Diese Ausdrucksformen variieren in ihren grammatischen und semantischen, aber auch pragmatischen Elementen. Wichtig dabei ist eine inhaltliche Überschneidungsmenge von sprachlichen Bedeutungen zwischen Sprecher*in A und Sprecher*in B für die Kommunikationsfunktion, denn ansonsten kann diese nur bedingt erfolgreich ablaufen.[56]

Sprache hat allerdings bekanntermaßen keine rein kommunikative Funktion, sondern auch einen konstruktiven und konstitutiven Charakter. Das heißt, Sprachen konstruieren und bilden *Weltansichten* (ab). Gedanken – so lässt sich im Anschluss an Heinrich von Kleists Schrift „Über die allmähliche Verfertigung der Gedanken beim Reden" (1805) sagen – materialisieren sich über sprachliche Muster.[57] Ob diese Gedanken bzw. Gedankenfähigkeit angeboren sind, wie Immanuel Kant meinte und gegenwärtig Noam Chomsky oder Steven Pinker es vertreten, ist hier nicht relevant (vgl. hierzu kritisch Gleitman & Papafragou 2005). Relevant ist die grundsätzliche Fähigkeit, mittels Sprache und Sprechen eine außersprachliche Welt zu kategorisieren, einzuteilen, ihr einen Sinn zu verleihen.

---

es einer Mehrheitsgesellschaft in sozio-ökonomischer und/oder politischer Hinsicht wichtig erscheint, eine vermeintliche Rand- bzw. Sprachgruppe zu schützen. Häufig gehen damit Forschungsgelder oder politisches Prestige einher, die nicht immer den eigentlichen Betroffenen zugutekommen. Damit wird häufig über und nicht *mit* den Vertreter*innen der jeweiligen Gruppe gesprochen.

56 „[...] jede natürliche Sprache [ist] das Verständigungsmittel einer Menschengruppe [ist]. Dieses Mittel dient dem Ausdruck und der Kommunikation von Gedanken. Dabei wird vorausgesetzt: Alle Menschen sind prinzipiell gleich; ihr Denken unterliegt allgemeingültigen Denkgesetzen; sie leben in derselben Welt und können infolgedessen in den verschiedenen Sprachen dasselbe, wenn auch mit verschiedenen Mitteln, ausdrücken und meinen. Die Sprachverschiedenheit ist zwar ein unbestreitbares Faktum. Aber in der soeben vorgetragenen Sicht ist dies etwas Äußerliches. Die Gemeinsamkeit der Gegebenheiten und Bedingungen unseres Menschseins garantiert, daß die Welt prinzipiell gleich erfahren wird und daß man über sie die gleichen Aussagen, wenn auch in verschiedener sprachlicher Gestalt, machen kann." (Gipper 1972: 2–3) Gipper führt hier die Gemeinsamkeiten der Welterfahrung als Argument gegen die Sapir-Whorf-Theorie ins Feld. Es wird sich in diesem Kapitel noch zeigen, dass dieses Argument eventuell zu kurz greift.

57 Genau genommen wird dieser Gedanke von Dan Slobin (1996) wieder aufgenommen, der mit seinem *thinking-for-speaking*-Ansatz den Prozess der Bedeutungsgenerierung beim Sprechen darstellt. Allerdings rekurriert Slobin nicht auf Kleists Artikel, in dem dieser vorschlägt, durch das Reden (mit einem Anderen) Gedanken und Ideen zu entwickeln.

Menschen beziehen sich dabei auf ein gemeinsames angenommenes Weltwissen oder auch *enzyklopädisches Wissen*, sodass sie auf bestimmte Aspekte in der Hoffnung referieren können, dass die Hörer*in dieses kulturspezifische Weltwissen teilt (und damit ein Austausch möglich wird). Weltwissen ist dabei ein gemeinsamer Speicher an Informationen und Übereinkünften, auf die Sprecher*innen sich zu einem bestimmten Zeitpunkt geeinigt haben und auf das sie verweisen können.[58]

Spreche ich von der Ermordung Jon Snows (am Ende der vierten Staffel der Serie *Game of Thrones*) oder vom depressiven Roboter Marvin (aus Douglas Adams' Trilogie *Per Anhalter durch die Galaxis*), dann gehe ich davon aus, dass meinem Gegenüber die Referenz bekannt ist und das Gegenüber damit der Aussage Sinn zuschreiben kann. Dies betrifft im Prinzip sämtliche Lebensbereiche von der Kultur über die Wissenschaft bis hin zum Sport. Mit und in Sprache verhandeln wir unser Weltwissen. Indem wir *Sprachspiele* praktizieren, wird Bedeutungszuschreibung und Bedeutungsverhandlung kontextabhängig konstituiert (zu den Sprachspielen nach Ludwig Wittgenstein ausführlich unten). Dabei reichen oftmals lediglich Bruchstücke an Informationen aus, um den Kontext abzurufen. Dies ist bekannt aus einer anderen Disziplin innerhalb der Psychologie, der *Gestalttheorie*. Im Kapitel zur Gestalttheorie wird gezeigt, wie bei der visuellen Wahrnehmung Bruchstücke an Informationen ausreichen, um eine Gestalt zu konstruieren. Diese *kognitiven Konturen* helfen maßgeblich, um kognitiv-ökonomisch Sinnkonstellationen vorzunehmen.[59] Was unter diesen Bedeutungszuschreibungen in der visuellen Wahrnehmung zu verstehen ist, wird im Kapitel zur Gestalttheorie dargelegt.

Es zeigt sich somit, dass sprachliche Setzungen immer mit einem bestimmten Weltwissen, einer Perspektive und einer Sprachverwendung, der Pragmatik, einhergehen. Daher ist eine linguistische Beschreibung, die vor der Pragmatik haltmacht, nur bedingt sinnvoll. Die Interpretationen innerhalb von Sprechak-

---

58 Dieses Weltwissen wird im Langzeitgedächtnis gespeichert und – je nach Ansatz – in Form von mentalen Modellen, Scripts, Schemata, Frames (*frame semantics*), Prototypen, Collagen etc. modelliert. Die Idee eines Langzeitgedächtnisses (und eines Kurzeit- bzw. Ultrakurzzeitgedächtnis) ist dem Anspruch geschuldet, Gedächtnisleistungen erklärbar und fassbar zu machen.
59 Dass sprachliche Bruchstücke bereits genügen, um eine erfolgreiche Kommunikation einzuleiten, zeigt sich anhand der typischen norddeutschen Begrüßungsformel „Na?" (mit einer steigenden Betonung auf dem *a*). Diese reicht aus, um „Hallo, wie geht es, was macht das Leben?" auszudrücken. Im Süden Deutschlands führt diese Formel hingegen eher zu konsternierten Reaktionen, denn da muss ja noch etwas kommen nach dem „Na?". Diese Formel funktioniert durchaus regionalspezifisch und kann sowohl als Frage, als Aufforderung oder als Bitte verstanden werden. Sie lädt ein zu einer Unterhaltung im Gegensatz zum Britischen „How do you do"?

ten sind eher philosophisch und soziologisch interessant, aber nicht aus Sicht einer nach allgemeinen Regeln suchenden Wissenschaft wie der Linguistik. Der Trick der Kognitiven Semantik ist, dass nicht zwischen Lexikon und Grammatik getrennt wird, und auch Syntax und Semantik hängen ihr zufolge unmittelbar zusammen. Damit verweisen syntaktische Regeln en passant auf semantische, diese sind ihrerseits wieder abhängig von der Wortbenutzung bzw. den verschiedenen Wortbenutzungszusammenhängen, die sich durch die unterschiedlichen sprachlichen Verwendungen herauskristallisieren. Die Pragmatik ist dabei ein wesentlicher Teil des Sprachspiels, nämlich der Sprechakt bzw. die sprachliche Äußerung (siehe unten).

Im Zentrum dieses Kapitels stehen mithin Sprache, das Sprachsystem einer Sprecher*in und das Sprechen, also die *allmähliche Verfertigung des Gedankens beim Sprechen*, um noch einmal Kleist herbeizuzitieren. Damit soll die Auswahl an sprach und sprecherspezifischen Ausdrucksmöglichkeiten im Vordergrund stehen, die von Sprecher*in zu Sprecher*in und von Kultur zu Kultur mehr oder minder stark variieren. Die Frage der Auswahlmöglichkeit der sprach- und sprecherspezifischen Varianten führt uns zu einer hitzigen wissenschaftlichen Diskussion, die sich mit der *Neo-Whorf-/Sapir-Whorf-Theorie* oder auch *sprachliches Relativitätsprinzip* auseinandersetzen.[60]

Das diesem Kapitel vorangestellte Eingangszitat von Herta Müller stellt die Position der sprachlichen Relativität recht extrem, aber anschaulich dar, dass

> [j]eder Satz [ist] ein von seinen Sprechern so und nicht anders geformter Blick auf die Dinge [ist]. Jede Sprache sieht die Welt anders an, hat ihr gesamtes Vokabular durch diese andere Sicht anders gefunden – ja sogar eingefädelt ins Netz ihrer Grammatik.

Der Idee also, dass die jeweilige Kultur einen Einfluss auf die Sprache und somit auf die Kognition hat. Wie Caleb Everett in *Linguistic Relativity* (2013) überzeugend zeigt, gilt es, diesen Einfluss auf den verschiedenen Ebenen bzw. auf verschiedene Phänomene wie Raum, Zeit, Objekte oder Gender zu zeigen.[61]

---

60 In der Einleitung zum Band *Explorations in Linguistic Relativity* schreiben Pütz und Verspoor: „About a century after the year Benjamin Lee Whorf (1897–1941) was born, his theory complex is still the object of keen interest to linguists. As Lee [...] argues, it was not his theory complex itself, but an oversimplified, reduced section taken out of context that has become known as the Sapir-Whorf hypothesis that has met with so much resistance among linguists over the last few decades. Whorf presented his views much more subtly than most people would believe." (Pütz & Verspoor 2000: IX; dies zeigt auch Robering 2014 überzeugend; gute Überblicke über Ansätze und Kritikpunkte bieten C. Everett 2013; Gumperz & Levinson 1996; Levinson 2003; Levinson & Wilkins 2006; Lucy 1992a, b; Werlen 2002).
61 Everetts Buch ist unterteilt in entsprechende thematische Kapitel: Nach Setzung des Themas

In diesem Kapitel wird es also darum gehen, die Hypothese der sprachlichen Relativität, die, wie in der Einleitung bereits dargestellt, ihren Ausgang bei Wilhelm von Humboldts Welt(an)sicht nimmt und sich dann in Nordamerika als Sapir-Whorf-Hypothese manifestiert, und die aktuellen Debatten zur *Neo-Whorfschen* Theorie darzustellen. Historisch interessant ist in diesem Zusammenhang der Bruch mit Humboldt durch den von Ferdinand de Saussures eingeführten linguistischen Strukturalismus:

> Language and cultural theory, as developed in pre-cognitive linguistics and anthropology, has a long tradition, beginning with Humboldt and drastically reshaped by Saussure. In the nineteenth-century Humboldtian tradition, language, thought/Geist, and culture form an inseparable unity. Humboldt assumes the relationship between thought and language to be bidirectional rather than unidirectional. In language, thought/Geist is articulated; yet language at the same time gives shape to thought. Likewise, the Humboldtian view assumes mutual correspondences between culture and language: to Humboldt, language is characteristic of the cultural will of a people and reincorporates the „real world" into the property of thought/Geist. In strong contrast to this unified view of cognition, language, and culture, Saussure, the father of modern linguistics, sees language not as a mere form of thought, but as a self-contained system with its own organization and classification of „content." In other words, for Saussure, semantics is an autonomous realm at the interface between phonological/grammatical/cultural form [die Semantik befindet sich hier an der Schnittstelle zur Phonologie, Grammatik und kultureller Form; M.T.], on the one hand, and cognition, on the other. In fact, this view meant the beginning of a split between semantics as part of the language faculty and other cognitive faculties. Saussure's view became known as structural semantics, with its complete separation of language and thought. (Dirven, Wolf & Polzenhagen 2007: 1204–1205)

Die Abbildung auf der folgenden Seite zeigt deutlich den Unterschied zwischen einem kognitiv-anthropologischen Ansatz nach Wilhelm von Humboldt und dem Strukturalismus, der mit Ferdinand de Saussure in die Sprachwissenschaften Einzug hielt. Bei Humboldt gibt es nicht nur einen direkten Zusammenhang zwischen Sprache, Kultur und Geist, sondern – das verdeutlichen die doppelseitigen Pfeile – bei diesem Zusammenhang handelt es sich um ein Oszillieren, ein ständiges Hin und Her. Dabei sind diese Ebenen – Kultur, Sprache, Kognition – noch recht allgemein gehalten. Dagegen differenziert de Saussure phonologi-

---

in den ersten drei Kapiteln („Contextualizing the issues", „Acknowledging diversity", „Refining methodology") werden im vierten Kapitel „Space", im fünften „Time", im sechsten „Quantities", im siebten „Color", im achten „Objects and substances", im neunten „Gender" und im zehnten „Other kinds of effects" verhandelt. Everett präsentiert zu den einzelnen Bereichen ausführlich die verschiedenen empirischen Herangehensweisen und Ergebnisse (zur Empirie siehe Lucy 2014; weiter auch Lucy 1992a, 1992b, 1996).

sche/grammatische Form und Semantik von Kultur und Pragmatik/Kognition. De Saussure setzt das sprachliche Zeichen als mentale Einheit in den Vordergrund, die außersprachliche Referenz klammert er aus, auch wenn er durchaus eine grundsätzliche Interaktion zwischen beiden anerkennt. Dabei setzt de Saussure allerdings keine fertigen, vorgegebenen Vorstellungen voraus (de Saussure 2001 [1916]: 76). Des Weiteren geht er davon aus, dass das sprachliche Zeichen etwas im Geist tatsächlich Vorhandenes ist, das zwei Seiten hat (de Saussure 2001: 78). Ein Wort repräsentiert damit unmittelbar eine Vorstellung, ein Konzept.

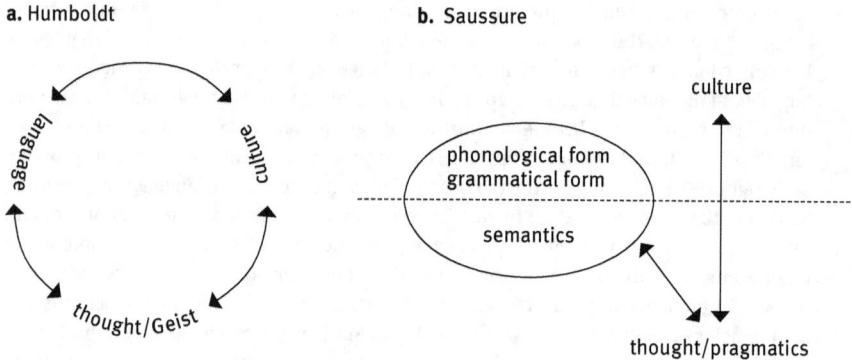

Abb. 1: Humboldt vs. Saussures Semantik (adaptiert von Anat Frumkin)

Der Zusammenhang zwischen Kulturen bzw. kulturellen Besonderheiten und sprachlichen Ausformungen werden in der aktuellen Debatte über die *Neo-Whorfsche* Theorie wieder aufgenommen. Vor allem aber ist die nordamerikanisch geprägte Kognitive Linguistik davon überzeugt, dass dieser Zusammenhang besteht (wie auch Dancygiers aktuelles *Cambridge Handbook of Cognitive Linguistics* [2017] deutlich zeigt).

2.1 Stand der Neo-Whorfschen Forschung

Einführungen in die aktuelle *Neo-Whorfsche* Forschung bieten neben dem eben genannten Handbuch auch Caleb Everett mit *Linguistic Relativity* (2013) wie der vom Autor herausgegebene Sonderband der *Zeitschrift für Semiotik*: *Die Neo-Whorfian Theorie: Das Widererstarken des linguistischen Relativitätsprinzips* (2014). Recht grundlegend und spezifisch auf Raumkognition bezogen sind

Stephen Levinsons *Language and Cognition* (2003) und Levinsons und David Wilkins' *Grammars of Space* (2006). Hier werden vor allem nicht-europäische Sprachen empirisch in den Fokus genommen (siehe hierzu ausführlich das Kapitel zu räumlichen Referenzrahmen).

Eine sehr gut lesbare, eher populärwissenschaftliche Einführung in das Thema, einschließlich eines historischen Abrisses, bietet Guy Deutschers *Through the Language Glass* (2010). Ähnliches gilt für den von Pütz und Verspoor herausgegebenen Tagungsband *Explorations in Linguistic Relativity* (2000). Wie oben bereits dargestellt, trugen zum Wiedererstarken der *Neo-Whorfschen* Theorie neben John Lucys Arbeiten *Language Diversity and Thought: A Reformulation of the Linguistic Relativity Hypothesis* (1992a) und *Grammatical Categories and Cognition: A Case Study of the Linguistic Relativity Hypothesis* (1992b) auch John Gumperz und Levinson mit *Rethinking Linguistic Relativity* (1996) bei. Helmut Gippers *Gibt es ein sprachliches Relativitätsprinzip? Untersuchungen zur Sapir-Whorf-Hypothese* (1972) ist trotz des Alters noch immer eine zu empfehlende Zusammenfassung der historischen Debatten. Auf YouTube kann darüber hinaus unter dem Titel *Language and Thought* ein Schlagabtausch zwischen Geoff Pullum und Guillaume Thierry (2013) angesehen werden, der ebenfalls eine sehr gute erste Einführung bietet und die tiefen Gräben der wissenschaftlichen Auseinandersetzungen verdeutlicht.[62]

Es soll hier die im Fach artikulierte Kritik an der Neo-Whorfschen Theorie dargelegt werden, aber es wird unten auch gezeigt werden, dass diese an einigen Stellen über das Ziel hinausschießt (Werlen [2002: 212] zeigt dies anhand einer prominenten und viel zitierten Stelle bei Whorf; siehe auch Robering 2014). Dem liegen oft Fehl- oder Überinterpretationen zugrunde, aber auch ein bestimmtes Verständnis des Zusammenhangs zwischen Sprache und Kognition, das an manchen Punkten der fachlichen Diskussionen fast schon als dogmatisch zu bezeichnen ist. Auch zeigen sich in der Debatte noch immer die Gräben zwischen unterschiedlichen Forschungsrichtungen innerhalb der Linguistik und auch zwischen den verschiedenen mit der Thematik befassten Disziplinen.

Werlen schreibt bezüglich des Zusammenhangs von Sprache und Kognition und der Fehlinterpretationen von Whorfs Ansatz:

> [...] was allen Menschen gemeinsam ist – vor jeder Sprache – ist die visuelle Wahrnehmung und Erfahrung. Denn alle Menschen folgen dabei den universellen Gesetzen der Gestaltpsychologie, also etwa dem Gesetz von Figur und Grund.[63] Diese Annahme einer allen Men-

---

62 Siehe Geoff Pullum vs. Guillaume Thierry zu *Language and Thought*: youtube.com/watch?v=mMNFyhuqyNQ (22.04.2018).
63 Siehe hierzu ausführlich das Kap. zur Gestalttheorie.

schen gemeinsamen Wahrnehmungsverarbeitung in Gestalten muss hier betont werden, gibt es doch mindestens eine Stelle, die ganz anders interpretiert werden kann und auch wurde, nämlich jene bekannte Stelle, wo Whorf vom „kaleidoscopic flux of impressions" spricht:

> The categories and types that we isolate from the world of phenomena we do not find there because they stare every observer in the face; on the contrary, the world is presented in a kaleidoscopic flux of impressions which has to be organized by our minds – and this means largely by the linguistic systems in our minds. [...][64]

Diese Stelle ist häufig so interpretiert worden, als ob Whorf eine sensualistische Wahrnehmungstheorie vertreten würde, in welcher der Mensch eine Art passive Aufnahmestation für einen ständigen Strom von Sinnesdaten wäre [...]. Hält man aber seine Formulierungen an anderen, mindestens so prominenten Stellen dagegen, ergibt sich ein anderes Bild. Im Aufsatz über *Gestalt technique in stem formation in Shawnee* schreibt er:

> visual perception is basically the same for all normal persons past infancy and conforms to definite laws, a large number of which are fairly well known. [...][65]

Die hier angesprochenen „definite laws" sind evidentermaßen die Gesetze der Gestaltpsychologie. [...] Diese Strukturierung wird u.a. von den Gestaltgesetzen geleistet. Was Whorf zu dieser gestaltpsychologischen Grundlage hinzufügt, ist die Interpretation der Organisation durch sprachliche Kategorisierungen. [...] Zentral ist es aber nun für seine Idee, dass die Sprachen diese gemeinsame visuelle Grundlage unterschiedlich gliedern – oder, wie er es wörtlich nennt, „dissect nature". (Werlen 2002: 212–213)

Werlen zeigt hier sehr überzeugend, dass es Whorf um eine differenzierte Darstellung der konstruierenden Funktion von Sprache geht. Zudem zeigt Werlen auf, dass Whorf mit dem Bezug auf die in der Einleitung dargestellten Figur-Grund-Asymmetrien kognitiv-semantische Aspekte nach Ron Langacker vorwegnimmt.[66]

---

64 „Die Kategorien und Typen, die wir aus der phänomenalen Welt herausheben, finden wir nicht einfach in ihr – etwa weil sie jedem Beobachter in die Augen springen; ganz im Gegenteil präsentiert sich die Welt in einem kaleidoskopartigen Strom von Eindrücken, der durch unseren Geist organisiert werden muß – das aber heißt weitgehend: von dem linguistischen System in unserem Geist." Übersetzung nach Krausser (1997: 12) in Werlen 2002: 212.
65 „visuelle Wahrnehmung ist grundsätzlich gleich für alle erwachsenen normalen Menschen und sie folgt bestimmten Gesetzen, von denen eine große Zahl recht gut bekannt ist." (siehe auch Metzler 1953)
66 Bei Ron Langacker werden allerdings aus Figur und Grund Trajektor und Landmarke. Passender wäre es gewesen, wenn Werlen Len Talmys Ansatz zitiert hätte, der bereits 1978 und 1983 auf Figur-Grund-Asymmetrien eingeht und damit den gestalttheoretischen Ansatz adaptiert. Ähnliches lässt sich über Ray Jackendoffs Ansatz sagen, der allerdings nicht der Kognitiv-Se-

In der Diskussion zum *Neo-Whorfschen* Ansatz – von einer homogenen Theorie zu sprechen wäre in der Tat nicht korrekt – zeigt sich häufig diese Form von Ungenauigkeit und auch Ungerechtigkeit in der Kritik. Pullum verweist z.B. darauf, dass Whorf ja schließlich kein ausgebildeter Linguist gewesen sei, weshalb seine Datenanalyse fehlerhaft sein müsse.[67] Auch sei Whorfs methodische Herangehensweise fragwürdig, was in der Tat, basierend auf *einem* Hopi-Sprecher, der in New York interviewt wurde, als Kritik nachvollziehbar ist.

Aber sind Whorfs Ansatz und Gedanken und damit auch die grundsätzliche Frage des Zusammenhangs von Kulturen, Sprachen und Denken deshalb einfach vom Tisch zu fegen? Haben nicht bereits Wilhelm von Humboldt, der amerikanische Kulturanthropologe und Sprachwissenschaftler Franz Boas und andere darauf aufmerksam gemacht, dass Sprache und Kognition in einem bestimm-

---

mantischen Schule zuzurechnen ist.

67 „What happened was that Benjamin Lee Whorf, Connecticut fire prevention inspector and weekend language-fancier, picked up Boas' example and used it, vaguely, in his 1940 amateur linguistic article ‚Science and linguistics'" (Pullum zit. n. Werlen 2002: 32; siehe auch Pullum 1991: 163) Pinker schlägt in dieselbe Kerbe: „Whorf was an inspector for the Hartford Fire Insurance Company and an amateur scholar of Native American languages, which led him to take courses from Sapir at Yale. [...]

Pinker zitiert dann eine bekannte Passage Whorfs:

„We dissect nature along lines laid down by our native languages. The categories and types that we isolate from the world of phenomena we do not find there because they stare every observer in the face; on the contrary, the world is presented in a kaleidoscopic flux of impressions which has to be organized by our minds – and this means largely by the linguistic systems in our minds. We cut nature up, organize it into concepts, and ascribe significances as we do, largely because we are parties to an agreement to organize it in this way – an agreement that holds throughout our speech community. and is codified in the patterns of our language. The agreement is, of course, an implicit and unstated one, but its terms are absolutely obligatory; we cannot talk at all except by subscribing to the organization and classification of data which the agreement decrees."

What led Whorf to this radical position? He wrote that the idea first occurred to him in his work as a fire prevention engineer when he was struck by how language led workers to misconstrue dangerous situations. For example, one worker caused a serious explosion by tossing a cigarette into an ‚empty' drum that in fact was full of gasoline vapor. Another lit a blowtorch near a ‚pool of water' that was really a basin of decomposing tannery waste, which, far from being ‚watery,' was releasing inflammable gases. Whorf's studies of American languages strengthened his conviction. For example, in Apache, It is a dripping spring must be expressed ‚As water, or springs, whiteness moves downward.' ‚How utterly unlike our way of thinking!' he wrote. *But the more you examine Whorf's arguments, the less sense they make."* (Pinker 1994: 59–60; Hervorhebung M.T.)

ten Zusammenhang stehen, der nicht direkt auf die reale Welt verweist?[68] Und dass dieser Zusammenhang eventuell auf sprachspezifische und damit kulturelle Zuschreibungen verweist? Meines Erachtens muss es eher um die definitorische und theoretische Schärfung gehen als um eine grundsätzliche Ablehnung eines intuitiv doch recht einleuchtenden Ansatzes, nämlich dass Sprachen und Sprechen einen irgendwie gearteten Einfluss auf das Denken bzw. auf Denkprozesse haben.

Ich möchte in dieser Einführung die Position vertreten, dass die Vorstellung eines konstruktiven und kategorisierenden Charakters von Sprache und Sprechen und eines wechselseitiges Einflusses von Sprache und Denken äußerst plausibel ist, wenn die okzidentale sprachphilosophische und linguistische Brille für einen Moment abgelegt wird. Insbesondere die Forscher*innengruppe um Stephen Levinson am Max-Planck-Institut für Psycholinguistik in Nijmegen hat Belege für die These angeführt, dass unterschiedliche kulturelle Ausprägungen über die Sprache Einfluss auf das Denken ausüben. Ebenso hat der Autor neben seiner eigenen Feldforschung auch zusammen mit Student*innen in einer Vielzahl von Seminaren Daten erhoben, die einen Zusammenhang aufzeigen, der nicht so einfach von der Hand zu weisen ist. Dazu im zu räumlichen Referenzrahmen ausführlicher.

Mit Caleb Everetts Buch *Linguistic Relativity* (2013) wurde bereits auf die unterschiedlichen Untersuchungsbereiche verwiesen, in denen relativistische Effekte – also der Einfluss von Kultur/Sprache auf die Denkweise – beobachtet werden können. Everett zeigt recht anschaulich, dass in der Tat nicht in allen Bereichen oder in Bezug auf alle Phänomene die gleichen relativistischen Effekte beobachtet werden können und dass die deutlichsten Einflüsse bezüglich der Raumkognition auszumachen sind (siehe Kap. 3).

Wissenschaftstheoretisch und erkenntnistheoretisch haben sich in den letzten Jahrzehnten allerdings auch Entwicklungen ergeben, die einer phänomenalen Sprachstruktur wie sie hier verfolgt werden soll, zuwiderlaufen, allen voran der Fokus auf das menschliche Gehirn und die Formalisierung von Sprache und Sprachstrukturen. Wie in der Einleitung dargelegt, scheint es angebracht und an der Zeit, mit dieser deutschsprachigen Einführung die auseinanderdriftenden Ansätze wieder zu vereinen und eine interdisziplinäre Perspektive zu stärken.

Wie bereits angedeutet wurde, gibt es teilweise unüberwindlich erscheinende Gräben zwischen den Disziplinen und Ansätzen, die den Neo-Whorfschen

---

[68] „Languages differ not only in the character of their constituent phonetic elements and sound-clusters, but also in the groups of ideas that find expression in fixed phonetic groups." (Boas 1911: 24)

Ansatz entweder rundum ablehnen oder als obsolet erachten, während andere Vertreter*innen der Sprach- und Kulturwissenschaften die Sprache als *das* Kategorisierungsprinzip ansehen und damit den Ansatz befürworten. Dieses Studienbuch verortet sich zwischen den Debatten zum Verhältnis von Sprache und Kognition und präsentiert Denkansätze, die der Sprache zumindest ein kategorisierendes und konstitutives Grundprinzip zuweisen (siehe bereits das Kapitel „Language and Thought" in Franz Boas (1911: 64–67). Dies bedeutet nichts weiter, als dass die jeweilige Einzelsprache, der Dia-, Regio-, Ideo- oder Soziolekt einen Einfluss auf das Denken hat, genauso wie z.b. unterschiedliche berufliche Praktiken einen Einfluss auf das Vokabular haben müssen (hören Sie einem alltäglichen Gespräch zwischen Handwerker*innen in einer Werkstatt oder auf einer Baustelle zu, Sie werden viele Wörter und damit Konzepte nicht einordnen können).

Einen wichtigen Beitrag wird im Rahmen des entwicklungspsychologischen Ansatzes von Wygotski *Denken und Sprechen* (1964) und Tomasello *The Cultural Origins of Human Cognition* (1999), *Constructing a Language. A Usage-Based Theory of Language Acquisition* (2003) oder *A Natural History of Human Thinking* (2014) aufgezeigt. In beiden Ansätzen wird davon ausgegangen, dass die Verbindung zwischen einer Sprache und der Kognition keine Einbahnstraße ist, sondern dass der Einfluss wechselseitig ist. Kognition und Sprache beeinflussen sich gegenseitig im Rahmen der jeweiligen kulturellen Ausprägungen (wie eingangs erwähnt wird Kultur hier als *heterogen* verstanden – es gibt damit nicht *die* Kultur).

Ebenso spielen unterschiedliche Lebens(um)welten, die sich in sozialen Rollen, gesellschaftlichen Hierarchien, unterschiedlichen Arbeitsumgebungen etc. ausdrücken, eine erhebliche Rolle.[69] Die Bedeutung unterschiedlicher Lebenswelten (also alltäglicher Praktiken) offenbart sich besonders dann, wenn sie fehlen, etwa in Untersuchungen unter laborähnlichen Bedingungen z.B. zur sprachlichen Relativität, aber vor allem bei kognitionspsychologischen Testverfahren. Dabei werden primär Studen*innen aus den eigenen Seminaren als Proband*innen ausgewählt, die im Zweifelsfall auch noch Credits (Modulpunkte) für ihr Mitwirken bekommen. Für diese Proband*innen stellen visuelle Testverfahren, wie sie häufig Anwendung finden, kein besonderes Problem dar, da der Alltag in westlichen Kulturen von solchen visuellen Gegebenheiten geprägt ist (vgl. hierzu auch Werlen 2002: 39, 47, 52).[70]

---

[69] Zum Einfluss einer Landschaft oder besser Umgebung siehe *Landscape in Language* von Mark, Turk, Burenhult & Stea [2011].
[70] „Es muss schon hier darauf hingewiesen werden, dass die beiden Gruppen von Probanden

Ich stelle in diesem Kapitel also einige Überlegungen vor, die bei der Beurteilung der Frage helfen sollen, ob Kultur sich über die Sprache im Denken (Raum, Zeit, Objekt, Farbdenken, um genauer zu sein) niederschlägt. Wichtig ist dabei allerdings zu unterscheiden, ob es sich um die Sprachproduktion (etwas sagen), die Sprachrezeption (etwas hören und verarbeiten) oder die Sprachrepräsentation (die gehörte Information in das vorhandene Wissen integrieren) handelt. Eine Unterscheidung, die in der Literatur häufig nicht vorgenommen wird – es wird dann einfach von Sprache gesprochen (Slobin [1996] ist eine rühmliche Ausnahme, da er genuin von *denken* und *sprechen* schreibt und beides als Prozesse präsentiert, think*ing*-for-speak*ing*, dazu später mehr).

2.2 Grundsätzliche Überlegungen

In diesem Abschnitt werden einige Vorüberlegungen zur Frage der Zusammenführung von Kognitiver Semantik und Kognitiver Anthropologie angestellt. Da über 2000 Jahre okzidentaler Philosophie zum Verhältnis von Sprache und menschlichem Verhalten hier nicht annähernd zusammengefasst werden können (so schon erläutert in Thiering 2014; vgl. für einen deutschsprachigen Überblick Werlen 2002), setzt diese Einführung historisch ein mit Wilhelm von Humboldts Idee der *Weltansichten*. Diese Setzung scheint gerechtfertigt, kann Humboldt doch als einer der prominentesten Vertreter betrachtet werden, die das Feld der Sprach-Geist-Debatte etabliert haben (vgl. Trabant 2012; weiter Härtl 2009; Gipper 1972; Miller 1968; Penn 1972).[71]

---

schwer vergleichbar sind: die mexikanischen Bauern sind weder mit der Idee eines psychologischen Experimentes vertraut, noch verfügen sie über die Kategorien, die einem solchen Experiment überhaupt einen Sinn verleihen. Die amerikanischen Probanden dagegen sind in einem entsprechenden Bildungssystem erzogen worden und studieren an einer Universität mit hohem Renommée." (Werlen 2002: 39)

71 Zum Einfluss von Sprache auf das Denken und zur Aktualität des Ansatzes siehe z.B. gut verständlich Deutscher 2010; C. Everett 2013; D. Everett 2009, 2016; Gipper 1972; zur Debatte um den *Neo-Whorfschen* Ansatz siehe vor allem Levinson 2003; Lucy 1992; Pederson 2007; Thiering 2015; Pütz & Verspoor 2000; zu linguistischen und grammatischen Einzelfallstudien siehe Levinson & Wilkins 2006, die vor allem nicht-europäische Sprachen empirisch angehen; Hunt & Agnoli 1991 argumentieren aus einer psychologischen Perspektive. Majid, Bowerman, Kita, Haun & Levinson haben darauf aufmerksam gemacht, dass die unterschiedlichen kognitiven Prozesse zu differenzieren sind: „Do the computations needed for speaking languages with different FoRs [frames of references] affect only the processes of speaking and comprehending? Or do they have deeper cognitive consequences as well? Some say the answer is no. According to one view, spatial cognition is inherently ‚dynamic, egocentric and primitive', such that everyone, regardless of

2.3 Verkörperung als sprachliches Handeln

Meines Erachtens gilt es, Sprache und Sprechen als wesentliche Formen alltäglicher Kategorisierung zu betrachten. Mithilfe von Sprache – und darüber hinaus mit Gesten, Körpersprache, Körperhaltung und Mimik – nehmen Menschen im Alltag Fokussierungen und Setzungen vor, um nicht nur zu kommunizieren, sondern vor allem, um sich die *Lebenswelt* durch *Sprachspiele* zugänglich zu machen.[72] Das Sprachspiel des Zeigens wird sehr anschaulich im folgenden Ausschnitt aus Emine Özdamars *Die Brücke vom Goldenen Horn* (2008) dargelegt:

> In der Stresemannstraße [in Hamburg St. Pauli/Altona; M.T.] gab es damals, es war das Jahr 1966, einen Brotladen, eine alte Frau verkaufte dort Brot. Ihr Kopf sah aus wie ein Brotlaib, den ein verschlafener Bäckerlehrling gebacken hatte, groß und schief. Sie trug ihn auf den hochgezogenen Schultern wie auf einem Kaffeetablett. Es war schön, in diesen Brotladen hineinzugehen, *weil man das Wort Brot nicht sagen mußte, man konnte auf das Brot zeigen.* (Özdamar 2008: 11; Hervorhebung M.T.)

In dem Buch beschreibt die Erzählerin anschaulich ihre Ankunft aus der Türkei als ‚Gastarbeiterin' in Deutschland und die alltäglichen sprachlichen und kulturellen Barrieren. Das gestische Zeigen auf einen Gegenstand war da die einfachste Möglichkeit der Verständigung.

---

language, uses an egocentric representation to solve non-linguistic spatial tasks." (Majid, Bowerman, Kita, Haun & Levinson 2004: 109) Die Autor*innen stellen heraus, dass Effekte womöglich nicht nur das Sprechen und Verstehen, sondern weitere kognitive Funktionen betreffen.

72 Mit Bezug auf den Zusammenhang von Sprache bzw. Sprechen und Gesten schreibt Trabant: „Aber der Mensch produziert ja nicht nur orale, vokale Zeichen (vox), er kommuniziert mit einer Vielzahl anderer Handlungen (actus), mit Gebärden und mit Bildern. Das Visuelle konkurriert (auch im Sinne von ‚läuft mit') mit der oralen Sprache. Der Mensch spricht niemals nur mit dem Mund. Orale und visuelle Semiosen stehen in innigster Beziehung zueinander. Daher haben nicht nur in letzter Zeit die Forschungen zu den Beziehungen von Sprache und Gebärde einen bedeutenden Aufschwung genommen [...], auch in den Überlegungen zur Evolution der Sprache werden diese Beziehungen wieder ganz zentral diskutiert. [...] Die orale Artikulation ist, darin sind sich die Theorien der Sprach-Entstehung einig, die evolutionär modernste Technik menschlicher Kommunikation und Kognition. Der Leipziger Primatologe Michael Tomasello, der derzeit das plausibelste Szenario für die Entwicklung menschlicher Sprache entworfen hat [...], nimmt an, dass menschliche Kommunikation zuerst durch das Zeigen (pointing) auf die Welt und durch die gestische Imitation (pantomiming) der Welt, durch Deixis und Mimesis in Gebärden, realisiert wird, nicht durch ein lautlich-orales Geschehen, das erst später diese Funktion übernimmt. Die Evolution der Sprache geht von der Handlung (actus) zur Stimme (vox), von der Hand in den Mund." (Trabant 2013: 36–37)

Manche Leser*innen werden in den beiden Begriffen *Lebenswelt* und *Sprachspiele* den Philosophen und Phänomenologen Edmund Husserl und den Sprachphilosophen Ludwig Wittgenstein erkennen. Husserl und Wittgenstein sind wesentlich für den hier vertretenen sprachkonstruktiven Ansatz, der besagt, dass Menschen sich *in* und *mit* der Sprache eine außersprachliche Welt zugänglich machen. Dabei sind allerdings nichtsprachliche, umweltbedingte und kognitive Faktoren ebenso entscheidend für die Bedeutungszuweisung wie die eigentlichen sprachlichen. Trotzdem wird hier Wittgensteins bedeutungsphilosophische und pragmatische Aussage, dass die Bedeutung eines Wortes sein Gebrauch in der Sprache ist[73], als Definition vorgeschlagen, denn schließlich geht es um den Zusammenhang von Kognitiver Semantik, also Sprache und Sprechen, und Kognitiver Anthropologie, als dem, was Menschen tun, was sie denken und wie sie handeln. Wittgenstein nimmt hier Positionen vorweg, die in späteren sprechakttheoretischen Ansätzen weiter ausgefeilt werden sollten. Das nächste Unterkapitel geht kurz auf diese Ansätze ein.

2.4 Sprechakte

Dieser Abschnitt soll ein Grundverständnis der Praxis des Sprechens einführen. Als einer der wichtigsten Texte hierzu muss J. L. Austins *How to do Things with Words* (1962) genannt werden. Austin führt die Idee in den wissenschaftlichen Diskurs ein, dass Menschen bei der Kommunikation bzw. beim Sprechen verbindliche Setzungen vornehmen, z.B. in Sätzen wie diesen: „Kraft meines Amtes ernenne ich Euch hiermit zu Mann und Frau ...", „Ich verspreche Dir hiermit ...", „Ich befehle Ihnen ...", „Gib mir doch bitte ...", „Ich taufe Dich/das Schiff ...", „Im Namen des Volkes verurteile ich Sie hiermit ...", „Hiermit ist der Vertrag besiegelt" oder einfach „Mir ist kalt", „Die Tür ist offen", „Na?". In den dargestellten Aussagen liegen außersprachliche Verweise auf kulturelle bzw. gesellschaftliche Normen und Konventionen, denn nur bestimmte Menschen können – auf gesellschaftlich legitimierte Weise – ein Paar trauen, anderen Befehle erteilen, jemanden verurteilen, versprechen, aber auch lügen etc.

Sprechakte werden dann problematisch oder kompliziert, wenn ihre Verweisfunktion in der gegebenen Situation nicht deutlich wird, etwa wenn die Sprecher*innen sich zwar in Sicht- oder Hörkontakt befinden, der symbolische

---

[73] „Man kann für eine *große* Klasse von Fällen der Benützung des Wortes ‚Bedeutung' – wenn auch nicht für *alle* Fälle seiner Benützung – dieses Wort so erklären: Die Bedeutung eines Wortes ist sein Gebrauch in der Sprache." (Wittgenstein 1982: 41; Hervorhebung im Original)

Verweis aber nicht eindeutig ist. Z.B. enthält die Aussage „Mir ist kalt" unterschiedliche Aussagemöglichkeiten. Je nach Kontext bzw. nach Befinden der Sprecher*in kann diese Äußerung unterschiedliche Reaktionen bei Zuhörer*innen hervorrufen. Es kann eine implizite Aufforderung sein, jemand gibt mir als Reaktion vielleicht eine Jacke, schließt ein Fenster, stellt die Heizung höher oder schickt mich nach Hause, da ich augenscheinlich Fieber habe, bereitet einen wärmenden Tee etc. Die Entscheidung, wie auf diese Äußerung zu reagieren ist, ist vom jeweiligen Kontext, damit der Situation abhängig.

Bei mehrdeutigen Äußerungen wird es also noch komplexer, denn neben der sprachlichen bzw. semantischen Überschneidung innerhalb eines Sprechaktes zwischen Sprecher*innen muss nun kulturelles und sprachhistorisches Wissen verknüpft werden. Das Verständnis des Satzes „Er/Sie hat ins Gras gebissen" (*he/she kicked the bucket*) benötigt Weltwissen, um dem beschriebenen Zustand Sinn zu verleihen. Eine reine Analyse der Einzelworte und Morpheme ergibt nur bedingt Sinn mit Bezug auf den semantischen Gehalt der Gesamtaussage:

Er/Sie = Personalpronomen
in das = Präposition + Kasus (lokal/Akkusativ)
Gras = Substantiv/Nominalphrase (NP)
beißen = Verb der Handlung/Verbalphrase (VP)

Die Dekomposition hilft also nicht weiter, denn warum jemand tot ist – denn dies besagt die Metapher ja –, nachdem er/sie ins Gras gebissen hat, wird so nicht ersichtlich. Hier weist die Konstruktion der Einzelwörter zu einem Satz über die Einzelwortdefinitionen hinaus. Damit sind solche Sätze praktisch *Gestalten*, die fehlende explizite Informationen (visuell) ergänzen, wie im Rahmen kognitiver Konturen beschrieben (siehe Kapitel zur Gestalttheorie). Allerdings lässt sich einwenden, dass solche Phrasen eben Ausnahmen darstellen, da sie als Sprichwörter historisch gewachsen sind, die als ganze Einheiten gespeichert werden.

Es zeigt sich im Vergleich zwischen visuellen und sprachlichen Konstruktionen deutlich der gemeinsame Charakter von Prozessen der visuellen Wahrnehmung – kognitive Konturen, die im Kapitel zur Gestalttheorie dargelegt werden – und semantischer Ergänzung. Dies stellt bereits Whorf heraus:

> The meanings of specific words are less important than we fondly fance. Sentences, not words, are the essence of speech [...]. That part of meaning which is in words, and which we may call „reference", is only relatively fixed. Reference of the words is at the mercy of

the sentences and grammatical patterns in which they occur. (Whorf 1956: 258f.; siehe auch Werlen 2002: 227)[74]

„Sentences, not words, are the essence of speech" – ebendies kann als eine zentrale Annahme der Sprechakttheorie bezeichnet werden.

Karl Bühler hat bereits den Werkzeugcharakter der Sprache betont, indem er sie als *Organon* (griech.: „Werkzeug") bezeichnete. In seinem 1934 veröffentlichten Buch *Sprachtheorie. Die Darstellungsfunktion der Sprache* beschreibt Bühler unter anderem die Funktion sprachlicher Zeichen in der Bedeutungsaushandlung zwischen einer Sender*in und einer Empfänger*in, die sich beide über einen außersprachlichen Sachverhalt austauschen. Wobei Bühler hier Sprache im Sinne eines kommunikativen Zeichensystems versteht, weniger als bedeutungskonstitutiv. Auch sind die Figuren Sender*in und Empfänger*in aus heutiger Perspektive zu statisch, aber als Einstieg bietet sich das Modell an, da es auch den außersprachlichen Verweis als genuine Zeichenfunktion beschreibt.

Es gibt nach Bühler einen Sender und dessen Ausdruck und einen Empfänger, an den ein Appell gerichtet ist. Dieser Appell ist der Inhalt einer Mitteilung über ein Kodierungssystem. Mit diesem wird indirekt – gestrichelte Linie – auf Sachverhalte oder Gegenstände verwiesen. Das Zeichen (Z) steht verbindend im Mittelpunkt. Es bildet Schnittmengen zu den drei angrenzenden Bereichen, den Sprecher*innen und dem Inhalt der Aussage. Damit kann die oben angeführte Aussage oder Darstellung „Mir ist kalt" als eine Aneinanderreihung sprachlicher Zeichen verstanden werden, die auf einen privaten Befindlichkeitszustand – kalt als unangenehmes Gefühl – verweisen. Dieses Gefühl kann nach Wittgensteins Privatsprachenargument nie ganz kongruent zwischen Sprecher*in und Hörer*in sein. Privat wird hier verstanden als subjektives (Welt)Wissen, das immer individuell geprägt ist.

Die Auffassung der Sprache als Werkzeug (*Organon*) nimmt Austins Idee des Sprechakts vorweg, also die Idee, dass Menschen mit und in der Sprache handeln, nämlich versprechen, verurteilen, lügen, befehlen, verhandeln, bitten, verlangen, taufen, wünschen etc. Die Aussage „Hiermit taufe ich Dich auf den Namen Rickmer Rickmers" (ehemaliges Segelschulschiff an den Hamburger Landungsbrücken, das heutzutage als ‚Erlebnisort' gemietet werden kann) wird durch den symbolischen Akt der geworfenen Champagnerflasche und das Aussprechen des Satzes vollzogen. Die Champagnerflasche ist dabei Zeichen für etwas. Die Flasche ist mit dem Schiff durch ein Seil verbunden, das als Nabelschnur interpretiert

---

[74] Werlen spricht in Anlehnung an Lee sogar von *Gestaltlinguistik* (Werlen 2002: 224–228).

werden kann. Das Schiff gleitet danach ins Wasser. Damit ist ein deklarativer Sprechakt vollzogen.

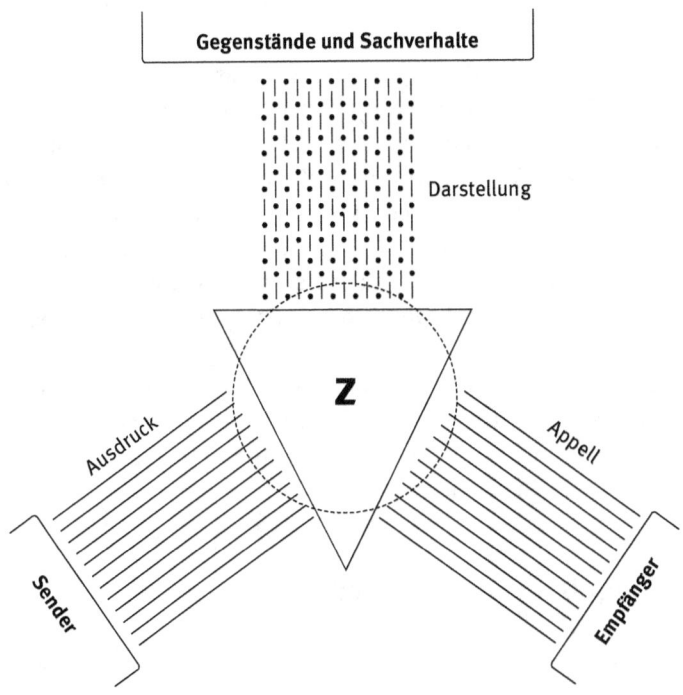

Abb. 2: Karl Bühlers Organon Modell (adaptiert von Anat Frumkin)

Diese sprachliche Handlung verweist nicht nur auf eine bestimmte Semantik, sondern auf enzyklopädisches Wissen von Schiffstaufen (die metaphorisch abgeleitet sind von Taufen von Kindern). Durch das Sprechen bzw. die Aussage und den Wurf der Flasche wird die Taufe erst wirkungsmächtig. Werfe ich eine Flasche einfach so gegen eine Schiffswand, ohne ‚Nabelschnur' und sprachliche Ergänzung, dann hat dies keine Konsequenzen.[75] Ein weiteres Beispiel ist „Hiermit

---

[75] In anderen Kulturen gibt es völlig andere Sprachrituale. Die skizzierten Sprechakte sind Sprachhandlungen, ritualisierte, sich wiederholende Praktiken (siehe hierzu Thiering & Schiefenhövel 2016). Claude Lévi-Strauss hat hierzu ausgiebige Untersuchungen vorgenommen (1967, 1968, 1971–1973).

erkläre ich Sie zu Mann und Frau", womit der Bund der Ehe beschlossen wird. Ein Ring symbolisiert diesen Bund dann als kulturellen und gesellschaftlichen Akt.

Auch der Handschlag gilt heute noch als Vertragsabschluss, er *be-siegelt* einen Vertrag. Das Siegel gilt historisch als Stempel, das heißt als materialisiertes, symbolisches Prüfzeichen, *besiegeln* nimmt diesen Akt als Verbum auf.[76] Die Taufe unter symbolischer Benutzung des Weihwassers nimmt ein Kleinkind in den Kreis der Kirche auf. Und in der universitären Lebenswelt ist die Habilitation im Gegensatz zur Promotion keine Prüfung, sondern der höchst offizielle Akt, in dem die Kandidat*in in den erlauchten Wissenschaftler*innenkreis aufgenommen wird. Wichtig an diesen Akten ist, dass es in unterschiedlichen Kulturen unterschiedliche Sprachspiele gibt. Diese unterschiedlichen Sprachspiele können daher zu kommunikativen Missverständnissen, wie den vielbeschworenen Fettnäpfchen, zwischen Angehörigen unterschiedlicher Kulturen führen (in Sophia Coppolas Film *Lost in Translation* (2003) am Beispiel zweier sich in Japan aufhaltenden US-Amerikaner*innen anschaulich dargestellt). Diese sogenannten *Register*, also die Auswahl sprachlicher Umgangsformen in Abhängigkeit der jeweiligen Situation, gilt es zu kennen, nicht nur in einer eher unbekannten Kultur, sondern auch in der eigenen.

2.5 Sprache=Denken-Isomorphismus

Zurück zur Frage des Einflusses von Kultur über Sprache auf das Denken. Auch wenn dies im Folgenden noch ausführlicher gezeigt wird, sei hier vorab schon betont, dass es keine isomorphe Eins-zu-eins-Relation zwischen Sprache bzw. einem Wort und Kognition bzw. einem Konzept gibt. Diese Einsicht wurde spätestens mit Ferdinand de Saussures Definition des Zeichens als eine Einheit aus Signifikat und Signifikant etabliert: „Das sprachliche Zeichen vereinigt in sich nicht Namen und eine Sache, sondern eine Vorstellung [Bezeichnetes] und ein

---

76 *Besiegeln* zeigt sehr anschaulich den Übergang einer gestischen und sprachlichen Handlung per Handschlag und wie diese Geste durch eine amtliche Geste erweitert wurde, nämlich durch die Benutzung von Siegeln. Durch ein Siegel erlangen Verträge oder Urkunden Gültigkeit und werden amtliche Gutachten notariell beglaubigt (lat. *sigillum*: „kleine Figur, kleines Bildnis, kleine Statue, Siegel(abdruck), Zeichen"; aus: DWDS Etymologisches Wörterbuch). „Der Flüchtlingspakt mit Ankara ist *besiegelt*" (DWDS: *Die Zeit*, 18.03.2016); „Nach dem Ende der Produktion von Musikboxen im Jahr 2013 ist das Aus des Traditionsunternehmen Wurlitzer in Deutschland *besiegelt*" (DWDS: *Die Zeit*, 01.03.2016); „Das Abkommen *besiegelte* die Einigung der fünf UN-Vetomächte Russland, China, USA, Frankreich und Großbritannien und außerdem Deutschland mit dem Iran." (DWDS: *Die Zeit*, 01.01.2016)

Lautbild [Bezeichnendes]" (de Saussure 2001: 77).⁷⁷ Es ist vielmehr von einem kognitiven Mittler zwischen Sprachen und mentalen Repräsentationen auszugehen, der eine Schnittmenge zwischen sprachlichen, kognitiven und verkörperten Aspekten präsentiert. Im Anschluss an die kognitionspsychologische Forschung, konkret an Jackendoffs *projected world*, nenne ich diese Schnittmenge *mentale Modelle* (Thiering 2015; Tversky 1993).⁷⁸

Bei Karl Bühler ist der Mittler das Zeichen (Z), das im Organon-Modell zentriert im Dreieck platziert ist (vgl. Abb. 2). Es vereint somit drei sprachliche Funktionen: eine Sender*in oder Sprecher*in, eine Empfänger*in oder Adressat*in und den Sprachbezug, also den Sachverhalt oder Gegenstand, über den gesprochen wird.⁷⁹ Im Gegensatz zu Bühler betont de Saussure allerdings, dass es sich beim

---

77 Siehe auch Roland Barthes' *Elemente der Semiologie*, hier besonders das Kapitel zu Signifikant und Signifikat (Barthes 19801a: 31–48; siehe auch 1981b).
78 „Traditionally, in the cognitive sciences, language has been considered a privileged entry point into the nature of conceptual representations [...]. More strongly, it has sometimes been assumed that linguistic-semantic and conceptual representations are simply identical [...]. The ‚cognitive streamlining' hypothesis has to agree with this general position: In order for language to have reorganizing effects on other cognitive systems, linguistic-semantic representations need to be equivalent, or at least isomorphic, to conceptual representations. However, there are several reasons for believing that linguistic and cognitive representations cannot be equivalent [...]. First, there are several phenomena specific to language that have no counterparts in thought. Words can be ambiguous (the English word ‚seal' corresponds to several distinct concepts), whereas concepts are not. Similarly, the meanings of several linguistic expressions are impoverished and broad, and need support from context to be fleshed out into a complete thought (in the sentence ‚He saw her sitting there,' he, her, and there all require extralinguistic information to be able to pick out specific people and places). In fact, almost any utterance relies on context to convey the exact meaning the speaker has in mind; as a result, even though the meanings of the words do not change, their interpretations vary from utterance to utterance [...]." (Papafragou 2007: 286)
79 Es gibt recht unterschiedliche semiotische Modelle, hier seien als kleine Auswahl einige der bekanntesten modernen Vertreter bzw. Mitbegründer einer strukturalistischen Semiotik genannt, die der Autor ebenfalls in seinen Seminaren der Humboldt-Universität zu Berlin, Philosophie I verwendet hat: Barthes 1964[1981a]. *Elemente der Semiologie*; Bloomfield 1933. *Language*; Eco 1976[1987]. *Semiotik. Entwurf einer Theorie der Zeichen*; Eco 1984. *Semiotik und Philosophie der Sprache*; Hjelmslev 1974 [1943]. *Prolegomena zu einer Sprachtheorie*; Morris. 1938. *Foundations of the Theory of Signs*; Morris 1946. *Signs, Language and Behavior*; Ogden & Richards. 1923. *The Meaning of Meaning*; Trabant 1996. *Elemente der Semiotik*; aus kognitiv semiotischer Perspektive bietet sich Zlatev 2015 an. Das *Handbuch der Semiotik* (2000) von Winfried Nöth gibt einen guten Überblick zu den verschiedenen Zeichentheorien. Das umfassendste deutschsprachige Werk ist das dreibändige (und einem vierten Glossarband) Handbuch von Roland Posner, Klaus Robering, Thomas A. Sebeok. ab 1997. *Semiotik-Ein Handbuch zu den zeichentheoretischen Grundlagen von Natur und Kultur.*

sprachlichen Zeichen nicht um die Beziehung zwischen Zeichen und Außenwelt handelt, sondern um eine kognitive Vorstellung (damit geht es auch nicht um mögliche Welten – *possible worlds*, wie aus der formalen Logik bekannt). Diese kognitive Vorstellung ist subjektiv geprägt.

Diese subjektive Prägung ist meines Erachtens wesentlich im Rahmen des Neo-Whorfschen Ansatzes. Hier wird Sprache als wesentliche Form alltäglicher Kategorisierung betrachtet. Mentale Modelle fungieren dabei als Wissenssysteme.[80]

Zurück zur Frage nach dem Zusammenhang von Sprache und Denken. Caleb Everett schreibt zur Frage der Relation zwischen Sprache und Kognition:

> It's an old question. Does language affect how we think? [...] The central question addressed by this book is whether differences between languages affect the nonlinguistic cognition of their speakers. We have found strong evidence for a positive answer to this question. Nevertheless, many of realistic effects we have discussed are subtle in nature. Still, the majority of the data we have examined suggest that systematic differences in linguistic practice can and do create divergent cognitive habits. And like all habits, they may be hard to break. (C. Everett 2013: 1, 275)

Everett konstatiert also, dass Sprache einen *Effekt* auf Kognition hat. Dabei ist es allerdings wichtig, zwischen den Einflussbereichen zu unterscheiden, also den oben bereits angeführten Bereichen Raum, Zeit, Farbe etc. Sprache und Kognition sind nämlich nicht isomorph verbunden (wie die zwei Seiten *eines* Blatt Papiers, um de Saussures Analogie zu strapazieren), sondern ihre Verbindung unterscheidet sich je nach Bereich.

Um sich diesem Problem anzunähern, erscheint es sinnvoll, auf Jürgen Trabant zurückzugreifen, der konsequent Humboldts Sprach-Geist-Dichotomie folgt. Trabant schreibt:

> Sprache ist die Erzeugung des Gedankens. Sie ist nicht nur Bezeichnung des ohne Sprache Gedachten und Kommunikation dieses Gedachten an den Anderen mittels des Lauts. Sie ist zuvörderst verkörpertes Denken, in dem Stimme und Begriff, Signifikant und Signifikat als synthetische Einheit die Welt gestalten [...]. Sprache ist Resultat einer ganzen Reihe von Synthesen, Vermählungen [...]. Das Denken [bildet] sich nicht als Sprache im Allgemeinen, sondern in vielen verschiedenen Sprachen. Der Mensch spricht immer eine ganz bestimmte Sprache und nicht die Sprache überhaupt. Die Synthesis des Denkens durch Sprache ist also immer *historisch partikular*. (Trabant 2012: 313–315; Hervorhebung im Original)

---

80 Siehe v.a. Hutchins 1983, 1995 und Johnson-Laird 1983, beide Autoren verbinden höchst unterschiedliche Ideen mit dem Konzept der mentalen Modelle; weiter auch das Kapitel zu mentalen Modellen in dieser Einführung.

Kognition ist nach Trabant also „verkörpertes Denken". „Verkörpertes Denken […] in verschiedenen Sprachen" bezieht sich auf den bereits erwähnten verkörperungstheoretischen Ansatz, der den Leib, wie Merleau-Ponty ihn nennt, als zentrales Element innerhalb der Sprachspiele (der sprachlichen Aushandlungen von Bedeutungskontexten) erscheinen lässt. Hier wird dieser Ansatz dahingehend erweitert, dass Sprache als *ein* – wenn auch wesentliches – Zeichensystem unter mehreren verstanden wird, darunter alltägliche Praktiken und implizite Wissensstrukturen (die auf den mentalen Modellen basieren; Hutchins 1995; Thiering 2013, 2014, 2015; Tversky 1993, 2014). Damit steht nicht nur das Gehirn einschließlich seiner neuronalen Verschaltungen als bedeutungsgebendes Organ im Vordergrund, sondern der gesamte Körper im Zusammenspiel mit weiteren Faktoren.

Eine weitere wesentliche Vorstellung, die in dem obigen Zitat von Trabant nur kurz angedeutet wird, ist die, dass Sprache die Welt gestaltet. Damit geht es nicht nur um Sprache als kommunikatives Mittel, sondern Sprache wird konstitutiv für die Kategorisierung der jeweiligen (Um)Welt. Diese Vorstellung findet sich ebenfalls in neueren Neo-Whorfschen Ansätzen, wie weiter unten dargelegt wird.

Trabants Ansatz wird hier also dahingehend erweitert, dass Sprache lediglich *ein* Zeichensystem, wenn auch eines der wichtigsten, unter mehreren ist. Zu den weiteren Zeichensystemen zählen Praktiken z.B. der Raumorientierung unter Rückgriff auf ein GPS im Smartphone und implizite Wissensstrukturen, gestisches Zeigen und Verweisen (Deixis; mit Bezug auf räumliche Referenzrahmen siehe Burenhult & Levinson 2008; Deixis und soziale Praxis siehe Bickel 2000 und das Zeigen in der Bäckerei auf ein Brot wie bei Özdamar oben), aber auch externalisierte Zeichensysteme wie Post-its, Tablets, Smartphones, Karten, Fotos, Filme und *virtual/augmented reality*, die für sich genommen eigene Zeichensysteme sind.[81] Dabei (re)präsentieren diese nichts im klassischen Sinne, sondern funktionieren als bedeutungsgebende Hinweise, sie präsentieren.

---

[81] Dazu Wittgenstein: „Gewiß geht das Denken der gewöhnlichen Menschen in einer Mischung von Symbolen vor sich, in der vielleicht die eigentlich sprachlichen nur einen geringen Teil bilden." (Wittgenstein 1989: 54). Die Artikel in dem von mir herausgegebenen Sonderheft der *Zeitschrift für Semiotik* (Thiering 2014) sammeln diesbezüglich unterschiedliche Standpunkte mit Bezug auf die Frage nach der Relation von Sprache und Kognition im Allgemeinen und der Frage nach dem Einfluss von Sprache auf Kognition im Besonderen.

2.6 Pfeifen, Treppen, Kippfiguren: *Ceci n'est pas une pipe*

Das Konzept der Repräsentation impliziert die Möglichkeit einer genauen Bedeutungszuschreibung, d.h. die Annahme, dass mit einem bestimmten Wort ein bestimmtes Ding bezeichnet werden kann. Dieses eher statische Konzept wird durch den Ansatz verkörperter Praktiken aufgeweicht. René Magritte hat dies anschaulich in seinem berühmten Bild *Ceci n'est pas une pipe* (1929) dargestellt. [82] Das Bild zeigt eine Pfeife bzw. die zweidimensionale Idee einer Pfeife. Der auf dem Bild unter der Pfeife stehende Satz „Ceci n'est pas une pipe" (dt.: „Dies ist keine Pfeife") stellt die Beziehung zwischen dem realen Gegenstand (eine Pfeife aus einem bestimmten Material), seiner Repräsentation (das Bild) und der Wahrnehmung des Abbildes in Frage. Ohne den (Zu)Satz käme die Betrachtende vielleicht gar nicht auf die Idee, dass sie keine Pfeife, sondern ein Bild von einer Pfeife sieht.

Der semiotische Akt der Bedeutungszuschreibung wird hier gebrochen, da die beiden Zeichensysteme, das Abbild und der Satz, sich widersprechen. Mit solchen Widersprüchen wird in der Kunst sehr häufig gespielt. An erster Stelle sollen M. C. Eschers optische bzw. perspektivische Täuschungen oder auch unmögliche Figuren genannt werden, die der Betrachter*in die Orientierung nehmen unter Verwendung unterschiedlicher Zeichensysteme. Im Prinzip werden hier (geometrische) Kippfiguren oder Vexierbilder auf die Spitze getrieben (siehe Kapitel 7 zu Gestaltprinzipien). Escher zeigt z.B. den Querschnitt eines Hauses mit zahlreichen Treppen, um unterschiedliche Perspektiven und Kippfiguren zu präsentieren und gängige Sehgewohnheiten zu manipulieren. So steigen menschenähnliche Figuren scheinbar eine Treppe hinauf, auf den zweiten Blick scheinen sie sie jedoch hinunterzugehen. Allein der Versuch, Eschers Illusionen zu beschreiben, scheitert an der Komplexität der geometrischen und räumlichen Spiele, die in seinen Bildern zu finden sind.

Wesentlich sind hier nunmehr die unterschiedlichen Zeichensysteme, die interagieren und dabei zu Verwirrung führen können vor allem bei Magritte. Die räumlichen Koordinaten wiederum, die in den Bildern über geometrische Relationen bei Escher gegeben werden sollen, brechen die gewohnten visuellen Verankerungsmöglichkeiten. Sobald eine geometrische Zuschreibung erfolgt, kippt diese im Moment des Seh-Aktes. Die sprachliche Beschreibung und die visuelle Setzung sind somit zwei Praktiken, die hier orchestriert sind. Aus einer ent-

---

82 Das Künsterler*innenkollektiv Laibach/NSK übernimmt diesen Ausspruch: „Ceci n'est pas Malevich" (https://wtc.laibach.org/products/ceci-nest-pas-malevich-poster; siehe auch Štrain 2018: 128–129).

wicklungspsychologischen Perspektive hat Lew Wygotski dies sehr anschaulich zusammengefasst:

> Die Entwicklung des Sprechens und des Denkens erfolgt also nicht parallel, sondern vollzieht sich ungleichmäßig. Ihre Entwicklungslinien laufen zusammen und wieder auseinander, überschneiden sich, gleichen sich in einigen Perioden an, decken sich stellenweise sogar in ihrem Verlauf und verzweigen sich dann wieder. Dies gilt sowohl für die Phylo- als auch die Ontogenese. (Wygotski 1964: 88)

Sprechen und Denken ergänzen sich somit, wobei es Wygotski nicht um einen unmittelbaren Seh-Akt geht im Gegensatz zu Eschers Kippfiguren oder Wittgensteins Hase-Enten Kopf handelt, sondern um die Entwicklung jener Fähigkeiten bei Kindern. Am Rande sei darauf hingewiesen, dass Wygotski nicht von Sprache, sondern von *Sprechen* und *Denken* schreibt (was im Englischen falsch mit *Thought and Language* übersetzt wurde), also einem dynamischen Prozess (siehe auch Sinha & Jense de Lopéz 2000).[83] Diese Einsicht eines dynamischen Prozesses ist in der Kognitiven Semantik in den 1990er Jahren von Dan Slobin (1996) aufgenommen worden, der von einem *thinking-for-speaking*-Ansatz ausgeht.[84] Was sich hinter diesem Ansatz verbirgt, soll im Folgenden erläutert werden.

2.7 Thinking-for-speaking/Experiencing-for-speaking

Auf der Grundlage eines historischen Abrisses von Humboldts Weltansichten und Whorfs linguistischer (genauer: grammatischer) Relativität schlägt Slobin vor, Denken und Sprechen als zwei dynamische und sich ergänzende Prozesse zu betrachten (Slobin 1996: 75).

> In my formulation: the expression of experience in linguistic terms constitutes *thinking for speaking* – a special form of thought that is mobilized for communication. [...] I propose that, in acquiring a native language, the child learns particular ways of thinking for speaking. (Slobin 1996: 76; Hervorhebung im Original)

---

83 Wygotski schreibt zum Prozesshaften: „Die Beziehung des Gedankens zum Wort ist keine Sache, sondern ein Prozeß, diese Beziehung ist eine Bewegung vom Gedanken zum Wort und umgekehrt – vom Wort zum Gedanken." (Wygotski 1964: 263)
84 Der programmatische Titel von Slobins Artikel lautet „From ‚thought and language' to ‚thinking for speaking'"; Levinson (2003: 303) spricht von *experiencing-for-speaking*, der Autor von *practices-for-speaking* (Thiering 2015: 15).

Slobin macht hier das Prozesshafte stark. Sprechen und Denken sind für ihn Handlungen. Wittgenstein hat dies prägnant in seinen *Philosophischen Untersuchungen* vorweggenommen. Für Wittgenstein gilt, dass Bedeutung sich in der sprachlichen Handlung manifestiert, eben in den oben eingeführten Sprachspielen. Slobin stellt die fundamentalen grammatischen und lexikalischen Unterschiede zwischen Sprachen heraus:

> Languages differ from one another not only in the presence or absence of a grammatical category, but also in the ways in which they allocate grammatical resources to common semantic domains. (Slobin 1996: 83)

Weiter schreibt er:

> In sum, we can only talk and understand one another in terms of a particular language. The language of languages that we learn in childhood are not neutral coding systems of an objective reality. Rather, each one is a subjective orientation to the world of human experience, and this orientation *affects the ways in which we think while we are speaking*. (Slobin 1996: 91; Hervorhebung im Original)

Damit dürfte deutlich werden, dass für Slobin – auch im Nachhall von Wilhelm von Humboldts Weltansichten – die Sprache bzw. das Sprechen elementar ist für die Kategorisierung der Welt, „a subjective orientation to the world of human experience". Diese Erfahrung wiederum beeinflusst „the ways in which we think while we are speaking". Entscheidend ist dann die Erkenntnis, dass „[t]he language of languages that we learn in childhood are not neutral coding systems of an objective reality". Damit macht Slobin den Ansatz einer kulturspezifischen und subjektiven Bedeutungsproduktion stark, den bereits Mark Johnson in seinem Buch *The Body and the Mind. The Bodily Basis of Meaning, Imagination, and Reason* (1987) ausführlich präsentiert hat. Dieser Ansatz wird in dieser Einführung um zwei weitere Bausteine erweitert:
a) Bedeutungstragend sind nicht nur die Sprache oder das Sprechen, sondern auch weitere semiotische Systeme im Allgemeinen.
b) Auch objektspezifische Bedingungen, *affordances* (Gibson 1986), spielen bei der Bedeutungskonstitution bzw. Kategorisierung eine wesentliche Rolle.

Im nächsten Abschnitt soll nun, nachdem Wilhelm von Humboldt bereits mehrfach erwähnt worden ist, näher auf einige historische Vorläufer dieses Ansatzes eingegangen wird.

2.8 Ausgangspunkt: Historischer Kontext

> These two opposing strands of „common sense" have surfaced in academic controversies and intellectual positions over many centuries of Western thought. If St. Augustine (354–430) took the view that language is a mere nomenclature for antecedently existing concepts, Roger Bacon (1220–92) insisted, despite strong views on the universal basis of grammar, that the mismatch between semantic fields in different languages made accurate translation impossible [...]. The Port Royal grammarians of the seventeenth century found universal logic thinly disguised behind linguistic difference, while the German romantics in a tradition leading through to Humboldt in the nineteenth century found a unique Weltanschauung, „world view"[85], in each language. The first half of our own century was characterized by the presumption of radical linguistic and cultural difference reflecting profound cognitive differences, a presumption to be found in anthropology, linguistics and behaviourist psychologies, not to mention philosophical emphasis on meaning as use. The second half of the century has been dominated by the rise of the cognitive sciences, with their treatment of mind as inbuilt capacities for information processing, and their associated universalist and rationalist presuppositions. St. Augustine would probably recognize the faint echoes of his views in much modern theorizing about how children acquire language through prior knowledge of the structure of the world. (Gumperz & Levinson 1996: 1–2)

Gumperz und Levinson skizzieren hier die wissenschaftshistorische Entwicklung, die von einer Universallogik der Port Royal über kulturanthropologische Ansätze zum Verstand (*mind*) als informationsverarbeitendes System reichen.[86]

Wilhelm von Humboldt hat mit seiner Idee der Weltansichten wesentlich zur Frage nach dem Einfluss der Sprache auf das Denken beigetragen. In Nordamerika wurde diese Frage um 1900 von Franz Boas, Edward Sapir und insbesondere Benjamin Lee Whorf diskutiert, ohne dass sie sich dabei explizit auf Humboldt berufen hätten.[87] Die *Neo-Whorfsche* Theorie wiederum, die Idee also, dass Kultur über Sprache die menschliche Kognition beeinflusst, ist dann in den frühen 1990er Jahren wiedererstarkt.[88]

---

85 Gumperz und Levinson machen hier einen Übersetzungsfehler, denn *world view* entspricht nicht der Weltanschauung.

86 Die Schule der Port Royal um 1660 bzw. dessen *Grammaire générale et raisonnée contenant les fondemens de l'art de parler, expliqués d'une manière claire et naturelle* gilt als theoretischer Vorläufer der Universalgrammatik nach Noam Chomsky. Angestrebt wurde eine universelle Grammatik mit dem Schwerpunkt auf Latein und in Teilen Griechisch und Französisch.

87 „In all articulate speech the groups of sounds which are uttered serve to convey ideas, and each group of sounds has a fixed meaning. Languages differ not only in the character of their constituents phonetic elements and sound-clusters, but also in the groups of ideas that find expression in fixed phonetic groups." (Boas 1911: 24)

88 „The original idea, variously attributable to Humboldt, Boas, Sapir, Whorf, was that the se-

Das linguistische Relativitätsprinzip ist im Gegensatz zum linguistischen Determinismus – der Ansatz, dass Sprache das Denken bestimmt – mit der Etablierung der Chomsky'schen Schule der generativen Universalgrammatik fast komplett aus dem Gedächtnis von Linguistik, Psychologie und Anthropologie verschwunden. Allerdings geriet die Frage der universellen kognitiven Repräsentationen im Unterschied zu kognitiven Repräsentationen, die von kulturspezifischen Ausprägungen zeugen, nie völlig aus dem Blick. Spätestens mit dem Aufkommen der kognitiven Psychologie und den vergleichenden Untersuchungen vor allem zu Farbwahrnehmungen von Brown und Lenneberg in den 1950er Jahren[89] und Berlin und Kay Ende der 1960er Jahre rückte die Frage nach dem Zusammenhang von Sprache und Kognition wieder verstärkt in den Vordergrund.

Ausgangspunkt des Ansatzes[90] linguistischer Relativität ist, wie bereits erwähnt, Wilhelm von Humboldts (1767–1835) Konzept der Weltansichten im

---

mantic structures of different languages might be fundamentally incommensurable, with consequences for the way in which speakers of specific languages might think and act. On this view, language, thought, and culture are deeply interlocked, so that each language might be claimed to have associated with it a distinctive worldview." (Gumperz & Levinson 1996: 2)

89 „It is popularly believed that reality is present in much the same form to all men of sound mind. There are objects like a house or a cat and qualities like red or wet and events like eating or singing and relationships like near to or between. Languages are itemized inventories of this reality. They differ, of course, in the sounds they employ, but the inventory is always the same. [...] If the Germans were to invent a new kind of automobile and we had not yet thought of such a machine, their dictionary would have one entry more than ours until we heard of the discovery and named it for ourselves. But these inequalities are in the lexical fringe. They do not disturb the great core of common inventory. [...] The linguistic comparisons alone do not establish the proposition. They need to be complemented with psychological data. However, it is clear that language can be described as a molder of thought since speech is a patterned response that is learned only when the governing cognitive patterns have been grasped. It is also possible that the lexical structure of the speech he hears guides the infant in categorizing his environment. These matters require empirical exploration." (Brown & Lenneberg 1954: 454, 462) Der letzte Satz verweist auf die auch aktuell noch diskutierte Notwendigkeit zur empirischen Untersuchung des Zusammenhangs von Kulturen, Sprachen und Kognitionen.

90 Von einer Theorie zu sprechen würde implizieren, dass es *einen* homogenen Ansatz gab bzw. gibt, allerdings ist eher von Ansätzen zu sprechen, die teilweise parallel verliefen. Gemeinsam ist den ersten Ansätzen die Untersuchungen an und mit *First-Nations-* oder *American-Indian*-Sprachen.

19. Jahrhundert.[91] Ähnlich wie Hamann (1730–1788),[92] Herder (1744–1803) und Steinthal (1823–1899) verfolgt Humboldt die Idee, dass die Verschiedenheit der Sprachen „nicht eine von Schällen und Zeichen, sondern eine Verschiedenheit der Weltansichten selbst" sei.[93]

---

[91] Siehe aktuell Trabant (2012) zur Diskussion der Humboldt'schen Weltansichten (ebenfalls Trabant 2000; Gipper 1972: 15–18; Ward 2001). Trabant verweist ebenfalls auf die einschlägigen und oft vergessenen Arbeiten von Condillac und Vico. Er schreibt an anderer Stelle: „Die historischen Hinweise auf Vico und Condillac wollten zeigen, dass auch schon vor zweihundertfünfzig Jahren über das evolutionäre Verhältnis der oralen Sprache zum Gestuellen auf eine tiefe Art und Weise nachgedacht wurde. Anders als das moderne Szenario denken die beiden Philosophen aus dem 18. Jahrhundert aber eher einen gemeinsamen oder parallelen Ursprung und Entwicklung. Natürlich wissen wir heute mehr über die Evolution des menschlichen Wesens. Aber das Geheimnis bleibt doch ungelüftet, wie das Gestisch-Visuelle und das Orale bei der menschlichen Zeichenentwicklung zusammenwirken und wie das Orale, wenn man so sagen darf, die Oberhand gewinnt, wenn es in der phonematischen Artikulation jene Technik entwickelt, welche die unendliche Weltbemächtigung und damit auch die unendlich differenzierte soziale Wirksamkeit der Sprache ermöglicht." (Trabant 2013: 42) Siehe kritisch zur *Whorfian* Theorie Berthele (2014) und ebenso Zlatev & Blomberg (2014); Zlatev & Blomberg erörtern dabei die Möglichkeiten zu allgemeinen Aussagen über den Einfluss von Sprache auf Kognition. Verwiesen sei auch auf Heeschen (1977), der ausführlich diskutiert, wann und wie Humboldt das Konzept der Weltansichten entwickelt. Heeschen argumentiert, dass bereits der frühe Humboldt dieses Konzept stark machte.
[92] Miller schreibt „Hamann's conviction that ‚all our knowledge is sensory, figurative' brought him into direct conflict with Kant. The crowning point of this conflict was Hamann's answer to Kant's Critique of Pure Reason, the ‚Metacritique Concerning the Purification of Reason' (1784). In this essay, Hamann takes up the problem raised by Kant as to whether knowledge of external objects is possible without or before sensuous impressions. In claiming the autonomy of reason over ‚experience and its everyday induction', II, 284), Kant ran counter to the very grain of very Hamannian philosophy. For Hamann, the most direct and immediate form of experience was not reason, as he believed Kant to be saying, but language." (Miller 1968: 16; siehe auch Penn 1972: 48–53) Damit kritisiert Hamann Kants Apriori-Vorstellungen und betont die konstitutive Funktion von Sprache. Die Aussage „whether knowledge of external objects is possible without or before sensuous impressions" wird als ein erkenntnistheoretisches Argument bei Levinson (2003) ins Feld geführt.
[93] Weisgerber (1929, 1950) spricht in Anlehnung an Humboldt von *Weltbildern* (siehe Heeschen 1977, 2014; sehr viel später wird Ekkehard Malotki [1979, 1983] von *ideas of space* schreiben; siehe auch Reichmann 2004.

2.9 Molyneux' Frage und sprachliche Relativität

Bevor die Sprache und das Sprechen als wesentlich definiert werden im Rahmen einer außersprachlichen Kategorisierung, soll hier ein von Levinson angeführtes Gedankenexperiment vorgestellt werden, das bezüglich der Frage der Interaktion zwischen Kulturen, Sprachen und Kognition maßgebliche erkenntnistheoretische Einsichten bringt.

Levinson stellt das folgende Gedankenexperiment in den Raum:

> In 1690 William Molyneux wrote John Locke a letter posing the following celebrated question: if a blind man, who knew by touch the difference between a cube and a sphere, had his sight restored, would he recognize the selfsame objects under his new perceptual modality or not? The question whether our spatial perception and conception is modality specific is as alive now as then. Is there one central spatial model, to which all our input senses report, and from which instructions can be generated, appropriate to the various output systems (touch, movement, language, gaze and so on)? (Levinson 2003: 56, zu ‚Molyneux's Question' 56–61)

Die Antwort auf diese Frage ist wesentlich für die uns hier beschäftigende Frage, ob Kulturen über Sprachen einen Einfluss auf das Denken haben. Die Frage also, was passiert, wenn ein von Geburt an blinder Mensch, der geometrische Formen dank seines Tastsinns unterscheiden kann, seinen Sehsinn wiedererlangt und dieselben geometrischen Formen nun sieht.[94]

Zurück zur Sprache. Die Sprache ist also „das bildende Organ des Gedanken" (zit. n. Trabant 2012: 313). Diese Grundidee wurde im frühen 20. Jahrhundert

---

94 Dieses Gedankenexperiment baut allerdings auf der Prämisse auf, dass Blindheit ein Problem für Betroffene darstellt. Dies sieht Noë differenzierter: „For those who see, it is difficult to resist the idea that being blind is like being in the dark. When we think of blindness this way, we imagine it as a state of blackness, absence and deprivation. We suppose that there is a gigantic hole in the consciousness of a blind person, a permanent feeling of incompleteness. Where there could be light, there is no light.
This is a false picture of the nature of blindness. The longterm blind do not experience blindness as a disruption or an absence. This is not because, as legend has it, smell, touch and hearing get stronger to compensate for the failure to see [...]. It's because there is a way in which the blind do not experience their blindness at all. Consider, you are unable visually to discern what takes place in the room next door, but you do not experience this inability as a gaping hole in your visual awareness. Likewise, you don't encounter the absence of the sort of olfactory information that would be present to a bloodhound as something missing in your sense of smell. Nor do you notice the absence of information about the part of the visual field that falls on the „blind spot" of your retina. In this same way the blind do not encounter their blindness as an absence." (Noë 2004: 4) Im Prinzip verweist Noë darauf, dass ein blinder Mensch sich nicht unbedingt als defizitär empfindet, sondern von sehenden Menschen als defizitär eingestuft wird.

in Nordamerika von Franz Boas (1858–1942) und seinem späteren Doktoranden Edward Sapir (1884–1939) aufgegriffen und weitergeführt und endete in dieser Phase mit einer zusammenfassenden Publikation von Benjamin Lee Whorf (1897-1941) von 1956 – die Originaltexte wurden zwischen 1927 bis 1941 veröffentlicht – mit dem vielsagenden Titel der Werkausgabe von *Language, Thought and Reality*. Whorfs Adaption von Humboldts besagter Idee der Weltansichten lautet dann auch,

> that users of markedly different grammars are pointed by their grammars toward different types of observations and different evaluations of externally similar acts of observation, and hence are not equivalent as observers but must arrive at somewhat different views of the world. (Whorf 1956: 221)

Sprecher*innen werden somit durch die grammatischen Strukturen ihrer Einzelsprache zu unterschiedlichen Wahrnehmungen und Beobachtungen geleitet. Damit sind deren Beobachten unterschiedlich zu Sprecher*innen anderer Sprachen und haben damit eine unterschiedliche Weltsicht – „different views of the world".

Weiter schreibt Whorf hier noch einmal:

> We dissect nature along lines laid down by our native languages. The categories and types that we isolate from the world of phenomena we do not find there because they stare every observer in the face; on the contrary, the world is presented in a kaleidoscopic flux of impressions which has to be organised by our minds – and this means largely by the linguistic systems in our minds. (Whorf 1956: 213)

Sprecher*innen kategorisieren ihre Umwelt in Abhängigkeit ihrer Muttersprache. Was sprachlich fokussiert wird bzw. gesetzt wird, um eine Analogie dieser Einführung zu verwenden, gilt als Organisationsprinzip einer außersprachlichen Umwelt.

Whorf führt aus, dass

> [a] scientist from another culture that used time and velocity would have great difficulty in getting us to understand these concepts. We should talk about the intensity of a chemical reaction; he would speak of its velocity or its rate, which word we should at first think were simply words for intensity in his language. (Whorf 1956: 218)

Der wesentliche Aspekt hier ist, dass in unterschiedlichen Kulturen und kulturellen Praktiken unterschiedliche sprachliche Kategorisierungen auf eben kulturspezifische Ausprägungen hinweisen.

Dem folgen Wolff und Malt im Prinzip in ihrem Artikel zu *Linguistic Relativity*, wenn sie konstatieren, dass „every language reflects a certain perspective on the world and encoding strategies" (Wolff & Malt 2010: 4). Diese Weiterführung von Humboldts Weltansichten stellt die Frage nach der Art der Bedingtheit, der Relativität von Sprache bzw., um genauer zu sein, von Grammatik (wobei „a certain perspective" recht vage bleibt).

2.10 Eine historische Zäsur

Die zeitliche Zäsur diese Ansatzes der Humboldt'schen Weltansichten bzw. den sprachlich-anthropologischen Untersuchungen von Franz Boas, Edward Sapir und Benjamin Lee Whorf ist mit Beginn bzw. Ende des Zweiten Weltkriegs (dies gilt ebenfalls für die Gestaltpsychologen) und den Nachfolger*innen der oben erwähnten nordamerikanischen Protagonisten anzusetzen.

Neben den behavioristischen Ansätzen à la Pawlow (der Pawlow'sche Hund gilt als Testobjekt zur sogenannten klassischen Konditionierung) zu kausalen Stimulus-Response-Mustern fallen in diese Zeit auch die entwicklungspsychologischen Untersuchungen von Jean Piaget, auf deren Grundlage er die Theorie unterschiedlicher kognitiver Entwicklungsstadien bei Kindern aufstellte (deshalb auch Stadientheorie; Piaget 1976, 1992).[95] Im Rahmen der Stadientheorie unterscheidet Piaget Akkommodation, Assimilation und Äquilibration als Dreischritt des Lernprozesses (dazu später mehr). Seinen Kognitivismus entwickelt er dabei auch als Gegenkonzept zu Noam Chomskys nativistischer Universalientheorie, also den angeborenen Sprachmechanismen. Piatelli-Palmarini präsentiert in seiner Veröffentlichung von 1980 mit dem Titel *Language and Learning* eine Gegenüberstellung von Jean Piaget und Noam Chomsky in Form einer sehr aufschlussreichen Diskussion, aber auch eine Auseinandersetzung mit weiteren prominenten Vertreter*innen der unterschiedlichen Schulen wie z.B. Changeux, Fodor, Inhelder, Papert, Putnam, Sperber.

Zusätzlich zu diesen entwicklungspsychologischen und sprachwissenschaftlichen Ansätzen ist die Gestalttheorie zu erwähnen, die ebenfalls von universellen Gestalt-Prinzipien ausgeht (siehe das Kapitel zur Gestalttheorie). In den gesttheoretischen Ansätzen ist ähnlich in der Universalgrammatik und auch im Behaviorismus wenig Platz für die Frage nach dem Einfluss der Kultur über Sprache auf Kognition. Allerdings steht bei ihnen der konstruktive und subjek-

---

[95] Etwa zur selben Zeit wie Piaget forschten Leontev, Luria und Wygotski in der ehemaligen Sowjetunion, sie wurden aber allesamt erst recht spät ins Englische übersetzt, was wissenschaftshistorisch nicht ganz unbedeutend ist; ähnlich ging es auch Karl Bühlers *Sprachtheorie*, die erst 1990 ins Englische übersetzt wurde.

tive Charakter visueller Wahrnehmung[96] im Vordergrund, der wiederum auf allgemeingültigen Wahrnehmungsprinzipien beruht. Die gestaltpsychologischen Ansätze untersuchen das Verhältnis von vor allem räumlicher Wahrnehmung und den universellen physiologischen Gesetzen, die Gestalten ermöglichen. Diese Gesetze wiederum werden mit dem Aufkommen der nordamerikanisch geprägten Kognitiven Semantik und Kognitiven Linguistik Ende der 1970er bzw. Anfang der 1980er Jahre in die Untersuchung von Grammatik, Morphosyntax und Semantik integriert.

Prominent ist unter anderem Joseph Jastrows *The Minds's Eye* (1899), dessen an Dürers Hasen erinnernder Hasen-/Entenkopf durch Wittgensteins *Philosophische Untersuchungen* von 1953 Bekanntheit erlangt. Wittgenstein benutzt die von ihm zu einer simplen Linienzeichnung vereinfachte Figur, um seinen phänomenologischen und sprachspieltheoretischen Ansatz von Figur-Grund-Wechseln (*ambigious figures*) mithilfe von Kippfiguren herzuleiten. Ebenfalls hat Franz Carl Müller-Lyer (1889) prominente Bespiele optischer Täuschungen geliefert. So demonstriert er z.B., dass parallele Linien, die in pfeilähnlichen und umgekehrten Pfeilspitzen enden, unterschiedlich lang erscheinen, auch wenn sie es nicht sind (die schriftliche Darstellung in diesem Text verdeutlicht, dass seitens der Leser*in mentale Modelle geometrischer Relationen abgerufen werden müssen).

Weitere Vertreter der Gestalttheorie sind Christian von Ehrenfels (1890), Kurt Koffka (1935), Wolfgang Köhler (1920, 1929), Edgar Rubin (1921), Max Wertheimer (1923, 1925) – daran anschließend phänomenologische Ansätze nach Maurice Merleau-Ponty (1945). Merleau-Ponty bezieht sich explizit auf Edmund Husserl, erweitert diesen aber an einigen Punkten entscheidend und beleuchtet seine Argumentation (vgl. Blomberg & Thiering 2016, die den Zusammenhang der Phänomenologie Husserls und Merleau-Pontys und der Kognitiven Linguistik deutlich machen; auch Zlatev 2010). Diese Ansätze tauchen in der Diskussion zur sprachlichen Relativität allerdings nicht weiter auf. Ebenso wird der Zusammenhang kognitiver Aspekte und wahrnehmungsbasierter Konstruktionen in der Sprachwissenschaft – außer in der Kognitiven Semantik – bis heute weitgehend ausgeklammert.

---

96 Bei Ehrenfels (1890), dem eigentlichen Begründer der Gestaltgesetze, ist es primär die auditive Wahrnehmung. Ehrenfels untersucht, wie viel Informationen notwendig sind, um Melodien zu erkennen.

2.11 Strukturale Linguistik

Noch einmal ganz grundsätzlich zurück zur strukturalistischen Linguistik, die die moderne Sprachwissenschaft begründete: Von den prominenten Vertretern der Genfer Schule (Ferdinand de Saussure), der Kopenhagener Schule (Louis Hjelmslev, Viggo Brøndal) und der Prager Schule (Roman Jakobson, Nikolai Trubetskoy, Lew Wygotski), die gleichzeitig an den verschiedenen Orten eine strukturale Linguistik entwickelten, wird Sprache als synchrones System definiert (also nicht als historisches Phänomen), das entsprechend synchron zu untersuchen ist.[97] Eine Ausnahme bildet hier die Tartu-Schule (Juri Michailowitsch Lotman, Boris Andrejewitsch Uspenskij) zur Kultursemiotik.

Überhaupt sind einige semiotische Ansätze im Strukturalismus genuin der Frage nach der Relation von Sprache (als Zeichensystem) und Kognition auf der Spur, aber ein linguistischer Relativismus bzw. Determinismus wird erst mit der Sapir-Whorf-Theorie diskutiert, die allerdings weder von Edward Sapir noch Benjamin Lee Whorf so genannt wurde (der Herausgeber der Whorf-Anthologie ist für diesen Begriff verantwortlich). Wie zur selben Zeit in der Philosophie steht auch in der Sprachwissenschaft somit die Frage nach dem Verhältnis zwischen den Zeichen und der Welt an sich zur Diskussion. Ein direkter Einfluss von Sprache auf Kognition bzw. ein Zusammenhang zwischen beiden wird dabei nicht in Erwägung gezogen, zumindest nicht in der strukturalen Linguistik.

Mit der Etablierung der strukturalistischen Linguistik im Gefolge von Ferdinand de Saussure festigen sich die oben genannten Schulen in Westeuropa bzw. die Kultursemiotik in Ost-Europa. Für die genannten Zeichentheoretiker und Linguisten bedeutet eine Argumentationslinie des Strukturalismus, dass das sprachliche Zeichen in direkter Verbindung zum Konzept, zu einer Vorstellung steht. Sprache und Konzept sind isomorph, Signifikat und Signifikant bilden eine unlösbare Einheit, gleich einem Blatt Papier (*signifié* vs. *signifiant*; Jacques Derrida hat hierzu in seiner *Grammatologie* (1996) ausgiebig Stellung bezogen; siehe auch Derrida 1988, 1994, 1999).

Die Frage eines Relativismus stellt sich im Rahmen strukturalistischer Ansätze nicht, da es sich primär um die Einheit von Wort und Konzept als semiotisches System handelt, stattdessen steht also die Frage nach den Gesetzmäßigkeiten *einer* Einzelsprache, ihrer *langue* bzw. *langage*, im Vordergrund. Des Weiteren liegt der Fokus innerhalb der strukturalen Linguistik auf den unter-

---

[97] Siehe auch Charles Morris' *Foundations of the Theory of Signs* (1938); Charles Kay Ogdens und Ivor Armstrong Richards *The Meaning of Meaning. A Study of the Influence of Language upon Thought and of the Science of Symbolism* (1923).

schiedlichen Analysemethoden, insbesondere dem Segmentieren und Klassifizieren von kleinsten Einheiten, Phonemen, Morphemen, Sememen etc. Das im Fach in der Folge vorherrschende Verständnis einer *langage*, einer Allgemeinheit der Sprachen[98] sowie Chomskys Abgrenzung vom Behaviorismus nach Skinner (1957) und Bloomfield (1933) sollten für einige Jahrzehnte die Forschung zur Frage nach der Relation von Sprache und Kognition deutlich einschränken.[99] Im Prinzip wird Sprache mit Noam Chomsky nicht nur neu definiert, sondern in Form eines abstrakt-mathematischen syntaktischen Regelsystems.[100] Der Sprache als

---

[98] „Whorf vertritt aber nicht etwa die Annahme, die Sprache schlechthin ('Language [with a capital L])' [...] sei es, welche das Denken beeinflusse – die Frage, ob es ein Denken ohne Sprache gebe, als allgemeine Frage, stellt sich ihm gar nicht; denn real sind für ihn nur die Einzelsprachen, nicht die Sprache schlechthin. Das zeigt sich auch darin, dass er als Ziel der Linguistik letztlich die Beschreibung der Einzelsprachen sieht, aus der – sozusagen induktiv – die Eigenschaften der Sprache schlechthin ('Language') summativ als Menge aller Möglichkeiten der Ausformung der menschlichen Sprachfähigkeit zu erkennen sind. [...] Die jeweilige Sprache, das sprachliche Hintergrundsystem, formt also für Whorf die Ideen, bahnt dem Denken des Individuums den Weg, ist nicht einfach ein abbildendes Werkzeug für ein sprachunabhängiges Denken. Wenn man diese Worte zusammen mit seiner Auffassung der Segmentierung (Analyse) von Erfahrungen (im Sinne der Gestaltwahrnehmung) betrachtet, wird klar, dass es ihm tatsächlich darum geht zu zeigen, dass die Sprache als Hintergrundsystem die Formulierung leistet, die dann in der Rede des Einzelnen zum Ausdruck kommt." (Werlen 2002: 216, 219)

[99] „To review a bit of the post-Sapirian work on cognition that emerged in the 1950s, there was a partial return to the study of the mind, but now as a computer rather than as part of a larger culture. The date most associated with this new ‚mental turn' is September 11, 1956. On that day, a gathering of researchers at the Massachusetts Institute of Technology focused on the nature of the human mind, an event that Gardner [...] and others refer to as the birth of the ‚cognitive revolution' [...] provides a superb and comprehensive history of the cognitive sciences). I believe that this assessment is incorrect for various reasons, however. First, it was *not* a revolution in any sense, however popular that narrative has become. As I just stated, Sapir explicitly studied cognition and culture decades before this conference, no less insightfully than studies introduced in 1956 and subsequent years. Moreover, the ‚revolution' that emerged from this question asked fundamentally the wrong question, focusing on the mind as a disembodied knower (in the unfortunate Cartesian tradition). Nevertheless 1956 was unarguably a watershed year, a rebirth of studies of the mind, at least on the US side of the Atlantic. The personalities and works associated with the MIT conference were deeply influential in the revival of interest in the mind. The presenters at the conference included George A. Miller, Noam Chomsky, Nobel Prize winner Herbert Simon, and Allen Newell. Many other philosophers, anthropologists, psychologists, computer scientists, and linguists subsequently flocked to identify with the emerging cognitive sciences." (D. Everett 2016: 9; Hervorhebung im Original)

[100] „In this model, adopted by most analytic philosophers of language and Chomskyan linguists, semantics is believed to be purely referential and syntactic structures ultimately resolve to logical relations, while pragmatics is seen as the primary source of ambiguity, subjectivity, and error. In its more extreme forms, such as that found in proposals by Frege and Plato, an

Praxis und dem Sprechen wird so wissenschaftlich ihre Wirkmacht genommen, denn Semantik und Pragmatik, also Bedeutung und praktische Anwendung in kommunikativen Situationen, wird explizit ausgeklammert bei der syntaktischen Beschreibung (des Englischen, wobei die Regelsysteme, die aufgestellt wurden, für alle Sprachen gelten sollen).

Diese Kritik soll hier eine erkenntnistheoretische Einschränkung erfahren: Wenn die Heuristik einer Theorie formal-logische aufgebaut ist – in diesem Fall die Idee, dass es nach Chomsky universale Prinzipien des Spracherwerbs gibt, die angeboren sind – und der Ansatz, dem zufolge syntaktische Regeln allgemein gültig und formal-logisch erklärbar sind, dann wird Sprache als ein mathematisches Regelsystem postuliert. Dieses Regelsystem funktioniert ohne störende Faktoren z.B. in Form von Wahrheitsaussagen einer Proposition oder polysemen Wortbedeutungen, die je nach Kontext variieren. Chomsky folgt in seinem positivistischen Ansatz damit ausgesprochen rigoros dem Diktum von Wissenschaftlichkeit als falsifizierbarer bzw. verifizierbarer Untersuchbarkeit. Zum Glück oder leider, je nach philosophischer Position, ist Sprache aber eher wie ein glitschiger Fisch – beim Versuch, sie analytisch zu fassen zu bekommen, schlüpft sie uns ständig durch die Finger (Aitchison 1996). Oder wie der späte Wittgenstein es formuliert:

> Wir sind auf Glatteis geraten, wo die Reibung fehlt, also die Bedingungen in gewissem Sinne ideal sind, aber wir eben deshalb auch nicht gehen können. Wir wollen gehen; dann brauchen wir die *Reibung*. Zurück auf den rauhen Boden! (Wittgenstein 1982: 77; Hervorhebung im Original)

Ähnlich wie Newtons freier Fall im Vakuum eine Idealisierung darstellt, beschreibt Wittgenstein die Notwendigkeit des nicht idealen Sprachgebrauchs, also der rauhe Boden. Auch hier zeigt sich recht deutlich, dass mit Bezug auf die Kategorisierung der außersprachlichen Welt die Frage nach dem Zusammenhang verschiedener Ebenen und Ansätze, z.B. der Einfluss der visuellen Wahrnehmung, der Sprache, kultureller Praktiken etc., durchaus sinnvoll ist.

---

independent and prior realm of universal ideas is postulated to ensure that reference proceeds entirely objectively and completely devoid of ambiguity. Broadly speaking, such approaches can be lumped together as forming the Objectivist tradition." (Rohrer 2007: 25)

2.12 Kurzweiliges zur Universalgrammatik

Die Entwicklung kognitiver Fertigkeiten erklärt Chomsky durch angeborene Mechanismen, z.B. durch den Spracherwerbsmechanismus (*language acquisition device*, LAD) sowie einen angeborenen Algorithmus (Chomsky 1965d). Ein Algorithmus ist dabei ganz allgemein eine Folge von formalen Prinzipien bzw. Regelsystemen, die ähnlich wie eine Turing-Maschine funktionieren. Dieser Algorithmus generiert Sprache bzw. die grammatischen Formen basieren auf einer angeborenen Universalgrammatik (*universal grammar*, UG). Aus endlichen Regeln können demnach unendliche Äußerungskontexte einer natürlichen Sprache generiert werden (Chomsky 1965a, b). Dabei steht für Chomsky die Kompetenz einer Sprecher*in im Vordergrund, insofern er von einer idealisierten Sprecher*in ausgeht, die sich immer ihrer Grammatik bewusst ist. Performance, also de Saussures *parole*, wird hingegen explizit ausgeklammert.

Bei Chomsky werden also die mentalen Vorgänge, die beim Sprechen ablaufen (und für den Behaviorismus gewissermaßen eine Blackbox darstellten), in den Mittelpunkt gerückt und mathematisch-logisch erklärt.[101] Dabei ist die Syntax maßgeblich für Chomskys Analysen. Seine Publikation mit dem programmatischen Titel *Aspects of Syntax* (1965d) hat das linguistische Feld auf einschneidende Weise verändert, insofern mit ihr die Ablösung des Strukturalismus als vorherrschender Schule in der Linguistik eingeläutet wurde. Auch geht mit Chomskys Ansatz der *cognitive turn* – vom Behaviorismus zur kognitiven Psychologie – (im Gegensatz zum eher philosophisch geprägten *linguistic turn* – eine sprachanalytische Wende) einher.

Ich möchte hier noch einmal auf Chomskys Ansatz eingehen, den er in seiner Dissertation *Syntactic Structures* (1957; siehe auch Chomsky 1965 a–d) und später in den oben erwähnten *Aspects of Syntax* ausführt. Chomsky geht wie gesagt

---

[101] „Cognitive science was born in a reaction against behaviorism. Behaviorism had made the claim that internal mental structure was either irrelevant or nonexistent – that the study of behavior could be conducted entirely in an objective characterization of behavior itself. Cognitive science's reaction was not simply to argue that the internal mental world was important too; it took as its domain of study the internal mental environment largely separated from the external world. Interaction with the world was reduced to read and write operations conducted at either end of extensive processing activity. This fit the computer metaphor very well, but it made the organization of the environment in which thinking took place seem largely irrelevant. Both behaviorism and cognitvism must be wrong." (Hutchins 1995: 372) Hier kritisiert Hutchins am Ende recht scharf den Behaviorismus und den Kognitivismus. Der Titel dieser Einführung verweist allerdings darauf, dass das Konzept der Kognition in seiner aktuellen Interaktion mit dem Menschen verhandelt.

von einem Nativismus aus, also angeborenen Mechanismen des Spracherwerbs, die auf einer Universalgrammatik basieren und somit für alle Menschen ähnlich ablaufen (Chomsky 1988; kritisch hierzu Trabant 2012). Chomskys Nativismus steht dabei im Gegensatz zu Piagets Kognitivismus/Konstruktivismus[102], der aus entwicklungspsychologischer Perspektive davon ausgeht, dass Kinder im *trial-and-error*-Verfahren ihre Umwelt empirisch erkunden und somit keine kognitiven universalen Algorithmen (bzw. Syllogismen) ablaufen, wie bei Chomsky angenommen.

Chomsky geht von dem erwähnten *language aquisition device* (LAD) aus, einem angeborenen Spracherwerbsmechanismus.[103] Nach Piaget, dessen Ansatz ja oben schon kurz vorgestellt wurde, kommen Kinder hingegen als Tabula rasa (also als leere, unbeschriebene Tafel) auf die Welt, bringen aber bestimmte phylogenetisch entwickelte Prädispositionen mit, die ihnen eine aktive Auseinandersetzung in und mit der Umwelt und damit ihre eigene Ontogenese ermöglichen. Damit funktioniert das Kind eben nicht wie eine Turing-Maschine, sondern es ist ein aktiver Part in der Erkundung der Umwelt und der Entwicklung kognitiver Faktoren. Die (kognitive und sprachliche) Entwicklung geht zudem nicht linear vonstatten, sondern wird durch Rückkoppelungen an frühere Erfahrungen revidiert und ergänzt.

2.13 Forschungsgeschichtliche Zäsur

Da es in dieser Einführung weniger um entwicklungspsychologische Aspekte der Ontogenese und Phylogenese geht, biege ich wieder in Richtung sprachliche Relativität ab. Die Zäsur nach 1945, vor allem durch den Behaviorismus und die daran anschließende Kritik der generativen Linguistik – aus endlichen Regeln unendliche grammatischer Sätze – einer Universalgrammatik, ließ kaum noch erkenntnistheoretische Fragen nach dem Verhältnis von Kultur, Sprache und Denken zu (Ausnahmen sind u.a. Ernst Cassirer oder Leo Weisgerber). Die Studien von Roger Brown und Eric Lenneberg (1954) in den 1950er Jahren, Brent Berlins und

---

[102] Nicht zu verwechseln mit dem biologisch geprägten Radikalen Konstruktivismus, der mit Maturana und Varela in Chile seinen Anfang in den 1970er Jahren nahm und in Deutschland vor allem mit den Namen von Foerster, von Glasersfeld und in der Literaturwissenschaft mit Schmidt (1994, 1996, 1998) verbunden ist.

[103] Piagets Arbeiten sind spätestens mit Tomasellos entwicklungspsychologischem Ansatz der *joint attention frames* wieder in der Linguistik präsent geworden (Tomasello 2003, 2008, 2014; siehe kritisch zu Tomasellos Übergang vom Mündlichen zur Zeichenrepräsentation (objektive Semantisierung) bei Primaten Jürgen Trabant (2013: 38–39).

Paul Kays Studien (1969) zur Farbwahrnehmung in den 1960er Jahren und später Roschs (1978b) Arbeiten zu Kategorien bzw. Prototypen sowie William Labovs (1973) sogenannte Tassenexperimente zur Kategorisierung von Gefäßen in den frühen 1970ern können als empirische Ausgangspunkte für die erneut aufkommende Auseinandersetzung mit der Frage der Weltansichten gesehen werden.

Wenn Wilhelm von Humboldts Untersuchungen als Ausgangspunkt des linguistischen Relativitätsprinzips und damit als erst Forschungsphase gesehen werden kann, ist bei allen Ansätzen der zweiten Phase ab 1950 Interessant, dass der Untersuchungsschwerpunkt sich ebenfalls besonders auf nicht-europäische Kulturen richtet, sei es auf die Hopi (nordöstlich von Arizona) oder die Zuni (am Zunifluss in New Mexico) (Whorf 1956; kritisch Gipper 1972 und Malotki 1979, 1983).[104] Das Argument primär weniger untersuchte Sprachen in den Fokus zu nehmen ist, dass nur auf der Basis typologisch vergleichender Studien Aussagen über Unterscheidungen und Überschneidungen von Kategorien wie u.a. Raum, Zeit, Farben gemacht werden können.

Allerdings gehen damit häufig exotisierende Zuschreibungen einher, die die Sprachen der untersuchten Kulturen als ‚abweichend' ausstellen (vgl. Berthele 2014; einschlägig aus ethnologischer Sicht: Lévi-Strauss 1968, 1971 – 1973). Trotzdem ist erst einmal hervorzuheben, dass der kulturelle Fokuswechsel innerhalb der Forschungslandschaft jenes Terrain weiter öffnete, das bereits mit Humboldts Untersuchungen zum Baskischen und zum Kawi (Javanesische Sprache) und später Franz Boas' Untersuchungen zu nordamerikanischen Sprachen beschritten wurde.

2.14 Sprache – Kognition: Stand der Dinge

Das Fehlen gewisser sprachlicher Ausdrücke gilt in der Forschung als Indiz dafür, dass es in der betreffenden Kultur auch entsprechende Konzepte nicht gibt.[105] Nehmen wir ein simples Beispiel aus dem Bereich der Physiognomie: Wie nennen wir den kleinen Gesichtsbereich zwischen Nase und Mund? Wenn wir nicht Mediziner*innen sind, dann werden wir feststellen, dass wir zwar für verschie-

---

104 Hier soll bereits auf Roberings Untersuchungen zu Malotkis Raumdarstellungen verwiesen werden. Robering zeigt deutlich auf, dass es unabdingbar ist, von unterschiedlichen Raumkonzepten der Hopi auszugehen, die sowohl Whorfs als auch Malotkis Ansatz implizieren (Malotki 1979, 1983; Robering 2014; Whorf 1956); siehe auch Untersuchungen zu Dani (Berlin & Kay 1969; Rosch 1978a,b), oder Zuni (Brown & Lenneberg 1954).
105 Notorische Beispiele hierfür sind Zahlensysteme oder Zeitformen, siehe C. Everett 2013; Thiering & Schiefenhövel (2013, 2016).

dene Teile des Gesichts Bezeichnungen kennen, etwa Stirn, Wange, Nasenwurzel oder Ohrläppchen, aber die betreffende Gesichtspartie ist im Deutschen nicht mit einem Wort belegt. Haben wir damit auch kein Konzept, keine Vorstellung davon? Sicherlich benutzen die wenigsten von uns im Alltag das medizinische Wort *Philtrum*, doch haben wir – wenig überraschend – zumindest eine implizite Vorstellung von diesem Abstand, auch ohne ein Wort dafür zu haben.

Ein weiteres Beispiel betrifft die Kultur der Eipo in Papua Neuguinea, die bis zu den 1970er Jahren kein Wort für das geometrische Konzept des Kreises oder für den metrischen Abstand haben bzw. hatten, denn seit den 1980er Jahren hat sich ein rasanter gesellschaftlicher Wandel vollzogen (Thiering & Schiefenhövel 2016).[106] Bedeutet dies, dass es in dieser Kultur kein Konzept des Kreises gibt? Eine solche Schlussfolgerung erweist sich als zu kurz gegriffen, denn die Tatsache, dass bei den Eipo der Kreis bzw. die Kreisformen beim Bau von Rundhütten praktisch angewendet werden, verdeutlicht, dass es bei ihnen sehr wohl ein implizites, anwendungstheoretisches Wissen über den Kreis gibt. Ich behaupte sogar, dass dies ebenso in unserer westlichen Kultur der Fall ist. Beschreiben wir also einen Kreis. Verstehen wir darunter das, was der Wikipedia-Eintrag über den Kreis schreibt?

> Ein *Kreis* ist eine ebene geometrische Figur. Er wird definiert als die Menge aller Punkte einer Ebene, die einen konstanten Abstand zu einem vorgegebenen Punkt dieser Ebene (dem *Mittelpunkt*) haben. Der Abstand der Kreispunkte zum Mittelpunkt ist der Radius oder *Halbmesser* des Kreises, er ist eine positive reelle Zahl.[107]

Wie ich jedoch bei der Befragung von Student*innen aus meinen Seminare an der Technischen Universität Berlin feststellen konnte, war ihr Alltagsverständnis recht weit entfernt von dieser Definition. Student*innen waren aufgefordert, empirische Erhebungsverfahren anzuwenden, um implizites Wissen der Raumorientierung, Navigation und geometrischer Relationen zu überprüfen. Es stellte sich in der Tat heraus, dass, sobald die Universität als laborähnlicher Ort verlassen wurde, *cognition in the wild* angefunden wurde, also Alltagswissen.[108] Dieses

---

106 Oder wie sagte es Wulf Schiefenhövel so treffend auf dem Peter-Damerow-Gedenkworkshop am Max-Planck-Institut für Wissenschaftsgeschichte Berlin (19.-20. Dezember 2013): *The dramatic pace of acculturation and the ability of so many Eipo to jump from stone age to computer age in one generation [...] without having read Aristotle.* (Aus meiner Mitschrift des Vortrags, M.T.)
107 Eintrag „Kreis", in: Wikipedia, https://de.wikipedia.org/wiki/Kreis (2.2.2017).
108 Die Kursivierung von *Cognition in the Wild* verweist auf Hutchins' (1995) äußerst empfehlenswerte Monografie zu Raumorientierung und Navigation in westlichen Kulturen im Vergleich zu Kulturen, die oftmals keine nautischen Hilfsmittel benutzten, siehe v.a. das Kapitel zu men-

Alltagswissen entspricht nicht unbedingt der Schulmathematik, reicht aber völlig aus, um sich im Alltag zurechtzufinden.

Die mathematisch-geometrische Definition eines Kreises beinhaltet also Spezial- oder Fachwissen ähnlich dem Wissen der Inuit über unterschiedliche Aggregatzustände von Schnee (um auf das wohl bekannteste und zugleich fehlerhafteste Beispiel im Zusammenhang der Sapir-Whorf-Hypothese zu verweisen). Menschen greifen im Alltag allgemein auf implizite Wissensformen oder mentale Modelle zurück, die nicht unbedingt versprachlicht sein müssen. Das Fehlen eines sprachlichen Ausdrucks lässt also nicht auf das Fehlen des entsprechenden Konzeptes schließen, sondern deutet auf die Existenz weiterer semiotischer Systeme hin (darauf hat bereits Gipper [1972] aufmerksam gemacht).

2.15 Der aktuelle Stand der Diskussion

Die aktuelle sprachwissenschaftliche Forschung ist geprägt von den seit den frühen 1990er Jahren vollzogenen Paradigmenwechseln des *linguistic turn* und des *cognitive turn*.[109] Im Fokus der verschiedenen mit Sprache befassten Disziplinen bzw. Ansätze stehen seither Fragen nach der Interaktion von Sprache und Kultur bzw. Wahrnehmung in der Gestalttheorie und Phänomenologie. Ebenfalls steht die Interaktion von Sprache aus neurologischer Sicht sowie Sprache und Körper in verkörperungstheoretischen Ansätzen, die sich in *embedded*, *enacted*, *embodied cognition*, *situated* und *distributed* Theorien aufteilen, im Fokus.[110]

Ein grundsätzliches Problem der *Neo-Whorfschen* Theorie sowie ein Hauptkritikpunkt an ihr ist dabei noch einmal die Verifizierbarkeit der jeweiligen

---

talen Modellen; Hutchins' Forschung ist ebenfalls maßgeblich für die Idee der Raumpraktiken. Lucy stellt grundsätzlich heraus, dass nur sprachvergleichende Studien aussagekräftig sein können in Bezug auf sprachliche Effekte auf kognitive Strukturen: „Effective comparative investigation of the linguistic relativity hypothesis requires direct linguistic, ethnographic, and psychological research in two or more cultures." (Lucy 1992b: 7)
109 Ob ein *turn* immer einem plötzlichen Paradigmenwechsel entspricht, bleibt zu diskutieren. Sehr wahrscheinlich handelt es sich eher um einen Übergang, der wissenschaftshistorisch und erkenntnistheoretisch einen zeitlichen Vorlauf hatte. Oder einfacher ausgedrückt, die kopernikanische Wende kam nicht aus dem Nichts, sondern es gab jahrhundertealte Diskussionen und Ansätze, die im Resultat zu einem neuen Ansatz führten. Ähnlich argumentiert Gipper (1972: 248–249), wenn er schreibt, dass Einsteins Relativitätstheorie nicht ohne Newtons Physik des absoluten Raums hätte entstehen können. Eine Wende hat semantisch etwas Abruptes, deshalb ist die Idee eines Übergangs vielleicht passender.
110 Siehe als Überblick Robbins & Aydede 2009; Gallagher & Schmicking 2010; mit Bezug auf Pragmatik und Verkörperung Madzia & Jung 2016.

Thesen und Interpretationen.[111] Weisen etwa grammatische Unterschiede zwischen Sprachen auf Unterschiede der jeweiligen Interpretation oder gar Übersetzungsfehler hin? Ist es überhaupt möglich, von einer Sprache in eine andere zu übersetzen? Diese Annahme der Übersetzungsmöglichkeit wird als Kulturrelativismus problematisiert. Also die Fähigkeit, von einer Sprache bzw. Kultur in eine andere Sprache bzw. Kultur zu transferieren.

In welchem Zusammenhang steht Sprache mit kognitiven Prozessen ganz allgemein? Ist Sprache bzw. das Sprachsystem autonom oder modular, wie Chomsky, Fodor und Pinker annehmen, also unabhängig von kognitiven Prozessen?[112]

---

111 Siehe Pullum (1991) für eine polemische, aber anschauliche Kritik, der zufolge es nicht um Wörter, sondern um eine geringe Anzahl an Wurzeln bzw. Stämmen geht, also um grammatische Morpheme; siehe weiter hierzu Berthele, Choinka, Bepperling & Härtl und Zlatev & Blomberg im Sonderheft der *Zeitschrift für Semiotik* von 2014.

112 Hier noch einmal pointiert: „There seem to be two main currents of speculation about the relationship between linguistic systems and other conceptual systems. One line assumes that language is merely an input/output system for an innately grounded ‚language of thought', so that a language either directly reflects an antecedently available pool of universal concepts [...] or it builds on a rich, core set of ‚natural' concepts constituting a universal conceptual base [...]. The other, noting that language is a human prerogative, suggests that the possession of language in general, and specific languages in particular, may reorganize and restructure the underlying cognition even in domains such as space that have been considered ‚natural' and ‚universal'. The role of language in restructuring thought may then account for some of the special properties of human thinking [...]. There has been a recent resurgence of interest in this second possibility [...]. Our own work has been dedicated to exploring this possibility empirically in the spatial domain. Spatial thinking is essential to any animal, and it is a domain where one might expect the strongest biological basis and most conceptual uniformity. But it turns out that there is in fact a great deal of cross-cultural variation in the semantic relations and categories of spatial language. Moreover, in correlation with those language-specific relations and categories, the same or similar distinctions can be shown to play a role in non-linguistic memory and reasoning tasks [...]." (Levinson, Kita, Haun & Rasch 2002: 156) An anderer Stelle wird diese Korrelation noch einmal an die Frage der linguistischen Relativität geknüpft: „The correlation between the linguistic FoR people use and their performance on non-linguistic tasks has been interpreted as a Whorfian effect, that is, as an effect of linguistic categories on non-linguistic ones." (Majid, Bowerman, Kita, Haun & Levinson 2004: 112)

2.16 Hopi-Raum und recht viel Schnee bei den Inuit: Douglas Adams *revisited*

In den 1970er Jahren forschten Helmut Gipper (1972; vgl. Miller 1968; Penn 1972) und dessen damaliger Doktorand Ekkehard Malotki (1979, 1983) intensiv zu den Hopi in Nordamerika, deren Sprache Whorf zum Ausgangspunkt seiner Hypothese nahm. Gipper und Malotki widerlegen Whorfs Einsichten mit Bezug auf die Hopi Weltansichten, wobei sie ihm unter anderem vorwerfen, Sprachdaten der Hopi durch eine englische Brille betrachtet zu haben und damit die sprachlichen Besonderheiten zu exotisieren.[113] Auch behaupten sie, dass Whorf seine Sprachdaten schlichtweg falsch analysiert und interpretiert hat.[114]

Eingangs dieses Kapitels wurde bereits ein Zitat von Douglas Adams wiedergegeben, das sich liest wie ein literarischer Kommentar zu dem hier interessierenden Forschungsgegenstand mit Bezug auf die Bedeutungsvielfalt wasserartiger Zustände:

> It was a particular type of rain that he particularly disliked, particularly when he was driving. He had a number for it. It was rain type 17. He had read somewhere that the Eskimos had over two hundred different words for snow, without which their conversation would probably have got very monotonous. So they would distinguish between thin snow an thick snow, light snow and heavy snow, sludgy snow, brittle snow, snow that came in flurries, snow that came in drifts, snow that came in on the bottom of your neighbour's boots all over your nice clean igloo floor, the snows of winter, the snows of spring, the snows you remember from your childhood that were so much better than any of your modern snow, fine snow, feathery snow, hill snow, valley snow, snow that falls in the morning, snow that falls at night, snow that falls out of a sudden just when you were going out fishing, and snow that despite all your efforts to train them, the huskies have pissed on. Rob McKenna had two hundred and thirty-one different types of rain entered in his little book, and he didn't like any of them.

Augenscheinlich gibt es verschiedene Varianten von Regen, so wie es Varianten von Schnee gibt. Letzterer kann „thin snow and thick snow, light snow and heavy snow, sludgy snow, brittle snow, snow that came in flurries, snow that came in drifts, snow that came in on the bottom of your neighbour's boots all over your

---

113 Siehe dazu sehr differenziert dargelegt die verschiedenen Raumkonzepte bei den Hopi Robering (2014).
114 Tatsächlich war Whorf weder ausgebildeter Linguist noch Feldforscher, sondern Versicherungsvertreter. Dies führt dann in einem anderen Kontext zu dem provokanten Titel *The great Eskimo vocabulary hoax and other irrelevant essays on the study of language* (Pullum 1991; mit Bezug auf Pullum: Pinker 1994: 64).

nice clean igloo floor, the snows of winter, the snows of spring, the snows you remember from your childhood that were so much better than any of your modern snow" sein, aber bedeuten diese verschiedenen lexikalischen Enkodierungen auch, dass Sprecher*innen unterschiedlicher Sprachen unterschiedliche Vorstellungen von Schnee haben (müssen)? Dies wäre eben das grundsätzlich von Whorf vorgetragene Argument, dass die Inuit viel mehr Wörter für Schnee haben als z.B. Muttersprachler*innen des Englischen oder Deutschen und damit auch wesentlich mehr Vorstellungen von Schneezuständen, also unterschiedliche Weltansichten.[115]

Je nach Zählart und Autor*in gibt es in einigen Inuitsprachen bis zu 200 Wörter für Schnee (sehr wahrscheinlich wäre es sogar ein Vielfaches davon, wenn Regio-, Ideo- und Soziolekte oder Dialekte gesondert untersucht werden würden). In einer kanadischen TV-Dokumentation mit dem Titel *Where am I?* (2015) werden Inuit gezeigt, die auf ihrem Schneemobil fahrend mit ihrem Stiefel die unterschiedlichen Schneesorten differenzieren und sich daran orientieren können. Interessant ist hier die deutsche Übersetzung des Titels *Navi im Kopf*, die sogleich die Idee einer kognitiven Karte aufbringt. Allerdings stellt sich die Frage, ob die Praxis der Inuit im Filmbeispiel nicht eher auf impliziten Wissensstrukturen aufbaut, die auf Erfahrungen beruhen. Dabei steht eher das Zusammenspiel zwischen dem sich orientierenden Inuit und den umweltbedingten Faktoren (den bereits erwähnten *affordances*) im Vordergrund. Dies stellt die Analogie einer Karte, die eher starr ist, in Frage.[116]

Mit Bezug auf das Schneebeispiel bei den Inuit stellt sich die Frage nach der Definition eines Wortes. Bei den vielfältigen Ausdrücken für die unterschiedlichen Arten von Schnee handelt es sich oftmals nicht um Wörter, sondern um Suffixe, die den Verbstamm modifizieren, was recht typisch ist für Inuit- oder auch *First-Nations*-Sprachen. Dies hat bereits Franz Boas anhand der von ihm untersuchten nordamerikanischen Sprachen problematisiert, von denen die meisten polysynthetisch sind und damit nicht die Kategorie eines Wortes als autonome semantische Einheit aufweisen (siehe Boas 1911: 27–33, zu Inuit 30; vgl. auch Sapir 1915; K. Rice 1989; Thiering 2014). In polysynthetischen Sprachen gibt es z.B. klassifikatorische Verben bzw. Verbsysteme (Garrison 1974; Wilhelm 2007). Diese enkodieren Qualitäten des Objektes, bezeichnen also nicht nur Handlungen und Vorgänge in der Zeit, sondern spezifizieren auch die Attribute der zu enkodierenden Objekte

---

115 Hier sei noch einmal erwähnt, dass es relativ wenige Verbstämme mit vielen Flexionen oder Suffixen sind, also keine Wörter oder Lexeme im strengen Sinne, von denen Whorf spricht.
116 Siehe auch Trevor Marchand (11.01.2016) *Intelligent Hand*, https://www.youtube.com/watch?v=73VwgChjTyo; letzter Abruf: 18.04.2018.

wie z.B. Form, Aggregatzustand und anderes.[117] Dies bedeutet, dass diese Verben zugleich Funktionen von Substantiven erfüllen. Damit sind sie keiner reinen Wortklasse zuzurechnen, sondern stellen eine Mischform dar.

Dieses Phänomen ist ebenso im Deutschen und anderen germanischen Sprachen bekannt, allerdings weniger ausgeprägt. Positionsverben im Deutschen haben eine ähnliche Funktion, denn sie enkodieren Spezifika der Objekte. Nur bestimmte Objekte können *liegen, stehen, hängen, sitzen, stecken* (Thiering 2009, 2011, 2012, 2013[118]).

Ist nicht anzunehmen, dass hier von einem Wissen um die umgebenden Dinge auszugehen ist und Spezial bzw. Fachwissen anzunehmen ist, das es in allen anderen Kulturen ebenfalls gibt, nur in anderen Lebensbereichen. Deutlich wird dies beispielsweise, wenn man eine Tischler*in zu verschiedenen Holzarten oder eine* Handwerker*in zu unterschiedlichen Werkzeugen befragt.

2.17 Noch mehr Schnee: Semiotische Praktiken

Dass Schnee für die Inuit relevant ist, weil ihre Umgebung von Schnee geprägt ist, ist erst einmal trivial. Eine Kapitän*in auf großer Fahrt wird ebenfalls spezifisches Wissen über Wellen, Wasserfärbungen, Strömungen, Winde, Riffe etc. und entsprechende Wörter dafür haben. Damit besitzt er/sie in der Tat eine andere Weltansicht als eine ‚Landratte', ob aber dafür die Sprache verantwortlich ist, bleibt offen. Hier ist es wohl eher das Wissen von und die Praxis des Navigierens also ein weiteres semiotisches Kodierungssystem relevant. Auch wird bei genauerem Hinsehen deutlich, dass beispielsweise auch das Englische eine recht große Spannbreite an Ausdrücken für unterschiedliche Formen von Schnee hat, wie schon eine oberflächliche Online-Recherche zeigt. Alles in allem bietet Whorf also eine recht große Angriffsfläche, zumal er kaum Daten präsentierte.[119]

Meines Erachtens ist Sprache nicht als monolithisch aufzufassen, sondern als ein zwar wesentliches, aber eben nicht als das einzige Kategorisierungs-

---

117 Siehe Robering 2014; Cook 1986, 2004 und Davidson et al. 1963 zu athapaskischen klassifikatorischen Verben; zur Semantik der klassifikatorischen Verben in Navajo Garrison 1974; ebenfalls zum Navajo Hoijer 1951; McDonaugh 2000; Young & Morgan 1980 und 1992.
118 Siehe auch den vielsagenden Titel *Why a folder lies in the basket although it is not lying: the semantics and use of German positional verbs with inanimate figures* von Kutscher & Schultze-Berndt (2007).
119 Ähnliche Kritik trifft aktuell Dan Everetts Untersuchungen zu „seinen" Piraha, wie er zu schreiben pflegt (D. Everett 2005, 2008, 2016). Allerdings haben Everetts Beschreibungen Evidenz.

system. Hier wird der ursprüngliche Ansatz der Sapir-Whorf-Theorie noch einmal herangezogen. Es handelt sich somit um den Einfluss von Kulturen als Praktiken – über Sprachen – auf das Denken. Etwas weniger kompliziert ausgedrückt: Es gibt kulturspezifische Handlungen – Praktiken –, die über sprachliche Strukturen – Grammatik, Morphosyntax, Semantik – einen Einfluss auf kognitive Strukturen haben. *Kulturen* werden hier wie schon ausgeführt als heterogen definiert, so dass das Argument durchaus tragfähig ist, dass unterschiedliche kulturelle Ausprägungen sich in unterschiedlicher Art und Weise in den jeweiligen semiotischen und damit auch sprachlichen Praktiken zeigen.

Die oben bemühte Handwerker*in hat einen anderen Blick auf Werkzeuge und ihre Benutzung als jemand ohne handwerkliche Erfahrung, eine Skateboardfahrer*in oder Parcours-Läufer*in sieht die Stadt anders als eine Fußgänger*in oder Radfahrer*in. Die Köch*in weiß aus alltäglicher Erfahrung die zu verwendenden Mengen an Zutaten für ein Gericht. Dies schlägt sich in der Sprache nieder, so wie sich Alltagspraktiken in der Sprache wiederfinden, wie z.B. die neuen Verben *googeln*[120], *s(i)msen*[121], *twittern*, *parshipen*, *ghosting*[122] oder das Substantiv *Computer*.[123] Auch *gehen* wir nicht nur ins physische Kino,

---

120 Hier einige Beispiele aus der Wochenzeitung Die Zeit: „Bloß nicht wieder googeln" (Die Zeit: 03.03.2016), „Sie hätten Panama einfach gegoogelt und wären im Übrigen am Tisch sitzen geblieben" (Die Zeit 14.03.2016), „Für Notfälle ist es gut, Name und Nummer des Ansprechpartners zu notieren und spätestens jetzt zu googeln, mit wem man es zu tun hat" (Die Zeit 13.02.2016), „Aber jeder Fünfte nutzt das Smartphone und „googelt" beim Einkauf" (Die Zeit 05.01.2016)
121 „Mit der NPD haben wir keinerlei Schnittmengen", simst der AfD-Parteisprecher auf Nachfrage von *Zeit Online* in die Pressekonferenz hinein (07.03.2016), „Natürlich würde auch die jüngere Generation sich lieber treffen statt zu skypen oder zu simsen, aber letztlich rafft man sich abends nicht mehr auf und wendet sich lieber den Medien zu." (Die Zeit 27.08.2015)
122 Siehe zum Begriff *ghosting* Missy Magazine 01/2018, 27.
123 Der im späten 20. Jahrhundert zu einem Alltagsgegenstand gewordene Computer hat seinen Namen einem lateinischen Verb zu verdanken, *computare*, was so viel wie zusammenziehen, berechnen bedeutet, also einen Rechenprozess beschreibt. Nichts anderes macht ein Computer oder auch ein Elektronenrechner oder eine Rechenmaschine oder ein funktionsfähiger Digitalrechner. Algorithmen führen Rechenvorgänge basierend auf dem binären Prinzip 0 und 1 durch. „The traditional way to spell this out is the COMPUTATIONAL THEORY OF MIND, according to which the mind is a digital computer, a device that stores symbolic representations and performs operations on them in accord with syntactic rules, rules that attend only to the "form" of these symbols." (Wilson 1999: xxviii)
Die damit aufgeworfene Frage ist, ob durch Neologismen, also neue Wortschöpfungen, etwas zu einer Handlung wird oder ob es zuerst den mentalen Vorgang gibt, der sich dann in der Sprache niederschlägt. Oder gehen neue Wissensformen auf die Objekte zurück, die in den Alltag integriert werden?

sondern wir gehen auch *online*, wir sind *im* Internet, bewegen uns also in einem virtuellen Container.

2.18 Der Beginn der Kognitiven Linguistik und der Kognitiven Semantik

Trotz einiger argumentativen Schwächen mit Bezug auf Whorfs Analyse der Hopi-sprache entsteht in den späten 70er Jahren eine neue linguistische Ausrichtung, die die Frage des Zusammenhangs zwischen Sprache und Kognition in den sprachwissenschaftlichen Diskursen übernimmt wird. Die von Wilhelm von Humboldt angestoßene Grundidee einer wechselseitigen Beeinflussung von Sprache, Kultur und Denken taucht unterschwellig wieder auf.

So spielt Humboldts Idee bei der Erforschung neuronaler und kognitiver Vorgänge eine gewisse Rolle, was in den späten 1970ern und mit Aufkommen des Konnektionismus (Rumelhart & McClelland 1986), der künstlichen Intelligenz (KI) und der kognitiven Psychologie zu einer neuen Subdisziplin an der Schnittstelle zwischen Linguistik, Psychologie und Anthropologie führt: der Kognitiven Linguistik (bzw. Kognitiven Grammatik/Semantik). Vor allem Vertreter*innen in Nordamerika, alle geschult in der generativen Grammatik, drängen verstärkt auf einen Paradigmenwechsel. Ronald Langacker (1982, 1987), Georg Lakoff (1980, 1987), Mark Johnson (1980, 1987) und Leonard Talmy (1978, 1983, 2000) gelten als die Gründungsväter der Kognitiven Linguistik und bilden,[124] gefolgt von Melissa Bowerman (1989), Gilles Fauconnier (1985), John Lucy (1992a, b), Chris Sinha (1988, 2010), Dan Slobin (1996), Eve Sweetser (1990), Claude Vandeloise (1990, 1991) und anderen, die Speerspitze der neuen Bewegung.[125]

Sprache wird von dieser neuen Forschungsrichtung nicht mehr als autonomes Modul verstanden, wie Fodor (1983) und oder Pinker (1995: 55–82) es weiter-

---

124 „Cognitive Linguistics [...] is an approach to the analysis of natural language that originated in the late seventies and early eighties in the work of George Lakoff, Ron Langacker, and Len Talmy, and that focuses on language as an instrument for organizing, processing, and conveying information. Given this perspective, the analysis of the conceptual and experiential basis of linguistic categories is of primary importance within Cognitive Linguistics: the formal structures of language are studied not as if they were autonomous, but as reflections of general conceptual organization, categorization principles, processing mechanisms, and experiential and environmental influences." (Geeraerts & Cuyckens 2007: 3)

125 Eugene Casad (Cora, Westmexiko; 2012) und Dave Tuggy (Tetelcingo Nahuatl [Aztekisch]; 1993, 2003) arbeiten bereits recht früh zu nicht-europäischen Sprachen unter Einbezug des kognitiv-linguistischen Ansatzes. Ebenso Ron Langacker zu Atsugewi und Len Talmy.

hin vertreten. Sprache wird nun als Fenster zur Kognition angesehen, wie es bei Evans & Green heißt:

> [...] language reflects patterns of thought. Therefore, to study language [...] is to study patterns of *conceptualization*. Language offers a window into cognitive function, providing insights into the nature, structure and organization of thoughts and ideas. (Evans & Green 2007: 5; Hervorhebung im Original)

Demnach verweisen sprachliche Unterschiede auf kognitive Unterschiede.

Eine Ausnahme bildet hier Ray Jackendoff (1983), der 1965 bei Chomsky promovierte und sich selbst auch als generativen Kognitivisten bezeichnet.[126] Er steht somit zwischen den generativen Regelsystemen nach Chomsky und den entwicklungspsychologischen, Piaget'schen Ansätzen bzw. den gestalttheoretischen Ansätzen nach Koffka, Köhler, Rubin, von Ehrenfels und Wertheimer (vgl. Thiering 2011, 2015).

Während die Gründerväter Langacker, Lakoff und Talmy den Zusammenhang von Sprache und Kognition auf einer sehr allgemeinen, grundsätzlichen Ebene behandeln, untermauern sie ihre Aussagen nicht durch empirische Untersuchungen. Dieses Desiderat wird erst durch Stephen Levinson und seine Forscher*innengruppe am Max-Planck-Institut in Nijmegen geschlossen. 1996 veröffentlichen Levinson und John Gumperz die Anthologie *Rethinking Linguistic Relativity*. In der Einleitung schreiben sie nochmals, dass „culture, through language, affects the way we think, especially perhaps our classification of the experienced world" (Gumperz & Levinson 1996: 1). Die einzelnen Kapitelüberschriften – wie „Linguistic determinism: the interface between language and thought" oder „Universals and variation in language and culture" – verweisen dabei deutlich auf den direkten Zusammenhang zwischen Sprache und Kognition. Deutlich wird hier Sprache mit Kognition in einen direkten Zusammenhang gestellt, ebenso wird die Frage nach den Universalien im Gegensatz zu Variationen gestellt. Die Anthologie macht auch deutlich, dass zwischen Sprache als allgemeinem Phänomen und Sprechen, also der aktuellen Sprachproduktion, zu unterscheiden ist. Dies zeigt besonders deutlich Dan Slobin (1996: 70–96) mit seinem kanonisch gewordenen, oben bereits erläuterten *thinking-for-speaking*-Ansatz.

Levinson veröffentlicht 2003 seine Studie *Space in Language and Cognition: Explorations in Cognitive Diversity* und 2006 zusammen mit David Wilkins den

---

126 Mündliche Mitteilung gegenüber dem Autor, der 2007/08 als Postdoktorand am Center for Cognitive Studies der Tufts Universität in Boston war, das von Ray Jackendoff und Dan Dennett geleitet wurde/wird.

Sammelband *Grammars of Space*, wobei beide Veröffentlichungen als Gesamtprojekt zu lesen sind. *Space in Language and Cognition* bietet die theoretischen Grundlagen, *Grammars of Space* stellt Fallbeispiele zusammen, die einen kaleidoskopartigen, fast typologischen Überblick über Raumkonzepte in zahlreichen unterschiedlichen Sprachen von Arrente (Australien) über Japanisch, Tamilisch und Mayathan (Yukatekisches Maya) bis Niederländisch bieten.[127] Dabei widmen sich Levinson und seine Mitstreiter*innen seit den 1990ern verstärkt empirisch der Frage der sprachlichen Relativität in Bezug auf Raumenkodierungen. Damit wird ein wesentlicher Kritikpunkt am Konzept der sprachlichen Relativität ausgehebelt, nämlich die fehlende Empirie.

Dabei ist Levinson selbst zurückhaltend in seinen Aussagen zur sprachlichen Relativität. So schreibt er in seiner Monografie:

> [...] but this abstraction [highly precise Euclidean metric system of coordinates; M.T.] tells us about language, not the underlying cognitive systems. The inference that we can make is only in the other, positive direction, namely from the presence of any linguistic distinction to the need for its support by underlying cognitive systems [...]. [...] we must independently investigate language and then non-linguistic cognition [...]. (Levinson 2003: 63)

Allerdings ändern Levinson und Wilkins diesen Ansatz einige Jahre später in die Richtung, dass Sprache nun doch einen Einblick kognitiver Prozesse erlaubt:

> The language of space becomes an important focus of research [...]. First, it may help to reveal the underlying conceptual structure in human spatial thinking [...]. Naturally, universals of spatial thinking should be reflected in universal conceptualizations in spatial language. Second [...], the very variability of language promises an interesting insight into the possible cultural variability of spatial thinking. Third, this reasoning presumes a close correlation between spatial language and spatial thinking – essentially, a (possibly partial) isomorphism between semantics and conceptual structure. (Levinson & Wilkins 2006: 1)

Es ist demnach nicht von der Hand zu weisen, dass es einen irgendwie gearteten Zusammenhang zwischen Sprache und Kognition bzw. zwischen räumlicher Sprache und räumlichem Denken gibt. Sprachen enkodieren räumliche Orientierungen und Referenzrahmen grammatisch unterschiedlich.[128] Dies zeigt sich

---

[127] *Space in Language and Cognition: Explorations in Cognitive Diversity* (2003) und *Grammars of Space* zusammen mit David Wilkins (2006). Band 2 ist typologisch kaleidoskopartig ausgerichtet und versammelt Beiträge wie „Arrente grammar of space", „Sketch of a Jaminjung grammar of space", „Prolegomenon to a Warrwa grammar of space", „The language of space in Yéli Dnye", „Kilivila grammar of space" sowie weitere Untersuchungen zu Yukatek Maya, Tzeltal, Tiriyó, Ewe, Tamil, Japanisch und Niederländisch.
[128] Siehe für einen Überblick Burenhult & Levinson 2008: 104–107; Deutscher 2010: 157–193; C.

durch die Verwendung von räumlichen bzw. geometrischen Präpositionen wie im Deutschen *auf, in, an, unter, über, rechts* und *links*. Ebenso enkodieren Kasussysteme wie der ablativ, allativ, lokativ räumliche Relationen, vor allem von Bewegungen und ihrem Ursprung und Zielpunkt. In einigen Sprachen werden räumliche Relatioen über Körperteile[129] enkodiert, z.B. in Upper Necaxa Totonac der Bauch für *vorne*, der Rücken für *hinten* oder die Vagina für *innen* oder klassifikatorische Verben in Dene Chipewyan, Hupa, Koyukon, Navajo, Slavey, Tlingit mit Informationen zu rundem, stabartigem, belebtem Objekt benutzt.[130] Ob diese Unterschiede allerdings auf kognitive Unterschiede verweisen, lässt Levinson offen.

Dabei spielen räumliche Referenzrahmen eine wesentliche Rolle, die, wie der Begriff impliziert, der Sprecher*in die Möglichkeit einer räumlichen Verankerung bieten. Diese Referenzrahmen werden explizit im Kapitel zu den räumlichen Referenzrahmen dargestellt.

2.19 Transportiert und transformiert Sprache Ideen? Ein Exkurs

„Die Grenzen meiner Sprachen bedeuten die Grenzen meiner Welt" (Wittgenstein 1921). Dieser Satz des frühen Wittgenstein ist nicht oder nur bedingt gültig, wie oben an den einfachen Beispielen *Philtrum* und Kreis bereits festgestellt. Im Gegenteil, es gibt eine unendliche Anzahl verschiedener semiotischer Systeme, die der Sprache hilfreich zur Seite stehen bei der Konstruktion einer projizierten Welt. Das Primat der Sprache als allein maßgebliches semiotisches System ist also nicht aufrechtzuerhalten. Allerdings möchte ich in diesem Abschnitt eine Diskussion anregen, die weniger der abstrakten linguistischen bzw. philosophischen Frage nach dem Einfluss von Sprache auf Kognition nachgeht als vielmehr der Frage, ob Sprache als ein starkes Vehikel dient, um Ideen und damit Kognition zu transportieren und zu transformieren.

Everett 2013: 72–108; Haun et al. 2011.
129 Im Deutschen z.B. *am Fuße des Berges, Bergrücken, Flußmündung* (Mündung = Mund) oder im Englischen *at the foot of the hill, into the mouth of the cave. Let's face it* benutzt das Gesicht als metaphorische Extension, um auszudrücken, dass jemand sich einer Sache (gewissermaßen von Angesicht zu Angesicht) stellt.
130 Zu Upper Necaxa Totonac siehe Beck 2004; zu Dene Chipewyan Cook 1986, 2004; Li 1946; S. Rice 1997, 2002; S. Rice & Wood 1996; Thiering 2015; zu Navajao Young & Morgan 1980; zu Slavey siehe K. Rice 1989.

Sprache ist immer kulturell, historisch und politisch geprägt und eingebettet. Im Laufe der Zeit hat sich Sprache bzw. haben sich sprachliche Bedeutungen immer wieder geändert. Ich möchte hier auf ein Buch verweisen, das meines Wissens bisher so gut wie nie in linguistischen oder philosophischen Diskussionen zum Thema Einfluss von Sprache(n) auf das Denken herangezogen wurde, das aber gut verdeutlicht, wie wirkungsmächtig Sprache ist bzw. sein kann: Victor Klemperers *LTI* (*Lingua Tertii Imperii*: die Sprache des ‚Dritten Reichs'). Der deutsche Romanist jüdischer Herkunft, der den Nationalsozialismus in Deutschland überlebte, beschreibt in seinem 1947 erschienenen Buch die Sprache der Nationalsozialisten und wie sich diese in der Alltagssprache niederschlug. Klemperer zeigt sehr präzise, dass die Sprache ein Spiegel kultureller und politischer Handlungen ist und einen Einfluss auf das Denken hat:[131]

> [...] Sprache dichtet und denkt nicht nur für mich, sie lenkt auch mein Gefühl, sie steuert mein ganzes seelisches Wesen, je selbstverständlicher, je unbewußter ich mich ihr überlasse. Und wenn nun die gebildete Sprache aus giftigen Elementen gebildet oder zur Trägerin von Giftstoffen gemacht worden ist? Worte können sein wie winzige Arsendosen: sie werden unbemerkt verschluckt, sie scheinen keine Wirkung zu tun, und nach einiger Zeit ist die Giftwirkung doch da. Wenn einer lange genug für heldisch und tugendhaft: fanatisch sagt, glaubt er schließlich wirklich, ein Fanatiker sei ein tugendhafter Held, und ohne Fanatismus könne man kein Held sein. Die Worte fanatisch und Fanatismus sind nicht vom Dritten Reich erfunden, es hat sie nur in ihrem Wert verändert und hat sie an einem Tage häufiger gebraucht als andere Zeiten in Jahren. (Klemperer 1996: 27)

In diesem Zitat macht Klemperer deutlich, wie Sprache instrumentalisiert wird und wie gesellschaftlich geprägter Sprachgebrauch zu einem bestimmten Denken führen kann. Sprache „lenkt" das Gefühl und „steuert" die Seele, schreibt er. Und er geht noch einen Schritt weiter, wenn er schreibt:

> Das Dritte Reich hat die wenigsten Worte seiner Sprache selbstschöpferisch geprägt, vielleicht, wahrscheinlich sogar, überhaupt keines. Die nazistische Sprache weist in vielem auf das Ausland zurück, übernimmt das meiste andere von vorhitlerischen Deutschen. Aber sie ändert Wortwerte und Worthäufigkeiten, sie macht zum Allgemeingut, was früher einem einzelnen oder einer winzigen Gruppe gehörte, sie beschlagnahmt für die Partei, was früher Allgemeingut war, und in alledem durchtränkt sie Worte und Wortgruppen und Satzformen mit ihrem Gift, macht sie die Sprache ihrem fürchterlichen System dienstbar, gewinnt sie an der Sprache ihr stärkstes, ihr öffentlichstes und geheimstes Werbemittel. (Klemperer 1996: 26)[132]

---

[131] Dabei hat er nicht im Sinn, ein irgendwie geartetes linguistisches Relativitätsprinzip zu beschreiben.
[132] Und auch hier schreibt Herta Müller, die eingangs dieses Kapitels bereits zitiert worden ist,

Es wird hier deutlich, wie Sprache sich verändern kann und damit das *aliquid stat pro aliquo* (etwas steht für etwas) und das dyadische Zeichensystem von Signifikant (Bezeichnendes) und Signifikat (Bezeichnetes) beeinflussen kann. Ebenso können sich de Saussures eingeführte Wortwerte und damit Denkstrukturen ändern. Wie bereits gesehen, verbindet de Saussure mit dem Zeichenkonzept von Signifikant und Signifkat die unmittelbare, isomorphe Relation zwischen einem Wort und einem Konzept. Die Sprache dient dabei der

> Erzeugung des Gedankens. […] Sie ist nicht nur Bezeichnung des ohne Sprache Gedachten und Kommunikation dieses Gedachten an den Anderen mittels Lauts. Sie ist zuvörderst verkörpertes Denken, in dem Stimme und Begriff, Signifikant und Signifikat als synthetische Einheit die Welt gestalten. (Trabant 2012: 313)

Meines Erachtens ist es hier wichtig, die unterschiedlichen erkenntnistheoretischen Schlussfolgerungen der linguistischen Relativitätstheorie deutlich zu machen, ähnlich wie es Robering für die verschiedenen Raumebenen tut (Robering 2014). Sprache bildet Kognition nicht ab, sie ist, wie oben angedeutet, keine isomorphe Eins-zu-eins-Repräsentation. Damit determiniert sie das Denken nicht, wie auch Zlatev & Blomberg (2014) betonen.

Und Gipper schreibt ebenfalls:

> Wenn menschliches Denken sich in Relation zu verfügbaren Sprachen objektiviert, so heißt dies aber nicht, daß es damit geistig determiniert wäre. ‚Relativität' bedeutet nicht ‚Determinismus'. Der menschliche Geist hat die Freiheit, von den endlichen Mitteln der verfügbaren Sprachen einen unendlichen Gebrauch zu machen. Doch was er auch immer sprachlich zum Ausdruck bringen mag – nie kann er völlige Unabhängigkeit und Absolutheit erreichen. In diesem eingeschränkten und modifizierten Sinne darf von einem sprachlichen Relativitätsprinzip gesprochen werden. (Gipper 1972: 248; Hervorhebung im Original)

Aber Sprache und Praktiken prägen und verändern Denkstrukturen bzw. Weltansichten in einer Gemeinschaft, wie auch kognitive und kulturelle Strukturen sich

---

treffend: „Wenn im Leben nichts mehr stimmt, stürzen auch die Wörter ab. Hinzu kommt noch, dass alle Diktaturen, die rechten wie die linken, die atheistischen wie die göttlichen, die Sprache in ihren Dienst nehmen. In meinem ersten Buch über eine Kindheit im banatschwäbischen Dorf zensierte der rumänische Verlag neben all dem anderen sogar das Wort „Koffer". Es war zum Reizwort geworden, weil die Auswanderung der deutschen Minderheit tabuisiert werden sollte. Diese Inbesitznahme bindet den Worten die Augen zu und versucht, den wortimmanenten Verstand der Sprache zu löschen. Die verordnete Sprache wird so feindselig wie die Entwürdigung selbst." (50 Jahre Goethe Institut, 05.07. bis 29.09. 2001; http://www.dhm.de/archiv/ausstellungen/goethe/katalog/mueller.htm; letzter Abruf März 2017)

wiederum auf Sprache auswirken. Damit ist Sprache ein offenes, sich dynamisch änderndes System, im Gegensatz zu de Saussures Konzeption der *langage* als geschlossenem System. In der Sprache finden sich also nicht nur synchrone kulturelle Kategorisierungen und Bestimmungen, sondern auch diachron prägende Strukturen kultureller Aneignungen.

Die Schriftstellerin Yoko Tawada macht dies deutlich, und zwar anhand eines einfachen Alltagsgegenstands in zwei recht unterschiedlichen Kulturen, der japanischen und der deutschen:[133]

> Jeder normale Büroalltag war für mich eine Kette rätselhafter Szenen. Wie jede andere, die in einem Büro arbeitet, war ich umgeben von verschiedenem Schreibzeug. Insofern wirkte meine Umgebung auf mich zuerst nicht so fremd: Ein deutscher Bleistift unterschiede sich kaum von einem japanischen. Er hieß aber nicht mehr „Enpitsu", sondern „Bleistift". Das Wort „Bleistift" machte mir den Eindruck, als hätte ich es jetzt mit einem neuen Gegenstand zu tun. Ich hatte ein leichtes Schamgefühl, wenn ich ihn mit dem neuen Namen bezeichnen musste. […] Bald gewöhnte ich mich daran, mit einem Bleistift – und nicht mit einem Enpitsu – zu schreiben. Bis dahin war mir nicht bewusst gewesen, dass die Beziehung zwischen mir und meinem Bleistift eine sprachliche war. Eines Tages hörte ich, wie eine Mitarbeiterin über ihren Bleistift schimpfte: „Der blöde Bleistift! Der spinnt! Der will heute nicht schreiben!" Jedesmal, wenn sie ihn anspitze und versuchte, mit ihm zu schreiben, brach die Bleistiftmine ab. In der japanischen Sprache kann man einen Bleistift nicht auf diese Weise personifizieren. Ein Bleistift kann weder blöd sein noch spinnen. In Japan habe ich noch nie gehört, daß ein Mensch über seinen Bleistift schimpfte, als wäre er eine Person. […]. Das war die deutsche Sprache, die der für mich fremden Beziehung zwischen diesem Bleistift und der Frau zugrunde lag. (Tawada 2000: 9–10)

Tawada beschreibt anschaulich ihre Beobachtung, dass Gegenstände kulturell unterschiedliche Bedeutungen haben können. Dies ist so weit kein erstaunlicher Befund. Der interessante Aspekt daran ist, dass die Sprache scheinbar eine Verbindung zwischen dem bezeichneten Gegenstand und dessen kognitiver Repräsentation herstellt, also Sprache durch die Sprecher*in eine Handlung oder Praxis ausführt. Damit gibt es eventuell eine irgendwie geartete Präsentation nach dem Prinzip *aliquid stat pro aliquo*, etwas steht für etwas anderes.

Diese Verbindung, dies habe ich oben deutlich gemacht, wird aber nicht nur über Sprache hergestellt, sondern auch über weitere semiotische Systeme, wie

---

133 Wittgenstein schreibt dazu: „Denke, du kämst als Forscher in ein unbekanntes Land mit einer dir gänzlich fremden Sprache. Unter welchen Umständen würdest du sagen, daß die Leute dort Befehle geben, Befehle verstehen, befolgen, sich gegen Befehle auflehnen, usw.? Die gemeinsame menschliche Handlungsweise ist das Bezugssystem, mittels dessen wir uns eine fremde Sprache deuten." (Wittgenstein 1982: 128, §206)

z.B. durch Handlungen, die implizites Wissen enkodieren. Denken und Sprache hängen wechselseitig zusammen, beide Systeme beeinflussen sich.

Hier noch einmal Tawada:

> Was mir im Reich des Schreibzeugs besonders gut gefiel, war der Heftklammerentferner. Sein wunderbarer Name verkörpert meine Sehnsucht nach einer fremden Sprache. Dieser kleine Gegenstand, der an einen Schlangenkopf mit vier Fangzähnen erinnerte, war Analphabet, obwohl er zum Schreibzeug gehörte: Im Unterschied zu dem Kugelschreiber oder zu der Schreibmaschine konnte er keinen einzigen Buchstaben schreiben. Er konnte nur Heftklammern entfernen. Aber ich hatte eine Vorliebe für ihn, weil es wie ein Zauber aussah, wenn er die zusammengehefteten Papiere auseinandernahm.
>
> In der Muttersprache sind die Worte den Menschen angeheftet, so daß man selten spielerische Freude an der Sprache empfinden kann. Dort klammern sich die Gedanken so fest an die Worte, daß weder die ersteren noch die letzteren frei fliegen können. In einer Fremdsprache hat man aber so etwas wie einen Heftklammerentferner: Er entfernt alles, was sich aneinanderheftet und sich festklammert. (Tawada 2000: 14–15)[134]

Tawada stellt sehr bildhaft die Beziehung zwischen Worten und Gedanken dar. Während es in der Muttersprache (L1) eine direkte Relation zu geben scheint, ganz gemäß dem Postulat de Saussures, scheint diese Relation aufgehoben zu sein, sobald der scheinbar so sichere Hafen der L1 verlassen wird, wie unterschiedliche Untersuchungen zur Sprachproduktion bei bilingualen und polyglotten Menschen zeigen.

Diesen Faden nimmt Tawada 2016 in *Schreiben im Netz der Sprachen* wieder auf.

> Als ich nach Europa kam, hatte ich einige brennende Fragen in meiner Reisetasche: werde ich zu einem anderen Menschen, wenn ich eine andere Sprache spreche? Sieht ein Seepferdchen anders aus, wenn es nicht mehr „tatsu-no-otoshigo" (das verlorene Kind des

---

[134] Und Herta Müller schreibt pointiert: „Von einer Sprache zur anderen passieren bei ein und demselben Gegenstand jedes Mal Verwandlungen. Egal, um welche Sprachen es dabei geht. Die Sicht der Muttersprache stellt sich dem anders Geschauten der fremden Sprache. Die Muttersprache hat man fast ohne eigenes Zutun. Sie ist eine Mitgift, die unbemerkt entsteht. Von einer später dazugekommenen und anders daherkommenden Sprache wird sie beurteilt. Im einzig Selbstverständlichen blinkt auf einmal das Zufällige aus den Wörtern. Die Muttersprache ist fortan nicht mehr die einzige Station der Gegenstände, das Muttersprachenwort nicht mehr das einzige Maß der Dinge. Ja sicher, die Muttersprache bleibt unverrückbar, was sie einem ist. Im Großen und Ganzen glaubt man ihrem Maß, auch wenn dieses vom Geschau der dazukommenden Sprache relativiert wird. Man weiß, dieses wenn auch zufällige, so doch instinktive Maß ist das Sicherste und Notwendigste, das man hat." (50 Jahre Goethe Institut, 05.07. bis 29.09. 2001 http://www.dhm.de/archiv/ausstellungen/goethe/katalog/mueller.htm; letzter Abruf Juni 2018)

Drachen) heißt, sondern das kleine Pferd aus der See? Werde ich den Reis nicht mehr kochen, sondern gleich roh essen, wenn es nur ein Wort „Reis" für den gekochten Reis (gohan) und den rohen Reis (kome) gibt? [...] Habe ich doppelt so viel Zeit nach der Arbeit, wenn es für den Zeitraum zwei Worte – „Abend" und „Nacht" – gibt? Am „Abend" kann man ins Theater gehen und in der „Nacht" schlafen. Im Japanischen gibt es nur ein Wort, „yoru", für den Abend und die Nacht, deshalb schläft man zu kurz. Werde ich mit einem größeren Selbstwertgefühl studieren, wenn eine Seminararbeit auch als „Arbeit" bezeichnet wird wie alle anderen Arbeiten in der Gesellschaft? Kann man dann mit gutem Gewissen jahrelang an der Arbeit schreiben? Im Japanischen ist leider alles, was zum Lernen (benkyo) gehört, keine Arbeit (shigoto). (Tawada 2016: 29–30)

Auch hier zeigt sich ganz deutlich, dass a) einsprachige Muttersprachler*innen eine Überhöhung darstellen und b) (unterschiedliche) kulturelle Praktiken sich sprachlich (unterschiedlich) niederschlagen, also Arbeit/Arbeit im Deutschen vs. Lernen/Arbeit im Japanischen. Hier zeigt sich noch einmal die in der Einleitung dargestellte Unterscheidung von Kulturen im Plural, denn augenscheinlich gibt es in Japan spezifische kulturelle Gewohnheiten, die sich auch sprachlich auf spezifische Weise manifestieren und deren sprachliche Manifestationen sich entsprechend von denen im Deutschen unterscheiden.

Ich schließe dieses Kapitels zur linguistischen Relativitätstheorie mit Wygotski (1964), der Denken und Sprechen (also die Tätigkeit mit Sprache) in einen direkten Zusammenhang stellt und damit Tawadas Beobachtung stützt.

Seven lidless eyes ringed the top of the heptapod's body. It walked back to the doorway from which it entered, made a brief sputtering sound, and returned to the center of the room followed by another heptapod; at no point did it ever turn around. Eerie, but logical; with eyes on all sides, any direction might as well be „forward." (Chiang (2016): 97)

What does the word ‚where' mean in this question? When we say or understand or think where we are, we do so in terms of some representation of possible positions. „Where am I ?" is a question about correspondences between the surrounding world and some representation of that world. (Hutchins (1995): 12)

There's an ant on your south leg. (Majid et al. (2004): 109)

3 Räumliche Referenzrahmen

Das mittlere Eingangszitat von Edwin Hutchins stellt eine für dieses Kapitel entscheidende Frage, nämlich, *wo bin ich*? Dies ist spätestens dann relevant, wenn ich mich in einem mir bekannten oder unbekannten n-Raum orientieren muss (siehe Blomberg & Thiering 2016; Günzel 2010; Thiering 2015).[135] Der unbekannte n-Raum, der in der Einleitung als pluralistisches und polysemes Konzept im Rahmen des *spatial turn* eingeführt worden ist, dient grundsätzlich als ein weiterer Bezugspunkt. Die wahrnehmende Person kategorisiert und organisiert die jeweilige Umwelt und sucht Orientierungsmarken, anhand derer die Nahraum-Navigation vorgenommen werden kann. Dabei werden bekannte und unbekannte Ankerpunkte in den Blick genommen und mit bereits vorhandenem Wissen abgeglichen. Wie diese zu einem räumlichen Koordinatensystem zusammengesetzt werden und wie damit kognitive Karten konstruiert werden, soll Schwerpunkt dieses Kapitels sein (als Einstieg zu kognitiven Karten Gould & White 2002; Kuipers 1978, 1982).[136]

---

[135] Knauff erläutert die grundlegende Relevanz des Raumes wie folgt: „Der Raum wird von uns Menschen vermutlich als die wichtigste Dimension unserer Existenz sowie als zentrales Konstrukt zur Beschreibung der physikalischen Umwelt angesehen. In dieser privilegierten Stellung ist der Raum fast unangefochten. Nur die Zeit können wir mit Berechtigung als eine ihm ebenbürtige fundamentale Beschreibungsdimension unserer psychischen und physikalischen Wirklichkeit betrachten. Es verwundert deshalb nicht, daß sich das Interesse der Forschung in ganz unterschiedlichen Disziplinen, wie der Philosophie, Physik, Mathematik und Psychologie, zu bestimmten Zeiten vor allem auf den Raum konzentrierte, während jeweils abhängig von den sozialen und wissenschaftlichen Entwicklungen in anderen Epochen die Frage nach den Eigenschaften der Zeit in den Mittelpunkt des Interesses rückte. Dieses wechselhafte Interesse der Forschung spiegelt sich inzwischen auch in der kognitiven Psychologie und Kognitionswissenschaft wider, die sich seit nunmehr fast zwanzig Jahren mit der Frage beschäftigen, wie räumliches Wissen von Menschen (aber auch anderen Organismen und Maschinen) erworben, repräsentiert, weiterverarbeitet und genutzt wird." (Knauff 1997: VII)

[136] „Unless we are blind, or completely lost in a pitch-dark night, fog or a blizzard, or for the first time swimming under water in an unknown area, we know that by using vision we can begin to make sense of our surroundings. We look for things that stand out because they are different from their surrounds, or because they have a shape or form or structure that we believe we could recognize again. If nothing catches our attention, we create something – we scratch a mark on the sidewalk or wall, or build a cairn or mound of dirt, anything than can represent to us a sense of location. Once established, this anchors other information processed by our senses. Order can begin replacing chaos. Things we sense now have properties of distance, direction, orientation, proximity, linkage, and association, both with respect to spatial anchors and with regard to each other. We can begin to classify, to cluster, to regionalize, and to impose hierarchies. Where information is sparse, we can create another anchor, establish a relation between this and the

Das Zitat von Hutchins fokussiert des Weiteren auf den Zusammenhang („correspondences") zwischen umweltbedingten Faktoren („surrounding world") und einer Vorstellung bzw. (Re)Präsentation dieser Welt („representation of that world"). Welchen Zusammenhang gibt es also zwischen kulturspezifischen Faktoren, sprachlichen Enkodierungen und kognitiven Prozessen? Hutchins schreibt zu dieser Problematik weiter:

> Where am I right now as I write this? I am at my desk, in my study. The window in front of me faces the garden; the door over there leads to the hallway that leads to the remainder of the house. My house is on the Pacific coast, north of the university. I'm on the western edge of the North American continent. I'm on the planet Earth circling a minor star in the outer portion of an arm of a spiral galaxy. In every one of these descriptions, there is a representation of space assumed. Each of these descriptions of my location has meaning only by virtue of the relationships between the location described and other locations in the representation of space implied by the description. This is an absolutely fundamental problem that must be solved by all mobile organisms. (Hutchins 1995: 12)[137]

Hutchins stellt heraus, dass die Art und Weise räumlicher Orientierung fundamental für sämtliche mobile Organismen ist. Ebenso wird hier deutlich, welche unterschiedlichen n-Räume sich aufmachen: Von einem unmittelbaren Nahraum („at my desk", in der Forschung auch *table-top*-Relation oder -Perspektive genannt) über das Haus an der Pazifikküste bis zur Erde („the planet Earth circling a minor star in the outer portion of an arm of a spiral galaxy") reichen die gewählten Referenzpunkte zu nehmen. Hutchins vollzieht hier den Übergang

---

initial one (e.g. by establishing a path or base line), and can continue the process of ordering the mass of information bombarding our senses. With such ordering comes security, recognition capability, and, even when all things appear strange and difficult to identify according to our well-established perceptual norms, we can at least identify and use the environment in which we find ourselves." (Golledge 1992: 199)

137 Perry schreibt: „I see a cup of coffee in front of me. I reach out, pick it up, and drink from it. I must then have learned how far the cup was *from me*, and in what direction, for it is the position of the cup relative to me, and not its absolute position, that determines how I need to move my arm. But how can this be? I am not in the field of vision: no component of my visual experience is a preception of me. How then can this experience provide me with information about how objects are related to *me*? One might suppose that while no component of my preception is of me, some component of the knowledge to which it gives rise must be. Perhaps I am able to infer where the cup is from me, because I know how things look, when they are a certain distance and direction from me. Without a component standing *for me*, how could this knowledge guide my action, so that it is suited to the distance the cup is *from me*?" (Perry 1993: 205; Hervorhebung im Original). Dokic & Pacherie (2006: 274) ziehen Perrys eher formal-logischen Ansatz heran, um eine Kritik an den hier einzuführenden räumlichen Referenzrahmen nach Levinson zu formulieren. Dazu unten ausführlicher mit Bezug auf die sogenannte Molyneux-Frage.

vom Mikro- zum Makroraum, vom unmittelbar wahrnehmbaren, geometrisch geordneten Nahraum zum nicht (ohne Hilfsmittel) wahrnehmbaren Fernraum.

Hutchins' Hauptargument ist damit, dass in sämtlichen räumlichen Beschreibungen und Referenzen eine bestimmte Art der räumlichen Repräsentation vorherrscht. Diese ist notwendig, um sich ganz grundsätzlich orientieren zu können. In diesem Kapitel wird gezeigt, wie sich solche räumlichen Repräsentationen kultur- und sprachspezifisch unterschiedlich darstellen und welchen Einfluss Sprachen und Sprechen auf die Raumorientierung haben können.[138]

Das erste Eingangszitat aus Ted Chiangs SciFi-Kurzgeschichte *Story of Your Life*[139], in dem ein als *Heptapod* bezeichnetes Alien beschrieben wird, stellt wiederum klar, dass Orientierungen auf eine bestimmte Art und Weise gerichtet werden müssen, damit die jeweiligen Organismen sich zurechtfinden können. Das menschliche visuelle Wahrnehmungssystem kann ganz einfach nicht alle Richtungen gleichzeitig abdecken.

Eine Richtung einzuschlagen bedeutet, einem bestimmten Weg zu folgen. Dieser Weg kann teilweise imaginiert sein, teilweise bildet er sich vor einer Person direkt ab, die ihn somit zurücklegen und so zu einem Teil hinter sich lassen kann. Das Einschlagen eines bestimmten Weges beruht immer auch auf einer Art Wahrscheinlichkeitsrechnung (*propability*), die ihrerseits auf vormals getroffenen Orientierungsentscheidungen und genutzten Referenzpunkten beruht.[140] Diese Entscheidungen wiederum stehen in Wechselwirkung mit der Orientierungspraxis.

---

[138] Zum Zusammenhang von räumlichen und zeitlichen Referenzrahmen siehe Tenbrink 2011; allgemeiner zu Raum- und Zeitkognition Tenbrink 2007; Mani & Pustejovsky 2012: 66–77 setzen aus einer computer-linguistischen Sichtweise räumliche Referenzrahmen in Beziehung zu Bewegung.

[139] Einem größeren Publikum bekannt geworden durch ihre Verfilmung unter dem Titel *Arrival* (Regie: Denis Villeneuve, USA 2016).

[140] „However we are oriented, it is always relative to something, concrete or abstract. The system for defining orientation is called a reference system. A variety of taxonomies for reference systems have been proposed. Hart and Moore (1973) discussed three types: egocentric, fixed, and coordinated. Egocentric systems code location relative to one's body. In contrast to egocentric systems, both fixed and coordinated systems are allocentric: They code location relative to something outside of one's body, a feature or place in the environment. Fixed systems code location relative to a stable landmark, a recognizable and memorable feature. One's home is often used as the origin of a fixed system of reference. Coordinated systems code relative to abstract places defined by imaginary coordinate axes laid over large areas. Cardinal directions or latitude-longitude coordinates are examples of coordinated systems. The key distinction between fixed and coordinated systems is that fixed systems are tied to concrete and locally relevant features, natural or built. They are typically useful only over short distances and their continued usefulness depends on their continued existence (or at least continued memory of their existence). Coordinated systems are ab- stract and function over wide areas, often the entire earth (hence

Die folgenden Beispiele unterschiedlicher Orientierungspraktiken der Guugu Yimithirr (australische Ureinwohner in Nord Queensland, Hopeville), die die Forscher*innengruppe um Stephen Levinson anbringen, dürften der Leser*in durchaus merkwürdig vorkommen oder zumindest nicht alltäglich.

> Old Tulo, Guugu Yimithirr poet and painter, whom I am trying to film telling a traditional myth in Cape York, Australia, tells me *to stop and look out for that big army ant just north of my foot*. [...]
>
> We've been searching for ancient cave paintings deep in the bush, following instructions from various old hands. Dan, a Guugu Yimithirr speaker, is thrilled to find them after a day-long bush trip through dense and difficult forest. *We are sitting in the cave entrance, and disoriented myself, I ask him to point back to base. He does so without hesitation, right through the hillside we are sitting on.* I check with an accurate prismatic compass, and ask him for other locations. *Checking later on maps, it turns out that he is spot on – absolutely dead accurate, as far as my compass can discriminate.* [...]
>
> Jack Bambi, Guugu Yimithirr master story-teller, talking about a man who used to live nearby points directly at himself – no, there's no connection to himself, he's *pointing southeast, to where the man used to live, through his body as if it was invisible*. Years later, I have the same immediate misinterpretations looking at Tzeltal speakers, and realize this is the same phenomenon: in some striking way, *the ego has been reduced to an abstract point in space*. (Levinson 2003: 5; meine Hervorhebungen, M.T.) [141]

Augenscheinlich tauchen hier in Nah- und Fernraumsituationen (Mikro- und Makroraum) Orientierungspunkte auf, die sich auf das Kardinalsystem, also Punkte, die sich auf Himmelsrichtungen bzw. den Kompass beziehen (zu Kardi-

---

they are geocentric). Hart and Moore proposed, following Piaget, that there is a sequence in child development from egocentric to fixed to coordinated reference systems." (Montello 2005: 265)

141 „Sie heben die nördliche Hand und bewegen das südliche Bein östlich. So beginnen die australischen Eingeborenen eine Runde Wiener Walzer. Der Stamm der Guugu Yimithirr kennt weder links noch rechts. Die Aborigines kommunizieren per Himmelsrichtungen. Um sich Alltägliches mitzuteilen, benutzen die Guugu Yimithirr ihre kompassartige Orientierung. [...] Beim Erlernen ihrer Muttersprache eignen sich die Guugu Yimithirr einen absoluten Orientierungssinn und ein herausragendes geografisches Gedächtnis an. Indem ihre Sprache sie dazu veranlasst, durchgehend auf bestimmte Anhaltspunkte in ihrer Umgebung zu achten, werden die Sprachgewohnheiten zu ihren geistigen Gewohnheiten. Solchen Phänomenen gehen Wissenschaftler mit bisweilen unkonventionellen Methoden nach: Zwei Mitarbeiter des Max-Planck-Instituts [Nijmegen] haben ihren Freiwilligen die Augen verbunden und sie in ein abgedunkeltes Gebäude geführt. Dort wurden die Aborigines zwanzigmal um die eigene Achse geschwungen. Wackelig auf den Füßen, aber untrüglich in der Orientierung, konnten sie den Forschern gleich die richtige Himmelsrichtung nennen." (Gielas 2011: 60; siehe auch Kitchin & Blades 2002)

nalsystemen siehe Brown 1983; Richter & Winter 2014).[142] Dies ist insofern interessant, als in westlichen Kulturen dieser Orientierungsraum lediglich für weite Distanzen aufgemacht wird, nicht aber um zu beschreiben, dass eine Ameise sich am ‚südlichen' Bein oder ‚nördlich' von meinem Fuß befindet. Dass dies keine bloßen Anekdoten sind, wird in diesem Kapitel noch deutlich werden.

Levinson nimmt seine Beobachtungen zum Anlass, um die unterschiedlichen kulturellen Ausprägungen ganz verschiedener räumlicher Zuschreibungen darzustellen, die von westlichen Praktiken abweichen. Diese Abweichungen zeigen sich primär in den unterschiedlichen sprachlichen Enkodierungen, aber auch in den unterschiedlichen Verhaltensweisen im Kontext der Raumorientierung und Raumerinnerung. Diese unterschiedlichen Verhaltensweisen in der Sprache und der Raumorientierung können als Hinweise auf einen nicht unerheblichen Einfluss kultureller Faktoren auf das menschliche Denken gewertet werden.

In diesem Kapitel werden aus der Gestalttheorie kommende räumliche Orientierungshilfen als räumliche Referenzrahmen (*frames of reference*) präsentiert.[143] Ganz allgemein lässt sich sagen, dass für die räumliche Orientierung Referenzpunkte oder auch Bezugspunkte (*anchors*) benötigt werden, um sich anhand dieser zurechtzufinden. Die genannten Bezugspunkte sind durch einen

---

[142] Und Hutchins spezifiziert Kardinalrichtung für Nahräume: „Navigating inside a ship can be quite confusing to a newcomer. Inside the ship, the cardinal directions are forward and aft, port and starboard, topside and below, and inboard and outboard; north, south, east and west are irrelevant." (Hutchins 1995: 18). Kari zeigt, dass in Ahtna umweltbedingte Orientierungspunkte ebenfalls innerhalb eines Gebäudes angewendet werden (Kari 2011; ausführlicher unten)

[143] „There has been considerable controversy over the existence of cognitive differences across human cultures: some claim that human cognition is essentially universal, others that it reflects cultural specificities. One domain of interest has been spatial cognition. Despite the global universality of physical space, cultures vary as to how space is coded in their language. Some, for example, do not use egocentric ‚left, right, front, back' constructions to code spatial relations, instead using allocentric notions like ‚north, south, east, west': ‚The spoon is north of the bowl!' Whether or not spatial *cognition* also varies across cultures remains a contested question. Here we investigate whether memory for movements of one's own body differs between cultures with contrastive strategies for coding spatial relations. Our results show that the ways in which we memorize movements of our own body differ in line with culture-specific preferences for how to conceive of spatial relations. [...] In summary, we show that the ways in which we memorize movements of our own body differ in line with culture-specific preferences for how to conceive of spatial relations. These results support the view that, at least in some domains, cultural diversity goes hand in hand with cognitive diversity, and a cross-cultural perspective should play a central part in understanding how variable adult cognition is built from a common cognitive foundation." (Haun & Rapold 2009: 1068–1069; Hervorhebung im Original) Der letzte Satz des Zitats ist aussagekräftig im Hinblick auf die Korrelation von (Raum)Sprachen und (Raum)Kognition und die Frage, ob kulturelle Diversifität mit kognitiven Unterschieden einhergeht.

spezifischen Rahmen (*frame*) oder durch ein Koordinatensystem bestimmt, sei es im realen Raum, im kognitiven, also gedachten Raum oder im virtuellen Raum. Diese Bezugspunkte werden in der Forschung zur Raumkognition spezifisch als räumliche Referenzrahmen (*spatial frames of reference*) bezeichnet.

> Frames of reference are coordinate systems used to compute and specify the location of objects with respect to other objects. These have long been thought of as innate concepts, built into our neurocognition. However, recent work shows that the use of such frames in language, cognition and gesture varies cross-culturally, and that children can acquire different systems with comparable ease. We argue that language can play a significant role in structuring, or restructuring, a domain as fundamental as spatial cognition. This suggests we need to rethink the relation between the neurocognitive underpinnings of spatial cognition and the concepts we use in everyday thinking, and, more generally, to work out how to account for cross-cultural cognitive diversity in core cognitive domains. (Majid et al. 2004: 108; siehe auch Committeri et al. 2004; Galati et al. 2010)[144]

Räumliche Referenzrahmen (Referenz = Beziehungspunkt) werden hier als Koordinatensysteme definiert.[145] Dabei wird betont, dass sprachliche, kognitive, kulturelle und gestische Enkodierungen sprachübergreifend variieren. Die Autor*innen heben zudem hervor, dass Sprachen eine signifikante Rolle bei der Strukturierung und Restrukturierung kognitiver Wissensformen spielen. Dies gilt insbesondere für die Raumkognition.

Räumliche Referenzrahmen nehmen räumliche Setzungen ganz grundsätzlich unter Zuhilfenahme von Asymmetrien im Sinne der Gestalttheorie vor. Dabei ist der zentrale Vorgang, dass eine Figur in Relation zu einem Grund gesetzt wird. Hier soll die in der Einleitung gegebene Definition zu Figur-Grund Relationen noch einmal kurz wiederholt werden: Die Figur ist die kleinere, sich bewegende Einheit mit Bezug zu einer größeren, meist statischen Einheit (= Grund), die als Referenzpunkt dient. Die Bestimmung dieses Referenzpunkts kann von der wahr-

---

144 Hier ist vor allem die Kritik an den nativistischen Konzepten („innate concepts") wichtig: Majid et al. (2004) vertreten die Position, dass es kulturübergreifende Unterschiede gibt und dass Sprachen eine signifikante Rolle („significant role") in der Strukturierung und Restrukturierung der Raumkognition spielen.

145 Berthele schreibt: „Mit Referenzrahmen meint Levinson ein räumliches Bezugssystem, das entweder einem *absoluten* (Typus *Nord, Süd*, etc.), einem *relativen* (Typus *vor der Kiste – aus meiner Sicht – steht ein Linguist*), oder einem *intrinsischen* (Typus *vor dem Auto – vor dessen kanonischer Vorderseite – steht ein Linguist*) zugeordnet werden kann. Insbesondere der relative Referenzrahmen wird generiert durch eine origo-basierte Konzeptualisierung des Raumes, auf die Bühler [...] wegweisend aufmerksam gemacht hat." (Berthele 2004: 9; Hervorhebungen im Original)

nehmenden Person, von den Objekten in ihrer Umwelt oder aber von umweltbedingten Landmarken, Sternensystemen oder auch dem Sonnenstand ausgehen.

> As already sketched above, once a figure object is removed in space from a relevant ground object or landmark, it becomes pertinent to specify a direction, or angle, relative to the landmark in which the figure may be found. Such angular or directional specifications of location require some form of coordinate system. Natural languages seem to employ only polar coordinates, specifying a direction by rotation around a ground object. As mentioned, there seem to be only three major abstract types: intrinsic, relative and absolute. These have different logical and rotational properties, which make the distinctions quite clear. (Levinson & Wilkins 2006: 20)[146]

Levinson & Wilkins (2006) ordnen somit die in der Forschungsliteratur präsentierten Referenzrahmen drei unterschiedlichen Typen zu: den intrinsischen, den relativen und den absoluten (siehe ausführlich hierzu Levinson 2003, Kap. 2; weiter auch unten). In einem nächsten Schritt definieren sie die drei Referenzrahmen anhand einer einfachen Objektkonstellation:

> Consider, for example, a spatial array of the following kind: a toy man is placed at the front of a toy truck on a rotatable board. In the case of the relative and absolute frames of reference, the angular distinctions are mapped onto the scene from outside it, using the observer's own axes (as in ‚The man is to the left of the truck') in the relative frame, and fixed absolute bearings (as in ‚The man is to the north of the truck') in the absolute frame. Now if we rotate the board, the description of the scene will change – the man is now to the right of the truck, or to the south of it. But in the intrinsic frame of reference the angles are found by naming a designated facet of a landmark or ground object (like ‚at the front of') within the scene to be described, and if the whole scene is rotated the description may stay the same (as in ‚The man is at the front of the truck'). The intrinsic frame is thus sometimes said to be ‚orientation free', while the other two frames are ‚orientation bound'. However, the latter also differ in their rotational properties – if the describer walks around the scene to the other side, the relative description changes (now ‚The man is to the right of the truck') but the absolute description remains the same (the man is still ‚to the north of the truck'). [...] These fundamental semantic differences justify the typology into three main types. (Levinson & Wilkins 2006: 20)

Dieses sehr einfache Beispiel einer Testsituation der Raumsituation einer Spielzeugfigur, die vor einem Spielzeugauto auf einer Drehscheibe platziert wird, zeigt, welchen Unterschied die Verwendung eines der drei Referenzrahmen macht,

---

146 „Human perception appears to automatically segregate any given *spatial scene* into a figure and a ground. A figure is an entity that, among other things, possesses a dominant shape, due to a definite contour or prominent colouring. The figure stands out against the ground, the part of a scene that is relegated to ‚background'." (Evans 2007: 79; Hervorhebung im Original)

wenn man die Konstellation durch Drehen ändert. Der intrinsische Referenzrahmen wird hier als ohne Orientierung (*orientation free*) gekennzeichnet, wohingegen die anderen beiden abhängig von einer Orientierung sind.[147] Ohne Orientierung bedeutet, dass die Raumrelation unabhängig von einer Betrachter*in vorgenommen wird und somit ausgehend von den Objekten selbst. Der absolute Referenzrahmen ändert sich nicht. Augenscheinlich ist eine Raumreferenz zur Orientierung erst einmal lediglich ein Anhaltspunkt bzw. setzt Anhaltspunkte.

Nehmen wir zur weiteren Erkundung eine alltägliche Situation als Ausgangspunkt. Ein zweijähriges Kind fragt nach seinem Spielzeughund (also nicht: *Wo bin ich?* Sondern: *Wo ist der Gegenstand XY?*):

> „Where doggie?" 2-year-old Oliver asks while playing a hiding game from across the kitchen table. „Doggie here!" he squeals with glee, pulling the toy dog from under the table. In this scenario, Oliver, through his two-word utterances and behavior shows rudimentary spatial language use and illustrates a skill critical to spatial language comprehension: *cognitive flexibility*. How one person views the world differs from how someone else does, a fact reflected in how one talks about and interacts in the world. Even at age 2, Oliver knows that his perspective differs from his father's – that he can easily see the toy dog in his lap, whereas his father cannot. Recognizing, remembering, and using information about alternative perspectives requires cognitive flexibility and [...] is a hallmark of spatial language comprehension. (Taylor & Brunyé 2013: 229; Hervorhebung im Original)

Der zweijährige Oliver fragt beim Versteckspiel nach seinem Spielzeughund. Wichtig ist hierbei die kognitive Fähigkeit der Flexibilität (*cognitive flexibility*), denn Wiedererkennen, Erinnern und die Benutzung von Information erfordern die Fähigkeit, das entsprechend Wissen strategisch und ökonomisch variieren zu können. Was ist in einem Wahrnehmungsraum bereits bekannt, wie kann ich mich am besten im jeweiligen Raum zurechtfinden, welche Strategien sind am sinnvollsten oder auch ökonomischsten? Wie lassen sich unbekannte Bereiche strukturieren und antizipieren? Und lassen sich Orientierungsstrategien auf unterschiedliche n-Räume übertragen? Ist also die Orientierung und Navigation im realen Raum gleichzusetzen mit der Orientierung und Navigation im virtuellen Raum? Funktioniert die Benutzung einer physischen Karte ähnlich wie die einer animierten Karte in einem Computerspiel oder die von Google Maps im Straßenverkehr? Die am Ende des Zitats zu Olivers Raumwahrnehmung angesprochenen räumlichen Referenzrahmen sind vor allem im Spannungsfeld der *Neo-Whorfian*

---

147 Siehe kritisch zur Frage des Zusammenhangs ‚mit' vs. ‚ohne Orientierung' Dokic & Pacherie 2006, allerdings aus einer eher formal-logischen Perspektive; auch scheinen Dokic & Pacherie nicht wirklich die Beispielsprachen und Kulturen, auf die sich Levinson und Wilkins beziehen, im Blick zu haben.

Theorie relevant, da sich in der Raumkognition und Raumsprache der gegenseitige Einfluss zeigt (siehe Kapitel zur linguistischen Relativität).[148]

3.1 Desorientierung trotz oder wegen Navigationsgeräten

Im Hinblick auf die allgemeine Frage zur Raumorientierung werden die meisten Leser*innen mutmaßlich denken: Na, dann nehme ich doch mein Smartphone und starte Google Maps oder ein anderes Kartensystem und schon finde ich den richtigen und schnellsten Weg (es sei denn, als Option wird die *scenic route* bei Google Maps gewählt, dann ist nicht unbedingt der schnellste Weg). An dieser Reaktion ist auch nichts auszusetzen, wichtig ist allerdings zu betonen, dass das Kartenlesen auf dem Smartphone eine spezifische, historisch gewachsene Kulturtechnik ist, die von bestimmten Bedingungen ausgeht, nämlich unter anderem der Idee einer Karte, also einer spezifischen Form der Abstraktion des Raumes. Denn eine Karte zeigt augenscheinlich nicht die Welt an sich, sondern nimmt eine notwendige Idealisierung, Verkürzung und Vereinfachung vor. Abstände werden geschrumpft oder auch gedehnt, räumliche Relationen werden verformt und idealisiert.[149] Auch wird über das Smartphone lediglich ein kleiner, sich mitbewegender Ausschnitt gezeigt, der im Gegensatz zur Vogelperspektive, die bei einer physischen Karte eingenommen wird, fast schon einen hodologischen (griech. *hodos* = der Weg) Blick aufdrängt. Die Betrachter*in nimmt somit vom jeweiligen

---

148 „Spatial language, like spatial arrays, must be interpreted using a reference frame. Visually interpreting a spatial arrangement invokes reference frames, even in nonlingual animals (e.g., human infants, rats [...]), and a given situation often has multiple potential reference frames. An interesting point of debate lies in whether reference frames play a critical role specifically with language [...] or a role that extends more generally to understanding spatial location [...]. Whether general or specific to language reference frames play a critical role in defining spatial structure." (Taylor & Brunyé 2012: 230; siehe auch Bloom et al. 1996)

149 „Like the making of pictures, the making of maps entails shrinking a viewed environment as well as selecting and perhaps distorting important features and omitting others. [...] However, the making of maps requires more, beginning with taking a perspective not often seen in real life, a perspective from above, looking down. Maps, even ancient ones, typically include far more than can be seen from a single viewpoint, so that the making of maps also entails integrating many different views to convey a more comprehensive one. [...] Although maps often represent a horizontally extended world on a horizontal surface, they are frequently placed vertically (,upright'), requiring the same transformation that pictorial representations do (but without gravity and a conceptual up and down). Even though arbitrary, the conventional north-up orientation of maps has both cognitive and practical consequences; north-up maps are easier for many judgments." (Tversky 2014: 11)

Weg ausgehend die Straßen und Wege wahr, als ob sie sich selbst im jeweiligen Kartenabschnitt des Smartphones befindet. Vielleicht ist sogar soweit zu gehen, dass der physische mit dem virtuellen Weg kurzzeitig verschmilzt.

Innerhalb dieses Kartenraums werden unterschiedliche Wissenssysteme bereitgestellt, z.B. farbliche Markierungen, um Höhen- und Tiefenunterschiede und politische, geografische oder soziale Territorien zu zeigen. Diese helfen bei der Orientierung, also beim Transfer einer zweidimensionalen Karte auf eine dreidimensionale Welt bzw. eine vierdimensionale, da die Zeit – etwa die Dauer, die man für eine bestimmte Wegstrecke benötigt (und die Google Maps auf Wunsch errechnet) – ebenfalls eine wichtige Rolle in der Wahrnehmung spielt.

Im Folgenden stelle ich Beispiele vor, die anschaulich zeigen, wie Orientierungen unter Anwendung unterschiedlicher Hilfsmitteln auch fehlschlagen können, trotz der Verwendung von physischen Karten und Orientierungshilfen (wie Ferngläsern) oder Landmarken (wie Gebäuden) in einer konkreten Umgebung. Im Falle eines Fehlers bei der Orientierung muss ein neues mentales Modell bzw. eine neue kognitive Karte der unmittelbaren räumlichen Situation konstruiert bzw. adaptiert werden (oder das alte Modell bzw. die alte Karte angepasst werden). Hinsichtlich der mentalen Triangulation (siehe Kap. zu mentalen Modellen) zeigt sich, dass, sobald auch nur eine Koordinate falsch berechnet wird, das gesamte Koordinatensystem nicht mehr funktioniert und ggf. ergänzt werden muss. In den folgenden Beispielen muss ganz konkret die Richtung geändert werden, was sich allerdings als problematisch erweisen kann, wenn der aktuelle Ort nicht bekannt ist.[150] Das erste hier zu besprechende Beispiel stammt aus einem Artikel mit dem vielsagenden Titel „Death by GPS", der 2016 im *Guardian* erschien:

> One early morning in March 2011, Albert Chretien and his wife, Rita, loaded their Chevrolet Astro van and drove away from their home in Penticton, British Columbia. Their destination was Las Vegas, where Albert planned to attend a trade show. Rather than stick to the most direct route, they decided to take a scenic road less travelled, Idaho State Highway 51. The Chretiens figured there had to be a turnoff from Idaho 51 that would lead them east to US Route 93 all the way to Vegas. [...] A few days before the trip, Albert had purchased a Magellan GPS unit for the van. Their plan wasn't panning out. As the day went on and

---

150 Dies ist in der Tat ein kognitiv-ökonomisches Problem vor allem in Kulturen, die primär absolute räumliche Referenzrahmen verwenden. Dieser Referenzrahmen, der sich auf umweltbedingte Faktoren wie Flüsse, Gebirge, Felsen, Bäume, Riffe, Wasserfarben, aber auch das Sternsystem bezieht, funktioniert durch ständige–automatisierte oder prozedurale–Berechnung der eigenen Position. Wenn der Faden einmal verloren wird, um bildlich zu sprechen, muss dieser durch unterschiedliche externalisierte Wissenssysteme ergänzt werden. Dazu in diesem Kapitel ausführlich.

the shadows grew longer, they hadn't found an eastward passage. They decided to consult the GPS. Checking their roadmap, they determined the nearest town was Mountain City, Nevada, so they entered it as the destination into their GPS unit. The directions led them on to a small dirt road near an Idaho ghost town and eventually to a confusing three-way crossroads. And here their troubles began. [...] If Albert had been navigating the route in the daytime, he might have noticed that it was taking them through the high desert as it rose toward shimmering snowy peaks in the distance. In the dark, the changes were so subtle that they barely registered. And besides, he was on a road – „a pretty good road", the Elko county sheriff would later say, that „slowly goes bad". Through the night, it carried them higher into the Jarbidge Mountains, deeper into the back country. The road twisted, dipped, rose again, skirting canyons walled with sagebrush. [...] What happened to the Chretiens is so common in some places that it has a name. The rangers at Death Valley national park in California call it „death by GPS". It describes what happens when your GPS fails you, not by being wrong, exactly, but often by being too right. It does such a good job of computing the most direct route from point A to point B that it takes you down roads that barely exist, or were used at one time and abandoned, or are not suitable for your car, or that require local knowledge that would make you aware that making that turn is bad news.[151]

Für Albert Chretien endet die Suche nach Hilfe, nachdem sie mit dem Wagen nicht mehr weiterkommen, letztlich tödlich, Rita Chretien überlebt und wird nach mehreren Wochen zufällig gefunden. Das Beispiel beschreibt sehr drastisch, was passieren kann, wenn bestimmte Orientierungstechniken unkritisch verwendet werden. Die exakte Berechnung eines direkten Weges durch das GPS klammert die spezifischen Umweltbedingungen aus. Eine als *Common Sense Geography* zu bezeichnende Orientierung beruht hingegen auf der Berücksichtigung dieser Bedingungen (Geus & Thiering 2014; Geus & Thiering 2018).

Ein ähnlicher, wenngleich fiktiver Fall wird im nächsten Beispiel behandelt, das aus Stanley Kubricks Antikriegsfilm *Full Metal Jacket* (USA 1987) stammt. In einer Unterhaltung dreier US-Marines – Cowboy, Joker und Eigthball – zeigt sich, wie unterschiedliche Wissenssysteme Verwendung finden und an einem Punkt versagen.

[Cowboy moves up and they kneel behind a low concrete wall.]
Cowboy: What's up?
Eightball: I think we made a mistake at the last checkpoint. [He shows Cowboy the map. Eightball zeigt Cowboy die Karte und bemerkt, dass sie beim letzten Checkpoint wohl einen Fehler machten.]
Eightball: Here ... see what you think. I think we're here and we should be here. [Eighball zeigt auf die Stelle der Karte, die ihre aktuelle Position anzeigt und verweist auf den Ort, an

---

[151] Greg Milner: Death by GPS: Are satnavs changing our brains. In: *The Guardian*, 25.6.2016, https://www.theguardian.com/technology/2016/jun/25/gps-horror-stories-driving-satnav-greg-milner (31.5.2018).

dem sie eigentlich sein sollten]
[Cowboy studies the map.]
Cowboy: We're here?
Eightball: Yeah.
Cowboy: We should be here?
Eightball: Yeah ... yeah ... that's right.
[Cowboy is confused and scared. He checks his compass. Then he peers over the wall through his binoculars.] [Cowboy überprüft die Karte noch einmal, dann seinen Kompass. Er benutzt ebenfalls sein Fernglas, um die Gegend und den Ort zu erkunden.]
[Cowboy looks back nervously at the squad strung out behind him.]
Cowboy: Fuck ... What do you think?
Eightball: Well, I think we should change direction.
[Eightball doesn't sound like he really knows what to do either.]
[Cowboy knows he has to make a decision.]
Cowboy: Okay. We'll change direction.
[Cowboy motions to the squad to come up.
They rattle up and take positions behind the low wall.]
Joker: What's up?
Cowboy: Changing direction.
Cowboy: Joker, shut the fuck up!
Cowboy: (to squad) Okay! Listen up! Can you hear me?
Adlibs of „Yeah!"
Cowboy: Okay, we're changing direction. We're heading over that way. [Cowboy hat nun nach mehrfacher Überprüfung mit unterschiedlichen Mitteln die Bestätigung, dass sie sich verlaufen haben, daher ändern sie nun ihre Route und damit die Richtung.]
[Cowboy points over the wall to some ruined buildings across an open space to their Left.]
Cowboy: Eightball's gonna go out and see if he can find a way through.[152]

Die Filmszene zeigt die unterschiedlichen Techniken der Orientierung unter Verwendung von Karte, Kompass und Fernglas, aber auch implizitem Wissens. Cowboy berechnet deren Standort, indem er auf den Kompass blickt und durch sein Fernglas schaut. Dabei stellt er fest, dass sie einen Fehler bei der Berechnung gemacht haben: „I think we made a mistake at the last checkpoint". Er zeigt auf eine Karte und mutmaßt: „I think we're here and we should be here". Cowboy verortet sich somit in der Umgebung. Dann nimmt er den Kompass und das Fernglass zu Hilfe – „[h]e checks his compass. Then he peers over the wall through his binoculars" – und verbindet somit seine aktuelle visuelle Wahrnehmung mit der Richtungsanzeige des magnetisch ausgerichteten Kompass.

Ein weiteres anschauliches Beispiel geben Majid et al. (2004). Im Folgenden wird die Frage gestellt, wo eine Brille liegen gelassen wurde:

---

[152] Transkript mit Regieanweisungen auf der Website Screenplay for you, https://sfy.ru/?script=full_metal_jacket (letzter Abruf am 31.5.2018).

Think where you left your glasses. Of course, they were to the right of the telephone! This is the sort of everyday coding of spatial location we use. But some people in other cultures think differently about the same situation: they would code the glasses as being on the telephone's own left side, or even as being north-east of the phone! [...] As the scene is the same, the differences in coding are clearly something we bring to the scene – what Gestalt theorists called a ‚frame of reference', or a coordinate system, which we impose on the objects to get a specified direction for the glasses with respect to the telephone. (Majid et al. 2004: 108)[153]

Räumliche Referenzrahmen wurden vor allem in der gestalttheoretischen Forschung in den 1920er und 1930er Jahren eingeführt und entwickelt. In der kognitiven Psychologie, der Kognitiven Semantik und der Kognitiven Anthropologie wurden sie dann wieder aufgenommen und erfuhren eine Aktualisierung (siehe hierzu ebenso die Unterkapitel zu Landmarken und Toponymen und das Kapitel zur Gestalttheorie).[154] Räumliche Referenzrahmen und die durch sie ermöglich-

---

153 Abschließend schreiben Majid et al.: „Frames of reference – the most fundamental concepts underlying spatial cognition – seem unlikely things to vary across languages and cultures. But recent crosslinguistic work establishes that they do. The work reviewed here also suggests that linguistic diversity aligns with cognitive diversity, as shown in people's language-independent solutions to spatial tasks and unselfconscious gestures accompanying speech. Different frames of reference are acquired with comparable ease by children. Those sceptical of these findings often invoke ecological or cultural explanations; alternatively, they suggest that no known psychological mechanisms could account for such profound linguistic effects on cognition. We have argued that neither line of dismissal is plausible. We are left with findings that create problems for current models of the language – cognition interface. Rather than cognitive categories being universal and giving rise to universal semantic categories, as is typically supposed, it seems that cognitive categories are variable and they align with cross-linguistically variable semantic categories. This work therefore contributes to the emerging view that language can play a central role in the restructuring of human cognition." (Majid et al. 2004: 113) Der letzte Satz stellt noch einmal heraus, dass Sprache – und nach Dan Slobins Ansatz des *thinking-for-speaking* das Sprechen – eine zentrale bei der Um- und Neustrukturierung menschlicher Kognition haben kann. Dies entspricht der abgeschwächten linguistischen Relativitätstheorie, also der bereits ausgeführten Idee, dass verschiedene Kulturen über die jeweiligen Sprachen einen grundsätzlichen Einfluss auf das menschliche Denken haben können.
154 Die fruchtbare Verbindung verschiedener kognitiver Ansätze unter Einbezug anthropologischer Aspekte zeigt sich in der Forschung zu sprachlichen Enkodierungen und umgebungsrelevanter, geophysischer Informationen: „Language and linguistics also have great potential to be of help in studying various aspects of human-landscape relationships [...]. Language reflects a range of cultural and cognitive preoccupations, and linguistics has tools and models for identifying, describing and explaining representations of landscape of key concern to other branches of science. Thus, landscape opens up important links between linguistics and disciplines with a longer tradition of interest in the domain that usually do not have a major focus on language, such as anthropology, archaeology, environmental psychology, philosophy, and cognitive geo-

ten Erkenntnisse wurden in der kognitiven Psychologie adaptiert und im Rahmen der empirischen Forschung zur linguistischen Relativität vor allem von Stephen Levinson und seinen Mitarbeiter*innen übernommen und untersucht (Levinson 2003; Levinson & Wilkins 2006).[155]

Es lässt sich also feststellen, dass räumliche Referenzrahmen ein lohnenswertes Untersuchungsobjekt für die Frage nach der Schnittstelle zwischen Sprache – als kulturellem Phänomen – und Kognition bieten. Vor allem lässt sich anhand räumlicher Referenzrahmen sehr gut untersuchen, ob es kultur- und sprachübergreifende Universalien gibt.

3.2 Funktion von räumlichen Referenzrahmen

Ganz allgemein dienen Referenzrahmen der räumlichen Orientierung und der räumlichen Koordination im unmittelbar gegebenen Raum (als gute und kritische Einführung siehe Palmer 2007: 1052–1061; weiter auch Werlen 2002: 49–60; Zlatev 2007). Grundsätzlich werden dabei räumliche Verortungen zwischen Objekten mit Bezug auf die Asymmetrie von Figur und Grund in Abhängigkeit von der Beobachter*in hergestellt. Allerdings taucht die Beobachter*in oder Sprecher*in nicht in allen Kulturen und Sprachen als Referenzpunkt oder Ausgangspunkt auf, wie unten zu zeigen sein wird.

Ganz allgemein betrachtet fängt räumliche Wahrnehmung immer bei der wahrnehmenden Person an, also der Person, die Objekte im physischen, virtuellen, mentalen oder auch sprachlichen Raum in Beziehung zueinander setzt, um sich zu orientieren. Dazu wird (Körper)Sprache, Mimik und Gestik eingesetzt, aber auch auf kognitive Wissensebenen zurückgegriffen, wie z.B. die bereits ein-

---

graphy. [...] A major finding was that languages are extremely diverse in how they categorize landscape features and name places, and in how the two ontological categories of landforms and place names are related." (Mark et al. 2011: 4–5)

155 Levinsons Überblick beschreibt die unterschiedlichen Ansätze und Terminologien. Er argumentiert dafür, lediglich drei Referenzrahmen, den relativen, intrinsischen und den absoluten, anzunehmen (2003: 24–61; siehe ausführlich C. Everett 2013: 72–108). Allerdings gibt es Ansätze, die für eine größere und detailliertere Anzahl von Refererenzrahmen plädieren (Jackendoff 1996 plädiert z.B. für acht Referenzrahmen). Für eine kurze und konzise Darstellung siehe die Untersuchungsergebnisse in Haun et al. 2011 mit dem Titel *Plasticity of human spatial cognition: Spatial language and cognition covary across cultures*. Siehe auch als populärwissenschaftlichen, dabei guten Einstieg und Überblick siehe Deutscher 2010; weiter C. Everett 2013; Thiering 2012, 2015; Richter & Winter 2014: 68–71.

geführten kognitiven Karten (zum Zusammenhang von Gesten, Sprachen und Denken siehe McNeill 1992, 2000, 2005; Müller et al. 2013, 2014). Dies ist einleuchtend, wenn wir uns die Situation in einer Stadt, bekannt oder unbekannt, vor Augen führen, in der wir uns orientieren müssen. Wie komme ich von meinem Ausgangspunkt A zum Zielort B (evtl. noch über einen Zwischenstopp an Punkt C)? Hierzu kann ich unterschiedliche Hilfsmittel heranziehen: eine Karte, einen Faltplan, das GPS (und das eingestellte Ortungssystem auf dem Smartphone) bzw. Google Maps, Map Quest etc. auf dem Smartphone oder eine Wegbeschreibung von einer Passant*in, die ich gefragt habe.

Eher selten benutzen Menschen hingegen einen Kompass oder das Kardinalsystem, also die Stellung der Sterne und der Sonne bzw. des Polarsterns, um sich in der Stadt zu orientieren. Entsprechend ungewöhnlich wäre es, auf die Frage nach einer Wegbeschreibung zum nächsten Kino zu antworten: Gehen Sie ca. 1,5 km nach Nord-Nord-West, dann weiter flussaufwärts nach Nordost, am Ende der Straße finden Sie das Kino, auf 3° östlicher Länge. In einigen Kulturen fungieren diese umweltbedingten Koordinaten wie flussaufwärts ähnlich wie eine Sternenkarte bzw. die festgelegten Ausrichtungen über Himmelsrichtungen. Gipper schreibt in seinen ausführlichen und lesenswerten Darstellungen zur Sapir-Whorf-Theorie (*Gibt es ein sprachliches Relativitätsprinzip? Untersuchungen zur Sapir-Whorf-Hypothese*), dass

> z.B. die verschiedensprachigen ‚inland Yurok' und die Karok, die einander an den Ufern des Klamath River gegenüber wohnen, beide eine eigenartige, von unseren Gewohnheiten abweichende Art der räumlichen Orientierung befolgen. Sie kennen keine am Lauf der Sonne orientierten Himmelsrichtungen im Sinne von Osten, Westen usw., sondern nehmen den Lauf des Flusses zum Richtmaß und verwenden Ausdrücke im Sinne von ‚flußaufwärts', ‚flußabwärts', ‚zum Fluß hin', ‚vom Fluß weg' (*upriver, downriver, towards the river, away from the river*). (Gipper 1972: 110)[156]

In einer Gebirgsregion kann die Orientierung durchaus anders erfolgen, ebenso bei der Navigation auf Wasser, in der Wüste oder in der Prärie (Thiering 2015). Und auch im virtuellen Raum verwenden wir spezifische Hilfsmittel zur Raumorientierung. Es werden wissend oder unwissend Referenzpunkte (ein)gesetzt, vor allem bei Computerspielen, in denen Spieler*innen sich ständig und oft sehr schnell orientieren müssen.

---

[156] Gipper betont folgend, dass „Whorfs zugespitzte These, daß Sprecher verschiedener Sprachen in verschiedenen Welten leben, [...] sich damit nicht in Einklang bringen [läßt]" (Gipper 1972: 110).

Etwas weniger abstrakt zeigen sich Referenzrahmen in der Sprache, z.B. durch die Verortung meist durch – vom eigenen Körper aus gesehen – *rechts* und *links*, *oben* und *unten*, *vorne* und *hinten*. Der eigene Körper wird z.B. im Deutschen, Englischen oder Norwegischen als Referenzpunkt genommen und als Koordinatensystem, in dem Referenzpunkte gesetzt werden, mit einer vertikalen und horizontalen Achse benutzt.

Der nächste Abschnitt führt dann auch in den Körperraum nach Immanuel Kant ein, der dem relativen Referenzrahmen eine gewisse Prominenz gibt, die lange Zeit in der Forschung als grundlegend galt.

3.3 Körperlicher Raum und Körperraum nach Kant

Stephen Levinson (2003: 8–11) verweist im einleitenden philosophisch-historischen Abriss von *Language and Cognition* auf einen kurzen Text Immanuel Kants mit Bezug auf den Körper als universalen, kulturübergreifenden Referenzpunkt. In „Von dem ersten Grunde des Unterschiedes der Gegenden im Raum" aus dem Jahr 1768 legt Kant die Funktion des Körpers oder des „Körperraums" bzw. „körperlichen Raum[s]" dar. Majid et al. schreiben zu diesem Text: „Kant argued elegantly that the human body frame is the source of our basic intuitions about the nature of space, a thought echoed by many modern psychologists" (2004: 108). Augenscheinlich gilt bei Kant der menschliche Körper als fundamentaler Referenzpunkt, um sich im Raum zu orientieren. In dem folgenden längeren und eventuell mehrmals zu lesenden Zitat stellt Kant den Körperraum und den physischen Raum in unmittelbaren Zusammenhang und stellt damit eine explizite Verbindung unterschiedlicher Raumqualitäten her:

> In dem körperlichen Raume lassen sich wegen seiner drei Abmessungen drei Flächen denken, die einander insgesamt rechtwinklicht schneiden. Da wir alles, was außer uns ist, durch die Sinnen nur in so fern kennen, als es in Beziehung auf uns selbst steht, so ist kein Wunder, daß wir von dem Verhältniß dieser Durchschnittsflächen zu unserem Körper den ersten Grund hernehmen, den Begriff der Gegenden im Raume zu erzeugen. Die Fläche, worauf die Länge unseres Körpers senkrecht steht, heißt in Ansehung unser horizontal; und diese Horizontalfläche giebt Anlaß zu dem Unterschiede der Gegenden, die wir durch Oben und Unten bezeichnen. Auf dieser Fläche können zwei andere senkrecht stehen und sich zugleich rechtwinklicht durchkreuzen, so daß die Länge des menschlichen Körpers in der Linie des Durchschnitts gedacht wird. Die eine dieser Vertikalflächen theilt den Körper in zwei äußerlich ähnliche Hälften und giebt den Grund des Unterschiedes der rechten und der linken Seite ab, die andere, welche auf ihr perpendicular [senkrecht] steht, macht, daß wir den Begriff der vorderen und hinteren Seite haben können. Bei einem beschriebenen Blatte z. E. unterscheiden wir zuerst die obere von der unteren Seite der Schrift, wir bemerken den Unterschied der vorderen und hinteren Seite, und dann sehen wir auf die Lage der

Schriftzüge von der Linken gegen die Rechte oder umgekehrt. Hier ist immer eben die selbe Lage der Theile, die auf der Fläche geordnet sind, gegen einander und in allen Stücken einerlei Figur, man mag das Blatt drehen, wie man will, aber der Unterschied der Gegenden kommt bei dieser Vorstellung so sehr in Anschlag und ist mit dem Eindrucke, den der sichtbare Gegenstand macht, so genau verbunden: daß eben dieselbe Schrift, auf solche Weise gesehen, daß alles von der Rechten gegen die Linke gekehrt wird, was vorher die entgegengesetzte Gegend hielt, unkenntlich wird.

Sogar sind unsere Urtheile von den Weltengegenden dem Begriffe untergeordnet, den wir von Gegenden überhaupt haben, insoferne sie in Verhältniß auf die Seiten unseres Körpers bestimmt sind. Was wir sonst am Himmel und auf der Erde unabhängig von diesem Grundbegriffe an Verhältnissen erkennen, das sind nur Lagen der Gegenstände unter einander. Wenn ich auch noch so gut die Ordnung der Abtheilungen des Horizonts weiß, so kann ich doch die Gegenden darnach nur bestimmen, indem ich mir bewußt bin, nach welcher Hand diese Ordnung fortlaufe, und die allergenaueste Himmelskarte, wenn außer der Lage der Sterne unter einander nicht noch durch die Stellung des Abrisses gegen meine Hände die Gegend determiniert würde, so genau wie ich sie auch in Gedanken hätte, würde mich doch nicht in den Stand setzen, aus einer bekannten Gegend, z. E. Norden, zu wissen, auf welcher Seite des Horizonts ich den Sonnenaufgang zu suchen hätte. Eben so ist es mit der geographischen, ja mit unserer gemeinsten Kenntniß der Lage der Örter bewandt, die uns zu nichts hilft, wenn wir die so geordneten Dinge und das ganze System der wechselseitigen Lagen nicht durch die Beziehung auf die Seiten unseres Körpers nach den Gegenden stellen können. Sogar besteht ein sehr namhaftes Kennzeichen der Naturerzeugungen, welches gelegentlich selbst zum Unterschiede der Arten Anlaß geben kann, in der bestimmten Gegend, wornach die Ordnung ihrer Theile gekehrt ist und wodurch zwei Geschöpfe können unterschieden werden, obgleich sie sowohl in Ansehung der Größe als auch der Proportion und selbst der Lage der Theile unter einander völlig überein kommen möchten. [...]

Da das verschiedene Gefühl der rechten und linken Seite zum Urtheil der Gegenden von so großer Nothwendigkeit ist, so hat die Natur es zugleich an die mechanische Einrichtung des menschlichen Körpers geknüpft, vermittelst deren die eine, nämlich die rechte einen ungezweifelten Vorzug der Gewandtheit und vielleicht auch der Stärke vor der Linken hat. Daher alle Völker der Erde rechts sind [...]. [...]

Wir wollen also darthun: daß der vollständige Bestimmungsgrund einer körperlichen Gestalt nicht lediglich auf dem Verhältniß und Lage seiner Theile gegen einander beruhe, sondern noch überdem auf einer Beziehung gegen den allgemeinen absoluten Raum, so wie ihn sich die Meßkünstler denken, doch so, daß dieses Verhältniß nicht unmittelbar kann wahrgenommen werden, aber wohl diejenigen Unterschiede der Körper, die einzig und allein auf diesem Grunde beruhen. Wenn zwei Figuren, auf einer Ebene gezeichnet, einander gleichen und ähnlich sind, so decken sie einander. Allein mit der körperlichen Ausdehnung, oder auch den Linien und Flächen, die nicht in einer Ebene liegen, ist es oft ganz anders bewandt. Sie können völlig gleich und ähnlich, jedoch an sich selbst so verschieden sein, daß die Grenzen der einen nicht zugleich die Grenzen der andern sein können. (Kant 1920: 4–10)

Diese frühkritische Passage Kants (frühkritisch deshalb, da *vor* Kants einschneidendem Werk *Kritik der Reinen Vernunft* von 1781 veröffentlicht), die in der Literatur zur Raumkognition selten zitiert wird, unterscheidet zwei Raumqualitäten: den Körperraum und den absoluten Raum.[157] Allerdings zeigt die aktuelle Forschung, dass Kants Diktum, dass rechts und links, oben und unten vorherrschend sind, eventuell zu revidieren ist. Es sollte hier allerdings aus wissenschaftshistorischer Perspektive erwähnt werden, dass sich Kant wiederum gegen einen rein absoluten und damit gegebenen Raum wendet. Damit unternimmt er eine Fundamentalkritik in Physik und Philosophie mit Bezug auf den Raum als vorgegebener Behälter.

3.4 Körperraum als relativer Referenzrahmen

Wie bereits oben erläutert, werden Referenzrahmen ganz allgemein unterteilt in a) relative oder beobachterbezogene, b) intrinsische bzw. objektbezogene und c) absolute oder umweltbezogene Referenzrahmen (Carlson-Radvansky & Irwin 1993).[158] Ein einfaches Beispiel soll diese Unterscheidung veranschaulichen: Als relativer Referenzrahmen wird in der kognitionspsychologischen Literatur der Körperraum bezeichnet, also der Raum, wie er in Relation zum eigenen Körper erscheint (siehe Tversky & Hard 2009). Dieser bildet den Ausgangspunkt, um

---

157 Auch Levinson (2003: 1–23, bes. 8–16) setzt sich mit diesem Text von Kant auseinander; ebenso Deutscher (2010: 163), der spezifisch über Kants egozentrischen Raum schreibt.
158 In anderen Ansätzen werden die folgeden Definitionen herangezogen: „For a cognizing individual the datum can be an oriented object in the real world, defining location and direction. Two kinds of objects come to mind: The own body (an *egocentric perspective*), or another oriented object (an *allocentric perspective*). Taking my body as origin I can visualize that ‚the library is right of me, not far', which relates the library to my body, or describes its location with respect to my body's location and heading. Using an egocentric frame of reference has some challenges, despite being the frame of reference babies develop first. One challenge lies in the ambiguity about the orientation of the body, where chest, head and viewing direction can be, and frequently are, not aligned. If the body is moving, then the heading direction can be non-aligned with any of the prior ones. Another challenge, and a more significant one, lies in the body's mobility, which requires constant updating of a representation of all the relationships of the body with the objects in the environment. This updating is actually much more costly than maintaining an allocentric, stable representation of the location of stationary objects and only updating the body's location and orientation in this representation. I can mentally visualize: ‚The car is parked in front of the church', which has no reference to my body at all, but instead refers to the inherent orientation of the church, which has a front side by design. When I move or turn, the relationship between car and church remains stable." (Richter & Winter 2014: 68–69; Hervorhebung im Original)

sich zu orientieren. Die Physiognomie und der Sitz der menschlichen Sinnesorgane bestimmen dabei die Art und Weise der Orientierung. Kant betont, dass die Sinne den Ausgangspunkt des Körperraums bilden, „[d]a wir alles, was außer uns ist, durch die Sinne nur in so fern kennen, als es in Beziehung auf uns selbst steht, so ist kein Wunder, daß wir von dem Verhältniß dieser Durchschnittsflächen zu unserem Körper den ersten Grund hernehmen, den Begriff der Gegenden im Raume zu erzeugen".[159] Dieses Erzeugen bekommt somit einen konstruktiven Charakter, denn der Raum ist nicht gegeben als etwas Aufgesetztes oder als ein bloßer Container oder gegebener Behälter, sondern eine phänomenale Erfahrungsqualität des Körpers. Nur mittels des Körpers kann der Raum also überhaupt wahrgenommen und erfahren werden.[160]

Referenzrahmen bilden somit die sprachliche und kognitive Grundlage, um Objekte im Raum zu enkodieren und zu lokalisieren.[161] Das Konzept der Referenzrahmen entwickelte sich wie schon erwähnt Anfang des 20. Jahrhunderts mit der Gestalttheorie und wurde dann später von der kognitiven Linguistik wieder aufgenommen. Ausgangspunkt ist die erkenntnistheoretische und wahrnehmungstheoretische Frage nach der Relation von Sprache und Kognition (Miller & Johnson-Laird 1976).

Referenzrahmen fungieren als kognitive Instrumente, um sprach- und kulturspezifische Markierungen der Raumorientierung und Positionierung von Objekten zu analysieren (Levinson 2003).

---

159 Dies betont auch Günzel: „Dass der Leib mit seiner linken und rechten Seite, seinem Oben und Unten, Hinten und Vorn ein grundlegendes Referenzsystem darstellt, auf dessen Basis Lage- und Richtungsbestimmungen erfolgen, verdeutlichte bereits Kant 1768 in ‚Von dem ersten Grunde des Unterschiedes der Gegenden im Raum'." (Günzel 2010: 235) Dabei verkennt Günzel aber, dass es eine Reihe von Kulturen gibt, in denen die Raumorientierung sich nicht am Körper ausrichtet, sondern die hierfür intrinsische oder absolute Referenzrahmen verwenden (siehe Levinson 2003; Thiering 2015).
160 Diese Aussage verweist auf aktuell diskutierte Verkörperungstheorien (siehe hierzu das Kapitel in dieser Einführung).
161 It has previously been shown that members of different cultures differ not only in their language use, but also in their preferred strategies for memorizing object locations. Object locations are routinely coded via interacting egocentric and allocentric neuronal representations, indicating a flexible system that is susceptible to cultural biases in the relative weighting of representations. In contrast, proprioceptive space – knowing where our hands and feet are – has a strongly egocentric organization in parietal lobe area 5 combining visual and somatosensory inputs. Given the rigid egocentric structure of the neuronal representation of the position of body parts, memory for body movements might be expected to work similarly across all humans. We tested whether cross-cultural differences are restricted to memorizing external spatial arrays, or whether they also hold for memorizing movements of ones own body. (Haun & Rapold 2009: 1068)

Mental spatial representations, just as external ones, are based on spatial frames of reference. The role of a frame of reference is facilitating an unambiguous way to locate things in a space. A frame of reference is established by its datum. Mathematically the datum comprises an origin location and direction (short: *origin*) from which distance and direction measurements are made. (Richter & Winter 2014: 68)[162]

Damit wird der Fokus auf raumkognitive Repräsentation gelegt. Ein Objekt – z.B. ein Baum – steht im Vordergrund und im Hintergrund ist etwas versetzt ein weiteres Objekt – z.B. ein Haus – zu sehen.

---

[162] Zur mentalen Repräsentation unter Berücksichtigung von visuellen Wahrnehmungsprozessen siehe Marr (1982: 20–21 und die Kap. 2 und 5; Eckadrt 1999); wenn auch bereits einige Jahrzehnte alt, ist Marrs *Vision* noch immer ein Standardwerk zu informationsverarbeitenden Prozessen der visuellen Wahrnehmung, ähnlich auch Minsky 1975. Kritisch merkt Noë zur visuellen Wahrnehmung nach Marr an: „Once we adopt an active approach to perception, treating the active animal as the subject of perception, we are led to question the assumption (made by Marr and most theorists working in the computational school) that vision is a process whereby the brain produces an internal representation of the world (of what is seen). [...] It is a mistake to suppose that vision just is a process whereby an internal world-model is built up, and that the task-level characterization of vision (what Marr [...] called the computational theory of vision) should treat vision as a process whereby a unified internal model of the world is generated. [...] Marr famously claimed of Gibson that he ‚vastly underrated the sheer difficulty' of the information-processing problem of vision [...]. As the vision scientist Nakayama has responded [...], there's reason to think that Marr and his followers underestimated the difficulty of correctly framing what vision is at the task or computational level. Vision isn't a process whereby the brain constructs a detailed internal world representation. Once one acknowledges this, then ‚detailed internal world representations' can be demoted from their theoretical pride of place." (Noë 2004: 21–23) Und weiter: „I take it that this is the significance of Nakayama's [...] remark, mentioned earlier, regarding Marr's oversimplification of the computational problem of vision. Vision shouldn't be thought of as a computation performed by the brain on inputs provided by the retina. What is vision? How should it be characterized computationally? This book suggests the outlines of an answer. Vision is a mode of exploration of the environment drawing on implicit understanding of sensorimotor regularities [...]. To model vision correctly, then, we must model it not as something that takes place inside the animal's brain, but as something that directly involves not only the brain but also the animate body and the world." (Noë 2004: 29–30)

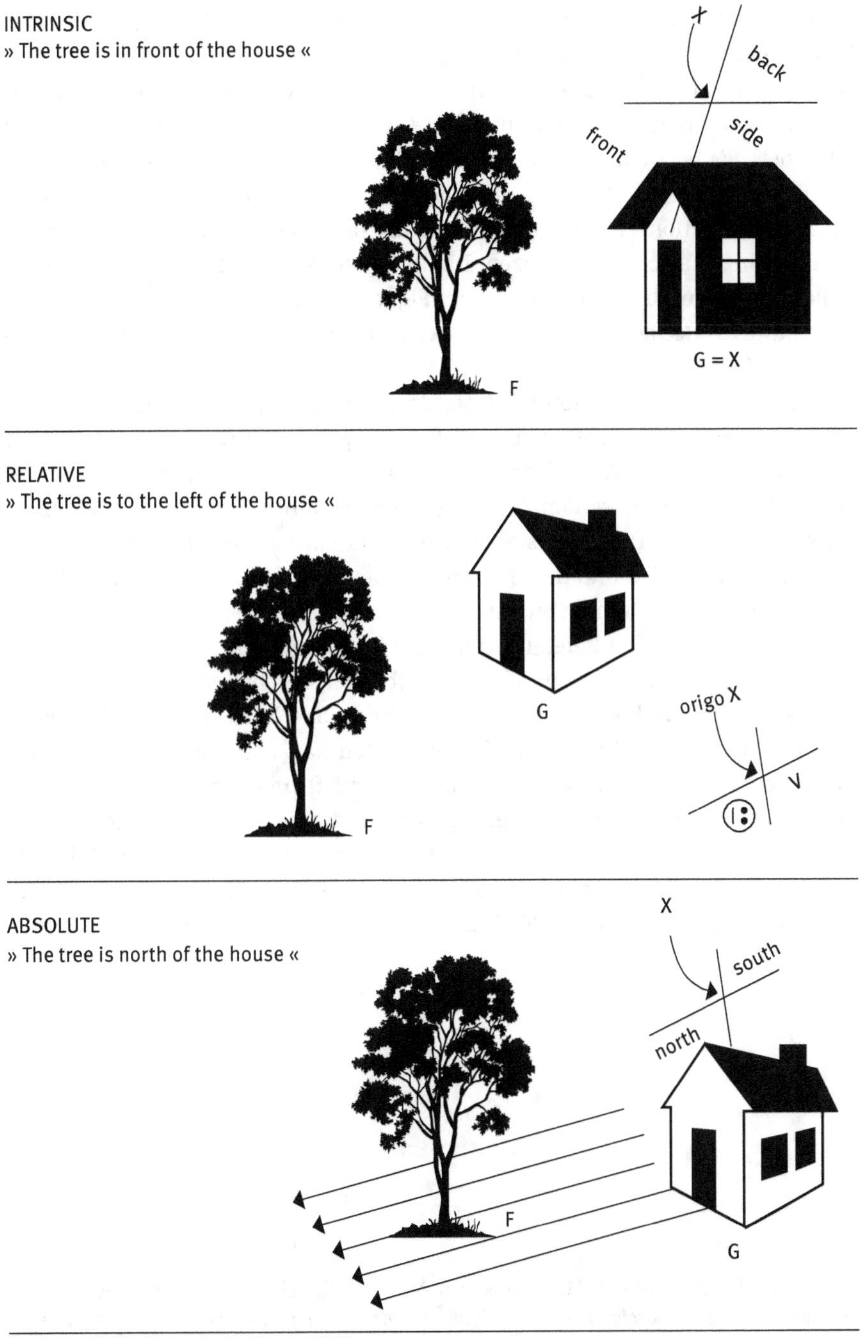

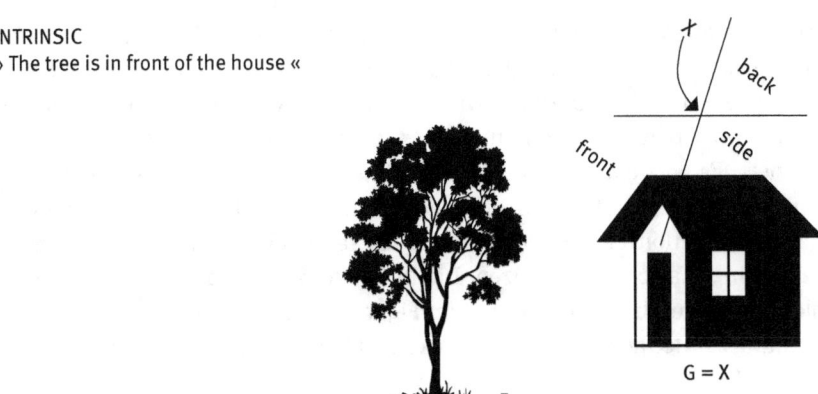

Abb. 3: Levinson räumliche Referenzrahmen (Levinson 2003: 40; adaptiert von Anat Frumkin)

Der relative Referenzrahmen positioniert den Baum; was eine Betrachter*in sieht, ließe sich also so beschreiben: ‚Der Baum [= Figur] steht links [relativer Referenzrahmen] vom Haus [= Grund]'. Es wird eine laterale Achse zum Haus konstruiert und damit der Baum in Anbindung einer relativen Sichtweise bzw. Perspektive lokalisiert. Es entsteht ein trinäres Verhältnis zwischen der Betrachter*in$_1$, der Figur$_2$ [dem Baum] und dem Grund$_3$ [dem Haus]. Die Betrachter*in nimmt eine bestimmte Position ein, aus der heraus die räumlichen Koordinaten zu einer Orientierungsmatrix verschmelzen. Die in Kapitel zur Gestalttheorie und in der Einleitung eingeführte Dichotomie von Figur und Grund steht somit in direkter Beziehung zur Betrachter*in, der Kontext wird durch die eigene Sicht vorgegeben bzw. konstruiert.

Für eine trinäre Relation gilt also, dass eine Betrachter*in, eine Figur und ein Grund vorhanden sein müssen, wobei Figur und Grund in Relation zur Betrachter*in stehen. Aber Figur und Grund können auch unabhängig von der Betrachter*in verortet werden, und zwar wenn ein intrinsischer Referenzrahmen verwendet wird.[163] Der intrinsische Referenzrahmen beruht auf objektspezifischen Charakteristika und deren geometrischen Spezifika: Die vormals mit *links von* ausgedrückte Relation wird nun mit *vor* ausgedrückt. Der Baum steht nun also vor dem Haus, das den Referenz- und Ausgangspunkt der Lokalisierung bildet. Die Raumachsen hängen von inhärenten Objekteigenschaften ab, hier also vom Haus als geometrisches Objekt, das eine Vorder- und Rückseite, eine Eingangstür und ein Fenster, ein Dach und einen Boden hat. Das Haus dient somit als Referenz- oder Bezugspunkt. Die Betrachter*in ist irrelevant für die räumliche Verortung. Ein sehr anschauliches Beispiel für die betrachterneutrale Ausrichtung bietet z.B. Browns Analyse des in Mexiko gesprochenen Tzeltal. Die folgende Grafik zeigt deutlich die objektbezogenen bzw. objektinhärenten Parameter der Raumkognition (siehe Brown 2006: 242).

---

163 Siehe die herausragende Masterarbeit von Martin Schiersch (2018) mit dem Titel: *Räumliche Referenzrahmen: Zuschreibung intrinsischer Eigenschaften auf externe Objekte*. Unveröffentlichte Masterarbeit Institut für Sprache und Kommunikation im Fachbereich Allgemeine Linguistik, Technische Universität Berlin.

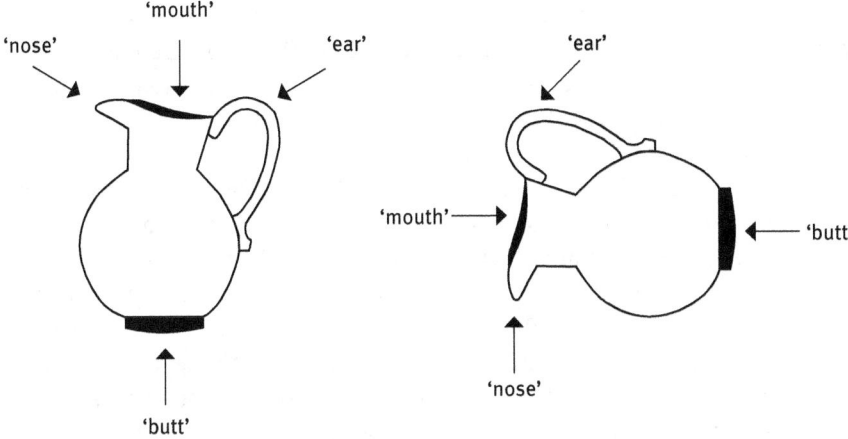

Abb. 4: Intrinsische Orientierung bei Tzeltalsprecher*innen (adaptiert von Anat Frumkin)

Brown schreibt hierzu:

> In terms of figure and ground relations, the job of these body-part expressions is to further specify the ground (by imposing a ‚body' structure on it) and to claim that the figure is ‚coincident with' – at or immediately adjacent to – this named part of it. This topological or intrinsic system relies on object-internal axes to assign body parts; it is therefore sensitive to the orientation of the Ground object (although the whole array of figure/ground is orientation free, in the sense that it is not dependent on a larger spatial framework). Thus, unlike English on top of or underneath, a Tzeltal expression of relational position changes when the ground object rotates – consider a fly hovering above the jug [in der Grafik 4], which would be described as now ‚at it's mouth' (left panel) and now ‚at it's ear' (right panel). (Brown 2006: 242)[164]

---

[164] Vandeloise schreibt bezüglich des intrinsischen Referenzrahmens, dass „[t]he intrinsic orientation of an object is by definition independent of the position of the speaker. What of an object that has no intrinsic orientation along a frontal or lateral axis, such as a tree, for example? If we ask French speakers to point out the *avant* or the *devant* of such an object, they would doubtless respond that such a request makes no sense. If we force them to point out these parts of the object, *if such a part did exist*, all our informants would choose the part of the tree facing the speaker [...]. This type of orientation is not universal: Hill [...] has pointed out that speakers of Hausa, a language spoken in western Africa, will orient the tree inversely [...]. As for lateral orientation, in contrast, both the French speaker and the Hausa speaker will directly attribute their own left and their own right to the tree, so that the total orientation of an object may be schematized as below in the two languages. The first type of orientation is called *mirror-image* [= Spiegelbild Interaktion], and the second type is called *in tandem*." (Vandeloise 1991: 38; Hervor-

Tzeltal bietet damit ein sehr anschauliches Beispiel für eine intrinsische Ausrichtung der Orientierung in Abhängigkeit von einem Objekt, in diesem Fall einer Kanne. Wird das Objekt gedreht, drehen sich die Orientierungspunkte mit, die Nase, also die Tülle der Kanne, bleibt die Nase der Kanne, ob nun links, rechts oder unten.

Der absolute Referenzrahmen als dritter Typ von Referenzrahmen wiederum stützt sich auf festgelegte (Himmels)Richtungen, die z.B. nach der Sonne oder dem Polarstern bestimmt werden, oder Faktoren in der Umwelt, wie Berge oder Flüsse. Werden zur Orientierung also Referenzrahmen die Himmelsrichtungen verwendet, könnte eine Betrachter*in also z.B. feststellen, dass der Baum nördlich vom Haus steht. In Abhängigkeit von der Umgebung kann der Baum auch flussabwärts vom Haus stehen oder bergan. Wichtig ist zu wissen, dass Sprecher*innen bei der Verwendung des absoluten Rahmens kontinuierlich mental triangulieren müssen, das mentale Kompasssystem muss somit ständig berechnet werden. Dies bedeutet, dass sie im Prinzip ständig berechnen müssen, wo sie sich befinden. Diese Berechnung kann als eine Art der regelbasierten *computation* verstanden werden, die implizit abläuft, ohne Aufmerksamkeit auf den Vorgang zu lenken. Bildlich gesprochen ist somit ständig ein mentaler Kompass oder ein GPS-System im Hintergrund aktiv. Bei der Navigation wird vor allem das System des *dead-reckoning* verwendet, was sich in etwa als Koppelungsverfahren übersetzen lässt (siehe ausführlich Hutchins 1995).

3.5 Sprachbeispiele

Ahtna, eine Sprache, die im Gebiet des Copper River in Alaska gesprochen wird, benutzt als absolutes Referenzsystem ein detailliertes Flusskoordinatensystem (Kari 2011: 255). Interessanterweise sind hier die Adverbien und ihre Prä- und Suffixe maßgeblich verantwortlich für die Enkodierung. Die Suffixe agieren wie Verbalkonjunktionen (Kari 1979, 1989).

Bedeutungen	Adverbien	5 Präfixe	gebundene Wurzeln	5 Suffixe: -Ø, -xu, -t, -dze', -ts'en
across (durch, über)	*naane*	ts'i-, straight'	-naane	-naane, -naaxe, -naat, -naadze'

---

hebungen im Original; *mirror-image* und *in tandem* stammen aus Hill 1978: 525)

Bedeutungen	Adverbien	5 Präfixe	gebundene Wurzeln	5 Suffixe: -Ø, -xu, -t, -dze', -ts'en
downstream (flussabwärts)	daa'	'u-, far'	-daa'a	-daa'a, -daaxe, -daat, -daadze'
upstream (flussaufwärts)	nae'	da-, close'	-n'e	-n'e, -nuuxe, -niit, -niidze'
lowlands (Tiefland), toward water (in Richtung Wasser, Meer)	tsene	ka-, adjacent, next'	-tsene	-tsen, -tsuughe, -tsiit, -tsiidze'
uplands (Hochland), upland area (Hochlandgebiet), from water (vom Wasser weg in Richtung)	ngge'	na-, intermediate'	-ngge'	-ngge', -nggu, nggat, -nggadze'
up (hinauf, hoch)	tgge'	P+gha, in relation to'	-tgge'	-tgge', -tggu, -tggat, -tggadze'
down (hinab, runter)	yax		-ygge'	-ygge', -yggu, -yggat, -yggadze
outside (draußen), beyond (drüben, jenseits), other side	'ane'		-'ane'	-'ane', -'aaxe, -'aat, -'aadze'
forward (vorwärts), ahead (voraus), front (vor), toward fire (in Richtung Feuer)	nse'		-nse'	nse, nse', -nsghu, -nset, -nsedze'

Ahtna bzw. Ahtna Sprecher*innen schafft(en) also einen absoluten Referenzrahmen durch die Orientierung am ausgedehnten Flusssystem, was sich an den verschiedenen Lemmata ablesen lässt. Die Sprache ist keine Ausnahme im Sprachvergleich zu anderen First Nation Sprachen Kanadas und zeigt, wie unterschiedlich Raumorientierung enkodiert wird und welche Parameter angewendet werden. In Dene Chipewyan, einer mit Ahtna verwandten Sprache, die der Autor in einer Feldforschung untersucht hat, gibt es zum Beispiel die folgenden Toponyme, denen ich eine Raumbeschreibung beiordne; zu betonen ist, dass die Toponyme nicht nur Ortsangaben sind, sondern auch Orientierungspunkte (Orte sind in den folgenden Beispielen recht weit gefasst und weniger regional begrenzt)[165]:

- *Këchaghë-hotínnë*: ‚down-stream they-dwell'; west- und südwestlich des Great Slave Lake, in der Nähe der Hay-River-Mündung, den Mackenzie-River entlang und dem Liard-Fluss folgend.
- *Kaí-theli-kë-hotínnë*: ‚willow flat-country up they-dwell'; die Region, in deren Zentrum das westliche Ende des Athabaska-Sees bei Fort Chipewyan liegt und die sich in nördlicher Richtung bis Fort Smith und zum Fluss Slave und in südlicher Richtung bis Fort McMurray and zum Athapaskan-Fluss erstreckt.
- *Kës-yë-hotínnë*: ‚aspen house they-dwell'; der Ort in der Nähe des oberen Flusslaufes des Churchill-Flusssystems (Lac Isle à la Crosse, Portage la Loche, Cold lake, Heart lake, Onion lake).
- *Háthél-hotínnë*: ‚lowland they-dwell'; der Ort in der Nähe des Reindeer lake, südlich fließend in Richtung des Churchill-Flusses.
- *Sa-yísi-dënë*: ‚sun under (the eastern?) people'; das Ödland zwischen Reindeer Lake, Hudson Bay und Chesterfield Arm.
- *Tandzáh-hotínnë*: am nördlichen Ufer des Great Slave Lake und entlang des Yellowknife-Flusses.
- *Hli-chá-dënë*: ‚dog flank people' (Dogrib); die Region zwischen Great Slave Lake, Great Bear Lake, La Martre und Coppermine-Fluss.
- *Nutnasdlenitu*: ‚river that flows opposite'. Auf der anderen Seite des Belugaberges fließt ein Strom in Richtung der aufgehenden Sonne. Der Strom fließt abwärts und um den Berg herum und danach wieder flussaufwärts.

Unten werden noch weitere Beispiele aus anderen Kulturen vorgestellt, aber hier sollte bereits deutlich geworden sein, dass ein ausgedehntes Flusssystem als Kompasssystem zur Orientierung fungieren kann.

Sprachen rufen in unterschiedlichen Situationen unterschiedliche Referenzrahmen auf. Die räumlichen Beziehungen, die unterschiedliche Objekte in bestimmten Situationen zueinander haben, können durch Adpositionen (z.B. an, auf, in, unter, über), Positions- und Klassifikationsverben und Körperteile (Bauch = vorne, Krone = oben, Rücken = hinten, Vagina = innen, Fuß = unten) enkodiert werden. Positionsverben im Deutschen sind z.B. *sitzen, stehen, liegen, hängen*. Nur bestimmte Objekte können in bestimmten Situationen *sitzen, stehen* oder *liegen*. Ein Bleistift *liegt* z.B. auf einem Tisch, dabei muss der Kontakt zwischen Figur und Grund auf ganzer Länge bestehen. Nicht nur das Verb *liegen* beschreibt die Lage der Figur, sondern auch die Präposition *auf*, die eine topo-

---

[165] Siehe Thiering 2004, 2007, 2009a,b, 2012, 2013a, 2015.

logische Kontaktrelation beschreibt (= + Kontakt). Hingegen *hängt* eine Lampe *über* einem Tisch oder ein Bild über einem Sofa. Der räumliche Unterschied wird hier bereits deutlich, denn eine Lampe *hängt* meistens über der Mitte des Tisches, das Bild hängt aber an der Wand und somit nicht zentral über dem Sofa, sondern über der Rückenlehne.

Das Verb *hängen* beschreibt somit eine vertikale Relation zwischen der Figur zum horizontalen Grund und die Präposition *über* beschreibt eine bestimmte räumliche Relation, in der Figur und Grund keinen direkten Kontakt zueinander haben. Die Distanz ist allerdings unspezifisch (wie in *die Sonne steht über dem Horizont*; *das Flugzeug fliegt über die Stadt*[166]; *die Drone fliegt über das Dorf*[167]; *die Wolke schwebt über der Insel*[168]). Das *Bild über dem Sofa* dürfte in direktem Kontakt zur haltenden Wand sein, also nicht freischwebend wie die *Lampe über dem Tisch*. In beiden Fällen wird eine spezifische Distanz zwischen Figur und Grund enkodiert, die sich eine Hörer*in auf der Grundlage ihres kanonischen Kontextwissens erschließen kann. Diese spezifische Distanz wird sprachlich unterschiedlich enkodiert. Der grammatische und morphosyntaktische Unterschied wird als Grad der Spezifität (*degree of specificity*) bezeichnet (Svorou 1994).

Allerdings beugt sich die Leser*in *über* das Buch oder das Mikroskop, hier enkodiert *über* eine wesentlich engere räumliche Beziehung zwischen Figur und Grund. Die Leser*in *über*liest den Satz oder die relevante Passage, etwas *über*steigt die Erwartungen, jemand sendet eine Nachricht *über* Funk, jemand macht einen Übersteiger etc.[169] Dass die Präposition über eine räumliche Aus-

---

166 „Im März 1936 hat die ‚Hindenburg' ihren ersten großen Auftritt – im Wahlkampf für die Reichstagswahlen. Mit dem Schwesterschiff ‚Graf Zeppelin' schwebt der Gigant *über* Deutschland, vom damaligen Königsberg (heute Kaliningrad) bis Garmisch-Partenkirchen." *Spiegel* online (Zugriff 23.02.2016; Hervorhebung M.T.): http://www.spiegel.de/panorama/zeitgeschichte/das-ende-der-hindenburg-einmal-new-york-und-nie-wieder-zuruck-a-479733.html.
167 „Rund 20 ‚Predator'-Drohnen fliegen derzeit ständig *über* das bergige Gelände Afghanistans – doppelt so viele wie vor einem Jahr."; *Spiegel* online (Zugriff 23.02.2016; Hervorhebung M.T.): http://www.spiegel.de/wissenschaft/technik/us-drohnen-wenn-hightech-krieger-vom-himmel-fallen-a-708786.html.
168 „An diesem Wochenende war der Luftraum *über* Island für Flugzeuge gesperrt, die Erde in der Region rund um den Vulkan Bárbardunga bebte in den vergangenen Tagen gleich mehrmals." *FAZ* online (Zugriff 23.02.2016; Hervorhebung M.T.): http://www.faz.net/aktuell/gesellschaft/vulkan-barbardunga-auf-island-13114115.html.
169 „Der Kommandant der Raummission Apollo 11 hatte sie sich gründlich überlegt. In dem Moment, in dem er als erster Mensch die Oberfläche des Mondes betreten würde, wollte er *über* Funk sagen: ‚That's one small step for a man, one giant step for mankind.' (übersetzt: ‚Das ist ein kleiner Schritt für einen Menschen, ein riesiger Schritt für die Menschheit.')" *Die Welt* online (Zugriff 23.02.2016; Hervorhebung M.T.): http://www.welt.de/kultur/history/article13809245/

dehnung anzeigt, ist somit nur *eine* Enkodierungsmöglichkeit unter vielen, eventuell aber die prototypische (zur Polysemie siehe Lakoff 1987; kritisch zu Lakoffs Ansatz Vandeloise 1991).

Nehmen wir nun einen Gegenstand, eine Flasche, um zu zeigen, wie inhärente Eigenschaften von Objekten einen Einfluss auf die räumliche Positionierung haben. Eine Flasche *steht* zumeist, kann aber auch *liegen*, z.B. wenn es sich um eine Weinflasche handelt und der Wein gelagert werden soll oder wenn sie leer ist. Auch eine Tasse kann im Deutschen *stehen*. Im Englischen kann ein Beamer *sitzen* (‚the projector has been sitting on the shelf for months'), ebenso ein Koffer (‚his suitcase is sitting by his side').[170]

Es folgen weitere Beispiele, die veranschaulichen, wie in unterschiedlichen Sprachen der Grad der Spezifität der Raumkategorisierung durch unterschiedliche lexikalische Einheiten – neben den Positionsverben (abgekürzt PV; Fig=Figur, Gnd=Grund, Lok=Lokativ, Rel.ref=relativer Referenzrahmen) sind dies Körperteile und Lokative – enkodiert wird (Aurnague et al. 2007; Svorou 1994).[171]

FIG		ABSTAND		REL.REF		RICHTUNG		PV
ball	*a*	*nkigh:ê*	*a*	*t:anê*	*pee*	*u*	*kêténi*	*ka*	*tóó*
ball	my	proximity	my	left	side	its	direction	TAM	sits

‚The ball is sitting near my left side.' (Levinson 2006: 190)

War-die-Mondlandung-eine-einzige-Verschwoerung.html.
170 „One man on a lonely platform. One case sitting by his side." Visage. 1980. *Fade to Grey.* Polydor.
171 „As Svorou [...] argues, verbal descriptions of spatial configurations differ with respect to the degrees of specificity and explicitness of information. As our analyses show, considerable variation in the degree of specificity can be observed even within groups of speakers of closely related languages. In terms of Talmy's classical typology of spatial expressions [u.a. Bewegung (motion) und der Ausgangspunkt einer Bewegung (source), der Weg der Bewegung (path) und Ziel der Bewegung (goal), diese Konzepte werden in unterschiedlichen sprachen verschieden enkodiert; siehe satelliten- vs. verb-frame Sprachen die im Kapitel zur linguistischen Relativität näher dargelegt werden; M.T.], all the languages in our sample are satellite-framed languages and their repertoire of lexical and morphological material for the expression of spatial relations is largely drawn from the same historical source; by keeping these parameters constant and conducting a detailed analysis of a small set of closely related languages, we are able to discover more fine-grained patterns of variation which may contribute to a refinement of the analytical models used in research on spatial language." (Berthele et al. 2014: 2)

FIG	LOK	GND	LOK	KÖRPERTEIL	PV	KILIVILA
Panikeni	o	tebeli	o	daba-la		e-tota
cup	loc	table	loc	head-3.ppiv		3.-stand

‚The cup is standing on the table, on its top.' (Senft 2006: 215)

FIG	LOK	GND		PV		KILIVILA
bovada	olopola	kwena				e-kanukwenu
pumpkin	inside	pot				3.-rest

‚The pumpkin [...] rests (lies) inside the pot.' (Senft 2006: 215; es gibt übrigens keine Äpfel auf den Trobriand-Inseln, daher werden hier Kürbisse als rundes, essbares Gemüse herangezogem, um die Figur zu spezifizieren)

FIG	LOK	PV	GND	SUCHBEREICH	EWE
Kɔ́ pu-ɔ	le	lí	kplɔ̃-ɔ	dzí.	
cup-det	be.at:pres	upright.on.base	table.det	upper surface	

‚The cup is (upright on its base) on the table' (Peki dialect; Ameka & Essegbey 2006: 379)

Die Beispiele zeigen die unterschiedlichen Grade der semantischen Spezifität in recht unterschiedlichen Sprachkulturen. Eine kugelförmige Figur befindet sich nicht in Kilivila nur in einem Topf oder einer Schüssel, sondern sie *ruht*, was bei einer Kugel, die schnell in Bewegung gerät, im Prinzip Sinn ergibt. Dies impliziert, dass Sprecher*innen außer der Lage eines Objektes auch dessen mögliche Bewegung oder Nichtbewegung enkodieren. In Ewe werden Figur und Grund in einem ganz bestimmten, recht präzisen räumlichen Vektor verortet. Sowohl die Figur (*cup + upright on base*) als auch der Grund (*table + upper surface*) spezifizieren die jeweilige topologische Ausrichtung in Abhängigkeit der *affordances* der Objekte.

Eine kleine Anmerkung von Senft bei einem der oben gegebenen Beispiele aus Kilivila ist nicht ganz uninteressant im Hinblick auf die Designs der Testverfahren des MPIs vor allem der Topological Relation Markers Tests (bestehend aus 71 schwarz-weiß Bildern von einfachen Objektrelationen wie Tasse auf einem Tisch, Apfel in einer Schale, Buch auf einem Buchregal; Bowerman & Pederson 1992; Thiering 2007). Senft schreibt, dass es auf den Trobriand-Inseln keine Äpfel gibt, weshalb Sprecher*innen bei der Beschreibung und Inbeziehungsetzung zweier Objekte einen Kürbis als Figur nehmen in der Bildbeschreibung. Dieses Problem ist in der Tat den Testverfahren geschuldet, die oftmals eher westlich geprägte Objekte in Relation setzen, zum Beispiel eine Briefmarke auf einem Briefumschlag, einen angeketteten Hund in einer Hundehütte, einen Hase in einem Käfig, eine leere, kopfüber in einer Astgabel hängende Rotweinflasche. Die First Nation

Dene-Chipewyan-Sprecher*innen wiesen in den Tests darauf hin, dass Hunde im Reservat frei herumlaufen und Hasen gegessen, aber nicht als Haustiere gehalten werden. Und wenn etwas aufgerollt auf einem Baumstumpf liegt, dann ist es kein Gartenschlauch, sondern eine Schlange (Thiering 2007, 2015).

Die Frage, ob nun ein Apfel oder ein Kürbis als Figur fungiert bei der räumlichen Zuweisung, mag auf den ersten Blick irrelevant erscheinen, auf den zweiten Blick mit Bezug auf klassifikatorische Verben zeigt sich hier ein genuines semantisches Problem. Es gibt z.B. im *Topological-Relational-Markers*-Test (nach seinen beiden Entwickler*innen Melissa Bowerman und Eric Pederson auch „BowPed" genannt (1992); siehe Thiering 2007) das Bild eines Baumstumpfes, auf dem ein zusammengerollter Gartenschlauch liegt. Für viele Dene-Chipewyan-Sprecher*innen ist die auf dem Bild gezeigte Situation zuerst einmal merkwürdig, denn der Gartenschlauch wird wie angedeutet von ihnen als lebendige Schlange klassifiziert. Eine Schlange als belebtes Objekt wird aber durch ein anderes klassifikatorisches Verb enkodiert als ein unbelebtes Objekt, wie es ein Gartenschlauch ist. Damit ändert sich das Verbparadigma entscheidend. Auch werden irreale Situationen von Sprecher*innen oft als befremdlich wahrgenommen. Damit werden Antworten provoziert, die weniger mit dem alltäglichen Sprachgebrauch als mit den testspezifischen Bedingungen zusammenhängen. Dies unterstreicht, dass die Testverfahren immer wieder auf ihre Tauglichkeit überprüft werden müssen.

In der *Caused-Position*-Studie (Hellwig & Lüpke 2001; siehe auch Thierings [2007, 2015] Anwendung des Tests mit Dene-Chipewyan-Sprecher*innen) tauchen wie oben erwähnt zum Beispiel aus dem Nichts Dinge auf, also ohne einen sichtbaren Verursacher. Eine leere Rotweinflasche hängt dann kopfüber in einer Baumgabel, Bohnen erscheinen auf einem Tisch, ein Seil hängt zusammengerollt über einem Ast usw. Die abgebildeten Objekte bzw. die Beziehungen zwischen ihnen sind dann für manche Betrachter*innen nicht alltäglich, sondern geradezu absurd, was ja durch die Testdesigns gerade vermieden werden soll.

Klassifikationsverben, die in nordamerikanischen *First-Nations*-Sprachen häufig verwendet werden, enkodieren somit die Qualität der Figur auf sehr spezifische Weise. Ein halbvolles Gefäß (Figur) aus festem Material – z.B. ein Glas oder eine Tasse – steht auf einer horizontalen Grundlage – z.B. einem Tisch (Grund). Das klassifikatorische Verbalsystem in *First-Nations*-Sprachen klassifiziert und spezifiziert nun die Figur-Grund-Relation wesentlich detaillierter, als es in germanischen und romanischen Sprachen der Fall ist, es unterscheidet z.B. zwischen einem halbvollen und einem vollen Gefäß, einem Gefäß aus Glas vs. Ton oder Kunststoff.[172] Dies heißt nicht, dass Sprecher*innen anderer Sprachen

---

172 Siehe zum Grad der Spezifität Svorou 1994; siehe weiter Malotkis detaillierte Analyse der

solche detaillierten Beschreibungen nicht vornehmen *können*, aber sie *müssen* es nicht. Die kursivierten Modalverben zeigen hier die grundsätzliche sprachliche Möglichkeit auf, aber nicht die Notwendigkeit. Dies ist eben auch ein Hinweis auf *whorfoide Befunde*, also die grundsätzliche Möglichkeit des Einflusses von Sprache auf Kognition, wie sie im Kapitel zur sprachlichen Relativität eingeführt werden (siehe Berthele 2014).

Die folgenden Beispiele zeigen die Komplexität der räumlichen Enkodierung, ebenfalls in einer Sprache ohne Schriftsystem, wie in der Einleitung bereits dargelegt.[173] Dabei steht hier das in Mexiko gesprochene Upper Necaxa Totonac (UNT) im Fokus.[174] In Totonac werden Raumlokative, Körperteile und teilweise Positionsverben verwendet, um die jeweilige Raumrelation zu spezifizieren (sämtliche Daten aus Thiering 2015: 115; siehe aber auch Beck 2004).

LOK+KÖRPERTEIL	KÖRPERTEIL	LOK[DOS]FIG	
naxaʼkpú:n	*sipéj*	*wakáʼlh*	*poʼhlhnúʼ*.
nak=ix+aʼkpú:+n	sipéj	wakáʼlh	poʼhlhnúʼ
LOC=3POSS+Krone+NM	hinten[Rücken]	3sg.S:hoch	Wolke

‚Die Wolke ist/befindet sich hoch (über dem Hügel)‘

LOK	FIGUR	LOK
talhmá:n	*poʼhlhnúʼ*	*wakáʼlh*.
ta:lhmá:n	poʼhlhnúʼ	wakáʼlh.
hoch.über	Wolke	3sg.S:hoch

‚Die Wolke ist/befindet sich hoch oben.‘

Raumsprache und Raumbilder der Hopi [Malotki 1979]; zu klassifikatorischen Verben generell siehe Li 1946; K. Rice 1989; S. Rice 1997, 2002; S. Rice & Wood 1996; Thiering 2007, 2011, 2015; zu Verhältnis Raumsprache und Raumkognition Jackendoff & Landau 2002.

173 Der Zusammenhang zwischen Schriftsprache und Raumwahrnehmung ist nicht Thema dieser Einführung, sollte aber zumindest erwähnt werden, da es eine Korrelation zwischen der Schreibrichtung und der Raumwahrnehmung gibt.

174 Siehe Thiering 2015, v.a. die Kapitel „Figure-Ground Reversals in Language" und „Degrees of Specificity in Spatial Semantics".

LOK+KÖRPERTEIL	KÖRPERTEIL	LOK	FIG
naxa'kpú:n	*sipéj*	*waká'lh*	*po'hlhnú'.*
nak=ix+a'kpú:+n	sipéj	waká'lh	po'hlhnú'
LOC=3PO+Krone+NM	hinten [Rücken]	3sg.S:hoch	Wolke

‚Die Wolke ist/befindet sich über dem Hügel.'

FIG	LOK	LOK+ KÖRPERTEIL	LOK+GND
po'hlhnú'	*waká'lh*	*ixpu:hélhni'*	*naksipéj.*
po'hlhnú'	waká'lh	ix+pu:+hélh+ni'	nak=sipéj
Wolke	3sg.S:hoch	3PO+CTD+Mund+NM	loc=Hügel

‚Eine Wolke ist/befindet sich über dem Gebirge.'

KÖRPERTEIL+ABSTAND	LOK	KÖRPERTEIL	GND
lakatzunajtzá	*waka'lhi*	*ixpu:hélhni'*	*naksipéj.*
laka+tzunaj=tzá	waká'lh	ix+pu:+hélh+ni	nak=sipéj
Gesicht+nah=jetzt	3.sg.S:hoch	3PO+CTD+Mund+NM	loc=Hügel

‚Das Gesicht (Wolke?) ist relativ nah über dem Gebirge.'

FIG	LOK+KÖRPERTEIL	KÖRPERTEIL	LOK
po'hlhnú'	*naixa'kpú:n*	*sipéj*	*la:waká'lh.*
po'hlhnú'	nak=ix+a'kpú:+n	sipéj	la:+waká'lh
Wolke	LOC=3PO+Krone+NM	hinten[Rücken]	tun+3.sg.S:hoch

‚Die Wolke ist/befindet sich über dem Hügel.

LOK+KÖRPERTEIL	KÖRPERTEIL	LOK	FIG
naixa'kpú:n	*sipéj*	*la:waká'lh*	*po'hlhnú'.*
nak=ix+a'kpú:+n	sipéj	la:+waká ,lh	po'hlhnú'
LOC=3PO+Krone+NM	hinten[Rücken]	tun+3.sg.S:hoch	Wolke

‚Die Wolke ist/befindet sich über dem Hügel.'

FIG	KÖRPERTEIL+LOK	KÖRPERTEIL
po'hlhnú'	*a'kpu:waká'lh*	*sipéj.*
po'hlhnú'	a'kpu:+waká'lh	sipéj
Wolke	Krone+3sg.S.ist:hoch	hinten[Rücken]

‚Die Wolke ist/befindet sich um die Kuppe des Hügels herum.'

Die Beispiele zeigen, dass in Totonac ein recht detailliertes morphosyntaktisches Enkodierungssystem die Raumwahrnehmung bestimmt. Unterschiedliche Systeme, vor allem Körperteile und räumliche Adpositionen, interagieren hier. Der menschliche Körper dient hier als grundlegender Referenzpunkt und damit der relative Referenzrahmen.

Diese Einführung kreist um eine der offenen Forschungsfragen, nämlich, ob unterschiedliche Referenzrahmen das Denken und Handeln auf je unterschiedliche Weise beeinflussen (C. Everett 2013; ausführlich hierzu Kap. 2).[175] Allerdings sollen in den folgenden Unterkapiteln unterschiedliche Ansätze zu räumlichen Referenzrahmen beschrieben werden, die sich damit beschäftigen, ob und wie ein solcher Zusammenhang gedacht werden kann. Den Anfang macht Ray Jackendoffs Ansatz zu geometrischen Referenzrahmen.

3.6 Ray Jackendoffs Referenzrahmen

Im Folgenden wird Ray Jackendoffs Konzept der räumlichen (genauer: geometrischen) Referenzrahmen vorgestellt, das feinteiliger ist als Levinsons Konzept der Koordinatensysteme. Jackendoff unterscheidet zunächst zwischen intrinsischen und umweltbedingten Referenzrahmen und differenziert diese dann weiter aus. So nennt er vier intrinsische Referenzrahmen (Jackendoff 1996: 14–19):

a) geometrischer Rahmen (*geometric frame*)
b) Bewegungsrahmen (*motion frame*)
c) kanonischer Orientierungsrahmen (*canonical orientation frame*)
d) kanonischer Begegnungsrahmen (*canonical encounter frame*)

---

175 In der Forschung wird hierzu klar Stellung bezogen: „Our response must focus on the fundamental conceptual issues involved in the study of spatial frames of reference, but readers should know that the essential phenomenon that provoked our investigations is the following. In a nutshell: there are human populations scattered around the world who speak languages which have no conventional way to encode ‚left', ‚right', ‚front', and ‚back' notions, as in ‚turn left', ‚behind the tree', and ‚to the right of the rock'. Instead, these peoples express all directions in terms of cardinal directions, a bit like our ‚East', ‚West', etc. Careful investigation of their nonlinguistic coding for recall, recognition, and inference, together with investigations of their dead-reckoning abilities and their on-line gesture during talk, shows that these people think the way they speak, that is, they code for memory, inference, way-finding, gesture and so on in ‚absolute' fixed coordinates, not ‚relative' or egocentric ones […]." (Levinson et al. 2002: 157; siehe weiter v.a. Levinson 2003; Levinson & Wilkins 2006)

Ebenso gibt es vier umweltbedingte Referenzrahmen:
a) Gravitationsrahmen (*gravitational frame*)
b) geografischer Rahmen (*geographical frame*)
c) kontextueller Rahmen (*contextual frame*)
d) Beobachterrahmen (*orientation-mirroring observer frame*)

Jackendoffs Einteilung beruht vornehmlich auf den geometrischen Eigenschaften der Objekte, also den objektspezifischen, beobachter*innenunabhängigen Eigenschaften. Der geografische Referenzrahmen ist im Prinzip identisch mit dem absoluten Referenzrahmen. Und der Beobachterrahmen ist dem relativen Referenzrahmen bei Levinson ähnlich. Jackendoff ergänzt die eher statischen Koordinatensysteme zwischen Figur und Grund nach Levinson durch den Bewegungsrahmen. Diese Ergänzung nimmt damit eine weitere Ebene auf, nämlich die der Bewegung (siehe auch Levinsons Motion Verb Stimulus Studie (Moverb); 2001).

Zum forschungspraktischen Nutzen der beiden unterschiedlichen Referenzrahmen-Konzepte ist grundsätzlich festzuhalten, dass es abhängig von der Fragestellung ist, auf welches sich eine Untersuchung beziehen sollte. Wenn primär geometrische Eigenschaften von Objekten innerhalb einer Sprache und Kultur beschrieben werden sollen, bieten sich Jackendoffs Ansatz an, allerdings spielt in diesem die Perspektive eine untergeordnete Rolle. Wenn allerdings sprach- und kulturvergleichende Aussagen getroffen werden sollen, dann bieten sich meines Erachtens eher Levinsons Referenzrahmen an. Und zwar vor allem deshalb, weil Levinson den Fokus nicht auf (idealisierte) geometrische Objekte legt, wie Jackendoff es tut, sondern Levinson explizit die Frage nach dem Verhältnis von Sprache und Kultur im Kontext stellt und damit die pragmatische Dimension in den Vordergrund rückt. Jackendoff ist hier eher der Vorstellung einer modularen Bauweise verhaftet, Sprache und Kognition stehen nicht in direktem Zusammenhang, ebenso wenig Phonologie, Morphologie, Syntax und Semantik. Es gibt demnach unterschiedliche, autonome Module, die allerdings über eine Schnittstelle in Beziehung zueinander stehen. Jackendoff schreibt dann auch, dass „[c]onceptual structure […] is an encoding of linguistic meaning that is independent of the particular language whose meaning it encodes" (Jackendoff 1996: 5). Mit der Aussage „linguistic meaning […] is independent of the particular language" steht Jackendoffs Ansatz letztlich dem Levinsons diametral gegenüber, da Levinson ja vielmehr von einer Abhängigkeit bzw. einer Wechselwirkung ausgeht.

Bevor einige weitere empirische Befunde zu räumlichen Referenzrahmen präsentiert werden, soll im Folgenden noch Gary Palmers Ansatz vorgestellt werden, der eine Alternative zu Levinsons dreiteiligem Referenzsystem darstellt. Damit soll noch einmal verdeutlicht werden, welche unterschiedlichen Setzungen vorgenommen werden bei der Einteilung von Referenzrahmen.

3.7 Gary Palmers Referenzrahmen

Mehr noch als Jackendoff setzt sich Gary Palmer kritisch mit Levinsons Dreiteilung der räumlichen Referenzrahmen auseinander, wobei auch bei ihm – ähnlich wie bei Jackendoff – der intrinsische Referenzrahmen problematisch ist. Hier zunächst Palmers Definitionen, die von Orientierungsrahmen sprechen und nicht von Referenzrahmen:

a. Orientational maps are highly schematic, language-specific, topographical maps of shapes, directions, and affordances (e.g., consider into, around, cross, climb).
b. Orientational maps may be based on an observer or an object. Deictic orientation, based on a conceptualization of the discourse ground, seems to presuppose a view map (of the speaker) as part of its base of predication, at least in prototypical usages. Macro-maps are a subtype of object maps having fixed orientations and geological or cosmological scales. Macro-orientation is relative rather than absolute.
c. Every orientational expression necessarily contains in its base of predication a trajector, a relation, and a landmark. An orienting expression may profile any one or a combination of these. In view maps, the relation of trajector to landmark is situated within the construed field of view.
d. Orientational maps are often combined in the predications of constructions or conflated in the predications of single terms.
e. Interlocutors reconstrue perspectives and fictive orientations by translocating or rotating maps, by zooming in and out, and perhaps even by cognitive linguistics and anthropological linguistics shrinking or expanding maps. Alternative construals provide a basis for orientational polysemy.
f. Spatial maps conflate with image schemas of movement (e.g., consider towards, away from, cross, climb).
g. Spatial maps are often, if not always, superimposed or „laminated" onto social, cultural, and historical schemas, which provide or enrich conceptual landmarks. The matrix of imbricated spatial maps, movement schemas, and sociocultural and historical models presents a rich semantic field requiring ethnographic as well as linguistic methods for an adequate grammatical description of orientation language. It follows that orientation terms will normally be polysemous across these types of models. (Palmer 2007: 1064–1065)

Palmers Ansatz zeigt deutlich, dass ein rein formal-logischer, mathematischer Syllogismus durch eine soziokulturelle, historisch adäquate und ethnografisch informierte Herangehensweise ergänzt werden sollte, da eine formal-logische

Sprachanalyse nur bedingt den Verwendungskontexten gerecht werden kann. Vor allem argumentiert Palmer unter Punkt (g.), dass Raumorientierung und ihre jeweiligen Modelle mehrdeutig, polysem sind – „orientation terms will normally be polysemous". Raumwahrnehmung und Raumkarten (*spatial maps*) sind laut Punkt (f.) eher dynamisch als statisch, insofern *spatial maps* mit *image schemas* der Bewegung interagieren (siehe hierzu das Kapite zu mentalen Modellen).[176] Interessanterweise bezieht sich Palmer hier indirekt auf Claude Vandeloise' methodologisches Diktum, das für diese Einführung maßgeblich ist, nämlich Sprecher*innen und deren Sprachpraktiken zu beobachten und davon Regelsysteme für räumliche Präpositionen aufzustellen:

> [S]patial terms have been described in relation to our knowledge of the world. We have here a kinetic and dynamic understanding, not simply a static knowledge. For reasons of descriptive ease, a static explanation of language is often given, just as it may be convenient for the film critic to stop the film for a moment to examine one image in greater detail. If he forgets to set it in motion again, however, he will lose an essential element of the cinema: the constant movement of images on the screen. I believe that the changes in situations motivating language have all too often been frozen for descriptive ease. (Vandeloise 1991: 237)

Vandeloise, dessen Ansatz im Folgenden ausführlicher dargestellt werden soll, plädiert dafür, von einem Zusammenhang räumlicher Repräsentationen in der Sprache und der außersprachlichen Welt auszugehen – *knowledge of the world*. Raumdenken findet immer im Kontext statt und ist nie statisch oder isoliert. *View* und *orientation maps* nach Palmer sind somit in direktem Zusammenhang zu weiteren Wissenssystemen zu sehen.

---

176 Ausführlich zu *image schemas* Hampe 2005; Oakleys 2007; Johnson 1987; aktuell auch Zlatev 2017: 179–181.

3.8 Claude Vandeloise' funktionaler Ansatz

Vandeloise' Ansatz sticht durch seinen *functional approach* hervor, also seine Anwendungsbezogenheit.[177] Für Vandeloise ist der rein geometrische und formale Ansatz der Objektwahrnehmung einer Erfassung von realen Sprachsituationen nur bedingt zuträglich. In seiner Untersuchung zu französischen Raumpräpositionen beschreibt Vandeloise unterschiedliche Situationen, in denen räumliche Zuschreibungen über rein geometrische und damit idealisierte Situationen hinausgehen (siehe auch Coventry & Garrod 2004). Seine Herangehensweise kennzeichnet er dabei so:

> [...] rather than depending on a logical or geometrical system of description, I will offer a description of spatial words based on functional concepts that are tied to the extranlinguistic knowledge of space shared by the speakers of one language. (Vandeloise 1991: 13)

In seiner Untersuchung zu unterschiedlichen Präpositionen zeigt Vandeloise überzeugend, dass ein rein formal-logischer Ansatz nicht ausreicht, um die semantische Vielfalt der jeweiligen Präpositionen abbilden zu können.[178] Vandeloise argumentiert dafür, sprachliche Verwendungen –functional concepts – in verschiedenen Kontexten zu untersuchen und nicht geometrische Idealisierungen vorzunehmen, die rein formal-logisch argumentieren.

Hier einige Beispiele, die Vandeloise zu den jeweiligen Raumpräpositionen gibt.

Près de/loin de (nah/weit weg)
Jupiter est près de Saturne.
Jupiter ist in der Nähe des Saturns.[179]

---

177 So schreibt Vandeloise: „I use functional in the sense of utilitarian. Geometrical and logical analyses describe spatial terms by means of formal concepts that are independent of context (distance, the number of the term's dimensions, etc.). In contrast, a functional description – I might even say a ‚utilitarian' description – depends also on nonspatial factors that are determined by the context and by the circumstances of the use of the prepositional terms." (Vandeloise 1991: 239/Anm. 6) Vandeloise macht hier noch einmal seinen anwendungsbezogenen Ansatz deutlich, der durch Ludwig Wittgensteins *Familienähnlichkeiten*, die bereits ausgeführt worden sind, geprägt ist (siehe auch Vandeloise 1991: 4, 74–75, 89, 195/Anm. 3, 245).

178 „Because the language of logic does not allow ambiguity, a word that is *n* times polysemic must be represented by *n* different symbols. If we look closely at the terms of a spatial relation, however, we notice that even this multiplication of symbols does not resolve the issue. Different symbols will be necessary, not only for the different uses of a word but also for the different perspectives according to which the designated object is examined." (Vandeloise 1991: 10)

179 Die deutschen Übersetzungen stammen vom Autor.

L'électron est loin de son noyau.
Das Elekron ist weit entfernt von [far from] seinem Kern. (Vandeloise 1991: 67)

Au-dessus de/en dessus de (über/unter)
Le président est au-dessus de l'échelle.
Der Präsident ist über der Leiter (= Der Präsident steht auf der obersten Stufe der Hierachie). (Vandeloise 1991: 82)

La tasse est au-dessus de la table.
Die Tasse ist über dem Tisch. (= Die Tasse steht auf dem Tisch) (Vandeloise 1991: 84)

La chaise est en dessous de la table.
Der Stuhl ist unter dem Tisch [The chair is under the table]. (Vandeloise 1991: 81)

Devant/derrière (vor/hinter) / *La gauche/la droite* (links/rechts)[180]

---

[180] „In summary, we have distinguished two different types of transfer [*transfer principle* = der Sprecher hat die mentale oder kognitive Fähigkeit jedweden Standpunkt einzunehmen, um die Perspektive/Blickwinkel einer Szenerie konstruieren zu können, von der aus eine Raumsituation sich darstellt; M.T.; siehe Vandeloise 1991: 26] involved in the expression à gauche/à droite. 1. A general transfer, shared by all directional relations studied thus far, where the speaker transfers to the position of the landmark. Forgetting his own lateral orientation, the speaker adopts the landmark's orientation, while retaining his own frontal orientation. 2. A strategy unique to the expressions à gauche/à droite, where the speaker lends his lateral orientation to the landmark without adopting the landmark's frontal orientation." (Vandeloise 1991: 121) Vandeloise fasst zusammen, dass seine bisherige Diskussion zu rechts/links zu folgenden Richtungsausdrücken im Französischen führt: along the vertical axis (hier stelle sich die Leser*in ein Koordinatensystem mit einer vertikalen und lateralen Achse vor; M.T.): *au-dessus/en dessous*; along the frontal direction: devant/derrière, *en face de/dans le dos de*; and along the lateral axis: *à gauche/à droite*. Als Konsequenz schreibt Vandeloise, dass es komplexere Konzepte gibt, als die einfachen Richtungsparameter. „1. General orientation is a family resemblance concept whose principal traits are the frontal direction, the line of sight, and the direction of movement. This concept is needed to explain the use of the prepositions *devant/derrière* adequately. These expressions contrast with *en face de/dans le dos de* (gegenüber/hinter; M.T.; *La balle est dans le dos du pêcheur*: The ball is in back of the fisherman; die umgekehrt Variante wäre etwas merkwürdig: **pêcheur est dans le dos de la balle*: The fisherman is in back of the ball (Vandeloise 1991: 107)), which more strictly apply to the frontal direction alone. 2. Lateral orientation is a family resemblance concept whose principal traits include the lateral direction, characterized by the line of the shoulders, and the line perpendicular to general orientation. This concept provides a complete explanation of the use of the expressions à gauche/à droite."

Avant/après (vor/hinter)
Le curé est avant le minister.
Der Priester/Pfarrer ist vor dem Minister [The priest is before the minister].

Le peuplier est après le chêne.
Die Birke ist hinter der Eiche. [The poplar is after the oak.] (Vandeloise 1991: 134)
L'auto est avant l'arbre.
Das Auto ist vor dem Baum. [The car is before the tree.]

L'arbre est après l'auto.
Der Baum ist hinter dem Auto. [The tree is after the car.] (Vandeloise 1991: 139, ebenso 140–156)

Sur/Sous (auf/unter):
Le chewing-gum est sous la table.
Das Kaugummi ist unter dem Tisch.

Les pantoufles sont sous la table.
Die Hausschuhe sind unter dem Tisch. [The slippers are under the table.]

La tasse est sur la table.
Die Tasse ist auf dem Tisch. [The cup is on the table.] (Vandelosie 1991: 187)

Diese kleine Auswahl an Beispielsätzen zeigt die Variabilität räumlicher Relationen im Französischen. Vandeloise zeigt anschaulich die verschiedenen Bedeutungskontexte der räumlichen Präpositionen. Vor allem sind seine grafischen Darstellungen an der jeweiligen Stelle sehr anschaulich, da diese die alltäglichen Relationen beschreiben und weniger auf exakten geometrischen Definitionen beruhen. Die Leser*in mag gern eine Online-Suche starten und einfach nach verschiedenen Textbeispielen bzw. in verschiedenen frei zugänglichen Korpora zu den genannten Präpositionen suchen. Hier verdichtet sich dann sicherlich die Polysemie der einzelnen Präpositionen, denn die semantische Bandbreite einzelner räumlicher Lokative dürfte deutlich werden. Ebenso zeigen Vandeloise' Beispiele, dass unterschiedliche Kontexte unterschiedliche Raumzuschreibungen erfordern.

Selbst so einfache räumliche Relationen wie die folgenden zeigen bereits, dass räumliche Präpositionen höchst mehrdeutig sind: Das Kaugummi und die Hausschuhe befinden sich *unter* einem Tisch. Die beiden *unter*-Relationen sind nicht identisch, vielmehr drückt die Präposition *unter* hier unterschiedliche Raumrelationen aus. Erst die jeweiligen Qualitäten (Gibsons *affordances*) liefern den Raumkontext. Denn was ist der Unterschied zwischen den beiden *unter*-Relationen? Der extralinguistische Kontext (also das Wissen um die Beweglichkeit der Figur im Gegensatz zur Konsistenz des Grunds) lässt vermuten, dass ein Kaugummi in direktem Kontakt zur horizontalen Fläche ist, also *an der Unterseite des Tisches klebt*.[181] Die Hausschuhe dürften dagegen auf dem Boden *unterhalb des Tisches stehen*, es sein denn, eine Schublade ist unmittelbar unterhalb der Tischplatte angebracht und die Hausschuhe sind dort hineingelegt worden, dann könnte die Präposition *unter* ebenfalls eine direkte Nähe ausdrücken, aber noch immer keinen direkten Kontakt. Außerdem würde man im Deutschen wohl eher sagen, dass die Hausschuhe in der Schublade sind.

Interessanterweise *stehen* Schuhe in der Tat unter einem Tisch oder einem Regal, dabei gilt doch bei Positionsverben das Prinzip der vertikalen und horizontalen Ausdehnung, weshalb eine Flasche oder eine Tasse prototypischerweise *steht*, ein Würfel oder eine Garnrolle *liegt* und im Englischen ist ein Buch oder die Büste *sitting on the bookshelf*. Die Leser*in sieht anhand dieses recht einfachen Beispiels, dass räumliche Relationen notorisch komplex sind. Die sprachlichen Äußerungen sind polysem, also mehrdeutig und bedürfen eindeutiger semantischer Zuweisungen durch die jeweiligen Kontexte. Solche Kontexte stehen im folgenden Ansatz im Vordergrund. Der Fokus liegt hier auf der Sprachverwendung, also der Pragmatik.

---

181 Auf Norwegisch:

Tygge-gummi-en	*er*	*festa*	*under*	*bord-et.*
chew-gum-DEF.M	is	fastened	under	tablet-DEF

(Berthele et al. 2014: 16). Der/das Kaugummi ist unterm Tisch befestigt.

4 Räumliche Referenzrahmen: Die Forschungsergebnisse der Max-Planck-Gruppe in Nijmegen

Stephen Levinsons Arbeiten fanden bereits häufig in der vorliegenden Einführung Erwähnung, vor allem im Kapitel zur Neo-Whorfian Theorie. Levinsons Ansatz einer empirisch fundierten Untersuchung der Frage, welchen Einfluss Sprachen auf das Denken haben können, lässt sich besonders anschaulich bei der Raumkognition und Raumsprache darstellen. Levinson beschreibt eingehend die – teilweise auch disziplinär bedingt – unterschiedlichen Konzepte räumlicher Referenzrahmen oder auch Koordinatensysteme (Levinson 2003: 24–56; mit einer tabellarischen Übersicht auf S. 26). Er macht deutlich, dass die bisherigen Definitionen räumlicher Referenzrahmen seines Erachtens problematisch sind, da sie mitunter zu detailliert sind oder relevante Aspekte, die in den von ihm und seiner Forscher*innengruppe am Max-Planck-Institut (MPI) in Nijmegen untersuchten Sprachen auftauchen, ausklammern.

Seine kursorische Zusammenfassung der Referenzrahmen ist gegliedert nach den jeweiligen Disziplinen:
1. Relativer vs. absoluter Referenzrahmen: vor allem in der Philosophie, den Neurowissenschaften[182] und der Linguistik:
   (a) Raum als Beziehung zwischen Objekten (= relativer Raum nach Gottfried Willhelm Leibniz) im Gegensatz zu einem abstrakten Container raum nach Isaac Newton (*space as relations between objects vs. abstract void*)
   (b) egozentrischer vs. allozentrischer Raum
   (c) Richtungen (*directions*): Beziehungen zwischen Objekten im Gegensatz zu festgelegten Orientierungen (*relations between objects vs. fixed bearings*)

---

[182] Pouget & Driver (1999) beschreiben recht anschaulich, wie räumliche Referenzrahmen sich überlagern. Patient*innen, die einen visuellen Ausfall (*visual neglect*) einer bestimmten Hemisphärenregion haben: „Such experiments have typically revealed that neglect affects a mixture of frames of reference concurrently, rather than just one single frame. Thus, the probability that a patient will neglect a particular visual stimulus is typically a function of its position in various egocentric frames of reference, such as eye-, head- or trunk-centered, as well as showing influences from cues in the environment, for example, as regards the gravitational upright." (Pouget & Driver 1999: 870). Dies zeigt, dass Referenzrahmen durchaus *mixed* auftreten können.

https://doi.org/10.1515/9783110445169-004

2. Egozentrischer vs. allozentrischer Referenzrahmen: Entwicklungs- und Verhaltenspsychologie, Neurologie:
   (a) Körperfokussiert im Gegensatz zu umweltfokussiert (*body-centred vs. environment-centred*)
   (b) Subjektiv (subjektzentriert) vs. objektiv
3. Betrachterfokussiert vs. objektfokussierter Referenzrahmen (*viewer-centred vs. object-centred*)
4. 2,5-D-Sketch vs. 3-D-Modelle (dieser Ansatz stammt von David Marr (1982)[183]; siehe auch Jackendoff 1987b: 93–96): Wahrnehmungstheorien, *imagery*-Debatte in der Psychologie (*vision theory, imagery debate in psychology*)
5. Orientierungsgebundener vs. orientierungsunabhängiger Referenzrahmen (*orientation bound vs. orientation free*): Visuelle Wahrnehmung, *image*-Debatte in der Psychologie
6. Deiktischer vs. intrinsischer Referenzrahmen: Linguistik[184]
7. (a) Sprecher*innen-fokussiert vs. Nichtsprecher*innen-fokussiert (*speaker-centric vs. non-speaker-centric*). Der deiktische Rahmen geht vom gestischen, unmittelbaren Zeigen der Sprecher*in aus, z.B. *hier* vs. *da*. Der intrinsische Rahmen verweist auf objektinhärente Eigenschaften der Objekte.[185]

---

183 „Strictly speaking, we need to distinguish the idea that vision is a process whereby a gap-free *picture* is produced from the idea that vision is a process whereby a *representation* of the environment is produced. Importantly, there are nonpictorial (digital, symbolic) kinds of representations. Marr thought vision begins with the retinal picture. He thought of the retinal picture as an array of intensities corresponding to points of light. Although Marr believed that vision is in this way a process whereby a discontinuous picture was transformed into a detailed representation of the environment, he did not think that this resulting higher-level representation was itself pictorial; rather he thought it would be symbolic. In the text, I cast the filling-in argument as an argument for a process whereby a *picture* in the head is produced. Certainly, if we make the assumption that the higher-level representation of what is perceived is *non*pictorial (if it is symbolic, or digital), then it is becomes less clear why there should be need of *filling* in. The ‚filling-in' metaphor seems to presuppose that you have a continuous, picture-like representation with a gap that needs filling in. This is not logically required, however; there could be a symbolic version of the filling-in problem." (Noë 2004: 236)

184 Barkowsky schlägt wiederum eine weitere Terminologie vor, nämlich intrinsisch, deiktisch und extrinsisch: „Intrinsic reference frames are established by inherent properties of the reference object used (e.g., the front side of an object: ‚the bike is in front of the house'). Deictic reference systems are given by an observer's perspective on the reference object (e.g., ‚the bike is behind the house' – regarded from my point of view). Extrinsic reference frames are imposed on the reference object by external factors (e.g., the earth's gravitation, the reference object's accessibility, or the georeference system)." (Barkowsky 2002: 48–49)

185 In Eipomek auf Papua Neuguinea gibt es eine detaillierte Aufteilung des deiktischen Feldes (siehe Thiering 2015: 231; Heeschen 1982).

(b) fokussiert auf Sprecher*in oder Adressat*in vs. Objekt (*centred on speaker or addressee vs. thing*)
(c) trinäre vs. binäre räumliche Beziehungen (*ternary vs. binary spatial relations*)
8. Betrachter*innen-abhängiger vs. objektabhängiger vs. umweltspezifischer Referenzrahmen (*viewer-centred* vs. *object-centred* vs. *environment-centred*): Psycholinguistik
(a) Blickrichtung vs. Körperperspektive (*gaze-tour* vs. *body-tour perspective*)
(b) Überblicksperspektive vs. hodolische Perspektive (*survey vs. route-perspective*)

Meines Erachtens ist mit Überblicksperspektive die Vogelperspektive gemeint, also die Perspektive beim Blick auf Google Maps auf dem Smartphone oder klassisch beim Blick von oben auf eine physische Karte[186] auf einem Kartentisch im Unterschied zum hodologischen Blick. Levinson spricht von *survey perspective vs. route perspective*,[187] allerdings wäre *hodos* (griech. = Weg) hier der angemes-

---

[186] Der früheste Gebrauch von Karten in der menschlichen Entwicklungsgeschichte wird in der Antike angesiedelt (siehe hierzu das Forschungsprojekt zu historischen Räumen am Max-Planck-Institut für Kunstgeschichte, das der Autor koordiniert: http://www.biblhertz.it/forschung/forschungsprojekte-des-instituts/historische-raeume-in-texten-und-karten-biondo-projekt/). „Maps are one of the most ancient, modern, and widespread means of visual communication, and serve as an illustrative paradigm for many aspects of visual communication. Ancient as they are, maps represent remarkable feats of the human mind, the products of powerful mental transformations. Although human experience is primarily from within environments, a perspective that has been called egocentric, route, or embedded, maps take a viewpoint from outside environments, above them, a perspective that has been called extrinsic, allocentric, or survey. Thus, the making of maps and the understanding of maps entail a dramatic switch of perspective, one that takes remarkably little effort for well-learned environments." (Tversky 2014: 11; siehe auch Arnheim 1976; Portugali 1996; Richter & Wagner 2014)
[187] Der Unterschied der beiden Perspektiven wird von Denis & Fernandez verdeutlicht: „The demonstration that mental imagery may be profitably involved in constructing the mental representation of an itinerary relies on an approach based on individual differences, as measured by standard visuospatial tests. However, we need to be more specific about the content of imagery activity in this context, and to bear in mind the distinction already made between route and survey perspectives. Route imagery maintains an egocentric perspective on the imagined environment. It matches the perspective adopted during the forthcoming navigational experience. Alternatively, imagery can consist of constructing visuospatial representations of the environment traversed from a bird's-eye view. Here, step by step, the reader constructs an allocentric (map-like) representation of the environment organized around a system of coordinates. There is no doubt that route imagery is more compatible than survey imagery with the implicit perspective associated with route directions in general. [...] Route imagery does not require any trans-

sene Begriff für die Orientierung entlang einer Straße oder Route (siehe Geus & Thiering 2014). Auch fehlt hier eine vektoriale Perspektive, also der Raum, der aufgemacht wird durch Vektoren und deren addierten Objekten.

Levinsons Darstellung zeigt im Hinblick auf Referenzrahmen die unterschiedlichen Fokusse der verschiedenen Disziplinen. Daraus leitet er die drei bereits vorgestellten Referenzrahmen ab, die die wesentlichen Merkmale aus den besprochenen Ansätzen vereinen sollen.[188] Diese drei Referenzrahmen sollen vor diesem Hintergrund nun noch einmal genauer betrachtet werden:

Der erste Referenzrahmen (a) ist der betrachterabhängige bzw. egozentrisch fokussierte oder auch relative Referenzrahmen. Wie dieser wirkt, zeigt sich an einem einfachen Beispiel: ‚Der Baum steht links vom Haus'. Hier wird die Perspektive der Betrachter*in eingenommen, die in einem gedachten Koordinatensystem eine Achse zieht zwischen sich und dem Referenzobjekt, in diesem Fall dem Haus.

Dieses Koordinatensystem stülpt die Ausrichtung Betrachter*in – Haus mittels der Y-Achse über, die Ausrichtung *links neben dem Haus* wird über die X-Achse horizontal ausgerichtet.

---

formation of perspective of the representation under construction, and is therefore expected to be especially suitable for the processing of route directions. However, it is likely that this form of imagery has a cost resulting from the need to form visual images of each step of the itinerary. Processing times in fact tend to be longer with route than with survey instructions. It also takes longer to process landmark than action sentences. With regard to landmarks more specifically, it takes longer to process them in the route than in the survey condition. In terms of recall, landmark recall turns out to be poorest when a survey perspective has been adopted." (Denis & Fernandez 2013: 50–51)

188 „Levinson [...] proposed three reference frames for describing spatial situations: absolute, relative, and intrinsic. An *absolute frame* (sometimes called *allocentric* or *environment-centered* [...] uses an external or environment-centered coordinate system and the terms associated with it (e.g., *north, south, east, west*). A *relative frame* incorporates the speaker's coordinate system, involves a tertiary spatial relationship (e.g., the spoon is left of the mug from my perspective), and uses projective terms (e.g., *left, right, front, back, above, below*). Other terms for this frame include *egocentric, first-person, viewer-centered*, and *deictic*. An *intrinsic* (or *object-centered*) *frame* usesan object- (or other-person-) centered coordinate system, describes a binary relationship (e.g., the lawnmower is in front of the car), and also uses projective terms (e.g., *left, right, front, back, above, below*). Despite terminology disagreement, researchers largely agree that these three systems capturethe range of available reference frames neededto generate and/or interpret spatial descriptions. Which frame predominates varies on the basis of numerous factors, including language or culture [...]. Although relevant to spatial language processing, issues of language and culture are beyond the scope of the current chapter." (Taylor & Brunyé 2013: 230; Hervorhebung im Original; wichtig ist hier zu betonen, dass Taylor & Brunyé im letzten Satz den Zusammenhang von Sprache und Kultur explizit ausklammern)

Der Baum nun ist auf der linken Seiten des Hauses, das Haus befindet sich von der Betrachter*in aus gesehen auf einer Y-Achse (Abbildung 3 oben gibt ein grafische Darstellung). Dabei haben Häuser in westlichen Kulturen üblicherweise eine Vorderseite, die an der Eingangstür zu erkennen und so von der Rückseite zu unterscheiden ist. Die Betrachter*in orientiert sich ausgehend bzw. abhängig vom ausgerichteten Sehapparat und vom Körper (die Augen liegen horizontal zur vertikalen Körperachse), wie z.B. beim Überqueren einer Straße. Die von ihr eingenommene Perspektive ist dabei eine hodologische: Sie guckt nicht von oben aus der Vogelperspektive auf die Situation und erblickt so einen Gesamtausschnitt, sondern sie hat Wege, Kantsteine, Laternen, Häuserfassaden, Hausnummern und sogar Mülleimerdeckel und weitere Landmarken direkt vor sich, also einen Teilausschnitt im Gesichtsfeld.[189] Dieser Teilausschnitt entspricht dem Fokus, dessen Setzung in der Bühnenmetapher, die in der Einleitung dargestellt wurde, prototypisch dargestellt wird.

Der zweite Referenzrahmen (b) ist ein objektzentrierter oder intrinsischer Rahmen wie in ‚Der Baum steht vor dem Haus'. In diesem Fall ist auf der Vorderseite die Eingangstür verortet, somit hat das Referenzobjekt eine inhärente Vorder- und Rückseite. Die räumliche Relation zwischen Figur und Grund ist unabhängig von einer Beobachter*in.

Der dritte Referenzrahmen (c) bezieht sich auf umweltbedingte oder absolute Rahmen wie in ‚Der Baum steht nördlich vom Haus'. Die Betrachter*in bzw. ihre Perspektive spielt hier keine Rolle.

Je nach Autor*in werden die Referenzrahmen teilweise unterschiedlich bezeichnet und zum Teil auch noch – wie bei Jackendoff gezeigt – zusätzliche Kategorien, die Levinson allerdings weitgehend in seinem Konzept integriert.

In (a) hängt die Perspektive vom Ort der Betrachter*in ab und damit auch von den Figur-Grund-Relationen. Zur Erinnerung: Die Figur oder das syntaktische Subjekt, ist die eher bewegliche Entität mit Bezug zum Grund, der eher statisch und unbeweglich ist und dem syntaktischen Objekt entspricht (siehe allerdings Thiering 2011; ebenso Talmy 1978, 1983, 2000; Zlatev 2007). Der intrinsische Rahmen in (b) ist ein objektzentriertes Referenzsystem, das durch kulturspezifische inhärente Aspekte des Objekts spezifiziert wird. Schließlich ist der absolute

---

[189] Wie Student*innen in den Seminaren zur Raumkognition an der Technischen Universität Berlin in Tests herausfanden (siehe unten ausführlich). Zum Beispiel: *„Eine kleine, blaue Friesenbank ganz am Anfang und gegenüber bunte Mülltonnendeckel, und Hausnummer 13. Und den Kindergarten. Danach war ich zu sehr damit beschäftigt, den Weg zu finden, um auch noch auf Einzelheiten zu achten. [...] Wir sind ganz lange geradeaus gelaufen und dann sind wir rechts rein an einer Kirche vorbei und dann sind wir nach links gelaufen ganz lange und dann wieder rechts um dann wieder in eine kleine Straße nach links einzubiegen nein nach rechts."*

Rahmen in (c) ein fixes System von Richtungen, z.B. Kardinalrichtungen (Levinson 2003; Levinson & Wilkins 2006).

Subjektive und kulturelle Entscheidungen spielen oft eine wesentliche Rolle bei der räumlichen Verortung (Thiering 2014, 2015). Ver-Ortung (mit Bindestrich) wird hier als ein Prozess der Raumorientierung anhand sprachlicher Setzungen definiert. Joachim Grabowski stellt in seiner Untersuchung zu Raumrelationen folgende Situation dar: Zwei Personen in einem Auto fahren eine Straße entlang, in einem gewissen Abstand gibt es eine Parkmöglichkeit in Fahrtrichtung (Grabowski 1999: 14–15).[190] Die Beifahrer*in fragt, ob die Fahrer*in nicht vor einem parkenden Auto halten könnte: „Halte doch bitte vor dem gelben Käfer an!" Nun stellt sich die Frage, wo denn *vor* dem gelben VW Käfer ist? Grabowski argumentiert, dass im Deutschen *vor* und *hinter* kanonisch wie folgt definiert werden: Bewegen wir uns auf ein Objekt zu oder passieren es, dann wird der Ort, den wir passieren, bevor wir das Objekt erreichen, durch *vor* verortet. Dieser Ort würde in dem Beispiel durch das Heck des Käfers begrenzt (davon ausgehend, dass der Käfer in Fahrtrichtung geparkt ist). *Vor dem gelben Käfer* bezeichnet also den Ort zwischen dem Referenzobjekt – dem gelben Käfer – und der/die Beifahrer*in/Fahrer*in. *Hinter* dem gelben Käfer wäre dann in unserem Beispiel entsprechend der Ort, der nach dem Passieren Referenzobjekt auftaucht. Dies ist somit von der Motorhaube aus gesehen.

Das Problem an dieser Verortung über einen relativen Referenzrahmen ist nun allerdings, dass Autos eine intrinsische Vorder- und Rückseite haben, sodass hier der relative und der intrinsische Referenzrahmen interferieren können (wenngleich bei Objekten mit intrinsischer Vorder- und Rückseite in der Regel der intrinsische Rahmen bevorzugt wird). Gemäß dem intrinsischen Rahmen würde vor dem gelben Käfer also gerade den Ort bezeichnen, den die Fahrer*in aus dem

---

[190] Levinson bringt ein ähnliches Beispiel: „This book is especially concerned with just one aspect of spatial cognition, namely *frames of reference* as expressed in spatial language and everyday thinking. Consider a sentence like: *The cat is behind the truck*. It is ambiguous (or general) over two kinds of scenes: one in which the cat is at the truck's rear-end, and another in which it is by one side of the truck, but the truck is between the speaker and the cat. In the first interpretation, *behind* is taken to mean at the intrinsic facet (of the truck) that we would call a *back*, and in the other interpretation, it is the speaker's location that determines what is going on to count as *behind*. These are different frames of reference [...] based on the truck and the speaker respectively [...]. This kind of distinction is by no means a shallow linguistic difference, a semantic nuance as it were." (Levinson 2003: xviii) Levinson macht deutlich, dass die Aussage, eine Figur befinde sich *hinter* einem Grund, nicht eindeutig aufzulösen ist. Ob Levinsons Einwand, dass es sich nicht nur um semantische Nuancen handelt, richtig ist, bleibt hier offen.

Beispiel erreicht, wenn sie den Käfer passiert hat, und der/die gemäß dem relativen Rahmen gerade hinter dem Käfer liegt.[191]

Wie schon mehrfach gesagt, werden die drei Referenzrahmen nach Levinson in verschiedenen Sprachen auf unterschiedliche Weise angewendet (Levinson 2003; Levinson & Wilkins 2006; Thiering 2015). In manchen Sprachen wird nur einer benutzt, manchmal alle drei. Hierzu haben Majid et al. (2004: 112) eine tabellarische Übersicht erstellt, in der 20 Sprachen und ihre bevorzugten räumlichen Referenzrahmen in Abhängigkeit von bestimmten Faktoren, wie z.B. Umweltbedingen, dargestellt werden. Empirische Untersuchungen haben bestätigt, dass Sprecher*innen räumliche Relationen sprachlich unterschiedlich darstellen, was zumindest ein Hinweis auf sprachliche Relativität wäre, jedoch nicht nur in Bezug auf verschiedene Kulturen, sondern auch innerhalb einer Kultur bzw. Sprachgemeinschaft.[192]

Abschließend lässt sich meines Erachtens fragen, ob die grammatischen und morphosyntaktischen Besonderheiten einer Sprache nicht zumindest Ausdruck einer sprachlichen Präferenz und einer sprachlichen Praxis sind. Ludwig Wittgenstein geht in seinem Konzept der Sprachspiele (siehe Kap. 2) ebenfalls von einer *täglichen Praxis des Spielens* aus (Wittgenstein 1982: 126, § 197; zu Sprach-

---

[191] Ein ähnliches Beispiel führt Deutscher (2010) an: „Suppose you want to give someone driving directions for getting to your house. You might say something like: ‚Just after the traffic lights, take the first left and continue until you see the supermarket on your left, then turn right and drive to the end of the road, where you'll see a white house right in front of you. Our door is the one on the right.' You could, in theory, also say the following: ‚Just to the east of the traffic lights, drive north and continue until you see a supermarket in the west. Then drive east, and at the end of the road you'll see a white house directly to the east. Ours is the southern door.' These two sets of directions are equivalent in the sense that they describe the same route, but they relay on different systems of coordinates. The first system uses *egocentric* coordinates, whose two axes depend on our own body: a left-right axis and a front-back axis orthogonal to it. This coordinate system moves around with us wherever we turn. The axes always shift together with our field of vision, so that what is in the front becomes behind if we turn around, what was on our right is now on the left. The second system of coordinates uses fixed geographic directions, which are based on the compass directions, North, South, East, and West. These directions do not change with your movements–what is to your north remains exactly to your north no matter how often you twist and turn." (Deutscher 2010: 161–162; Hervorhebung im Original)

[192] Gipper verweist dann auch auf eine Problematik des Begriffes Relativität: „‚Relativität' heißt hier also nicht mehr und nicht weniger als in einer bestimmten Beziehung stehen. ‚Relativität' und ‚relativ'. sind hier wertneutrale Beziehungsbegriffe, die nicht mit pejorativen Konnotationen belastet werden dürfen. Pejorativ wäre demgegenüber der Ausdruck *Relativismus*, der daher in diesem Zusammenhang tunlichst zu vermeiden ist." (Gipper 1972: 248; Hervorhebung im Original)

spielen siehe ebenda 19, § 7). Das Spiel definiert als eine Art Ver- oder Aushandlung von Bedeutungen und Kategorisierungen.

Wenn anstatt geometrischer Präpositionen wie *in*, *auf* oder *an* klassifikatorische Aspekte der Objekte beschrieben werden müssen, dann ist durchaus von qualitativen Unterschieden innerhalb einer Sprache zu sprechen. Viele nichteuropäische Sprachen sind in ihren grammatischen und semantischen Zuweisungen von einem hohen Grad morphosyntaktischer und semantischer Spezifität geprägt (Svorou 1994; Thiering 2013).[193] Dies impliziert die exakte sprachliche Verortung eines Objekts an einem Ort oder in einem Raum.

Die gängigen Testverfahren zum Verhältnis von Sprache und Kognition verwenden zum größten Teil Stimuli wie z.B. kleine Animationsfilme oder Bildgeschichten, etwa die Froschgeschichte (*frog story*), die auch Dan Slobin anwendet (Slobin 1996; siehe auch Berthele 2004: 28–29 (ich zitiere im folgenden aus Bertheles Habilitationsschrift); ebenfalls das Kapitel zur linguistischen Relativität). In diesen qualitativen Verfahren – die sich deutlich von quantitativ ausgerichteten Reiz-Reaktionstests unterscheiden – sollen Proband*innen die bildlich dargestellten räumlichen Relationen sprachlich ausdrücken. Dabei stellt sich die Frage, ob unterschiedliche Antworten der Proband*innen einen Hinweis auf kognitive Differenzen zulassen oder nur auf sprachliche? Sind die Tests nicht eher sprachliche als kognitionspsychologische Tests?

1992a hat John Lucy in seinem Buch *Language Diversity and Thought. A Reformulation of the Linguistic Relativity Hypothesis* die Thesen der *Neo-Whorfian* Theorie nach Levinson aufgegriffen. Lucy bietet einen historischen Abriss von Franz Boas' *Language as the reflection of culture* zu *Language and the relativity of the form of thought* über Edward Sapir hin zu Benjamin Lee Whorf (2014 bietet Lucy einen Überblick zu methodischen Fragen auch mit Schwerpunkt auf weniger untersuchte Sprachen, ähnlich wie in Levinson & Wilkins 2006).[194] Lucy bietet in seiner Untersuchung einen historischen Abriss zur Entwicklung der Theorie sowie einen Überblick zur Methodologie und zu anthropologischen und ethnolinguistischen Ansätzen, um dann vergleichende psycholinguistische Experimente zu Farben und grammatischen Kategorien darzustellen (siehe Palmer

---

193 Zum Verhältnis der englischen Präpositionen *in* und *out* und dem Zusammenhang von Trajektor und Landmarken nach Langacker siehe Cervel (1998).

194 „Although few doubt the importance of language for human life, we still debate the extent to which language actually shapes thought. And since we do not speak one universal language but many different languages, one perennial issue concerns the extent to which different language shape how we think. Investigating this *linguistic relativity* proposal, or hypothesis, raises several distinct methodological challenges [...]." (Lucy 2014: 17)

2007 zur Kognitiven Linguistik und Kognitiven Anthropologie; dazu mehr im Kapitel zur linguistischen Relativität). Sein Fokus richtet sich sowohl auf räumliche (Präpositionen) und zeitliche Kategorien (Tempus) als auch auf Fragen nach dem Genus. Und genau hier setzt diese Einführung an, eine aktuelle Evaluation der Neo-Whorfian Theorie vorzunehmen. Im Kapitel zur linguistischen Relativität sind dabei bereits die zentralen Akteur*innen in der aktuellen Diskussion der linguistischen Relativität benannt worden. Allen voran ist Caleb Everetts *Linguistic Relativity: Evidence Across Languages and Cognitive Domains* (2013) zu nennen. Er präsentiert empirische Belege zum Einfluss der Sprache auf das Verständnis von zeitlichen und räumlichen Kategorien. Die historische Einbettung, die bei Everett fehlt, liefert sehr prägnant Jürgen Trabant (2012). Hier wird deutlich, dass Sprachforscher in Deutschland bereits über 100 Jahre vor Sapir und Whorf die Frage nach dem Einfluss der Sprache auf das Denken erörterten und durch die Erhebung von Sprachdaten zu ergründen suchten und dass ihre Ansätze zum Teil über die ihrer nordamerikanischen Nachfolger hinausgingen (siehe ausführlich das Kapitel zur linguistischen Relativität).

4.1 Empirische Evidenzen

Nachdem im ersten inhaltlichen Kapitel die theoretischen Grundlagen und Diskussionen zur zentralen Frage linguistischer Relativität im Zusammenhang mit räumlichen Referenzrahmen skizziert worden sind, werden hier nun weitere Daten aus unterschiedlichen Sprachen präsentiert. Die Daten dienen zur Veranschaulichung dazu, dass unterschiedliche kulturelle Praktiken sprachlich spezifische Zuschreibungen vornehmen, die auf einen Einfluss auf die Kognition schließen lassen. Einige davon wurden vom Autor selbst erhoben, andere stammen von führenden Forscher*innen auf dem Gebiet.

Viele der hier präsentierten Sprachen und Kulturen werden nicht bekannt sein. Sie dienen damit der Ergänzung des sprachlichen und kulturellen Horizontes bzw. als Einladung, die westliche Sichtweise zu hinterfragen oder vielmehr die eurozentristische Brille für einen kurzen Moment abzusetzen. Wie bereits erwähnt wird der Ansatz der sprachlichen oder linguistischen Relativität immer dann interessant, wenn sprachvergleichend, also typologisch geforscht wird. Die in diesem Zusammenhang maßgeblichen Forscher – Wilhelm von Humboldt, Franz Boas, Edward Sapir, Benjamin Lee Whorf oder auch Ekkehart Malotki – haben allesamt zu nicht-europäischen, nicht-schriftsprachlichen und wenig dokumentierten Sprachen und Kulturen geforscht bzw. die grammatischen, morphosyntaktischen, semantischen und pragmatischen Eigenheiten der jeweiligen Sprachen beschrieben. Da eine immer wieder auftauchende Kritik an der

Neo-Whorfian Theorie die fehlende Empirie ist, haben sich Vertreter*innen der Theorie, insbesondere Forscher*innen des Max-Planck-Instituts (MPI) für Psycholinguistik in Nijmegen, seit den frühen 1990er Jahren ebendieser Kritik gestellt, indem sie Feldforschungen in unterschiedlichsten Regionen und Ländern und zu unterschiedlichsten, teilweise nicht verwandten Sprachen und Kulturen durchgeführt haben.[195]

Zu Feldforschungen sollte kurz erläutert werden, dass es sich sehr häufig um Datenerhebungen in teils sehr unwegsamen Regionen unter wenig komfortablen Umständen handelt. Die Leser*in muss sich vorstellen, dass die Forscher*in mit einem Schreibblock, Stift und/oder Laptop über Wochen, Monate, eventuell Jahre Rohdaten erhebt, die allesamt in eine Lautschrift zu übersetzen sind. Wie geschrieben, es sind häufig nicht-schriftsprachliche Kulturen, das bedeutet, dass die Forscher*in nicht einfach ans Buchregal gehen, eine Grammatik oder ein Lexikon aufschlagen kann, um sich mit den jeweiligen sprachlichen, grammatischen Strukturen vertraut zu machen. Sie fangen bei null an, lediglich ausgestattet mit ihrem linguistischen Arbeitswerkzeug. Feldforschung ist wissenschaftliche Arbeit vor Ort, die also nicht in einem ruhigen, kontextfreien und sauberen Labor stattfindet und auch nicht mit immer motivierten Proband*innen.

Die Karte unten zeigt die Verteilung der Sprachen und Kulturen, die die MPI-Forscher*innengruppe untersucht hat, und verdeutlicht, dass europäische Sprachen und Kulturen dabei in der Minderheit waren.

Die bearbeitete Themenvielfalt lässt sich an den Titeln der bearbeiteten Projekte ablesen:[196]

a) Categories across language and cognition (sprach- und kognitionsübergreifende Kategorien)

---

195 Auf seiner Webseite schreibt das MPI dementsprechend: „The Language and Cognition Department investigates the relationship between language, culture and general cognition, making use of the ‚natural laboratory' of language variation. In this way, the Department brings the perspective of language diversity to bear on a range of central problems in the language sciences. It maintains over a dozen field sites around the world, where languages are described (often for the first time), field experiments conducted and extended corpora of natural language usage collected. In addition, the department is characterized by a diversity of methods, ranging from linguistic analysis and ethnography to developmental perspectives, from psycholinguistic experimentation to conversation analysis, from corpus statistics to brain imaging, and from phylogenetics to linguistic data mining." (letzter Aufruf am 29.06.2018: http://www.mpi.nl/departments/language-and-cognition).

196 Siehe die Webseite des MPI, auf der sich ein erster Überblick über die Untersuchungsfelder findet, geordnet nach Projekten bzw. Themen: http://fieldmanuals.mpi.nl (letzter Aufruf: 19.06.2018).

b) Communication before language (Kommunikation ohne/vor der Sprache)
c) Demonstratives (hinweisende Fürwörter)
d) Event representation (Ereignis-Repräsentation)
e) Gesture (Gesten)
f) Interactional foundations of language (Grundlagen sprachlicher Interaktion)
g) Pioneers of Island Melanesia (Pioniere der pazifischen Inselgruppe Melanesiens; bestehend aus ca. 20.000 bis 30.000 Inseln)
h) Space project (Raumprojekt)

Abb. 5: Language and Cognition fieldwork and language documentation (2014–2016) (adaptiert von Anat Frumkin)

Diese Aufzählung zeigt die Spannbreite der Fragestellungen und deutet darauf hin, dass Sprache nicht isoliert, sondern im Zusammenhang mit weiteren Faktoren untersucht wird, z.B. sprach- und kognitionsübergreifende Kategorien (a), Gesten (e) und das für diese Einführung maßgebliche Raumprojekt (h). Auch die untersuchten Themen und Gegenstände (*topics*) sind vielfältig, zu ihnen zählen: *body, cognition, colour, emotion, ethnography, expressives, folk definitions, gesture grammars, kinship, lexicon, location, logic, motion, perception, picture stimuli, questionnaire, interview, space, time, topology, video clips, verbs*. Diese unvollständige Aufzählung zeigt ebenso die Analysemethoden (Videoclips, Fragebögen, Interviews, *picture stimuli*). Die angewandten Methoden sind dabei allesamt offline und qualitativ, da es nicht um Reaktionszeiten geht (Online-Tests), sondern darum, mit Sprecher*innen im Feld, also vor Ort und in einer für die Sprecher*innen gewohnten Umgebung, über unterschiedliche Erhebungsverfahren sprachliche Muster zu erkennen. Reaktionszeiten sind bei Online-Tests deshalb relevant, da davon ausgegangen wird, dass schnelle Reaktionen implizieren, dass die jeweiligen Antworten noch nicht unter Einfluss von Sprache sind.

Dabei sollte immer im Hinterkopf behalten werden, dass ein Großteil der untersuchten Sprachen zuvor kaum oder nie untersucht worden sind und dass vor allem aufgrund der Nicht-Schriftsprachlichkeit Grammatiken, Lexika und sonstige schriftliche Quellen fehlten, aus denen linguistische Regeln und Prinzipien hätten abgeleitet werden können. Auch geht es in den Projekten primär um die Verwendung der jeweiligen Sprachen, also das Sprechen im natürlichen Habitat, die Abweichungen und Unregelmäßigkeiten im Sprachgebrauch (die damit ebenfalls den konstruktiven Charakter der Sprache hervorheben), vor allem aber die Enkodierungsverfahren, die sich von romanischen und germanischen Sprachen teilweise sehr stark unterscheiden. Bei der Untersuchung schriftsprachlicher Kulturen können die Forscher*innen zuerst Grammatiken und Lexika zur Hand nehmen, um herauszufinden, was z.B. räumliche Präpositionen morphosyntaktisch und semantisch auszeichnet. Die Herangehensweise der Datenerhebung über einfache Bilder geht einen anderen Weg, nämlich den Weg der Pragmatik. Damit wird die Benutzung einer Sprache von Sprecher*innen in konkreten Situationen untersucht. Es geht somit weniger darum, eine Referenzgrammatik zu konsultieren und die jeweiligen Definitionen idealtypisch anzuwenden, sondern darum, zu ergründen, wie räumliche Relationen mit welchen sprachlichen Mitteln ausgedrückt werden.

Diese Differenzen führen berechtigterweise zu der grundsätzlichen Annahme, dass grammatische Unterschiede auf kognitive Unterschiede verweisen.[197]

Die in den Untersuchungen angewandten Testverfahren sind vor allem mit Bezug auf die Raumsprache und die Raumkognition recht einfach gehalten. Manche Tests arbeiten mit schlichten Schwarz-Weiß-Zeichnungen, die Objekte zeigen, die in einer bestimmten Relation zueinander stehen. Eine Tasse *steht auf* einem Tisch, ein Pfeil *durchbohrt* einen Apfel, eine Wolke *befindet sich* über einem Berg, ein Ohrring *steckt im* Ohrloch, eine Kette *hängt um* einen Hals, ein Segelboot befindet sich *auf* dem Wasser. So umfasst der schon erwähnte *Topological-Relation-Markers*-Test (oder BowPed) 71 solcher sehr simplen, kontextfreien Relationen (siehe Thiering 2007). Die Abbildungen gibt es als tragbares Büchlein, sodass es leicht möglich ist, Sprecher*innen im Prinzip an Ort und Stelle

---

[197] „The specific focus of this study is on whether differences in the grammatical treatment of nominal number (for example, pluralization) in Yucatec Maya and American English correspond with detectable differences in habitual thought as assessed through simple cognitive tasks involving attention, memory, and classification." (Lucy 1992b: 3)

zu befragen. Aufwändige Laboreinrichtungen sind dementsprechend nicht notwendig. Im Test soll die jeweilige Testperson auf die Frage antworten, wo sich das jeweils markierte Objekt auf der Abbildung befindet. Also wo ist die Tasse? Oder wo befindet sich der Ohrring? Dabei wird jeweils nach den Objekten gefragt, die im gestalttheoretischen Sinne der Figur entsprechen, die in Relation zum Grund verortet werden soll.

Diese Fragen mögen sehr einfach wirken, doch die auf diese Weise erhobenen Sprachdaten haben sich bisher als äußerst aufschlussreich in Bezug auf die Bezeichnung von geometrischen, genauer topologischen Relationen zwischen Objekten in unterschiedlichsten Sprachen erwiesen.

Im Deutschen werden räumliche Präpositionen verwendet:
- Eine Tasse steht auf dem Tisch.
- Ein Pfeil steckt in dem Apfel.
- Ein Boot ist auf dem Wasser.

In diesen Fällen enkodiert eine räumliche Präposition wie *auf* oder *in* die Relation zwischen der Figur und dem Grund, also dem beweglichen, kleineren Objekt und dem eher statischen Referenzpunkt. Die Annahme ist dabei, dass topologische Zuschreibungen Figur und Grund in einen Zusammenhang stellen, basierend auf den folgenden Parametern, die die Bedingungen für die jeweiligen räumlichen Beziehungen spezifizieren (Levinson & Wilkins 2006: 9–10; siehe weiter Bowerman 1992; Bowerman & Choi 2001; Bowerman & Pederson 1992):

+/– *horizontal support* (horizontale Unterstützung von unten)	+/– *complete containment* (vollständiger Einschluss/vollständig umgeben)
+/– *vertical support (hanging)* (vertikale Unterstützung)	+/– *partial containment* (teilweise umgeben)
+/– *adhesion* (Haftung)	+/– *containment in liquid or mass* (umgeben von Flüssigkeit oder Masse)
+/– *liquid/mastic adhesion* (flüssig/klebende Haftung)	+/– *containment in encircling boundary* (in einer kreisförmigen/einkreisenden Umgebung/Begrenzung)
+/– *marks on surface* (Flecken/Stellen auf einer Oberfläche)	+/– *attachment by piercing* (angebracht durch Durchstechen)
+/– *living creature on non-horizontal surface* (lebendiges Wesen auf einer nicht-horizontalen) Oberfläche	+/– *negative spaces* (*holes, cracks*) (negative Räume wie Löcher oder Risse)
+/– *attachment of projecting figure to ground* (über die Figure hinausragende Anhangsrelation)	+/– *vertical non-contact* (*above*) (nicht-vertikaler Kontakt; über)

+/– *attachment by cord* (durch ein Seile, eine Schnur besfestigt/Anhang an einer Schnur)	+/– *behind* (hinter)
+/– *encirclement* (Einschließung, Einkreisung)	+/– *in front of* (vor)
+/– *envelopment* (Umfassung)	+/– *under* (unter)
+/– *clothing/adornment* (Kleidung, Schmuck/Verzierung)	+/– *next to* (in der Nähe von/bei)

Diese Liste zeigt deutlich, welche unterschiedlichen Raumrelationen zwischen Figur und Grund möglich sind. Ebenfalls impliziert sie die detaillierten Unterscheidungsmöglichkeiten, die Sprachen haben können. Im Rahmen morphosyntaktischer Spezifikationen wird der Grad der Spezifität (*degree of specificity*) genannt, also die semantische Feinteilung der jeweiligen Objektrelationen (Svorou 1994; Thiering 2015).

Jetzt stellen sich folgende Fragen: Gelten diese Parameter für alle Sprache? Sind sie somit universell? Und mit welchen sprachlichen Einheiten werden diese Relationen ausgedrückt?

Im Folgenden sollen nun die räumlichen bzw. topologischen Relationen genauer dargestellt werden.[198]

4.2 Topologische Relationen: Formal-logische Beschreibungen

Der Psychologe Kurt Lewin schreibt, dass die Topologie,

> as the most general science of spatial relations, [...] can be based on the relationship between ‚part' and ‚whole' or in other words on the concepts of ‚being-included-in'. Closely related to these concepts is that of the ‚surrounding' of a ‚point'. [...] Topologically there is no difference between a circle, an ellipse, a regular or irregular polygon with any number of sides. [...] likewise, there is no difference between a sphere, a cube, cylinder, and a cone. Differences in size are also disregarded in topology. (Lewin 1936: 87–88)

Die von Lewin genannten mathematischen bzw. geometrischen Elemente Punkt, Ellipse, Kreis oder Polygon werden oft als universell angesehen. Allerdings zeigen sprachwissenschaftliche Untersuchungen, dass bei der Beschreibung topologischer Relationen je nach Sprache gegebenenfalls weitere Informationen

---

[198] Dabei ist zu beachten, dass topologische Relationen per definitionem neutral sind in Bezug auf eine Betrachter*in (Thiering 2007).

enkodiert werden, die über die rein toplogischen Idealisierungen hinausgehen. Idealisierungen insofern, als es nach Lewin keinen Unterschied zwischen Kugel (*sphere*), Würfel (*cube*), Zylinder (*cylinder*) oder Kegel (*cone*) gibt. Im Deutschen werden toplogische Relationen zwischen solchen Objekten primär durch Präpositionen wie *auf*, *in*, *an*, *bei* ausgedrückt.

In der Forschung zu topologischen Relationen werden für die germanischen Sprachen primär Formelsysteme verwendet, um die präpositionalen Verhältnisse darzustellen (siehe für einen Überblick Vandeloise 1991). So schlägt Benett (1968, 1972) für drei grundlegende topologische Relationen im Hinblick auf das Englische die folgenden Formeln vor (die Figur wird hier nicht einbezogen, sondern nur der Grund):

	Relation		Formel
a	*in y*	=	Lokativ(Innenraum(y))
b	*auf y*	=	Lokativ(Oberfläche(y))
c	*an y*	=	Lokativ(y)

Coopers (1968) Versuch, dieselben Relationen in Formeln zu fassen, fallen etwas komplexer aus (hier wird nun eine Figur X mit einbezogen):

	Relation		Formel
a	*x in y*	=	x ist in y verortet, unter der Bedingung, dass x kleiner als y ist
b	*x auf y*	=	eine Oberfläche x ist kontingent mit einer Oberfläche y unter der Bedingung, dass y x unterstützt
c	*x an y*	=	x ist in der Nähe oder an y, unter der Bedingung, dass x in Relation zu y beweglich

Die Leser*in kann im Prinzip diese formelhaften Beschreibungen nehmen und sprachliche Ausdrucksformen finden, die diese Bedingungen erfüllen.
Leech (1969)erweitert dieses System noch einmal wie folgt:

	Relation		Formel
a	*x in y*	=	x ist in einem zweidimensionalen (*der Kratzer ist im Glas*) oder einem dreidimensionalen Ort y (*die Murmel liegt im Glas*)
b	*x auf y*	=	x ist kontingent mit Ort y, y ist entweder eindimensional (eine Linie) oder zweidimensional (eine Oberfläche)
c	*x an y*	=	x ist kontingent oder neben einem Ort y, dessen Dimensionalität nicht signifikant ist

In vielen Sprachen und Kulturen werden allerdings keine räumlichen Präpositionen verwendet oder aber nur im Kontext weiterer räumlicher Spezifizierungen. Hier ein Beispiel, im dem ein kleineres Objekt vor einem größeren steht, das sich aufgrund der Ausdehnung und einem Kreuz auf dem Dach als Kirche identifizieren lässt (so nicht anders vermerkt: Thiering 2007, 2015; Benutze Abkürzungen: 3SG.S.IMPF = dritte Person Singular Imperfekt; ABS = Absoluter Referenzrahmen; KLS = Klassifikator; KLV = Klassifikatorisches Verb; LOK = Lokativ; PV = Positionsverb; PRO = Projektiv; REL = relativer Referenzrahmen; STAT = statisches Verb):

FIG	PV	LOK	GND	DEUTSCH
Der Baum	steht	vor	der Kirche.	
det nom	3SG.S.IMPF.steht		det akk	

‚Der Baum steht vor der Kirche.'

FIG	PV	LOK	GND	NORWEGISCH
Tre-et	står	foran	kirk-en.	
baum-der	steht	vor	kirche-der	

‚Der Baum steht vor der Kirche.'

	FIG	EXIST	LOK	GND	ENGLISCH
The	tree	is	in front of	the church.	
der	baum	3SG.S.IMPF.be	vor	der Kirche.	

‚The tree is in front of the church.' [Der Baum ist (steht) vor der Kirche.]

LOK+KÖRPERTEIL	GND	PV	KLS	FIG	TOTONAC
ixcha:hé:n	nakpu:sikwalán	ya:lh	a'hatín	kí'wi'.	
ix-cha:hé:-n	nak=pu:sikwalán	ya:lh	a'ha-tín	kí'wi'	
3PO-back-NM	LOK=church	stand	CLS-one	tree	

‚There is (stands) a tree behind the church.' (David Beck, persönliches Gespräch) [Da steht ein Baum hinter der Kirche.]

PV+LOK[KARDINAL]	LOK[ADP]	LOK[PRO]	GND	FIG	TZELTAL
tekel-Ø	ta	s-tz'eel	eskwela	te'.	
standing-3absolute.suffix	at	3ergative-side	school	tree	

‚The tree is standing at the side of the school.' (Brown 2006: 244) [Der Baum steht (jetzt) an der Seite der Schule.]

FIG	PV	LOK[REL]	LOK[PRO]		GND	NIEDERLÄNDISCH
de	hond	zit	rechts	naast	zijn	hok.
the	dog	sits	right	next to	his	cage

‚The dog is sitting to the right of its kennel.' (Staden et al. 2006: 507) [Der Hund sitzt (jetzt) rechts von der Hundehütte.]

FIG	LOK	GND	KLV:PV=STAT[FIG]	DENE
k'es	gáh	yaltikóe	ho-ʔa.	
poplar	close/near/beside	church	IMPF.3SG.S-SO.stand(exist; to have extension)	

‚The poplar stands beside the church.' [Die Pappel steht neben der Kirche.]

FIG	LOK	GND	KLV:[?]PV=STAT[FIG]	DENE
k'es	ʔuzi	yaltikóe	ná-ghí-ʔa.	
poplar	on.the.other.side	church	in.place.of[?]-IMPF.3SG.S-side.of SO.stand(exist; to have extension)	

The poplar stands on the other side of the church.' [Die Pappel steht auf der anderen Seite der Kirche.]

GND	LOK	FIG	KLV:PV=STAT[FIG]	DENE
laméskóe	k'edhe	k'es	ná-ghí-ʔa.	
church	alongside	poplar	in.place.of[?]:IMPF.3SG.S-SO.stand (exist; to have extension)	

‚The poplar stands alongside the church.' [Die Pappel steht entlang der Kirche.]

GND	LOK	LOK	FIG	KLV:PV=STAT[FIG]		DENE
yaltikóe	ghá	k'edhe	k'es	ná-ghí-ʔa.		
church	close/near	alongside	poplar	in.place.of[?].IMPF.3SG./beside S-SO.stand(exist; to (physically) have extension)		

'The poplar is close to and alongside the church.' [Die Pappel ist nah und entlang der Kirche.]

LOK	EXIST	FIG	ABS.REL	WARRWA
rirrban	i-nga-n	baalu,	baanu-wudany,	
sideways	3:min:nom-be-pres	tree	east-comit	

'The tree is beside (it), to the east.' (McGregor 2006: 153) [Der Baum ist neben (etwas), östlich davon.]

Im Folgenden werden noch weitere Beispiele angeführt, die im Rahmen der Untersuchungen der MPI-Gruppe erhoben wurden. Von besonderem Interesse ist dabei die Variationsbreite und der Grad der semantischen Genauigkeit der unterschiedlichen Sprachen und Kulturen.

4.3 Men-and-tree-Spiel

Sprecher*innen der australischen Sprache Arrernte (Alice Springs) benutzen zur Benennung topologischer Relationen einen absoluten Referenzrahmen, nämlich das Kardinalsystem. Die Daten zu Arrernte stammen vom *Men-and-tree*-Erhebungsverfahren.[199] Das grundlegende Testdesign ist denkbar einfach: Zwei nebeneinandersitzenden Proband*innen erhalten jeweils dieselbe Serie von Bildern, die einen Spielzeugbaum und eine Spielzeugfigur in unterschiedli-

---

[199] „The Men and Tree photo-matching series was developed specifically to investigate frame-of-reference choice. [...] There are six photos [...] of a toy tree and toy man in various positions. The structured oppositions involve both alternations in relative position (which we call standing relations) – tree to visual left of man, or tree to visual right of man – and alternations in the orientation of the man (which we call facing relations) – facing left, facing right, facing the viewer, or facing away from the viewer." (Levinson & Wilkins 2006: 11). Die Projektbeschreibung auf der MPI-Seite lautet: „These classic tasks can be used to explore spatial reference in field settings. They provide a language-independent metric for eliciting spatial language, using a ,director-matcher' paradigm. The Man-and-Tree task deals with location on the horizontal plane with both featured (*man*) and non-featured (e.g., *tree*) objects. The Space Games depict various objects (e.g. *bananas, lemons*) and elicit spatial contrasts not obviously lexicalisable in English." (Abruf: Juli 2017); http://fieldmanuals.mpi.nl/volumes/1992/man-tree-space-games/)

chen topologischen Konstellationen zeigen. Da die Proband*innen durch einen Bildschirm getrennt sind, können sie die Bilder der anderen Person nicht sehen. Die Testentwickler*innen plädieren dafür, dass die Ausrichtungen und damit die räumlichen Orientierungsmöglichkeiten der Proband*innen, also z.B. nördlich, südlich, flussaufwärts, bergab, variiert werden sollen. Die Proband*innen bekommen in ihrer jeweiligen Muttersprache die Information, dass der Test Bilder verwendet. Eine Person wählt dann ein Bild aus und beschreibt dieses der anderen Person. Dabei soll lediglich die Sprache benutzt werden. Die andere Person soll durch die Beschreibung dann in die Lage versetzt werden, aus den eigenen Karten diejenige auszuwählen, die beschrieben wurde. Im Prinzip gibt es hier kein Zeitlimit. Eine Bildbeschreibung lautet z.B. so:

DEIXIS	ABS.REF	PV	FIG		ARRERNTE
Nhenhe-le	*alturle-theke*	*atne-rle.ne-me-rle,*	*arne*	*re*	*kenhe*
this-loc	west-wards	stand-cont-npp-REL,	tree	3sg.S	but
	abs.ref.top			abs.ref	post
ikwere-nge	*alturle-ampinye,*	*kenhe*	*re*	*ikngerre-le-arle*	*atne-rlane-rlenge.*
3sg.dat-abl	west-vicinity,	but		3sg.S	east-loc-rel	stand-dont-ds

‚In this one (he's) standing (facing) westwards, the tree, however, is in the region west from him, while he, on the other hand, is standing in the east.' (Wilkins 2006: 55)[200] [In dieser Situation steht er mit dem Gesicht nach Westen gewandt und der Baum ist in der Region westlich von ihm, während er wiederum südlich steht.]

FIG	GND	ABS.REF	PV	ARRERNTE
Itne	*apwerte-nge*	*alturle(-le)*	*ane-me.*	
3pl.S	rock/hill-abl	west(-loc)	sit/stay-npp	

‚They live west of the hill.' (Wilkins 2006: 56) [Sie leben westlich des Hügels.]

---

200 Wilkins schreibt dazu erläuternd: „To assess whether [description] 20 is an accurate description of Photo 2.3, one must know that the players are facing south. Each clause contains a cardinal point term [...]: the first clause renders the man's facing orientation (‚westwards'), the second clause renders the tree's standing relation with respect to the man (‚west from') and the third clause renders the man's standing relation (‚in the east')." (Wilkins 2006: 55)

FIG	DEIXIS		ABS.REF		PV
Artwe	nhenhe	re	alturle-thayte-le	anteme	tne-rle.ne-me,
man	this	3sg.S	west-side-loc	now	stand-cont-npp
fig			fig		
arne	ikwere-werne-theke	anteme,	arne	re	kenhe
tree	3sg.dat-all-wards	now	tree	3sg.S	but
abs.ref					
ikngerre-ampinye-le	antemne.				
east-vicinity-loc	now.				

‚The man here is now standing on the west side, (facing) towards the tree now, but the tree is now in the eastern region.' (Wilkins 2006: 56) [Dieser Mann hier steht jetzt auf der westlichen Seite, jetzt mit dem Gesicht in Richtung Baum, allerdings ist der Baum jetzt in der östlichen Region]

In Jaminjung, einer anderen australischen Sprache, werden statt des Kardinalsystems umweltbezogene Landmarken zur Raumorientierung verwendet (siehe auch Bickel 1997).

RICHTUNG	RICHTUNG	FIG		GND
yinawurla=biya	buya	thawaya	burr-inji,	yalamburrma
DIST:DIR=now	downstream	eat	3pl-go.impf	crocodile

‚Over there, downstream, they were eating the saltwater crocodiles.' (Schultze-Berndt 2006: 105) [Da drüben, flussabwärts, aßen sie die Salzwasserkrokodile.]

Schultze-Berndt macht dabei darauf aufmerksam, dass die Landmarken als Richtungsanzeiger flexibler als das Kardinalssystem sind.

> In the actual use of the terms, the direction is not absolutely fixed in the same way as it is in a compass-direction system. Rather, the local terrain overrides the global direction of drainage. For far-away locations (i.e. in large-scale orientation) ‚downstream' is towards the sea (roughly, north) and ‚upstream' correspondingly in the opposite direction, and the verticality-based terms are not used (to my knowledge). The system breaks down for reference beyond the drainage system which includes the territory that the speakers are familiar with. (Schultze-Berndt 2006: 104–105)

Interessant ist, dass das lokale Gebiet („the local terrain") und damit die Mikroorientierung im Raum einem gröberen Koordinatensystem vorgezogen wird („overrides the global direction of drainage"). An diesen Beispielen wird deutlich, dass Sprecher*innen eher ihr Wissen der unmittelbaren Umgebung anwenden. Damit sind absolute Systeme wie ein Fluss(system) fast schon wieder relativ in Bezug auf das individuelle Wissen über die örtlichen Gegebenheiten.

Oben wurde bereits eine Wegbeschreibung vorgestellt, die sich an unterschiedlichen menschgemachten Landmarken wie an einem Eisladen als markanten Ort entlanghangelt, weniger einem metrischen oder anderen System folgend, sondern einer subjektiven Erfahrung im unmittelbaren Nahraum.

Ein weiteres Beispiel ist die folgende Wegbeschreibung.

ABS.REF	BEWEGUNG		BEWEGUNG	WEG		BEWEGUNG
manamba	ba-jga,	laginy	ba-jga,	jamurrugu	na	jid
upstream	imp-go	turnoff	imp-go	down	now	go.down

‚Go upstream, take the turnoff, then down downwards (i.e. towards the river)' (Schultze-Berndt 2006: 106) [Gehe flussaufwärts, nimm die Abzweigung und dann [gehe] runter flussabwärts/in Richtung Fluss.]

Es sei noch einmal betont, dass die bereits referierten Daten darauf verweisen, dass Sprecher*innen in einer bestimmten Kultur und zu einem bestimmten Zeitpunkt räumliche Beschreibungen spontan auf je unterschiedliche Weise geben. Es steht außer Frage, dass Sprecher*innen aus anderen kulturellen Kontexten dieselben Aussagen treffen können, dies aber in ihrer alltäglichen Sprache nicht tun, sei es aus kognitiv-ökonomischen, historischen oder anderen Gründen. So benutzen Arrernte oder JaminjungSprecher*innen spontan ein auf Kardinalrichtungen basiertes Koordinatensystem oder aber ein auf Wasserläufe und damit landmarkenbasiertes System. Sprecher*innen aus einem westeuropäischen Kulturkreis nehmen eher ein körperbasiertes System als Ausgangspunkt, aber sie könnten, und das ist hier der Punkt, ebenso das Kardinalsystem verwenden. Ihre Sprache und ihr kognitives Vermögen hindern sie nicht daran, es gibt lediglich Präferenzen, die individuell, kulturell und historisch gewachsen sein können.

In dem unten erwähnten Video von Lera Boroditsky stellt sie am Anfang dar, wie sie Student*innen oder andere Professor*innen am Anfang eines Seminars oder Vortrags bittet, spontan in eine bestimmte von ihr genannte Himmelsrichtung zu zeigen.[201] Menschen aus westlichen Ländern liegen dabei meistens

---

201 Siehe auch Lera Boroditsky, ab ca. Minute 4:00 (https://www.youtube.com/watch?v=

daneben. Sprecher*innen aus Kulturen, die einen absoluten Referenzrahmen verwenden, meistern eine solche Aufgabenstellung hingegen meist ohne Probleme. Dieser innere Kompass muss dabei ständig kalibriert werden, wie Sie es ggf. an der Kompass-App auf Ihrem Smartphone sehen können. Wenn Sie die App wählen, muss der Kompass sich erst einmal kalibrieren (beim iPhone müssen Sie das Gerät z.B. zunächst im Kreis bewegen). Nichts anderes machen Menschen, die in Form von Koppelungsverfahren navigieren. Bei dieser Art der Navigation muss ständig mental kalibriert und trianguliert werden. Dazu später mehr. Zurück zu weiteren Beispielen räumlicher Orientierung in unterschiedlichen Kulturen und Sprachen.

In Warrwa, einer weiteren australischen Sprache, werden ebenfalls absolute Referenzrahmen verwendet.

ABS.REF	WEG	BEWEGUNG	WEG		ABS.REF
banu-kurdany	inyja	nga-rnda-ny	nguy	nga-ndi-ny	yarday-kurdany
east-comit	travel	1:min:nom-go-per	return	1:min:nom-per	north-comit

‚I went east and then turned north' (McGregor 2006: 151) [Ich ging nach Westen und wendete mich dann nach Norden.]

Warrwa-Sprecher*innen benutzen die Kardinalsrichtungen, um sich in ihrer Umgebung zu orientieren. Die Frage ist nun, was passiert, wenn – wie im nächsten Beispiel – eine Situation beschrieben wird, die im Mikroraum anzusiedeln ist und nicht wie oben im Makroraum. Das Testverfahren ist wieder der *Topological-Relation-Markers*-Test mit seinen 71 einfachen schwarz-weißen Zeichnungen (Thiering 2007, 2015).

FIG	PV			ABS.REF	DEIXIS		
minyaw	mijala	i-nga-n	kanyjirr-ngkaya,	banu-kudany,	bawu-naarra,	mayi-ina,	kab
cat	sit	3:min:nom-be-pres	look:at-cont	east-comit	this:way	food-ag	eat

‚The cat is sitting looking eastwards, this way, (being located) at the table.' (McGregor 2006: 151) [Die Katze sitzt (jetzt) in Richtung Osten guckend (ausgerichtet am Tisch), hier entlang, in der Nähe des Tisches.]

Die Frage des Testverfahrens dürfte in etwa gelautet haben: Wo ist die Katze? Die Frage impliziert eigentlich keine Perspektive, diese wird hier aber enkodiert, denn „the cat is sitting looking eastwards". Im Deutschen, Englischen, Norwegischen und weiteren Sprachen würde gesagt werden, dass die Katze neben dem Tisch sitzt, die Perspektive der Katze (also der Figur) würde dabei nicht ausgedrückt (Thiering 2015). Dagegen zeigen die folgenden Beispiele in Tzeltal, dass umweltbedingte Landmarken einen wesentlichen Einfluss auf die Raumzuschreibungen haben.[202]

	LOK	ABS.REF+GND		FIG	TZELTAL
ay-ø	ta	ajk'ol	te	limete.	
exist-3a	prep	uphill	det	bottle	

‚The bottle is to the uphill' (i.e. of another one, on a table) (Brown 2006: 265) [Die Flasche ist (in Richtung) bergaufwärts.]

	LOK	ABS.REF		FIG	TZELTAL
ay-ø	ta	ajk'ol	a'w-u'un/k-u'un	te	limete.
exist-3a	prep	uphill	2e-rel/1e-rel	det	bottle

‚The bottle is uphill in relation to you/me.' (Brown 2006: 266) [Die Flasche ist bergauf in Relation zu dir/Ihnen/mir.]

Die beiden Tzeltal-Beispiele zeigen deutlich die Verwendung des absoluten Referenzrahmens in Anlehnung an die geografischen Bedingungen.

In Ewe, einer Sprache, die in Ghana gesprochen wird, werden dagegen alle drei Referenzrahmen verwendet.[203] Ein weiteres anschauliches Beispiel der Ver-

---

202 „Tzeltal is a Mayan language spoken in the eastern highlands of Chiapas, Mexico, by around 200,000 speakers. The precipitous mountain terrain in this area slopes overall downwards towards the north or west, providing the basis for the uphill/downhill absolute system [...]." (Brown 2006: 233)
203 „[Ewe] is spoken in the south-eastern part of Ghana across to parts of southern Togo as far as and just across the Togo-Benin border by about two and a half million people. Ewe, and for that matter Gbe, belongs to the Kwa family of Niger-Congo." (Ameka & Essegbey 2006: 359) „In terms of frames of reference, Ewe speakers use all three in describing objects which are located in space. The choice between relative frame of reference and absolute frame of reference is, however, dependent on the dialect of the speaker: Inland speakers are more likely to use the relative frame of reference, while Aŋlɔ speakers use both relative and absolute frames of reference with some preference for the latter. All speakers use the intrinsic frame of reference." (Ameka & Essegbey 2006: 382)

wendung von absoluten Referenzrahmen im Makro- und Mikroraum stammt aus der bereits erwähnten *First-Nation*-Sprache Ahtna, die mit dem Autor untersuchten Dene Chipewyan verwandt ist. In Ahtna werden vor allem Flussnamen als Orientierungspunkte verwendet, aber auch Häuser, denen ein Koordinatensystem übergestülpt wird und die dann als eine Art Kompass funktionieren. Im Folgenden werden die unterschiedlichen räumlichen Referenzen dargestellt.

4.4 Landmarken in Ahtna: Das Haus als Kompass

Nach Kari (2011) gibt es heute noch ungefähr 1.000 Sprecher*innen, die sich Ahtna nennen, wovon allerdings lediglich 50 die gleichnamige Sprache sprechen (zum Verlust von Sprache in Dene Chipewyan siehe Thiering 2009). Ahtna kennt ca. 2.200 Ortsnamen (Kari 2011: 240). Es gibt frühe Aufzeichnungen von Ortsnamen, die Kari dokumeniert (Kari 2008). Ein Hauptaspekt der Ortsnamen sind geografische Gegebenheiten. Kari schreibt, dass „Ahtna place names can be summarized in terms of structural patterns, information content, distribution, reiteration, use in overland navigation, occurrence in narrative, and other features" (Kari 2011: 242). Ahtna Ortsnamen können somit gemäß verschiedener Merkmale – strukurelle Muster (*structural patterns*), Informationsgehalt (*information content*), Verteilung (*distribution*), Wiederholung (*reiteration*), Anwendung von Orientierung auf dem Landweg (*use in overland navigation*), Auftreten in Erzählungen (*occurence in narrative*) etc. – geordnet werden. Es sollte angemerkt werden, dass Ahtna (wie auch Dene Chipewyan) eine nicht-schriftsprachliche Kultur ist. Dies bedeutet für die linguistische Feldforschung, dass die wesentlichen Daten zu Sprache und Kultur durch Befragungen von Sprecher*innen erhoben werden.[204]

Hier sollen weniger die grammatischen Enkodierungsmuster im Vordergrund stehen, sondern die unterschiedlich verwendeten Toponyme und ihre Referenz auf umweltabhängige Gegebenheiten.[205] Nach Kari beziehen sich ungefähr 75

---

[204] Rituale, Praktiken, Vorstellen, Mythen etc. werden in nicht-schriftsprachlichen Kulturen primär mündlich an die jeweils folgende Generation durch Erzählungen und Handlungen weitergereicht (Heeschen 1990; Gladwin 1970; Hutchins 1995; Palmer 1996. Tradiertes Wissen manifestiert sich somit in seiner An- und Verwendung in einer konkreten Situation (Thiering & Schiefenhövel [2016] zeigen diese Praxis anhand des Hausbaus bei den Eipomek auf Papua-Neuguinea).

[205] Karis grammatische Analyse der Ortsnamen basiert auf *simplex nouns* und *complex verbs*: „Ahtna and other Alaska Athabascan languages have a very large battery of lexical and grammatical features to portray space and orientation. Athabascan languages have a grammatical dichotomy between simplex nouns and complex verbs. The Ahtna geographic names are a mixture

Prozent der Toponyme in Ahtna auf umweltbedingte Gegebenheiten wie Gewässer (*hydrology*), Geländeformen (*landforms*), Felsen (*rocks*) und verschiedene Gehölze (*biota*) (Kari 2011: 248). Mit Bezug auf den Hauptfluss des von den Ahtna bewohnten Gebietes, den Copper River, gibt es 445 Merkmale wie Flussströmung, Flussmündung, aber auch Rodungen von Waldflächen, Uferklippen und Hügel. Der Fluss und die mit ihm zusammenhängenden bzw. mit ihm verknüpften Landmarken fungieren so als Koordinatensystem. Dieses Koordinatensystem erscheint aus westeuropäischer Sicht sehr eigentümlich, funktioniert es doch ganz anders als die in westeuropäischen Sprachen vorherrschenden Referenzrahmen. Kari beschreibt diese Besonderheit des Koordinatensystems der Ahtna genauer:

> It is not possible to discuss here several other Ahtna grammatical features and word categories that mark space, directions and orientation. These include (a) a deictic/demonstrative system; (b) a large set of postpositions; and (c) verbal prefixes and suffixes of space and orientation and direction. However, it is important to introduce the Ahtna (and Athabascan) riverine directional system. The Northern Athabascan language groups are oriented to the major rivers. The riverine directionals are pervasive and are the intersection between the geography, the lexicon, and the grammar. The major rivers often have totally different geographic axes, such as the Copper River (which flows in an arc north to south) versus the Tanana River (which flows east to west). The Athabascan riverine directionals are what Levinson [...] terms an „intermediate absolute landmark" frame of reference. Northern Athabascans do not make use of north-south-east-west for orientation, and terms for ‚left' and ‚right' are not used at all for spatial orientation or in geographic terminology. The riverine directionals system in Ahtna and in the other Northern Athabascan languages is so pervasive that it constitutes an organizing „semplate", a semantic template [...]. Riverine elements are used in all speech registers in indoor and outdoor settings, and they appear in distinct word categories such as the outer (disjunct) verb prefixes, the noun lexicon (e.g.

---

of the simplex and the complex. there is extensive use of basic nouns and postpositions, many of which are monosyllabic and are not subject to much derivation and modification. The verb contrasts sharply with the nouns and postpositions. Ahtna (and more generally Athabascan) verb structure consists of ten to fifteen rigidly ordered prefix positions or zones of similar prefixes before a stem, which is followed by sets of suffixes. The key concept for organizing and understanding Ahtna verbs is the verb theme. Many verb themes have hundreds of derived forms that offer subtle distinctions for space, path and orientation [...]. The verb morphology is templatic, with layered interdigitation of strings of morphemes. In the conservative Ahtna verb complex, virtually every prefix, sufix and layered derivation can be discerned. Athabascan dictionaries, such as for Ahtna [...] and Koyukon [...], list out verb themes in their underlying structures, which can consist of zero to several prefixes before the underlying root as well as a notation for transitivity and gender marking. About 30% of Ahtna place names are nominalized verbs; some of the most common in geographic names are extension verb themes that can be derived into many hundreds of words. Many of these same extension verb themes are common in place names in other Athabascan languages." (Kari 2011: 243)

parts of houses or boats and especially place names), and postpositions. They are indicated by gestures and body movement (a great topic for further study). (Kari 2011: 254)

Der wirklich erstaunliche Punkt hier ist, dass Ahtna, wie alle nord-athabaskischen Sprachen, sich weder auf das Kardinalsystem der Himmelsrichtungen noch auf das relative Rechts-links-Orientierungssystem beruft, sondern, wie im Zitat angemerkt: „Northern Athabascans do not make use of north-south-east-west for orientation, and terms for ‚left' and ‚right' are not used at all for spatial orientation or in geographic terminology". Das wesentliche Orientierungsmerkmal sind somit die Flüsse. Der Copper River fließt in einem Bogen von Norden nach Süden und der Tanana River fließt von Ost nach West. Es zeigt sich für Ahtna (und Dene Chipewyan), dass das Flusssystem ein eigenes Orientierungssystem für die Sprecher*innen darstellt. Für westeuropäische Betrachter*innen wird es dabei noch irritierender, wenn das Flusssystem auch auf Mikroräume angewendet wird, wie in der folgenden Skizze dargestellt. Hier stellt das Haus, dessen Eingang zum Fluss zeigt, das Koordinatensystem dar.

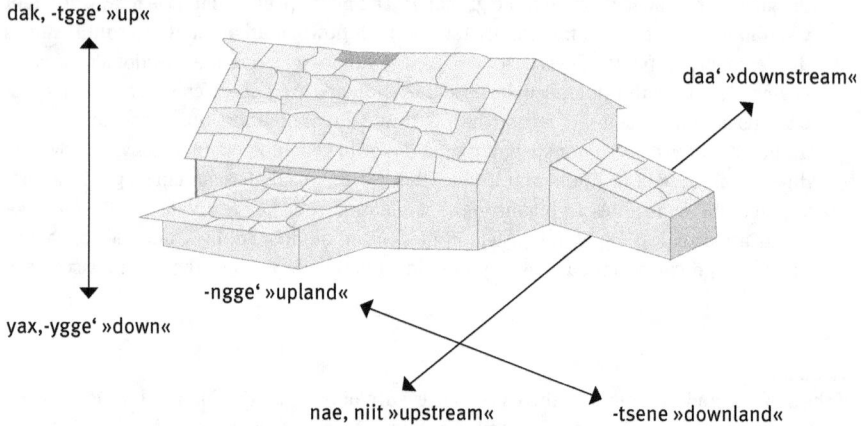

Abb. 6: Haus als räumliches Orientierungssystem (Kari 2011: 256; adaptiert von Anat Frumkin)

Die Pfeile zeigen die Richtungen an und bilden ein Koordinatensystem aus, das sich sowohl an der Flussrichtung – *downstream*, *upstream* – als auch dem Gelände – *upland*, *downland* – orientiert. Wie an den Pfeilen zu erkennen ist, ist die Reichweite des Koordinatensystems dabei nicht auf das Innere des Hauses beschränkt, sondern umfasst auch dessen nähere Umgebung. In Ahtna wird aber auch der Innenraum des Hauses als Referenzpunkt verwendet, wie die folgende Grafik verdeutlicht.²⁰⁶

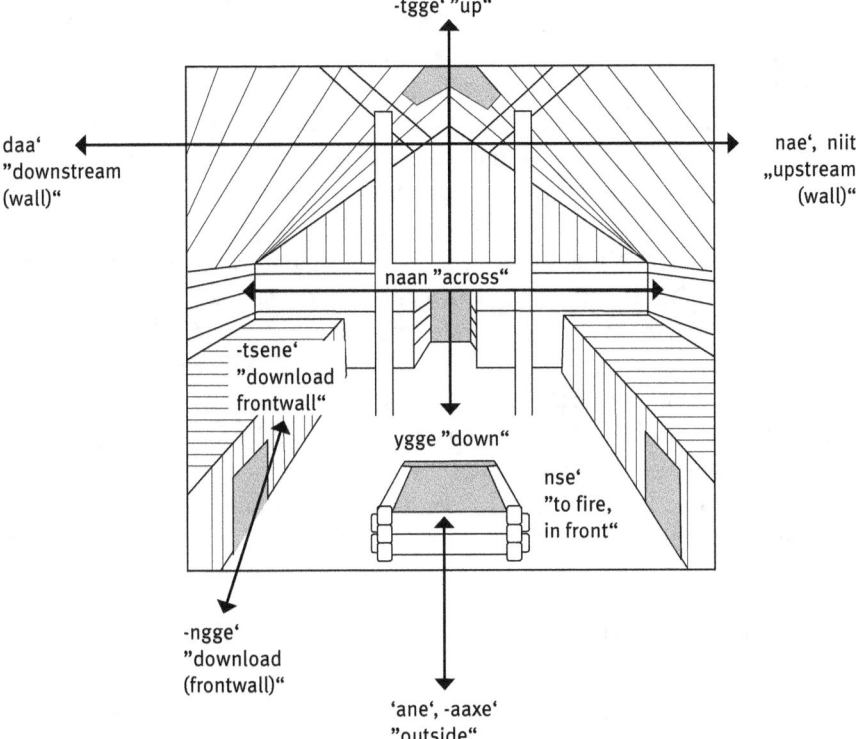

Abb. 7: (Kari 2011: 256; adaptiert von Anat Frumkin)

Das Koordinatensystem basiert auf zwei primären Achsen, der vertikalen und der horizontalen. Flussaufwärts und flussabwärts bilden die wesentlichen Referenzpunkte. Der absolute Referenzrahmen durchzieht somit unterschiedliche n-Räume für die Orientierung, den Mikro- wie auch den Makroraum. Die Leser*in

---

[206] Kari schreibt: „In Ahtna and other Northern Athabascan languages, the directionals provide a remarkably comprehensive frame of reference, one that must contribute to every aspect of orientation, way-finding, or travel." Und weiter unten: „The riverine directional system interacts with the place names to provide a very precise frame of reference." (Kari 2011: 255, 259) Richtungen sind somit maßgeblich für Ahtnasprecher*innen und bilden den wesentlichen Referenzrahmen. Ebenfalls stellt Kari die Interaktion zwischen Flußsystem und Toponymen als präziser Referenzrahmen deutlich heraus (siehe auch Leer 1989).

kann sicherlich nachvollziehen, wie der Innenraum – bzw. die Geometrie eines Innenraums – als Koordinatensystem funktionieren kann. Wichtig ist bei einer solchen kulturellen Praxis, dass es einen gemeinsamen Nenner gibt für weitere Sprecher*innen, sodass die Raumreferenz für alle verständlich ist bzw. von allen angewendet werden kann. Ein Haus ist erst einmal ein individueller Ort, allerdings gibt es z.B. bei den Eipomek auf Papua-Neuguinea Männer- und Frauenhäuser, die jeweils für das andere Geschlecht tabu sind (Thiering & Schiefenhövel 2013, 2016). Diese Häuser bilden in den Dörfern mit jeweils ca. 300 Einwohner*innen Zentren, von denen aus der unmittelbar umgebende Raum radial organisiert wird. Zentrum und Peripherie bilden hier die wesentliche Raummatrix. Die Peripherie ist dabei außerhalb des Dorfs im Hochgebirge angesiedelt.

Es sollte auf der Hand liegen, dass die unmittelbare Umgebung einen wesentlichen Einfluss auf die Raumkognition und Raumkoordinaten hat, die Sprecher*innen der entsprechenden Region primär verwenden. Dieser Einfluss zeigt sich unter anderem an den benutzen grammatischen Strukturen, die Aufschluss über die kognitiven Muster geben können. Dabei ist es wichtig zu betonen, dass Ahtna (ebenso wie die Schwestersprache Dene Chipewyan) auf den ersten Blick als recht speziell betrachtet werden kann und einen spezifischen räumlichen Referenzrahmen verwendet, dieser hat geringe Ähnlichkeiten mit den uns bekannten Referenzrahmen.[207]

4.5 Mentale Rotationstests

Die Unterscheidung in drei Referenzrahmen wurde in den vorherigen Abschnitten eingehend beschrieben. Die Unterschiede sollen nun noch einmal mithilfe einer Grafik zusammengefasst werden:

---

[207] Allerdings haben Student*innen in vom Autor geleiteten raumkognitiven Seminaren an der Technischen Universität Berlin überzeugend zeigen können, dass selbst bei Proband*innen in einer Großstadt wie Berlin in Bezug auf die Wahl der Referenzrahmen deutliche Unterschiede auszumachen sind, dass also kein einheitliches Bild entsteht (in Freiburg und Hamburg wurden von Student*innen ebensolche Versuche durchgeführt). Zugegeben, der dominante Referenzrahmen ist im deutschen Sprachgebrauch der relative, aber dieser wird eben nicht exklusiv angewendet (Berthele 2006; Lynch 1960).

RELATIVE
» The pig is to the right of the cow «

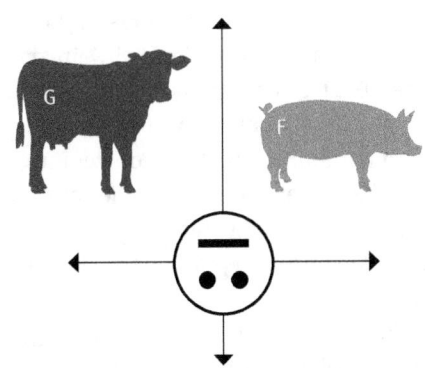

INTRINSIC
» The pig is in front of the cow «

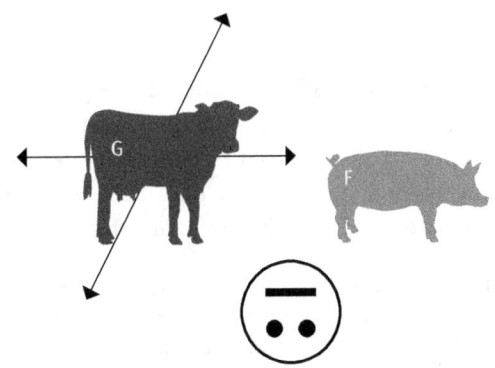

ABSOLUTE
» The pig is east of the cow «

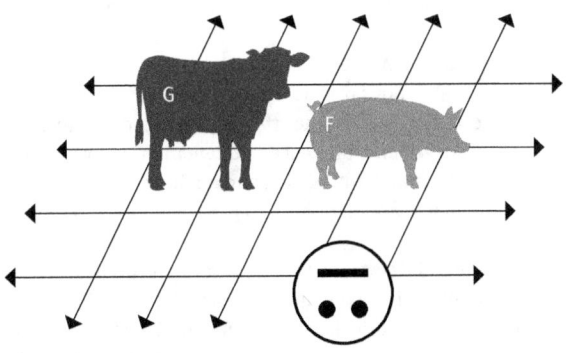

Abb. 8: (Haun et al. 2011: 71; adaptiert von Anat Frumkin)

Die benutzen Spielfiguren Kuh und Schwein können in unterschiedlichen räumlichen Konstellationen zueinander in Bezug gesetzt werden. In der abgebildeten Grafik liegt der Fokus auf dem Schwein, das somit als Figur fungiert, während die Kuh den Grund, also das Referenzobjekt darstellt. Somit lautet die Antwort auf die Frage, wo sich das Schwein befindet, je nach Referenzrahmen: *rechts* von der Kuh, *vor* der Kuh oder östlich von der Kuh.

Die Pfeile zeigen dabei das jeweils wirksame Raumkoordinatensystem an: Beim relativen Referenzrahmen geht das Koordinatensystem von der wahrnehmenden Person aus, repräsentiert durch den die Blickrichtung der betrachtenden Person sowie den die horizontale Körperachse anzeigenden Pfeil. Beim intrinsischen Rahmen geht das Pfeilsystem hingegen vom Referenzobjekt, also der Kuh aus. Der absolute Referenzrahmen hingegen ist gänzlich unabhängig sowohl von der Betrachter*in als auch dem Objekt und seinen Merkmalen. Die Pfeile symbolisieren hier diese Grundmatrix unabhängig von der/die Betrachter*in und Einzelobjekten.

Die Grundidee mentaler Rotation nach Shepard und Metzler, also die Möglichkeit, Objekte mental a) zu repräsentieren und b) mental zu rotieren bezieht sich auf einen als klassisch zu bezeichnenden kognitionspsychologischen Test. Wichtig ist hierbei zu betonen, dass diese kognitive Fähigkeit grundlegend ist für die Verwendung räumlicher Referenzrahmen. Ich zitiere:

> In Douglas Adams's [...] novel *Dirk Gently's Holistic Detective Agency*, a sofa gets stuck on a stairway landing. Throughout the remainder of the novel, Dirk Gently ponders how to get it unstuck by imagining the sofa rotating into various positions (he eventually solves the problem using a time machine). The well-known psychologist Roger Shepard once had a somewhat similar experience, awakening one morning to „a spontaneous kinetic image of three-dimensional structures majestically turning in space" [...]. That experience inspired Shepard and his student Jacqueline Metzler to run what has become a seminal experiment in cognitive science – one that both defines and operationalizes mental rotation.
>
> Shepard and Metzler [...] presented subjects with images of novel three-dimensional (3-D) objects at various orientations – on each trial a pair of images appeared side- by-side and subjects decided whether the two images depicted the same [...] or different objects [...] regardless of any difference in orientation. A given 3-D object had two „handedness" versions: its „standard" version and a mirror-reflected version (equivalent to the relationship between left- and right-handed gloves).
>
> Different objects were always mirror reflections of one another, so objects could never be discriminated using distinctive local features. Shepard and Metzler measured the time it took subjects to make same/different discriminations as a function of the angular difference between them. What they found was a remarkably consistent pattern across both picture plane and depth rotations – mean response times increased linearly with increasing angular separation. This outcome provides evidence that subjects mentally rotate one

or both objects until they are (mentally) aligned with one another. Shepard and Metzler suggest that the mental rotation process is an internal analogue of physical rotation, that is, a continuous shortest path 3-D rotation that would bring the objects into alignment.[208] (Tarr 1999: 532; siehe auch Marr 1982: 10–12; Tarr & Pinker 1989)

Und so sehen die dreidimensionalen Objekte aus, bei denen die Testteilnehmer*innen erkennen sollten, ob sie sich zur Übereinstimmung bringen lassen oder nicht siehe nächste Seite.

Die wesentliche Aufgabe der Proband*innen besteht darin zu sagen „as quickly as possible (by pressing a button) whether the two objects depicted were in fact identical (except for rotation), or were mirror images".[209] Menschen sind in der Lage, Gegenstände bzw. geometrische Objekte in ihrer Vorstellung rotieren zu lassen und ggf. zur Deckung zu bringen. Damit zeigt dieser Test, dass es möglich ist, geometrisches Wissen von Objekten zu abstrahieren und zu repräsentieren. Dieses mentale ‚Jonglieren' ermöglicht es, sich selbst mental oder virtuell in einem Raum zu bewegen.[210]

---

[208] Ein Online-Rotationstest ist zu finden unter: https://psych.hanover.edu/JavaTest/ CLE/Cognition/ Cognition/mentalrotation_instructions.html (letzter Aufruf im Juli 2018).
[209] Shepard & Metzler presented their subjects with pairs of drawings of three-dimensional, asymmetrical assemblages of cubes, as shown in figure 1 A, B, and C. In each pair, the right-hand picture either showed an assemblage identical to that shown on the left, but rotated from the original position by a certain amount, or else it showed an assemblage that was not only rotated, but was also the mirror image of the one to the left (figure 1 C). The experimental task was to tell, as quickly as possible (by pressing a button) whether the two objects depicted were in fact identical (except for rotation), or were mirror images. Shepard's hypothesis was that the task would be done by forming a three-dimensional mental image of one of the depicted objects, and rotating this whole image, in the imagination, to see whether it could be brought into correspondence with the other picture. The experimental results clearly supported this idea, because it was found that, for each subject, the time taken to confirm that both objects of a pair were, in fact, identical, increased in direct proportion to the angular rotational difference between them. It was as if the subjects were rotating their mental image at a steady rate (although this might be different for each subject), so that the further they had to go to bring their image into correspondence with the reference picture, the longer it would take them. On post-experimental questioning, most of the subjects confirmed that this was indeed how they believed that they had done the task. (Interestingly, it made no difference whether the rotation was in the plane of the page, or in depth.) (Siehe die folgende Webseite: https://plato.stanford.edu/entries/mental-imagery/ mental-rotation.html; letzter Aufruf im September 2017)
[210] „Spatial perspective [...] has implications for how people mentally represent the described space. We suggest four cognitive mechanisms implicated in this regard. First, route descriptions may have greater working memory demands than do survey descriptions. Second, and strongly related to working memory, route and survey descriptions differ in the extent to which they convey a configural framework. Survey descriptions convey configural information directly, but

Abb. 9: Mentale Rotationsstimuli (Shepard & Metzler 1971; adaptiert von Anat Frumkin)

---

it must be inferred from route descriptions. Third, route descriptions promote active egocentric imagery; they describe an ego moving through an environment. Fourth, route descriptions involve temporally sequencing information (e.g. turn right *after* going through the intersection)." (Taylor & Brunyé 2013: 11; Hervorhebung im Original)

Diese Fähigkeit machen sich Forscher*innen in Untersuchungen zum Einfluss von Raumsprache auf Raumkognition zunutze. Dabei bedienen sie sich noch komplexerer Versuchsaufbauten, in denen Proband*innen nicht nur Objekte in ihrer Vorstellung rotieren lassen müssen, sondern auch noch selbst um 180 Grad rotieren sollen, wie im Folgenden genauer dargestellt werden soll.

4.5.1 Die Chips-Aufgabe

Grundsätzlich ist die Hypothese der unterschiedlichen Testverfahren, dass sprachliche Enkodierungen auf kognitive Repräsentationen schließen lassen. Was passiert also, wenn Objekte in ihrer spezifischen räumlichen Ausrichtung zueinander erinnert werden sollen und im nächsten Schritt eine räumliche Veränderung der Ausgangsposition hergestellt wird. Wenn sich also Sprecher*innen um ihre eigene Achse drehen und wiederum die Objekte so anordnen, wie sie diese erinnern. Wie ist das Verhältnis von sprachlichen Zuschreibungen und kognitiven Repräsentationen?

In der *Chips Task* sollen Proband*innen die auf einem Tisch liegenden Karten, auf denen jeweils ein großer und ein kleiner Punkt zu sehen ist, so ausrichten, dass der kleine Punkt in ihre Richtung, von ihnen weg, nach links oder nach rechts zeigt. Nach 30 Sekunden sollen die Proband*innen, nachdem sie sich selbst um die eigene Achse gedreht haben und zu einem zweiten Tisch geführt worden sind, die Karten so anordnen, dass diese den Ausgangskarten bzw. deren Ausrichtungen entsprechen.[211]

---

[211] „Memory for spatial configuration: ‚the chips task'. (a) Participants saw on Table 1 a card printed with a large and a small dot arranged with the small dot towards them, away from them, to the left, or to the right. After a 30-s delay, they were rotated through 180° and led to Table 2, where they were asked (in the local language) to identify from a set of four cards the similar or counterpart card to the one they had seen before. Each participant had eight trials, which varied in the arrangement of the dots. Responses that preserved sameness in egocentric coordinates were coded Relative, those that preserved Absolute were coded Absolute, and other responses were coded ‚Untypable'. (b) The results for just two languages, Dutch and Tzeltal. The Relative/Absolute trend matches the preferred linguistic FoR: Dutch responses were overwhelmingly Relative whereas Tzeltal responses were overwhelmingly Absolute. The proportionately larger Tzeltal inconsistency can be attributed to the fact that the data are from an unschooled peasant population. However, if we look for ‚consistent coders', that is, coders who give the same respon?e on 6 out of 8 trials, then over 80% of Tzeltal speakers are ‚Absolute thinkers'." (Majid et al. 2004: 110)

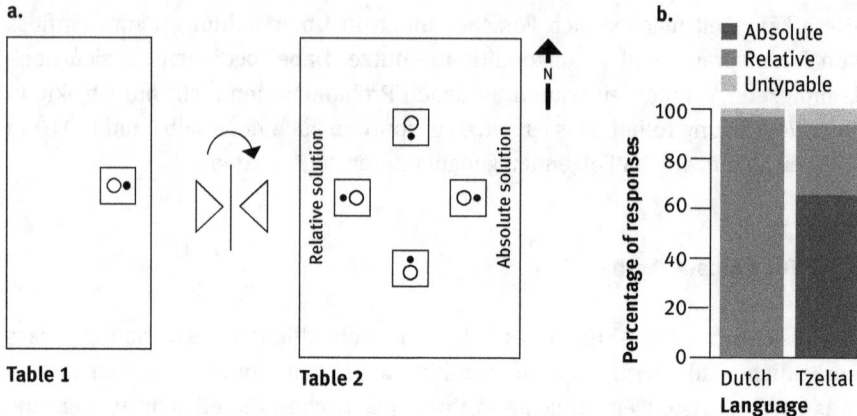

Abb. 10: 180° Rotationstest (Anat Frumkin)

Es zeigt sich, dass die beiden Vergleichssprachen Niederländisch und Tzeltal in ihren relativen und absoluten Referenzrahmen sprachlich korrelieren. Das heißt, dass Niederländer*innen, die den relativen Referenzrahmen bevorzugen, diesen sowohl sprachlich als auch kognitiv verwenden. „These experiments have shown that people do indeed use different non-linguistic FoRs [Frames of reference] to do the same tasks, and that these non-linguistic FoRs align with the preferred FoR of their language." (Majid et al. 2004: 110; siehe auch Papafragou 2007: 281–283). Im nächsten Test wird ein klassisches Problemlöseverfahren benutzt, um herauszufinden, ob Sprecher*innen einen spezifischen Referenzrahmen bevorzugen.

4.5.2 Das Labyrinth

In einem weiteren Testverfahren sollen Proband*innen einen zunächst von einer Experimentator*in vorgeführten Weg rekonstruieren (Pederson & Schmitt 1993; Pederson & Senft 1996).[212]

---

[212] Die Beschreibung des 1996er Testverfahrens und die Stimuli sind zu finden unter: http://fieldmanuals.mpi.nl/volumes/1996/route-descriptions-erics-maze-task/; letzter Aufruf: Juli 2018

Mentale Rotationstests — 167

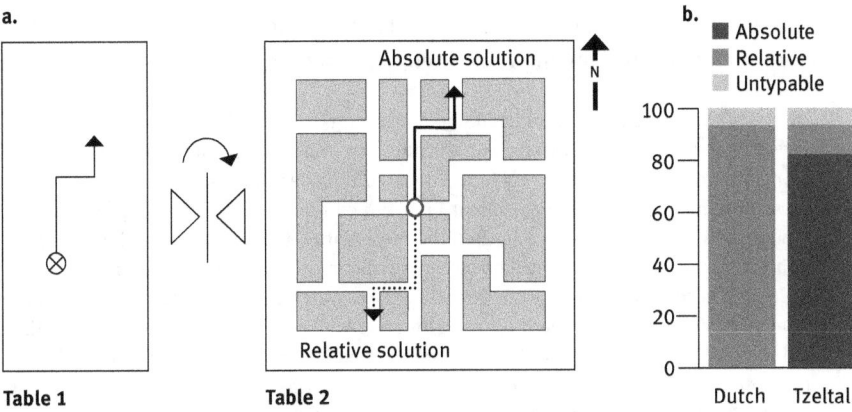

Abb. 11: 180° Rotationstest Labyrinth (adaptiert von Anat Frumkin)

Dabei wird die Figur von der Experimentator*in einen bestimmten Weg entlangbewegt (siehe auch Papafragou 2007: 283–286). Anschließend dreht sich die Proband*in wiederum um 180 Grad und soll dann den gezeigten Weg innerhalb eines Labyrinthmodells rekonstruieren. Dieses Labyrinth hat unterschiedliche Wegmöglichkeiten, eine davon ist die für die jeweilige Sprecher*innenkultur richtige Variante. Dabei gibt es jeweils eine relative (rot gestrichelte Linie) und eine absolute Lösung (blau durchgezogene Linie). Es zeigt sich, dass Proband*innen, die einen relativen Referenzrahmen bevorzugen, diesen auch anwenden, den Weg somit memorieren, indem sie den eigenen Körper als Referenzpunkt nehmen.[213] Die Balkengrafik zeigt im Hinblick auf die beiden Untersuchungsgruppen (von denen die eine Niederländisch und die andere Tzeltal sprach) deutlich die sprachspezifischen Präferenzen.[214]

---

[213] „Memory for motion and path-direction: 'Eric's maze'. (a) The experimenter moved a toy man along a path on Table 1. After a delay, the participant was rotated through 180° and led to Table 2, where there was a maze. The maze had several possible paths, and the participant was asked to choose the path that the toy man had fol- lowed. Each participant had five trials. For each target path the toy man had travelled along on Table 1, there were two corresponding paths on the maze on Table 2: one that preserved Relative coordinates (shown in red), and one that preserved Absolute coordinates (shown in blue). (b) The results for Dutch and Tzeltal. As in Figure 2, we see that the Relative/Absolute trend matches the preferred linguistic FoR: Dutch participants gave Relative responses whereas Tzeltal participants gave predominantly Absolute responses (Adapted from [13], pp. 160-162, by permission of Cambridge University Press)." (Majid, Bowerman, Kita, Haun und Levinson 2004: 110)

[214] Siehe kritisch zu solchen Interpretationen in Bezug auf den Zusammenhang von Sprache und Kognition Gleitman & Papafragou 2005; Li & Gleitman 2002; Papafragou 2007. Papafragou

In einer etwas anderen Versuchsvariante sollen die Proband*innen den Weg erinnern, den eine Spielzeugfigur in einem Labyrinth zurücklegt.

> All participants were tested individually. A session consisted of a few practice trials followed by five experimental trials. For all trials, the experimenter demonstrated a motion along a path by a plastic toy man (about 5 cm tall) moved manually but precisely on the presentation table. A small cross (about 1 cm by 1 cm) printed on a circular piece of paper (about 5 cm in diameter) was placed on the presentation table, and it served as a starting point of the toy man. Before the demonstration of motion, the experimenter said, Now this little man is going to go for a walk from this cross. Watch carefully because I want you to remember how he goes". Then, the experimenter walked the toy man from the starting-point cross. The motion was scaled to a particular path on the maze, which the participant did not see during the presentation of the paths. The paths consisted of straight segments that were either along a right-left axis (which was also an east-west axis) or a front-back axis. The paths for practice trials had one or two segments (the paths for experimental trials had two or three segments [...]). The experimenter produced ‚footstep' sound effects as the man was moved to emphasize the distance between turns. The motion was repeated twice (or until the participant indicated readiness). Then, the man and the paper with a cross were removed, and a maze printed on 27 cm by 27 cm paper was put on the table. The participant was asked where the man would end up on the maze if he had followed the precise path previously demonstrated. The maze consisted of complex connected paths which ran either along a left-right axis or a front-back axis, and which led to eight possible end points. The participant either pointed at or named the label for one of the eight possible end points. During the practice trials, the participant did not rotate his/her body between the stimulus presentation and the recall on the maze. (Levinson et al. 2002: 167)

---

konstatiert allerdings durchaus eine, wenn auch geringe, Einflussmöglichkeit von Sprache auf Kognition: „Nevertheless, some aspects of our findings suggest a role for language, even though a more limited one than the one envisaged in recent relativistic accounts: language can provide support for memory by allowing the recoding of spatial information into linguistic terms. This, in turn, can make speakers sensitive to kinds of information that can (and cannot) be encoded linguistically in a specific language, and impact on-line attention allocation accordingly. Linguistic intrusions into memory tasks have been uncovered in our eye tracking motion study discussed earlier and need to be explored further. The eye-tracking technology seems a particularly apt tool for studying such effects, since it allows direct insight into the process of how attention is distributed onto elements of a scene during both linguistic and non-linguistic tasks. Even though this chapter has focused on a single empirical area, we take these results to be instructive for the investigation of the language-thought interface in other domains. The findings on spatial cognition themselves, of course, do not preclude the presence of linguistic effects on other aspects of thought; however, our discussion hopefully helps understand the nature and scope of potential effects, and sets some boundaries on what sorts of effects can reasonably be expected, and what mechanisms operate at the interface of language and cognition." (Papafragou 2007: 23)

Der zurückzulegende Weg besteht aus geraden Abschnitten (*straight segments*), die entweder einer rechts/links-Achse oder einer vorne/hinten-Achse folgen. Ein kleines Kreuz auf einem Stück Papier markiert den Anfangs- bzw. Ausgangspunkt der Bewegung. Nachdem der Weg zweimal mit der Spielzeugfigur gezeigt wird, sollen die Proband*innen in einem Labyrinth, das auf einem Blatt Papier vorgezeichnet ist, zeigen, welchen Weg die Spielzeugfigur zurückgelegt hat bzw. wo die Figur am Ende angelangt wäre („The participant was asked where the man would end up on the maze if he had followed the precise path previously demonstrated").

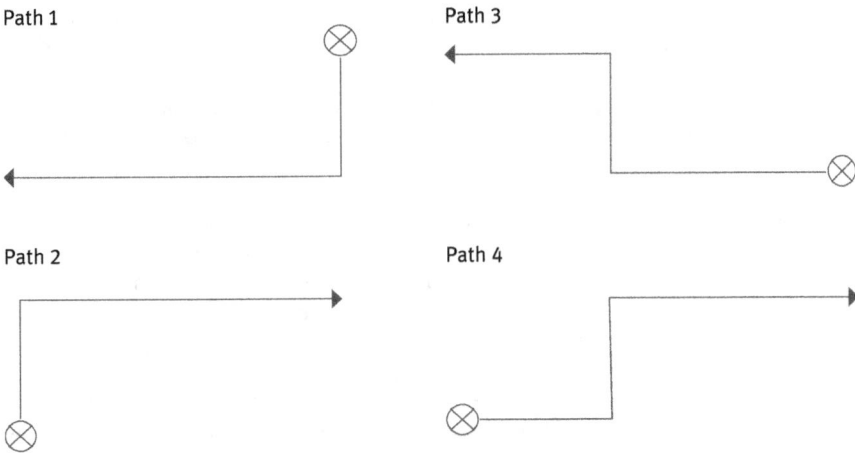

Abb. 12: (Levinson et al. 2002: 167; adaptiert von Anat Frumkin)

Eine wesentliche Forschungs- und Interpretationsfrage ist, ob sprachliche und vor allem grammatische Unterschiede Rückschlüsse auf kognitive Unterschiede zulassen.[215] So geben aktuelle Forschungen zu bilingualen Sprecher*innen Aufschluss über kognitive Unterschiede und unterschiedliche sprachliche Stra-

---

215 „As we review the languages surveyed, and draw out the general patterns, one impression that will remain is the extraordinary diversity in both the underlying conceptualizations of spatial distinctions and the manner in which they are coded in specific languages. [...] What is interesting about the work represented in the current book is that it reveals the same kind of oblique and abstract patterning – underlying hierarchies, types and implicational scales over types. But this work, unlike most typology, is driven by semantic concerns. Indeed, we could say that this book represents the first extended essay in *semantic typology* – and the interest then is that we do not find in semantic typology any simpler pattern than we find in *syntactic typology*." (Levinson & Wilkins 2006: 512)

tegien (Bylund & Athanasopoulos 2017). In dem Essay mit dem aussagekräftigen Titel „How the language you speak changes your view of the world" (2015) beschreibt Panos Athanasopolous anschaulich, wie bilinguale Deutsch-Englisch-Sprecher*innen auf Videoclips mit Bewegungshandlungen, etwa ein Video von einer Frau, die sich einem Auto nähert, sprachlich reagieren. Interessant ist dabei der Vergleich mit monolingualen Sprecher*innen, denn englische Monolinguale enkodieren nicht das Ziel der Bewegung, sondern nur die Bewegung, während deutsche Monolinguale die Bewegungsart und das Ziel enkodieren.

> In research we recently published in Psychological Science, we studied German-English bilinguals and monolinguals to find out how different language patterns affected how they reacted in experiments.
>
> We showed German-English bilinguals video clips of events with a motion in them, such as a woman walking towards a car or a man cycling towards the supermarket and then asked them to describe the scenes.
>
> When you give a scene like that to a monolingual German speaker they will tend to describe the action but also the goal of the action. So they would tend to say „A woman walks towards her car" or „a man cycles towards the supermarket". English monolingual speakers would simply describe those scenes as „A woman is walking" or „a man is cycling", without mentioning the goal of the action.
>
> The worldview assumed by German speakers is a holistic one – they tend to look at the event as a whole – whereas English speakers tend to zoom in on the event and focus only on the action.
>
> The linguistic basis of this tendency appears to be rooted in the way different grammatical tool kits situated actions in time. English requires its speakers to grammatically mark events that are ongoing, by obligatorily applying the -ing morpheme: „I am playing the piano and I cannot come to the phone" or „I was playing the piano when the phone rang". German doesn't have this feature.
>
> Research with second language users shows a relationship between linguistic proficiency in such grammatical constructions and the frequency with which speakers mention the goals of events.
>
> In our study we also found that these cross-linguistic differences extend beyond language usage itself, to nonverbal categorisation of events. We asked English and German monolinguals to watch a series of video clips that showed people walking, biking, running, or driving. In each set of three videos, we asked subjects to decide whether a scene with an ambiguous goal (a woman walks down a road toward a parked car) was more similar to a clearly goal-oriented scene (a woman walks into a building) or a scene with no goal (a woman walks down a country lane).

German monolinguals matched ambiguous scenes with goal-oriented scenes more frequently than English monolinguals did. This difference mirrors the one found for language usage: German speakers are more likely to focus on possible outcomes of people's actions, but English speakers pay more attention to the action itself. [...] So the language you speak in really can affect the way you think. (Athanasopoulos 2017)[216]

Die Quintessenz ist, dass deutsche Sprecher*innen auf die möglichen Resultate verweisen, also das Erreichen eines Zieles, wohingegen englische Monolinguale eher die Handlung in den Vordergrund stellen.

4.6 Bewegung: Verben und Satelliten

In diesem Abschnitt sollen Verben und Satelliten, also grammatische Ergänzungen z.b. in Form von Präpositionen, beschrieben werden, da sich an ihnen gut die Unterschiede bei der Beschreibung von Bewegungen im n-Raum in verschiedenen Sprachen zeigen lassen. Das Konzept der Satelliten ist in der Forschung vor allem im Rahmen der Untersuchung von Bewegungsprozessen eingeführt worden (siehe als Überblick Bohnemeyer & Pederson 2011). Die Bewegung (*motion*) einer Figur in einer bestimmten Geschwindigkeit, einem Weg folgend (*path*) und in einer besonderen Art und Weise (*manner*; z.B. schnell laufen, langsam gehen, im Zickzack, rollend, kriechend) soll im Folgenden erörtert werden. Bewegungen werden in unterschiedlichen Sprachen mittels unterschiedlicher morphosyntaktischer Enkodierungsmechanismen ausgedrückt.[217] Dabei ist es irrelevant, ob eine Bewegung physisch und im realen Raum oder aber virtuell bzw. in der Vorstellungswelt ausgeführt wird (siehe das Konzept der *fictive motion* nach Talmy 2000, Kap. 2: „Fictive Motion in Language and ‚Ception'").

---

216 Online Quelle The Conversation: https://theconversation.com/how-the-language-you-speak-changes-your-view-of-the-world-40721; siehe ebenso: https://www.theguardian.com/commentisfree/2015/apr/27/world-view-learn-another-language; letzter Abruf August 2018.
217 „Natürliche Sprachen mischen typischerweise oft dimensionale und topologische Semantik in den raumsprachlichen Morphemen, z.B. in Präpositionen wie *über* und *auf*: Beide beziehen sich auf die Dimension der Vertikalen, unterscheiden sich aber im Bezug auf das topologische Kriterium des Kontaktes mit dem Rand des Grundes. In ihrer dynamischen Variante beschreibt die Assoziationsfunktion eine bestimmte Menge von Orten, die die sich bewegende Figur durchläuft. Diese Menge von Orten wird *Weg* genannt [...]. Der Weg kann wiederum sowohl auf topologischen Relationen basieren [...], als auch dimensionale Aspekte (mit-) codieren [...]. [...] Die Entscheidung, ob eine bestimmte Konstruktion als Weg- oder Ortsangabe interpretiert werden soll, basiert einerseits auf einzelsprachlichen Markierungsmustern (etwa Kasus im Deutschen), andererseits oft aber auch auf der Interpretation des weiteren sprachlichen und nichtsprachlichen Kontextes." (Berthele 2006: 10; Hervorhebung im Original)

Len Talmy und Dan Slobin haben hier wegweisende Studien im Feld in der Kognitiven Semantik durchgeführt. Die Dichotomie, die hier relevant ist, ist die der *verb-framed* Sprachen und der *satellite-framed* Sprachen.[218] Levinson & Wilkins schreiben zusammenfassend hierzu:

> Talmy [...] influentially proposed a major typological dichotomy between different kinds of motion coding in languages: verb-framed vs. satellite-framed.[219] The typology rests on a dissection of the components in a motion event into (a) the figure, i.e. the thing moving, (b) the ground, specifying source or goal of motion, or both, (c) the path or trajectory of the motion, (d) manner of motion, (e) the predicated event itself (other elements are the site or

---

218 Talmy kontrastiert dabei den spanischen Satz „La botella salió flotando" mit dem englischen Pendant „The bottle floated out". Im Englischen enkodiert die Präposition *out* (der Satellit) die Bewegung (*motion* und *path*), das Verb *to float* beschreibt die Art und Weise der Bewegung (*manner*) (Talmy 2000: 223–224; siehe auch van der Auwera & Nuyts 2007: 1081). Im Spanischen drückt das intransitive Verb *salió* eine Bewegung aus (*salir* = verlassen, herauskommen, herausgehen). *Flotando* beschreibt den treibenden bzw. schwimmenden Aspekt der sich bewegenden Flasche. Levinson & Wilkins zählen fünf Bereiche auf, die für die Enkodierung von Bewegung relevant sind:
„(a) the typology of semantic packaging in the verb [Welche Information wird im Verbsystem enkodiert?];
(b) the underlying semantical notions of path and motion itself [Was sind die zugrunde liegenden semantischen Konzepte von Weg und Bewegung?];
(c) the form classes in which such concepts are coded, both verb subclasses and other form classes [Welche weiteren Wortklassen enkodieren Bewegungen?];
(d) the way in which source and goal are coded [Wie werden Ausgangspunkt und Ziel enkodiert?];
(e) the way in which all these resources are globally deployed in the clause or beyond to construct an overall depiction of a ‚journey' or complex motion path [die prinzipielle Anwendung und Enkodierung von Bewegungen in einem Satz oder darüber hinaus]." (Levinson & Wilkins 2006: 527). Als Weiteres soll hier bereits ergänzt werden, dass die strikte Trennung von verb- und satelite-framed durch mixed-framed bzw. equipolently Sprachen, also Sprachen, die beide Systeme verwenden, ergänzt wird (Slobin 2004).
219 Bei Talmy selbst heißt es: „The existence of the macro-event as a cognitive unit and its specific conceptual structuring may be universals of linguistic organization. But the world's languages generally seem to devide into a two-category typology on the basis of the characteristic pattern in which conceptual structure of the macro-event is mapped onto syntactic structure. To characterize it initially in broad strokes, the typology consists of whether the core schema is expressed by the main verb or by the satellite. [...] Languages that characteristically map the core schema into the verb will be said to have a *framing verb* and to be *verb-framed* languages. [...] Languages with a framing satellite regularly map the co-event into the main verb, which can thus be called a *co-event verb*. On the other hand, languages with a framing verb map the co-event either onto a satellite or into an adjunct, typcally an adpositional phrase or a gerundive-type constitutent. Such forms are accordingly called a *co-event satellite* [...]." (Talmy 2000: 221–222; Hervorhebungen im Original)

medium in which the motion takes place, and the means or instrument of motion). Thus in *The bird flew up into a tree*, the figure is the bird, the ground is the tree, the path is expressed by *up into*, and the predicated motion together with manner of motion is expressed by *flew*. Talmy's typology rests on a simple observation: languages tend either to package the path with the predication, as in Spanish *entrar* ‚to go in', *salir* ‚to go out', *cruzar* ‚to go across', leaving manner to an additional clause or gerund, or alternatively to package the predication with manner, leaving the path to be expressed in ‚satellites' as in the English particles in *run in, crawl up, climb down*. (Levinson & Wilkins 2006: 17–18)[220]

Der interessante Aspekt nach Levinson & Wilkins ist, dass Sprachen die Richtung (*direction*) und den Weg (*path*) im Verb oder aber in einem Satelliten enkodieren.[221] Die Konstruktion *run into X* enkodiert eine schnelle Bewegung in eine bestimmte Richtung mit einem Endpunkt (*goal*) im Gegensatz zu *enter*, z.B. einem Raum (*s/he enters the room*).

Grafisch lässt sich die Grundsituation wie folgt darstellen:

---

220 Und weiter schreiben Levinson und Wilkins: „Although the two types clearly do capture major differences in the way in which motion is packaged in languages, the typology has been subject to critique and revision. A simple difficulty is that many languages allow both kind of packaging (as in English *go in* vs. *enter*), requiring Talmy to discern what he calls the ‚characteristic mode of expression' (thus English is satellite-framed, with Romance loans displaying the contrary type in a minority, but many languages resist this kind of easy conclusion). More problematic is what exactly is to count as a satellite, since many different form classes may carry path or trajectory information – are deverbal directionals as in the Mayan languages satellites or verbs […]? Some languages have very restricted inventories of verbs, but supplement them with preverbs or coverbs […] and it is then no longer clear how to apply the typology."
221 *Path* wird basierend auf Talmys detaillierter Darstellung (Talmy 2000, Bd. 1, Kap. 2: „Fictive Motion in Language and ‚Ception'") weiter unterteilt in mindestens 1) *sensory* path, 2) *coverage* path, 3) *emanation* path, 4) *advent* path und 5) *access path* (Zlatev 2007: 333). Zlatevs Beispielsätze sind: *I looked toward the valley* (1); *the road goes through the woods* (2), *the church faces towards the square* (3), *the beam leans away from the wall* (4) und *his office is through the corridor* (5) (siehe auch Talmy 2000: 103). Unter *orientation paths* subsumiert Talmy des Weiteren den *prospect* path (*the cliff wall faces toward/away from/into/past the valley*), *alignment* path (*the snake is lying toward/away from the light*), *demonstrative* path (*the arrow on the signpost pointed toward/away from/into/past the town*) und *targeting* path (*I pointed/aimed my (gun/camera) into/past/away from the living room*) (Talmy 2000: 106–111). Die einzelnen Spezifika auszuführen, ginge hier zu weit. Zu zeigen ist allerdings, wie detailliert Talmy Bewegung und Weg darstellt (hinzu kommen noch *radiation path, shadow path, sensory path* und *advent path, access path, coextension path*; Talmy 2000:11–116 und 134–139). Die englischen Satzbeispiele zeigen recht anschaulich, dass auf den ersten Blick ähnliche Situationen nuanciert und sehr unterschiedlich konzeptualisiert werden. Sprachen nehmen hier unterschiedliche Setzungen vor.

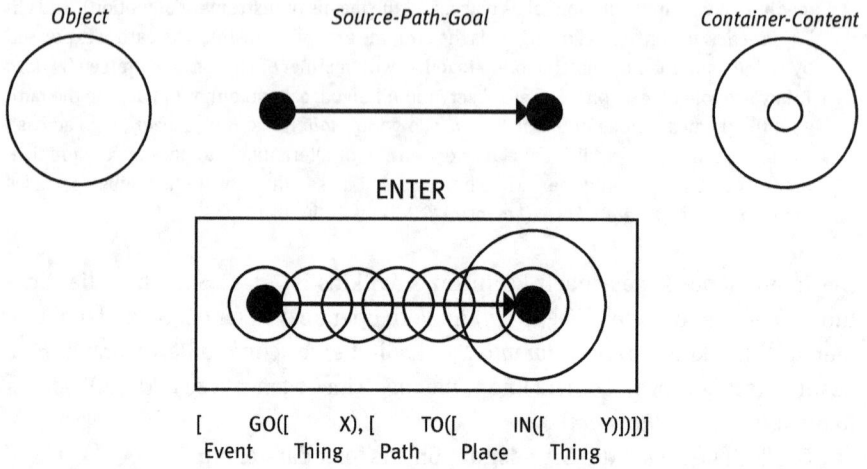

Abb. 13: Einfaches diagrammatisches Schema (adaptiert von Anat Frumkin)

Es gibt ein Objekt (der Bewegung), eine Bewegung und das Ziel der Bewegung. Das Objekt der Bewegung ist die Figur (bei Langacker: Trajektor), die Bewegung ist der Weg (*path*) oder die Trajektorie nach Langacker und das Ziel (*source*) ist der Grund (bei Langacker: Landmarke). Das englische Verb *to enter* enkodiert eine Bewegung von A nach B, ohne die Bewegung weiter zu spezifizieren („s/he enter the room fast/slow/running/rolling" etc.).

Das folgende Schema zeigt ebenfalls eine kognitiv-linguistische Darstellung zweier Präpositionen und einem Bewegungsverb, die bestimmte Figur-Grund-Beziehungen festmachen oder spezifizieren (Langacker nennt diese Art der Spezifizierung *profile*; Langacker 1987, 1991, 2008).

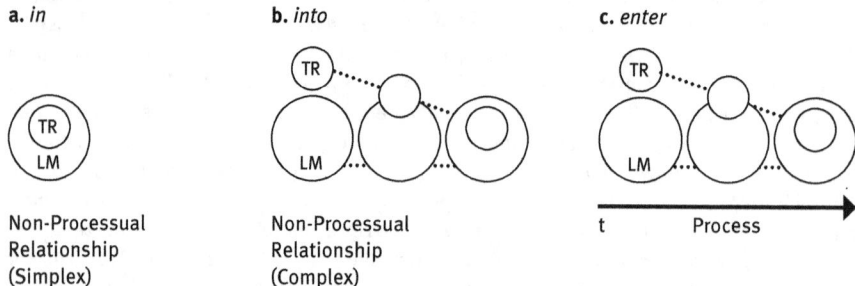

Abb. 14: Diagrammtisches Schema prozesshaft vs. nicht-prozesshaft Relationen (adaptiert von Anat Frumkin)

Es zeigt sich deutlich, dass sich im Englischen die prototypische topologische Relation *in* in (a) abbilden lässt durch die äußere Begrenzung des Ringes der Landmarke (lm). Die Präposition *into* (b) zeigt die sukzessive Bewegung von einem Ausgangspunkt (*source*) zu einem Endpunkt (*goal*). Die Bewegung wird *trajectory* genannt, ähnlich der Flugbahn eines Projektils. Der einzige Unterschied zu (c) ist der fettgedruckte horizontale Pfeil, der eine Zeitachse eröffnet. In beiden Situationen (b und c) wird ein Endpunkt markiert, was sich in der Relation kleiner Kreis – großer Kreis zeigt.

Die folgende Abbildung zeigt die Spannbreite von Visualisierungsmöglichkeiten, mit denen der konzeptuelle Unterschied zwischen der Verwendung der Präposition *in* und der der Substantive *inside, entrance, entry* sowie des Verbs *enter* symbolisiert werden kann.

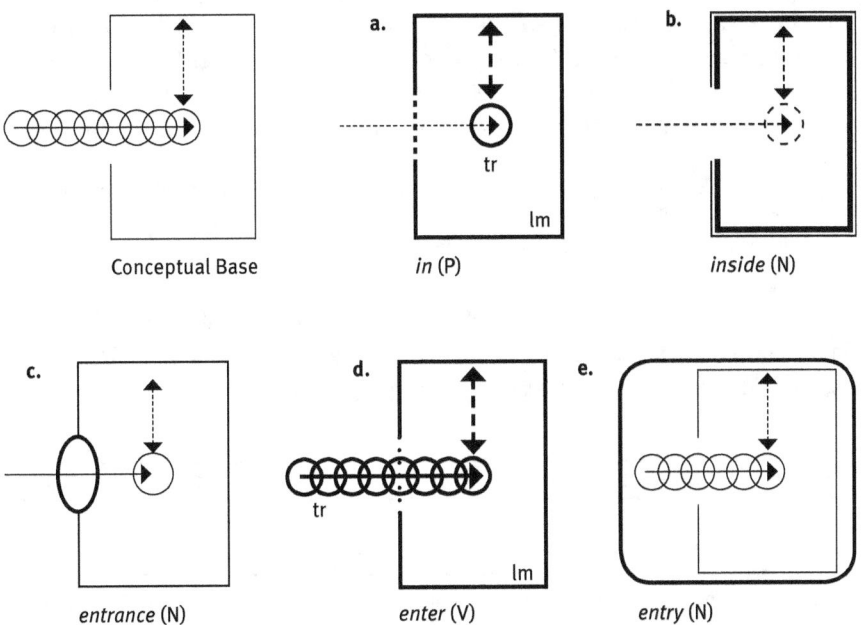

Abb.15: Diagrammatische Darstellung Bewegung-Raum (Langacker 2008: 101; adaptiert von Anat Frumkin)

Die Grafiken a, b, d und e weisen jeweils einen stark umrandeten Bereich auf, der den räumlichen Fokus der Figur-Grund Relationen setzt. Im Englischen markiert ein Bewegungsverb wie *to enter* nicht den Endpunkt der Bewegung (die Bewegung kann in der Mitte, aber auch an einer anderen Stelle im Raum enden) im Gegensatz zum Substantiv *entrance*. Die Präpositionen in zeigt die statische Relation zwischen Figur (Trajektor) und Grund (Landmarke). Die Pfeile markieren die unterschiedlichen Bewegungsmodi und deren räumliche Setzung z.B. in einen Raum hinein. Wichtig ist hier zu zeigen, dass die konzeptuelle Ebene ermöglicht, die raumzeitlichen Unterschiede grafisch zu repräsentieren.

Mit Bezug auf Slobins oben angesprochene Dichotomie – *verb-framed* Sprachen vs. *satellite-framed* Sprachen – machen Levinson & Wilkins deutlich, dass diese bestenfalls idealtypisch funktioniert. Denn im Englischen gibt es wie gezeigt auch die Möglichkeit das Verb *to enter* zu benutzen. Hier wird eine Bewegung und die Richtung bzw. der Weg enkodiert. Das Verb *to enter* impliziert einen Ausgangspunkt (*source*), einen Weg (*path* oder *trajectory*) und ein Ziel der Bewegung (*goal*)[222]: *S/he enters the room/the cinema/the museum's entrance*. Ein Satellit, der die Bewegung und den Weg spezifiziert (*designates*), ist nicht notwendig, denn das Verb *to enter* verschmilzt (*conflates*) die Bedeutungen von Bewegung und Richtung (zu Bewegungen und *Whorfian* Effekten siehe Bohnemeyer et al. 2006). Für Slobin ist diese Art der Aufteilung innerhalb einer Sprache Evidenz nicht nur für seinen *thinking-for-speaking*-Ansatz (Slobin 1996: 76; Berthele 2004: 5; siehe Kap. zur linguistischen Relativität), sondern diese Aufteilung impliziert:

> [...] the world does not present ‚events' and ‚situations' to be encoded in language. Rather, experiences are filtered through language into verbalized events. A ‚verbalized event' is constructed online, in the process of speaking. (Slobin 1996: 75)

Auch anhand einiger von Senft angeführter Beispiele in Kilivila lässt sich zeigen, dass die Dichotomie *verb-framed* Sprachen vs. *satellite-framed* Sprachen zu statisch ist (Manner = Art und Weise der Bewegung).

Figur+Weg	Art d. Bewegung	Lok		Grund	Kilivila
E-suvi	e-sakaula	o	la	bwala.	
3.-enter	3.-run	loc	3.PPIII	house	

‚He enters he runs into his house.' (He is entering running into his house) (Senft 2006: 222)

---

222 „Das Konzept des Weges impliziert einen Anfang und ein Ende der Bewegung. Es basiert also auf einem mindestens dreiteiligen Schema: *Quelle – Weg – Ziel* (source – path – goal, vgl. Langacker 1999: 55; Lakoff 1990: 283 [...]). Neben Quelle und Weg kann die Bewegung jedoch weitere Referenzpunkte enthalten [...], die in der Literatur oft *Meilensteine* oder *sekundäre Ziele* (*subgoals*) genannt werden (vgl. Slobin 1996: 202) [...]. Außerdem fließt oft auch das *Medium* (Wasser, Luft etc.), in dem die Bewegung vonstatten geht, in die Konzeptualisierung mit ein." (Berthele 2004: 10; Hervorhebungen im Orginal)

FIGUR+WEG	ART D. BEWEGUNG +FIGUR	LOK		GRUND	Kilivila
E-suvi	e-kavagina	o	la	bwala.	
3.-enter	3.-crawl	loc	3.PPIII	house	

‚He enters he crawls into his house.' (He is entering crawling into his house) (Senft 2006: 222)

WEG+FIGUR	ART D. BEWEGUNG+FIGUR	LOK		GRUND	Kilivila
E-suvi	e-pela	o	la	bwala.	
3.-enter	3.-jump	loc	3.PPIII	house	

‚He enters he jumps into his house.' (He is entering jumping into his house) (Senft 2006: 222)[223]

Und daran anschließend schreibt Slobin den bemerkenswerten Satz: „Von Humboldt and Whorf and Boas were right in suggesting that *the obligatory grammatical categories of a language play a role in this construction*" (Slobin 1996: 75; Hervorhebung M.T.). Slobin nimmt damit direkt Bezug auf die Wegbereiter der *Neo-Whorfian* Theorie, die er empirisch zu untermauern sucht mithilfe eines Vergleichs des Spracherwerbs bei Kindern, die als Erstsprache Englisch bzw. Spanisch haben. Für seine Untersuchung benutzte Slobin die Bildergeschichte *frog story*. In dieser ist eine Folge unterschiedlicher Situationen zu sehen, in denen ein Junge, eine Eule, ein Frosch, ein Baum, Bienen etc. auftauchen. Die Abfolge von Ereignissen sollen Kinder nacherzählen (was passiert dann?). Zu sehen ist z.B. ein Hund, der an einem Bienennest schnuppert. Im nächsten Bild rennt der Hund vor den ihn verfolgenden Bienen weg. Die Kausalität ist deutlich: Die Bienen fühlen sich gestört und verjagen deshalb den Hund. Nach Slobin wird hier eine zeitliche Dauer (*durative*) angenommen, die in den Fokus rückt. Ähnlich verhält es sich mit der *Was passiert dann?* Episode, in der der Junge auf einen Baum geklettert ist und in ein Baumloch guckt. Im nächsten Bild liegt der Junge auf dem Boden und aus dem Baumloch guckt eine Eule. Die Eule wird also von dem Jungen aufgeschreckt, fliegt zum Ausgang und erschreckt dadurch den Jungen, der sodann vom Baum fällt.

---

223 Senft schreibt dann auch mit Bezug auf seine Kiliviladaten: „These examples illustrate that, besides the two lexicalization patterns for manner-of-motion events that Talmy [...] classifies and defines as ‚satellite-framed constructions' and ‚verb-framed constructions', there is also a third type of lexicalization pattern that is represented by SVC [Subjekt-Verb Sätze] languages like Kilivila." (Senft 2006: 222)

Im Rahmen der Forschung zur unterschiedlichen Enkodierung von Sachverhalten und Ereignissen in unterschiedlichen Sprachen ist für Slobin und seine Mitarbeiter*innen besonders interessant, welche Aspekte von den unterschiedliche Sprachen sprechenden Proband*innen enkodiert werden, wenn sie die Bildersequenz nacherzählen, z.B. im Spanischen und Englischen.[224]

Im Spanischen wird betont, dass der Vorgang des Fallens abgeschlossen ist, also *completed*. Die Versprachlichung der Bildergeschichte durch unterschiedliche Sprachen sprechende Proband*innen ermöglicht es, linguistische Spezifika und Enkodierungsmechanismen zu erfassen. Dabei gibt es bei den möglichen Beschreibungen der Bilder keine richtigen oder falschen, sondern nur sprecher*innenspezifische Interpretationen. Das Sprechen wird in seinem Kontext on-line untersucht und nicht in einer idealisierten Laborsituation, die relativ artifiziell erscheint.

Ein anschauliches Beispiel zur problematischen Zuordnung von Sprachen zu einer der beiden Kategorien, *verb-framed* oder *satellite-framed*, stammt aus Ameka & Essegbeys Untersuchung zu Ewe, die ebenfalls auf Analysen von Versprachlichungen der *frog story* beruht (Ameka & Essegbey 2006: 393–394).[225]

---

[224] Ein zum Thema Aspekt (Betrachtungsweise) noch immer als kanonisch zu bezeichnendes Buch ist Comries *Aspect* (1976); aus kognitiv-linguistischer Sicht siehe Boogaart & Janssen: „In using aspect, the language user indicates whether this situation is construed as either bounded or unbounded." (Boogaart & Janssen 2007: 803). „[...] aspect is not considered a deictic category and is, in principle, independent of tense. In terms of Cognitive Grammar, both tense and aspect delimit what counts as the profiled part of a situation, but they do so at different levels. For instance, the English progressive (aspect) imposes an ‚immediate scope' that excludes the end point of a situation; tense marking, as either present or past, imposes its own ‚immediate scope' which is located with respect to the time of speaking" (Boogaart & Janssen 2007: 812). Comrie schreibt ganz allgemein, „[a]s the general definition of aspect, we may take the formulation that ‚aspects are different ways of viewing the internal temporal constituency of a situation'." (Comrie 1976: 2). Grundsätzlich ist diese verbale Kategorie verantwortlich für die zeitliche Struktur eines Verlaufs, der entweder einen Endpunkt markiert oder einen allgemeinen Verlauf. Imperfektiv und Perfektiv sind hier anschauliche Beispiele. Wie oben gesehen, ist im Englischen die progressive Form mit dem Suffix *-ing* maßgeblich verantwortlich für die zeitliche Strukturierung eines Vorgangs, der *jetzt* stattfindet. In der Kognitiven Linguistik wird von Prozessen ausgegangen, diese können sequentiell (*sequential scanning*) oder auch zusammenfassend (*summary scanning*) sein (Langacker 2008: 82–85, 108–112; Langacker 2013: 79–89, 108–125; siehe auch Croft & Cruse 4004: 53–54; Evans & Green 2006: 535, 563–566; Ungerer & Schmid 2006: 196–198). Die einfache Beschreibung dieser Prozesse definiert den ersten als eine Abfolge von Ereignissen, ähnlich wie bei der kinematoskopischen Aneinanderreihung von bewegten Bildern im Film im Unterschied zu einer einzelnen Fotografie.

[225] „The data from Ewe surveyed here amply demonstrate that spatial language varies not only across language boundaries but even within a language, across dialects. Such variation may be

4.7 Wegbeschreibung: Intralinguale Unterschiede studentischer Erhebungen

In Untersuchungen aus der Kognitiven Anthropologie und speziell von Vertreter*innen des Neo-Whorfschen Ansatzes wurde oft darauf verwiesen, dass es beim vergleichenden Ansatz um Unterschiede zwischen Sprachen und Kulturen geht, weniger um Unterschiede innerhalb einer Sprach- und Sprecher*innengemeinschaft. In meinen Seminaren an der Technischen Universität Berlin[226] rege ich Student*innen dazu an, eigene Testverfahren zu entwickeln, um das Verhältnis von kulturellen Aspekten, sprachlichen Beschreibungen und Denkprozessen in der Raumorientierung zu erforschen.[227] Nachdem die Student*innen sich theoretische Grundlagen auch zur interdisziplinären Heran-

---

due to differences in preferences for strategies in fulfilling similar functions. For instance, we pointed out that while all three forms of frames of reference are used by Ewe speakers, Inland dialect speakers tend to use relative frame of reference while Aŋlɔ speakers tend to use the absolute frame of reference more. This is also shown in the way orientation is described: those who use the relative frame of reference use only the intrinsic frame for this purpose while those who use the absolute frame of reference combine it with the relative or the intrinsic. Variation across dialects may also be due to contact between one dialect and another language with consequent approximation to aspects of the grammar of the contacting language. We have argued that this is the case with the innovation of the ‚serial stative construction' involving the locative predicate *le* and a configurational verb in the Peki dialect. We suggested that this construction is modelled on the Akan basic locative construction in which many verbs can occur provided they are marked as ‚stative' or rather ‚continuative', unlike Ewe which has only one verb in its BLC [basic locative constructions]." (Ameka & Essegbey 2006: 399)

226 Die Auswahl einiger Seminartitel lässt bereit auf die inhaltliche Foci schließen: Kognitive Karten, Raumkognition, Raumlinguistik, Raumpraktiken.

227 Auf diesem Wege möchte der Autor den Seminarteilnehmer*innen der letzten Jahre (seit 2012) an der Technischen Universität Berlin, Institut für Sprache und Kommunikation, Fachbereich Allgemeine Linguistik noch einmal ganz herzlich für die fruchtbaren, interessanten und stimulierenden Seminare danken (ebenfalls danke ich den Student*innen der Hamburger Hafencity Universität und des University College Freiburg, die im Sommersemester 2016 an meinen Seminaren teilgenommen haben). Die Student*innen haben oftmals nicht nur die bereits existierenden Erhebungsverfahren angewendet und modifiziert, sondern auch eigene, primär qualitative Verfahren entwickelt. Zur Datenerhebung wurden unterschiedliche Instrumente und Mittel benutzt, z.B. klassische Befragungsbögen, Interviews (Beschreibungen von Raumkonstellationen), Computerspiele, Objektmanipulationen oder auch Ortsbeschreibungen anhand von realen Wegfindungsprozessen. Die unterschiedlichen Herangehensweisen an die Grundsatzfragen, die auch in dieser Einführung skizziert werden, waren und sind äußerst aufschlussreich und hilfreich in der Einschätzung, wie (Raum)Sprache und (Raum)Kognition in kulturspezifischen Kontexten in zusammenhängen. Die diversen Diskussionen führten letztendlich zu dieser Einführung.

gehensweise erarbeitet hatten, führten sie unter Anwendung verschiedener Erhebungsverfahren Tests durch, von denen einige hier skizziert werden sollen.

Wie erinnern Menschen z.B. Wege?[228] Diese Frage stellte sich eine Gruppe von Student*innen in meinem Seminar zu Raumpraktiken (Wintersemester 2016/17). Verglichen wurde die Orientierung zwischen der Benutzung einer Karte und der Verwendung eines Navigationsgerätes. In dem Exposé schreiben die Student*innen:

> Insgesamt sollen 24 Versuchspersonen in zwei Gruppen aufgeteilt werden. Die eine Hälfte der Gruppe (12 Vpn) wird mit einem Navigationssystem zum Ziel geführt, die andere Gruppe (12 Vpn) soll das Ziel mithilfe einer Karte finden. Da angenommen wird, dass in der Stadt verstärkt auf mögliche Hindernisse (Autos etc.) geachtet werden muss und der Fokus somit stärker auf den Weg gelegt wird, werden vier verschiedene Wege ausgewählt, die die Probanden zurücklegen müssen. Zwei Gruppen müssen Wege in ländlicher Umgebung finden, zwei Gruppen in urbaner Umgebung.[229] [...]
>
> Während der Versuchsdurchführung gibt der Versuchsleiter keine weiterführenden Anweisungen und läuft lediglich hinter der Versuchsperson her. Diese wird im Vorfeld dazu aufgefordert, den Versuchsleiter zu ignorieren und sich auf die Wegfindung zu konzentrieren.
>
> Nachdem die Versuchsperson das Ziel erreicht hat, sollen folgende Fragen gestellt werden: Beschreibe den Weg, den du gelaufen bist. Erinnerst du dich an etwas Besonderes auf diesem Weg? Nach Beantwortung der Fragen soll die Versuchsperson den Weg wieder zurückfinden – allerdings ohne Karte oder Navigationssystem. Dabei beobachtet der Versuchsleiter, ob Probleme vorliegen oder ein anderer Weg gewählt wird. Die Beobachtungen werden subjektiv vom Versuchsleiter festgehalten und bei Bedarf bei der Auswertung der Ergebnisse herangezogen. Innerhalb der Auswertung sollte beachtet werden, dass keine vollkommen heterogene Gruppe von Versuchspersonen ausgewählt werden kann. Zudem werden die Versuchspersonen bewusst nicht alle auf der gleichen Wegstrecke getestet, sodass auch an dieser Stelle Gründe für vorkommende Unterschiede liegen können. (unveröffentlichtes Manuskript von Inga Böddeling, Laura Fauß, Christina Gehlen, Sophia Grützmann)

---

[228] Siehe in Tenbrink et al. (2013) das Kapitel „Wayfinding and Assistance", allerdings ist hier einiges Wissen zu Statistik gefragt und die Analysen sind ebenfalls weniger für Einsteiger*innen geeignet, da oft recht theoretisch und formelhaft. Der Sammelband ist der Output der elften COSIT-Tagung (Conference on Spatial Information Theory).

[229] „Vor der Durchführung sollen folgende Informationen über die Versuchsperson gesammelt werden: Alter, Geschlecht, Beruf/Ausbildung, Art und Umfang der Nutzung eines Smartphones sowie die Ortskenntnis. Diese Daten sollen anschließend tabellarisch erfasst werden, um eine bessere Übersicht zu erhalten. Die Antworten auf die nachfolgend beschriebenen Fragen werden aufgezeichnet und transkribiert, um diese in der späteren Auswertung mit einzubeziehen."

Dieser recht einfach gestaltete Test geht von der Hypothese aus, dass Proband*innen, die sich mittels einer Karte orientieren, sich detaillierter an den zurückgelegten Weg erinnern als Proband*innen, die sich auf ein Navigationsgerät verlassen. Die Tests wurden an vier verschiedenen Orten durchgeführt. Im Prinzip zeigen die Ergebnisse dieses kleinen Vortests, dass unterschiedliche Landmarken und Referenzrahmen verwendet werden. Auf die Aufforderung „Beschreibe den Weg, den du gelaufen bist" zeigen die folgenden Äußerungen, dass räumliche Referenzrahmen nicht monolithisch bzw. homogen verwendet werden, sondern es Mischformen nicht nur in einer Sprache und Kultur gibt, sondern innerhalb eines Satzes: „[...] weiter nach Norden gelaufen [...], sind da rechts abgebogen" und „[d]a bin ich links abgezweigt, also Richtung Nord-Westen". Die kleine Auswahl an Beispielen – alles weitere Äußerungen der Proband*innen – zeigen sehr anschaulich, wie alltägliches Navigieren in Städten funktioniert.

> Dann standen wir schon beinahe vorm See, sind dann aber noch rechts runter und die Treppen hoch und sind dann vorm Museum rausgekommen" (relativer Referenzrahmen) oder „Also wir sind hinter dem Penny losgelaufen" (intrinsischer Referenzrahmen; der Supermarkt fungiert als Landmarke) und etwas überraschend zeigen sich auch absolute Verortungen „Wir sind von dem Parkplatz auf die Hauptstraße Richtung Südosten abgebogen [...].

> Wir sind vom Penny weg, dann die zweite Straße rechts, ein ganzes Stück geradeaus bis zur Querstraße, da dann links, sind dann in eine Spielstraße gegangen, eine Sackgasse, bis zum Spielplatz, über den Spielplatz, runter zur Radbahn, dann rechts gegangen, sind die nächste Treppe hoch, und dann links, nächste Straße rechts und dann wieder rechts, dann bis zur nächsten Straße links rein und dann geradeaus bis zum Ziel.

> Wir sind von dem Parkplatz auf die Hauptstraße Richtung Südosten abgebogen, konnten dann nicht da einbiegen, wo wir wollten, oh, wie hieß die – Leanderstraße? Nee, Neulandstraße, sind dann 'n Stückchen weitergelaufen, dann abgebogen, ja und dem Verlauf der Karte nach sind wir dann in den Eibischweg gelangt, ohne dass ich genau aber sagen könnte, wie die Straßen hießen. Neulandstraße war dabei, ja, das war es erst mal ganz kurz.

> Ähm, [...] erst mal einen äh Fußgängerweg an so 'nem Parkhaus entlang [...], ähm das war so ein gebogener Pfad, dann nach links, so eine leichte Linkskurve, dann am Ende der Straße rechts [...] ein ganz kleines Stück, dann wieder nach [.] links [...], dann ganz lange geradeaus, am Ende der Straße kam die, ja, Putlitzbrücke oder so ähnlich, unter der man dann durchgehen musste, geradeaus, ein Stück, und dann kam rechts die nächste Abbiegung und dann waren wir dann schon da.

> Ja, das Parkhaus, also das war ja am Startpunkt, dann [...] ähm, mir ist 'ne Frau aufgefallen, 'ne schwarze Frau, die in ihr Haus 'reingegangen ist ähm [...], dann ein Dackel (lacht), über dessen Leine ich fast gestolpert wäre, und ähm ja natürlich dann die Treppe, die auf die

> Brücke raufgeführt hat, da hab ich ja überlegt, ob ich auf die Treppe hoch muss oder unter der Brücke hindurch. Und ähm ja weiter vorne war noch 'n Geschäft irgendwie mit roter Schrift, aber ich weiß nicht, was es für ein Geschäft war, und ähm bei dem Fußgängerweg war am Anfang auch noch auf der rechten Seite noch so ein Institut oder so, aber das habe ich nicht gelesen, was es war.
>
> Ähm also ich beschreibe den Weg nicht anhand von Straßennamen, auf die habe ich nicht geachtet, sondern nur, dass ich weiß, wie ich gegangen wäre. Ähm, wir sind gestartet an einem Weg, der für Autos gesperrt ist, einem fußläufigen Weg, der eine leichte Linkskurve gemacht hat. Dieser Weg war circa 250 Meter lang, äh rechterhand Graffitis [an] einer freikirchlichen Gemeinde, dann sind wir auf eine ganz normale Stadtstraße gekommen, wo auch Autos parkten, die für Autos befahrbar waren, dann sind wir rechts abgebogen und nach 50 Metern gleich wieder links, sind dieser Straße dann gefolgt äh bis ähm zu einer größeren Kreuzung, ähm diese Kreuzung weiß ich jetzt nicht, habe ich übersprungen, hab, das muss ich nur wiedererkennen, ähm da lief 'ne Brücke drüber mit mehrspurigen Autofahrten [im Original]. Man hätte auch 'ne Treppe nach oben nehmen können. Wir sind aber unter dieser Brücke nach links hindurchgegangen und diesen Weg dann ähm für circa ja 50 Meter, 100 Meter gefolgt und hier an der Kreuzung stehen geblieben.

Diese Daten sind nicht repräsentativ, das muss nicht betont werden, sie zeigen die Variationsbreite und den Grad der sprachlichen Spezifität in der Raumbeschreibung und,

a) dass mit recht simplen Erhebungsverfahren bereits recht interessante Ergebnisse mit Bezug auf sprachliche Unterschiede erzielt werden können und
b) dass intralinguale Unterschiede bei der Frage nach der Raumorientierung ebenso im Fokus stehen sollten wie interlinguale Unterschiede.

In einem anderen Test nahmen Student*innen das Gebäude der Technischen Universität Berlin zum Ausgangspunkt, um von dort zur Bibliothek zu finden. Bei der Untersuchung wurden neben den sprachlichen Enkodierungen auch die Gesten und eventuelle Körperbewegungen untersucht. Es folgen einige Beschreibungen verschiedener Proband*innen.

> Ja, da musst du hier bei der Ecke, der nächsten Ecke rechts rein, durch zwei Türen durch, dann kommst du aus dem Gebäude hier raus, dann gehst du über einen Platz, da siehst du rechts einen Basketballplatz und auf der linken Seite Tischtennisplatten und dann kommst du an die nächste schon größere Kreuzung, da musst du dann links rein, über so nen Parkplatz, unter ner Schranke durch und dann siehst du auch schon das Gebäude.
>
> Du gehst hier raus, an der nächsten Straße wieder rechts und dann der Straße folgen und dann bist du da.

Ich würde von hier aus durch das Gebäude hier durchgehen, dann kommt man zu so einem Feld, da immer durchgehen, dann kommt so eine Querstraße, die einmal entlang und dann steht man quasi schon davor."

Du gehst hier rein und ich glaube dann gerade durch, da kommt dann ein Ausgang, da gehst du raus, über die Straße und einmal, da kommt so eine Grünfläche, den Weg läufst du dann lang, bis du links laufen kannst, da biegst du dann links ab und läufst immer weiter geradeaus und dann müsstest du eigentlich schon direkt davorstehen."

Ich würde hier die Straße lang und dann beim Hardenbergplatz lang zum Zoo und dann über den Hardenbergplatz direkt über die Hertzallee.[230]

Diese Auswahl zeigt bereits anschaulich, dass Proband*innen bei der beschreibenden Wegfindung sprachliche Mittel der Deixis verwenden, Du gehst *hier* rein. Die Student*innen beschreiben in ihrer Testauswertung ebenfalls das gestische Verhalten bei den jeweiligen Raumbeschreibungen (siehe aus soziologischer Perspektive zum Raumverhalten Baldassare 1978). Dabei zeigt sich häufig, dass der Körper in Richtung der beschreibenden Geste gedreht wird.[231] Teilweise zeigen die Proband*innen mit Armen und Handbewegungen in die einzuschlagende Richtung, eventuell dreht sich der Oberkörper leicht mit.

---

230 In der Forschung wird von einer Korrelation zwischen verwendeten Referenzrahmen und gestischer Beschreibung ausgegangen: „The alignment of linguistic and non-linguistic FoRs [frames of reference] is pervasive beyond the experimental contexts mentioned above, as shown by evidence from spontaneous co-speech gestures. Iconic gestures (e.g. depicting a movement trajectory) and pointing gestures can reflect aspects of a speaker's non-linguistic spatial representation. Analysis of gestures in different cultures reveals that the default gestural FoR matches the predominant linguistic FoR. Thus, speakers of Absolute languages such as Guugu Yimithirr and Tzeltal typically encode directionality in the Absolute FoR. For example, an object moving west is represented with a hand movement towards the west (to the left if facing north, and straight away from the body if facing west). By contrast, speakers of Relative languages such as English, Japanese and Turkish typically encode a movement from left to right in their viewing field with a hand movement to the right, regardless of which direction they are facing at the time of speech. Speakers of Intrinsic languages like Mopan (Belize) typically encode directionality in the Intrinsic FoR; for example, change of location resulting from human locomotion is almost exclusively represented from the perspective of the mover, as a hand movement sagittally away from the speaker." (Majid et al. 2004: 111). Es ist äußerst interessant zu sehen, dass die verschiedenen experimentellen Herangehensweise diese Korrelationen in den unterschiedlichen Sprachen und Kulturen belegen können.

231 Die Student*innen unterscheiden bei den Gesten der Literatur folgend nach direkt wahrnehmbaren Objekten, die die Proband*innen in ihren Beschreibungen per Fingerzeig einbeziehen können und der händischen Geste, die allgemeiner benutzt wird (Hand-Richtung vs. Handobjekt).

Leser*innen dieser Einführung können sich an dieser Stelle ein ihnen bekanntes Gebäude, einen Platz oder einen anderen bekannten Ort vorstellen, von dem aus sie einer anderen Person den Weg nach einem Ort X beschreiben. Welche sprachlichen Mittel setzen sie ein? Gestikulieren sie? Was lassen sie aus? Welche Landmarken sind ihnen wichtig zur räumlichen Verortung? Stellen sie Unterschiede fest, wenn sie zum Beispiel in Rom, London, New York, Berlin weiteren Großstädten oder auch Kleinstädten nach einem Weg fragen bzw. gefragt werden? Diese Fragen zielen auf die Raumkognition, die sich wie beschrieben in der Sprache und in verschiedenen Praktiken niederschlägt.

Die facettenreichen Fragen zeigen, dass die Problematik des Zusammenhangs von Kultur, Sprache und Kognition nur interdisziplinär angegangen werden kann. Monokausale Erklärungen helfen bei dieser komplexen Thematik nicht weiter.

Majid, Bowerman, Kita, Haun & Levinson (2004) haben gezeigt, wie der Zusammenhang von sprachlichen und kognitiven Prozessen dargestellt werden könnte und welche Parameter für diesen Zusammenhang womöglich eine Rolle spielen:

> The correlation between the linguistic FoR [frame of reference] people use and their performance on non-linguistic tasks has been interpreted as a Whorfian effect, that is, as an effect of linguistic categories on non-linguistic ones. But perhaps the correlation can be explained by some third intervening variable. Three types of intervening variables have been proposed.
>
> The first is that *environment* shapes both linguistic and non-linguistic categories. Salient differences in environment such as urban vs. rural, or open terrain vs. dense forest, could affect both language and cognition. For example, one hypothesis is that rural or small-scale societies lack cardinal directions, whereas urban societies are more mobile and so tend to use Absolute systems. A contradictory hypothesis is that the more ‚insular' or geographically cohesive a group is (i.e. rural communities), the more likely it is to have an Absolute FoR.
>
> A second possibility is that *action* is the intervening variable: different actions might call for different FoRs, so differences in habitual action, perhaps reflected in subsistence patterns, could give rise to differential use of FoRs in both language and cognition.
>
> A third possibility is that global cognitive styles like *individualism versus collectivism* mediate between language and cognition. Perhaps speakers of Relative languages are more individualist and so make use of an egocentric FoR, whereas speakers of Absolute languages are collectivist and so use a FoR that is shared by the group. (Majid et al. 2004: 112; Hervorhebung im Original)

Im Fokus stehen drei Aspekte: a) die Umwelt, b) Handlungen und c) der Gegensatz von Individuum und Kollektiv. Die Umwelt formt sowohl linguistische als auch nicht-linguistische Kategorien. Handlungen bzw. Praktiken, um den in dieser Einführung verwendeten Begriff zu nehmen, können eine beeinflussende Funktion haben (siehe auch Bredekamp et al. 2012). Der dritte Aspekt beruht auf dem Kontrast zwischen Individuum und Kollektiv. Dieser dritte Aspekt erscheint jedoch problematisch, weil das Kollektiv von den Autor*innen eher in nicht-industrialisierten Kulturen verortet wird, das Individuum dagegen in industrialisierten Kulturen, was dann doch etwas stereotypisch gedacht ist. In dieser Einführung wird von einer solchen Verkürzung Abstand genommen, auch weil sich mit dieser Unterscheidung auch andere problematische Gegensatzpaare wie traditionell vs. industriell oder entwickelt vs. weniger entwickelt einschleichen können.

Ist es nicht viel sinnvoller zu argumentieren, dass bereits innerhalb einer Region oder innerhalb einer Stadt sprachliche Unterschiede zu erkennen sind, die bereits auf die unterschiedlichen Verwendungen von räumlichen Referenzrahmen hindeuten? Ist es nicht sogar so, dass innerhalb einer Sprachgemeinschaft, z.B. den Student*innen an einer Hochschule, unterschiedliche Präferenzen zu finden sind, je nachdem ob Student*innen der Naturwissenschaften oder Student*innen der Geisteswissenschaften untersucht werden? Ebensolche Differenzen innerhalb einer Gruppe wurden in den raumkognitiven Seminaren des Autors an der Technischen Universität Berlin, Fachbereich Allgemeine Linguistik, mit Student*innen empirisch erforscht. Und in der Tat ließen sich hinsichtlich der Präferenz räumlicher Referenzrahmen Unterschiede zwischen Vertreter*innen verschiedener Fächer finden.

In Bezug auf das obige Zitat von Majid et al. ist es hier allerdings nicht die Aufgabe, die drei dargestellten Hypothesen abschließend zu bewerten. Die Aufgabe ist es eher, der Leser*in den Auftrag zu geben, darüber zu reflektieren, welche Faktoren sich gegenseitig beeinflussen können und ob Sprache und Sprechen, Sprachrezeption und Sprachproduktion unabhängig von anderen Faktoren entstehen und sich weiterentwickeln.

Des Weiteren stellt sich die Frage, ob Untersuchungen zur Frage, ob Universalien oder kulturspezifische Phänomene Sprache begründen, lediglich anhand von nicht-verwandten Sprachen durchzuführen sind oder ob regionale Untersuchungsgruppen nicht bereits genug Hinweise auf die Diversität von Sprecher*innen und ihren Setzungen geben können. Darauf verweist bereits Raphael Berthele in seiner Habilitation mit dem Titel *Ort und Weg. Eine vergleichende Untersuchung der sprachlichen Raumreferenz in Varietäten des Deutschen, Rätoromanischen und Französischen* (2004).

4.8 Levinsons Fazit und Ausblick

Im Fazit von *Language and Cognition* schreibt Levinson:

> One message from this book is this: languages vary in their semantical organization, but not indefinitely. On the one hand I have proposed a clear universal claim: there are at most three frames of reference upon which languages draw, each of which has precise characteristics that could have been otherwise – for example, they utilize polar rather than Cartesian coordinates. On the other hand, languages vary considerably in the selection they make from these frames of reference, and the ways in which they instantiate the selected frames of reference in both conceptual and linguistic structure – this selection and instantiation having systematic consequences for non-linguistic cognition. (Levinson 2003: 315)

Als Universalien nimmt Levinson die drei eingeführten räumlichen Referenzrahmen an. Diese durch kulturelle Faktoren geprägten Referenzrahmen stehen der jeweiligen Sprache bzw. der Sprachbenutzer*in zur Auswahl. Wie in diesem Kapitel herausgearbeitet wurde, fungieren allgemein räumliche Referenzrahmen als Koordinatensysteme oder ermöglichen es, Figur und Grund räumlich zueinander in Beziehung zu setzen.

> Frames of reference are coordinate systems whose function it is to designate angles or directions in which a figure can be found with respect to a ground, where the two are separated in space (in contrast where they are contiguous, the topological system comes into play). (Levinson & Wilkins 2006: 541)

Mit Bezug auf die in der Einleitung eingeführte Bühnenmetapher sollte deutlich geworden sein, dass räumliche Referenzrahmen ein Hilfsmittel sind, um die Vielzahl der Dinge, die in unserem Gesichts- oder Wahrnehmungsfeld geschehen (wie auf einer Bühne), einzugrenzen und unsere Aufmerksamkeit zu fokussieren. Hierzu noch einmal Ron Langacker:

> A different sort of archetype, the *stage model,* pertains to how we apprehend the outside world. The term is meant to suggest that the general process is analogous to the special case of watching a play. We cannot see everything at once, so viewing the world requires the directing and focusing of attention. From the maximal field of view, we select a limited area as the general locus of attention (the analog of looking at the stage). Within this region, we focus our attention specifically on certain elements (analogous to actors and props). Of course, we are less concerned with vision as such than with the parallels it exhibits with conception overall (viewing in the broad sense). The stage model does seem broadly applicable. In particular, the maximal field of view, the onstage region, and the focus of attention

correspond respectively to an expression's maximal scope, immediate scope, and profile. (Langacker 2008: 356; Hervorhebung im Original)[232]

Und einige Jahre vorher:

> Just as actors move about the stage and handle various props, we tend to organize the scenes we observe in terms of distinct „participants" who interact within an inclusive and reasonably stable „setting". We further impose structure along the temporal axis, by chunking clusters of temporally contiguous interactions (particularly those involving common participants) into discrete „events". (Langacker 1990: 210)

Darüber hinaus helfen Referenzrahmen bei der räumlichen Orientierung und Navigation und damit beim Einnehmen einer Perspektive. Das Einnehmen einer Perspektive erfordert einen *vantage point*:

> One component of the viewing arrangement is a presupposed *vantage point*. In the default arrangement, the vantage point is the actual location of the speaker and hearer. The same objective situation can be observed and described from any number of different vantage points, resulting in different construals which may have overt consequences. Many expressions undeniably invoke a vantage point as part of their meaning (arguably, all expressions do). In one of their basic uses, for example, *in front of* and *behind* rely on vantage point to specify the trajector's location vis-à-vis the landmark. This is sketched in figure 3.11 [siehe Diagramm in der Fußnote; M.T.][233], where VP labels the vantage point and a dashed arrow indicates the viewer's line of sight. In both cases, one focal participant intervenes in the line of sight leading from the vantage point to the other participant. As in previous examples, the semantic contrast resides in choice of trajector and landmark, there being no significant difference in content or profiling. (Langacker 2013: 75; Hervorhebungen im Original)

---

232 „As the basis for its meaning, an expression selects a certain body of conceptual content. Let us call this its conceptual *base*. Construed broadly, an expression's conceptual base is identified as its maximal scope in all domains of its matrix (or all domains accessed on a given occasion). Construed more narrowly, its base is identified as the immediate scope in active domains—that is, the portion put "onstage" and foregrounded as the general locus of viewing attention. Within this onstage region, attention is directed to a particular substructure, called the *profile*. Thus an expression's profile stands out as the specific *focus* of attention within its immediate scope. The profile can also be characterized as what the expression is conceived as designating or referring to within its base (its conceptual referent)." (Langacker 2008: 66; Hervorhebung im Original)

233

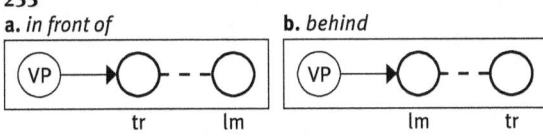

Der wesentliche Punkt hier ist die Auswahl von Figur und Grund bzw. Trajektor und Landmarke. Welche Bezugsgröße wird in den Fokus gesetzt? Sprachen variieren erheblich in ihrer Auswahl von Bezugsgrößen und räumlichen Referenzrahmen. Und diese Auswahl impliziert erhebliche Auswirkungen auf die (Raum)Kognition.

> What the observations in this section show is that in this fundamental area of spatial language and cognition, which psychologists have imagined to be conceptually uniform across the species, we find once again significant variation at almost every level. First, although there are only three global frames of reference, not all languages utilize them all. Second, the way in which each selected frame of reference is conceptually constructed can vary in a fundamental way – in the way in which fixed bearings are abstracted, the way in which designated sides are assigned to objects, or the way in which body-axes are mapped to spatial scenes. Third, where more than one frame of reference is deployed, the contextual conditions under which one is used rather than another can be quite various, and it doesn't follow that because a language has, for example, an intrinsic system, that it will employ it for the same purposes that another does. (Levinson & Wilkins 2006: 550)

In sprachvergleichenden Untersuchungen zeigt sich, dass Diversität die Norm ist und einige Sprachen alle drei Referenzrahmen verwenden. Auch unterscheidet sich die Art und Weise, wie Referenzrahmen kognitiv konstruiert werden. Dennoch ist nicht alles von Diversität geprägt, wie Levinson & Wilkins weiter schreiben:

> Nevertheless, behind all this cultural, cognitive and linguistic variation there are underlying universals and uniformities. First, all coordinate systems are polar, and only three major classes exist, with different logical and rotational properties [...]. Second, there are constraints on the selection from this set – a relative frame of reference, for instance, implies the use of an intrinsic one. Third, there are many detailed implicational tendencies about the usage of such systems, of the kind illustrated by ‚If a language uses an absolute system for the description of stasis, then it certainly uses the same system for the description of motion, but not necessarily vice versa', and the many other examples given above. Once again, then, the picture that emerges is of considerable variation under abstract universal constraints. (Levinson & Wilkins 2006: 550)

Mit Blick auf den wichtigen letzten Satz lässt sich so die eben getätigte Aussage ergänzen bzw. differenzieren: Zwar sind Variation und Diversität die Norm bzw. sie überwiegen, wenn wir uns sprachlichen Phänomenen nähern, aber auf einer abstrakten Ebene müssen wir durchaus von Universalien ausgehen.

5 Kognitive Parameter

Diese Einführung hat es sich zur Aufgabe gemacht, kognitive und umweltbedingte Einflüsse der Raumorientierung im Zusammenhang zu sehen, also interne und externe Wissenssysteme zusammenzubringen. Ausgangspunkt in diesem Kapitel sind die kognitiven Gedächtnisleistungen der Raumorientierung. Dabei sollen umweltbedingte Faktoren und ihre mentalen Entsprechungen im Fokus stehen.[234] Alltägliche Beispiele sollen dabei als roter Faden dienen, um der Leser*in anschaulich das Zusammenspiel der verschiedenen Faktoren der Raumorientierung zu präsentieren. Im Vordergrund stehen externe, also vom menschlichen Körper unabhängige Gegebenheiten, die kognitiv (re)präsentiert sind, um bei der Raumwahrnehmung und Raumorientierung die Informationsbasis zu bilden. Dabei soll der theoretisch viel diskutierte und weiterhin umstrittene Begriff der Repräsentation hier noch einmal erörtert werden, um auf die mit ihm verbundenen erkenntnistheoretischen Probleme aufmerksam zu machen.

Zur Einleitung wird die Leser*in nach dem Weg von Ort A nach Ort B gefragt. Die Leser*in möge sich bitte eine ihr gewohnte Umgebung vorstellen und die Situation, in der sie a) selbst einen bestimmten Weg einschlägt, um von A nach B zu kommen, und zwar zum einen mit verschiedenen Verkehrsmitteln (Auto,

---

[234] In der Einleitung zu dem von ihnen herausgegebenen Sammelband verdeutlichen Mark et al. (2011), dass die Forschung zum Zusammenhang zwischen umweltbedingten Faktoren und deren kognitiven Konzeptualisierungen noch in den Kinderschuhen steckt: „However, until recently, there has been relatively little scholarly research on how landscape is *conceptualized*, that is, how a continuous land surface, a landscape, becomes cognitive entities, and how those entities are classifed and represented in language and in thought. Toponyms, the proper names given to geographic features, have certainly been studied, but the relation of the generic parts of such names to geographic categories has received considerably less attention [...]. Theere has been even less work on cross-cultural and cross-linguistic variations and similarities in delimitation, classi cation, and naming of geographic features. [...] On the cognitive level, what is the relation of landscape to spaces too large or complex to be apprehended from a single vantage point? Such spaces are termed ‚transperceptual spaces' [...] because, to construct the overall concept of the place, a series of direct perceptual experiences would need to be integrated over time." Weiter formulieren die Autor*innen einen Fragekatalog: „How do languages select geographic entities as objects to be labeled (‚mountain,' ‚river,' ‚valley')? Are there universal categories? What is the formal and referential relationship between common nouns (landscape terms) and proper nouns (toponyms or place names)? Are terms for landforms easily translatable across languages (*mountain – montagne – Berg*)? What are the ontological principles behind such terms? Do they involve structured sets of lexicon, semantic fields and relations, with possible repercussions in grammar? How much variation exists in categorial strategies across languages and speakers? What are the factors that drive such variation? Does variation in linguistic representation have resonance in cognition?" (Mark et al. 2011: 1–2, 4)

öffentliche Verkehrsmittel, Fahrrad, Skateboard etc.) und zum anderen mit einer digitalen Karte auf dem Smartphone. Weiter möge sich die Leser*in b) vorstellen, einer Person, die die Umgebung nicht gut kennt, einen Weg von A nach B zu vermitteln.[235] Welche Wissensformen werden bei dieser Vermittlung des Weges aktiviert? Wie agiert der Körper, dreht dieser sich in die einzuschlagende Richtung? Was sagen Sie und was machen Ihre Hände dabei? Weisen Sie bewusst oder unbewusst (z.B. durch ein Kopfnicken) in die jeweilige Richtung? Welches sind die umweltbedingen Ankerpunkte, an denen eine Raumorientierung sich festmachen lässt?

Der Fragenkatalog impliziert einige der unmittelbaren Möglichkeiten bei der Wegbeschreibung. Die Verbalisierung bekannter Wegmarken aktiviert dabei weiteres Wissen, was die Sprecher*in gegebenenfalls dazu befähigt, bei der Wegbeschreibung weiter ins Detail zu gehen. Oft dürften die Beschreibungen und die Entfernungsangaben ungenau sein, aber meistens reichen solche ungefähren Informationen aus, um eine nachvollziehbare Raumbeschreibung zu geben. Interessant aus kognitionswissenschaftlicher Sicht ist hierbei die Frage, welche Wissensformen abgerufen und modifiziert werden. Im Moment der Frage aktiviert die gefragte Person unmittelbares (Welt)Wissen über die Umgebung. Dieses Weltwissen wird enzyklopädisches Wissen genannt, das wiederum mit deklarativem Faktenwissen und prozeduralen Wissensformen zusammenhängt.[236] Die Frage nach

---

235 „We are all quite familiar with the situation of travelling through a new, unknown or at least unfamiliar environment. Which kind of information prevents us from getting lost? It is generally accepted that we use so-called landmark information, objects that pop out from their environment and therefore become salient. Classical definitions of landmarks and landmark salience assume that an object must have a high visual contrast to the immediate surround in order to be easily distinguishable and therefore to possess a high salience [...]. But, is it really/solely visual information that we rely on for successful wayfinding? Furthermore, are single features/characteristics of an object responsible for being a useful landmark or is it rather the whole *Gestalt*? Then, in terms of figure-ground segregation we have to deal with the question of how a landmark pops out from its immediate surround and how different modalities are interconnected to provide such an extraction of landmarks. From research with visually impaired or blind people it is known that humans *can* also make use of acoustic or haptic information for wayfinding. [...] When you travel the route you will transform the verbal information into visual information to be able to recognize a certain building as a relevant (or irrelevant) part of the route description. In this case you have to switch from verbal to visual information." (Hamburger & Röser 2011: 363–364; Hervorhebungen im Original)

236 Im Kontext der Raumorientierung wird der Begriff des prozeduralen Wissens durch *route knowledge* ersetzt. Zu enzyklopädischem Wissen schreibt Van Hoek im MIT-Handbuch für *Cognitive Sciences*: „Encyclopedic as opposed to dictionary semantics [...]. Words and larger expressions are viewed as entry points for accessing open-ended knowledge networks. Fully explicating the meaning of an expression frequently requires taking into account imagery (both visual and

dem Weg ist damit also eine Art Auslöser. Eventuell tauchen vergangene Kino-, Kneipen oder Theaterbesuche im Gedächtnis auf, oder auch der nächste Eisladen oder sonstige Örtlichkeiten, die auf dem Weg A–B oder in dessen Nähe liegen. Vielleicht gibt es eine Bank, auf der gern verweilt wird, einen Park, an dem der Weg eigentlich vorbeiführt, aber dann doch recht hübsch ist, weshalb vielleicht nicht der kürzeste Weg gewählt wird.

In der Forschung zu Raumorientierung und kognitiven Karten wird angenommen, dass Menschen, wenn sie sich für einen Weg entscheiden, in der Regel den kürzesten Weg wählen. Dies wird als kognitiv-ökonomisches Prinzip bezeichnet. In dieselbe Richtung wiesen auch die ersten Resultate aus Versuchen mit Ratten, die Edward Tolman in den 1930er Jahren durchführte.[237] In diesen Versuchen sollte eine Ratte den Weg von einem Punkt A in einem Labyrinth zu einem für sie nicht sichtbaren Punkt B finden. Um die Ratten dazu zu motivieren, Punkt B zu finden, wurde Futter als Lockmittel eingesetzt, es wurde also der phylogenetisch älteste Sinn, der Geruchssinn, aktiviert. Nach anfänglichem Zickzack fand die Ratte den richtigen Weg. Sie merkte sich den Weg und konnte so beim nächsten Mal gleich den direktesten Weg nehmen. Die Ratte hatte also eine kognitive Karte, eine mentale Repräsentation der Umgebung und der Wegfindung entwickelt und gespeichert. Die Raumorientierung bei Ratten, so wird vermutet, funktioniert im Grundsatz ähnlich wie beim Menschen. Allerdings soll hier argumentiert werden, dass semiotische Systeme wesentlich komplexer sind und dass wir in der Raumorientierung wesentlich mehr Einflüsse bedenken müssen. Auch nehmen wir im Unterschied zu Ratten externalisierte Apparate zu Hilfe, um uns zu verorten, und unsere Motive, einen bestimmten Weg zu finden, sind vermutlich vielfältiger.

---

nonvisual), metaphorical associations, mental models, and folk understandings of the world. Thus, the meaning of a word is generally not capturable by means of a discrete dictionary-like definition." (Van Hoeck 1999: 135)

237 „Tolman [...] interpreted the knowledge of real-life space, even in rats, as being similar to a map; he suggested that an organism constructs an ‚overview' of the spatial relations implicit in a space, rather than simply remembering the specific spatial relations to which he was exposed (e.g., ‚right turn, left turn'). Similar conclusions were drawn when young children were given experience in a maze and then asked to find the locus of reward from different starting points [...]. Although Tolman, Maier, and others have demonstrated the viability of the map analogy to spatial representation, no one, to our knowledge, has systematically investigated factors influencing the shape of ‚cognitive maps' of real-life space in humans. Clearly, the spatial relations between objects in a cognitive map need not necessarily represent accurately rately the actual relations in the world. The present experiment explores the perception and cognitive representation of space in children and adults. We are particularly interested in developmental changes in how space is or and in what factors disganized systematically distort cognitive maps at different stages." (Kosslyn et al. 1974: 707–798; siehe auch Kosslyn 1980)

Zurück zu der Situation, in der jemand nach dem Weg gefragt wird: Die Auskunft gebende Person konstruiert den Weg z.B. anhand von Ampeln, Straßen, Kreuzungen, Parks, Flüssen und anderen Umweltfaktoren und verbalisiert dies, sodass die fragende Person Hinweise zur Orientierung bekommt (zum Thema Wegfindung siehe Heft 2013: 265–294?).[238] Dabei wird neben der Verbalisierung räumlicher Eckdaten auch der Körper eingesetzt. Durch händische Gesten, das Drehen des Körpers oder auch durch ein Kopfnicken die Richtung zur nächsten Landmarke bzw. zum Ziel angezeigt. Es kann dann der Fall sein, dass die fragende Person sich rückversichert, nachfragt und weitere Anmerkungen macht, die die Informationssituation verändern und modifizieren.

Die gefragte Person hat – ähnlich wie die Ratte im Labyrinth – eine Art kognitive Karte im Kopf, die sich auf bereits gemachte Erfahrungen beziehen kann. Diese Karte stellt nicht nur eine Art Koordinatensystem zur Verfügung, sondern weitere Informationspunkte, die bei der räumlichen Verankerung helfen können. Diese Karte ermöglicht es somit, auf vorheriges Wissen zurückzugreifen. Dabei sollte allerdings deutlich gemacht werden, dass das Konzept der Karte nicht als statisch, sondern als dynamisch zu definieren ist. Ebenso kann es durchaus sein, dass eine Karte nicht einem geometrischen Grid- bzw. Koordinatensystem entspricht, sondern Faktoren einbezieht, die im westlichen Kartensystem nicht vorkommen (in Kapitel zu räumlichen Referenzrahmen wird auf nicht-europäische Raumorientierung eingegangen).

Eine anschauliche Darstellung dessen, wie kognitive Karten funktionieren, stammt von Nadel. Dabei spielt auch der Unterschied zwischen Nah- und Fernraum eine Rolle, also der Unterschied zwischen dem unmittelbaren Raum seines Hauses und dem Raum der Stadt, in der er lebt.

> As already suggested, cognitive maps represent spaces, what is contained within them, and the relations among these contents. Thus, my cognitive map of the house I live in represents the rooms in the house and their relation to each other, along with the contents of each room and the relations among these contents. My cognitive map of the city I live in (Tucson) represents the mountains in all directions, the few large buildings, the university campus at which I work, the various neighborhoods I visit with any frequency, the roads on which

---

238 „Humans acquire spatial knowledge and beliefs directly via sensorimotor systems that operate as they move about the world. People also acquire spatial knowledge indirectly via static and dynamic symbolic media such as maps and images, 3-D models, and language. [...] Spatial knowledge changes over time, through processes of learning and development. [...] A person's activity space – the set of paths, places, and regions travelled on a regular basis – is an important example of spatial experience that influences people's knowledge of space and place, no matter what their age. Most people know the areas around their homes or work places most thoroughly, for example." (Montello, zit. n. Richter & Winter 2014: 43)

I drive and bike, and so on. [...] Given knowledge of one's location and bearing, how does one use a cognitive map to get to some other location? The short answer is that cognitive maps provide relevant information about where a goal is located, the routes one can take to get there from the current location, and the landmarks one will observe along the way. This information, collectively, allows one to get to and from places in the environment. (Nadel 2013: 158–160)

Kognitive Karten stellen somit notwendiges Wissen zur Verfügung (und sind damit unterschiedliche Wissenssysteme), um sich räumlich orientieren und von A nach B finden zu können. Sie versorgen uns also mit, wie Nadel sagt, „relevant information about where a goal is located, the routes one can take to get there from the current location, and the landmarks one will observe along the way". Dieses Wissen ist dabei nicht nur sprachlich, sondern auch symbolisch, grafisch, ikonisch, bildlich etc. eingebettet.

Es verknüpfen sich umweltbedingte Aspekte mit rein mentalen Kategorisierungen und bereits gemachten Erfahrungen. Mentale Modelle oder Schemata sind dabei fundamental für die Wissensgenerierung und Wissensspeicherung. Die mentalen Kategorisierungen helfen damit in Form eines angenommenen Gedächtnisses, das unterschiedliche Wissensspeicher oder Wissensformen sinnvoll verbinden und ergänzen kann.

Wie immer das Konzept eines Gedächtnisses modelliert werden soll, es steht außer Frage, dass Menschen in der Lage sind, auf vergangenes Wissen zurückzugreifen und auf zukünftiges Wissen bzw. mögliche Ereignisse zu verweisen und Wahrscheinlichkeiten und Prognosen zu erstellen. Der hier gängige Begriff des Gedächtnisses als Wissensspeicher ist der der Repräsentation.[239] Dieser Begriff kursiert in der kognitiven Psychologie, den Neurowissenschaften, den Computerwissenschaften und vor allem in der Philosophie. Die Gräben zwischen den Vertreter*innen der unterschiedlichen Modelle von Informationsspeicherung

---

[239] „Knowledge about both space and time must be integrated to provide the capability for animal and HUMAN NAVIGATION in the environment. Humans and other animals are capable of forming sophisticated representations of spatial relations integrated as COGNITIVE MAPS. Some more central mental representations appear to be closely tied to perceptual systems. Humans use various forms of imagery based on visual, auditory and other perceptual systems to perform internal mental processes such as MENTAL ROTATION. The close connection between PICTORIAL ART AND VISION also reflects the links between perceptual systems and more abstract cognition." (Wilson & Keil 1999: xlvi; Hervorhebungen im Original). Und weiter unten: „We can say that any representation has four essential aspects: (1) it is realized by a representation bearer; (2) it has content or represents one or more objects; (3) its representation relations are somehow ‚grounded'; and (4) it can be interpreted by (will function as a representation for) some interpreter." (Von Eckardt 1999: 527; Hervorhebung im Original)

und Informationsverarbeitung könnten kaum tiefer sein. Feststellen lässt sich, ohne sich in diesen Kontroversen bereits auf eine Seite zu schlagen, dass Menschen im Alltag auf vorhandenes Wissen zurückgreifen, dieses manipulieren und neu formen können – Jean Piaget hat diesen Dreischritt als *Assimilation* [zuordnen], *Akkomodation* [anpassen] und Äquilibration [integrieren] bezeichnet. Dieses Wissen basiert dabei auf sprachlichen Strukturen und Äußerungen sowie weiteren semiotischen Enkodierungsmechanismen. Durch diese Prozesse, die in dem Dreischritt dargestellt sind, können neue Bilder, Ideen, neue Gedanken entstehen, die nicht nur in Form von Wenn-dann-Beziehungen oder rein formallogischen Relationen bzw. Kausalitäten konstruiert werden, sondern analoge Wissensspeicher formen.

5.1 Die Bühnenmetapher *revisited*

In der Einleitung wurde bereits die Bühnenmetapher als allgemeine Kategorisierungsanalogie eingeführt.[240] Die grundsätzliche Idee dabei ist, dass Zuschauer*innen durch gegebene Sitzbedingungen im Theater, aber eben auch durch individuelle Interpretationen und Setzungen des Bühnengeschehens die visuelle Wahrnehmung kanalisieren.

Als fundamentales Kategorisierungsprinzip wurden Figur-Grund-Asymmetrien (bzw. Trajektor-Landmarke-Asymmetrien) ins Spiel gebracht, die als kognitive Prozesse der Bedeutungszuschreibung fungieren und dabei allgemeiner sind als Subjekt-Objekt-Funktionen auf der rein grammatischen bzw. morphosyntaktischen Ebene. Um noch einmal den Zusammenhang zwischen diesem Kategorisierungsprinzip und der Bühnenmetapher deutlich zu machen, seien Ungerer & Schmid zitiert, die in ihrer Einführung zur Kognitiven Linguistik schreiben:

---

[240] „Just as actors move about the stage and handle various props, we tend to organize the scenes we observe in terms of distinct ‚participants' who interact within an inclusive and reasonable stable ‚setting'. We further impose structure along the temporal axis, by chunking clusters of temporally contiguous interactions (particularly those involving common participants) into discrete ‚events'." (Langacker 1990: 210) Und Van Hoek schreibt: „This idea may be made clearer if we think about a typical discourse in terms of Langacker's (1985) metaphor of the Stage Model. The speaker and addressee are analogous to an audience watching a play; the conceptions which the speaker places in the center of awareness are, metaphorically speaking, put on ‚stage' to be viewed by the ‚audience.' In Langacker's terms, the audience is construed subjectively, meaning that they are the viewers, rather than that-which-is-viewed. The ‚onstage' conceptions are viewed objectively, as the center of attention." (Van Hoek 2007: 893)

> To explain the relationship between figure and ground on the one hand and background on the other, Langacker makes use of another metaphor, the +**STAGE**+ **metaphor**. According to this metaphor [...], the set-up of the constituents in a sentence is similar to what happens in a play on the stage. The background may be compared with the props or setting of the play, while prominence is reserved for the actors that move around on the stage, declaiming, fighting and killing, or alternatively, hugging and embracing each other. Applying the +STAGE+ metaphor to cognitive perception in general, we may distinguish between the **setting** of an event, which is comprehensive and relatively stable, and the **participants** in the event, which are smaller and mobile and engaged in physical contact and mental interaction. (Ungerer & Schmid 2006: 186; Hervorhebungen im Original)

Das Zusammenspiel sprachlicher und allgemein kognitiver Prozesse ist hier maßgeblich. Es wurde bereits angedeutet, dass die Annahme einer direkten Eins-zu-eins-Relation zwischen einem Wort und dessen Konzept problematisch ist. Ebenso ist es problematisch, eine Eins-zu-eins-Beziehung zwischen der Welt und der Sprecher*in bzw. dem Gesagten anzunehmen, also ein direktes Abbildungsverhältnis. Daher scheint es sinnvoll, eine Zwischenebene anzunehmen, nämlich die kognitive Repräsentationsebene.

Unter anderem hat Ray Jackendoff für eine *projected reality* argumentiert.

> If indeed the world as experienced owes so much to mental processes of organization, it is crucial for a psychological theory to distinguish carefully between the source of environmental input and the world as experienced. For convenience, I will call the former the *real world* and the latter the *projected world* [...]. (Jackendoff 1983: 28; Hervorhebungen im Original; siehe auch De Mulder 2007: 309–311; Evans & Green 2006: 7, 21, 48, 630; Mortelmanns 2007: 879)[241]

---

241 Jackendoff schreibt weiter: „[...] note well that the projected world does *not* consist of mental images. Experiencing a horse is one thing; experiencing an image of a horse is another. These correspond to different, though probably related, projections of mental constructions." (Jackendoff 1983: 28; Hervorhebung im Original) Er macht damit eine Trennung auf zwischen der direkten Erfahrung und der Repräsentation einer Erfahrung. Es sollte hier hervorgehoben werden, dass nach Jackendoff eine universale Grammatik unabhängig von kognitiven Strukturen existiert. Seines Erachtens ist die linguistische Komplexität und Struktur wesentlich abstrakter als in der Psychologie (der 80er Jahre) gemeinhin angenommen (Jackendoff 1983: 241/Anm. 4; der Autor dieser Einführung arbeitete wie bereits erwähnt 2006/07 als Postdoktorand mit Ray Jackendoff und Dan Dennett am Center for Cognitive Studies an der Tuft Universität in Boston/Medford und hatte damit die Möglichkeit, diese Aspekte ausführlich zu diskutieren). Wesentlich ist hier, dass Jackendoff eine reale Welt mit einbezieht, die in der Kognitiven Semantik ebenfalls, allerdings an einer systematisch anderen Stelle, nämlich im Rahmen von Verkörperungstheorien einbezogen wird. Im Vordergrund steht die symbolische Repräsentation über Sprache bzw. grammatische Muster und die kognitive Ebene (*mind*). „The area of study known as cognitive semantics is concerned with investigating the relationship between experience, the *conceptual system* and the *semantic structure* encoded by language. In specific terms, scholars working in

Der kognitive Apparat fungiert dabei als Mittler zwischen der externen Welt und den internen, mentalen Repräsentationen. Nun stellt sich grundsätzlich die Frage, welchen Einfluss die externe Welt auf kognitive Vorgänge hat, denn die rein kognitive Ebene stellt lediglich eine Art Abbild oder Konstruktion zur Verfügung. Und die Idee eines Abbildes verweist wiederum auf die Eins-zu-eins-Relation oder Repräsentation. Es wurde allerdings bereits erwähnt, dass ein Abbild oder eine (Re)Präsentation zu epistemologischen Erklärungsproblemen führt. Hier wird daher die Idee einer dynamischen Bedeutungszuschreibung vorgeschlagen, die je nach Kontext variiert und unterschiedliche Wissensformen abrufen kann (Dan Slobin [1996] hat einen solchen dynamischen Bedeutungszuschreibungsprozess als *thinking-for-speaking* und Stephen Levinson [2003] als *experiencing-for-speaking* bezeichnet, siehe hierzu Kapitel das Kapitel zur linguistischen Relativität).

Im Folgenden sollen die verschiedenen Parameter, die bei der Raumwahrnehmung eine Rolle spielen können, vorgestellt werden. An dieser Stelle wird es zunächst wichtig sein, die unterschiedlichen Faktoren zusammenzufassen, die bei der Raumkategorisierung orchestriert werden. Also die kognitiv-anthropologischen und die kognitiv-semantischen Aspekte.

In Bezug auf die Raumwahrnehmung können grundsätzlich mehrere räumliche Parameter zur Orientierung im Nah- und Fernraum unterschieden werden. U.a. gibt es einen unmittelbaren Körperraum – *one's body dimensions* (siehe das folgende Zitat) –, der im Prinzip die Wahrnehmung auf Aspekte beschränkt, die wir durch unsere Sinnesorgane erfassen können.

> Moving from one's current location to a goal is typically not simply a matter of walking a straight path over a flat ground surface. [...] the environment contains obstacles that must be stepped over, avoided, or dodged and surfaces that vary in traction, slant, extent, and compliance and therefore in the degree to which they support legged locomotion. In such situations, the selection of safe and efficient routes requires that one take into account not only the layout of the environment but also one's body dimensions and movement capabilities. From an ecological perspective, the ability to consider such factors begins with the perception of affordances – that is, possibilities for action provided by the environment for an animal with particular dimensions and capabilities [...]. (Fajen & Phillips 2013: 69; siehe zum Konzept der *affordances* Gibson 1986, ebenso Richter & Winter 2014: 55, 85, 123)

Die Orientierung im Raum stellt also einen recht komplizierten Prozess dar, der einige Unwegsamkeiten („obstacles that must be stepped over, avoided") bein-

---

cognitive semantics investigate *conceptual structure* (knowledge representation) and *conceptualisation* (meaning construction). Cognitive semanticists have employed language as the lens through which these cognitive phenomena can be human mind as much as it is concerned with investigating linguistic semantics." (Evans 2007: 26–27; Hervorhebungen im Original)

haltet. Diese Art der Problemlösung zeigt sich im Übrigen nicht nur im objektiven physischen Raum, sondern auch im virtuellen und *augmented* Raum, z.B. bei Computerspielen oder der Verwendung von Virtual-Reality-Brillen (wie *Oculus Rift*).

5.2 Vektorraum als Koordinatensystem

Im Deutschen wird der unmittelbare Nahraum z.B. innerhalb der Raumdeixis durch *hier*, *da* oder *dort* (*hinten*) ausgedrückt. Dieser Nahraum ist unmittelbar wahrnehmbar durch die verschiedenen Sinnesmodalitäten. Per Gestik und Körperbewegung wird auf das jeweilige Ziel verwiesen, das sich in unmittelbarer Nähe befindet. Das Orientierungsziel muss dabei nicht sichtbar sein, sondern kann auch gedacht oder vermutet werden. Hierbei helfen verschiedene Verankerungspunkte in der Umwelt, die eine Raummatrix ermöglichen, also ein vektoriales Feld aufspannen, anhand dessen Sprecher*innen sich orientieren können. Eine Raummatrix stellt dabei lediglich Eckdaten zur Verfügung, auf die sich die Sprecher*in beziehen kann. Diese Matrix wird wiederum durch den vektorialen Raum begrenzt. Man stelle sich eine wahrnehmende Person und ihr unmittelbares Gesichtsfeld vor. Ausgehend von diesem Gesichtsfeld wird ein Vektor aufgespannt, der in einem bestimmten Winkelgrad von der Betrachter*in weg das Wahrnehmungsfeld eingrenzt. Dieser Vektor entspricht einem Wahrnehmungstrichter (siehe Abbildung 16). Es wird ein spezifischer Raum aufgemacht, der sich an bestimmten Koordinaten und Vektoren orientiert.

> Schematic depiction of an orientation dependent model of enduring spatial memory. Circles symbolize the represented objects. Interobject spatial relations are symbolized by vectors; for simplicity only the spatial relation between objects 3 and 2 is represented. Dashed and solid gray arrows symbolize reference directions in memory of 315° and 0° (e.g., egocentric and nonegocentric axis groups in figure 9.2, respectively). Consider the 0° reference direction: The direction from 3 to 2 is represented in memory with respect to 0° (˜32). Because the direction from object 3 to object 2 relative to 0° is explicitly represented in memory, a task such as ‚imagine you are standing at 3 and facing 4. point to 2' is relatively easy, because that direction can be retrieved from memory. By contrast, a task such as ‚imagine you are standing at 3 and facing 7. point to 2' is relatively difficult, because the spatial relation between objects 3 and 2 is not represented relative to 315° and therefore must be inferred, which produces measurable performance costs. The reverse is true for memories using the reference direction of 315°. An important feature of the model is that it uses an allocentric reference system, yet produces orientation dependent performance. (McNamara 2013: 181)

Ähnlich wie bei Wertheimers Beispiel in der Gestalttheorie und den „327" Helligkeiten (siehe Kap. 7) wird durch diese Grafik deutlich, dass Sprecher*innen nicht von Alpha, Beta, Winkel von 315° etc. sprechen in realen Situationen, wenn sie also eine Ortsbeschreibung oder Richtungsanweisung geben. Ebenso wird hier das Zusammenspiel unterschiedlicher Referenzrahmen deutlich, wie sie in Kapitel zu räumlichen Referenzrahmen dargestellt wurden. Wichtig ist auch, dass hierbei von *allocentric* (nach Levinsons Terminologie verweist dies auf einen absoluten Referenzrahmen) und einem Referenzrahmen gesprochen wird, der eine „orientation dependent performance" impliziert. Dieser Rahmen wäre dann eher dem relativen Referenzrahmen zuzuordnen, allerdings mit dem Zusatz nach McNamara der orientation dependent *performance*.

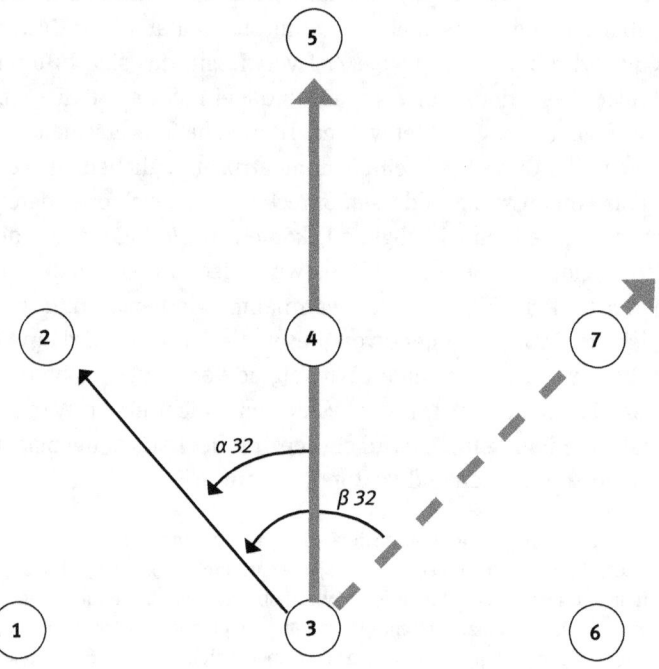

Abb. 16: Vektoriale Raumorientierung (McNamara 2013: 181; adaptiert von Anat Frumkin)

Es gibt unterschiedliche kulturabhängige Verankerungspunkte, die je nach den Gegebenheiten der Umwelt variieren. In einer Wüstenregion sehen diese Punkte anders aus als in einer Gebirgsregion: Sanddünen, flirrende Hitzeschlieren, Weite im Gegensatz zu Felsen, Schluchten, Gipfeln, aber auch Bäumen oder Moosbewuchs. In der Stadt hingegen können diese Verankerungspunkte Straßenecken und kreuzungen, Ampeln, Schilder, prägnante Gebäude, Parks, Flüsse sein. Diese Faktoren variieren also ganz entschieden. Im urbanen Raum stehen eher die stadttypischen und menschengemachten Umweltfaktoren zur Verfügung, in der Wüste und im Gebirge oder anderen nicht-städtischen Regionen eher naturgegebene, natürlich entstandene. Für Kulturen, die auf offener See ohne nautische Instrumente navigieren, spielen demensprechend wiederum andere Faktoren eine Rolle, mit denen sie eine Art Kartierungssystem konstruieren und die von Vertreter*innen anderer Kulturen zum Teil gar nicht wahrgenommen werden (können) (Gladwin 1970; Hutchins 1983, 1995; Riesenberg 1972). Wobei in diesem Kontext eher in einem übertragenden Sinne von Karten und Kartierung gesprochen werden kann. Interessant ist in der Tat zu sehen, welche Faktoren unter solchen Bedingungen eine tragende Rolle spielen, um sich auf offener See von einem Punkt A zu einem nicht unmittelbar sichtbaren Punkt B zu bewegen. Im Kapitel zu Verkörperungstechniken werden diese Art der Navigation und die Unterschiede und Gemeinsamkeiten zu westlichen Navigationstechniken behandelt, die den Zusammenhang von gestalttheoretischer Mustererkennung und mentaler Triangulation darstellen.

5.3 Verankerungspunkte einer Raummatrix

Zurück zu den unterschiedlichen Verankerungspunkten, welche die jeweilige Raummatrix mit konstituieren. Im Folgenden werden einige der fundamentalen Parameter genannt, die bei der Konstruktion des in der Einleitung eingeführten n-Raums von Bedeutung sein können.[242] Die Reihenfolge ordnet sich von eher all-

---

242 Der Zusammenhang von n-Räumen und Karten wurde aus historischer Perspektive z.B. auf der Tagung „Verkoppelte Räume – Die Kombination von Karte und Bildfolge als mediales Dispositiv" verhandelt, welche die Bibliotheca Hertziana. Max-Planck-Institut für Kunstgeschichte im März 2018 durchführte. Der Ankündigungstext lautete: „Die Tagung untersucht die systematische Verknüpfung zweier unterschiedlicher konventioneller Darstellungsformen: der Kopplung einer Landkarte mit einer Folge zumeist illusionistischer Ansichten, die sich auf denselben geographischen Raum beziehen. Während die Karte den Raum als Kontinuum konzipiert, fragmentieren die Ansichten ihn, lenken die Aufmerksamkeit der Betrachter*in auf einzelne Aspekte und lassen diese in räumliche und inhaltliche Bezüge zueinander treten. Erste Beispiele bilden frühneuzeitliche Sammelatlanten, in denen Übersichtskarten mit Einzelbildern – Stadtansichten, Festungsplänen, Darstellungen von antiquarischen oder botanischen Details oder lokalen Kostümen usw. – zu einem räumlichen Gesamtentwurf verbunden werden. Für zahlreiche andere Funktionszusammenhänge, etwa Reiseberichte, im frühen Tourismus oder der militärischen Ausbildung, lässt sich der Gebrauch dieses gekoppelten Formats nachweisen. Informationen und Bildkonventionen aus unterschiedlichsten Wissensfeldern werden dabei aufgerufen; in ihrer Kombination verdichten sich verschiedene Deutungshorizonte zu vielschichtigen Raumentwürfen." (letzter Aufruf vom 06.03.2018 unter: http://www.biblhertz.it/aktuelles/veranstaltungen/ veranstaltungsdetails/?tx_ttnews%5Btt_news%5D=806&cHash=e51a42b17368311105b-

gemeinen Verankerungspunkten zu detaillierteren, allen voran umweltbedingte und menschengemachte Landmarken.

1. Landmarken

Umweltbedingte Landmarken sind z.B. Gebirge, Flüsse, Türme, Felsvorsprünge, Schluchten, Wälder.[243]

Menschengemachte Landmarken sind u.a. Gebäude wie das ehemalige World Trade Center oder das Empire State Building in New York, das Kolosseum in Rom, ebenso architektonische Landmarken.[244]

---

243 Landmarken können im Prinzip alle natürlichen oder menschengemachten Objekte sein, die einer sozialen Gemeinschaft bei der räumlichen Orientierung als Referenzpunkte dienen, wenngleich in der Regel nur natürliche Erscheinungen wie Berge und Flüsse zu den Landmarken gezählt werden. „Landmarks are geographic objects that structure human mental representations of space." (Richter & Winter 2014: 7) Weiter schreiben Richter & Winter: „The fundamental role of landmarks for orientation and wayfinding stems from a strong correspondence between an experience captured in (spatial) memory and a location in the physical environment. While we have defined landmarks as the reference points of mental spatial representations, their corresponding physical objects can be called landmarks only with regard to their potential to produce an experience that will be captured in spatial memory." (Richter & Winter 2014: 50) Landmarken sind hier somit verantwortlich für den Konstruktionscharakter einer Erfahrung, die in Form einer räumlichen Repräsentation erinnert wird.

244 „Das ist die ‚Rote Insel': Von drei Bahntrassen des Berliner Nah- und Fernverkehrs umschlossen, durch vier Brücken mit Schöneberg und Kreuzberg verbunden, mit einer dichten und bis heute weitgehend erhaltenen Wohnbebauung aus der Kaiserzeit und *dem Riesengasometer als architektonischer Landmarke* und weithin sichtbarem Wahrzeichen." (Berliner Geschichtswerkstatt e.V. 2008: III; Hervorhebung M.T.). „[...] die weithin sichtbaren ‚Landmarken' wie etwa der begehbare Tetraeder auf einer Halde in Bottrop; die ökologisch vorbildlich sanierten alten Arbeiterquartiere im ganzen Ruhrgebiet; die zu Kulturstätten umgewidmeten Industriedenkmäler wie die im Bauhausstil errichtete Essener Zeche Zollverein" (Die Zeit, 15.04.1999, Nr. 16). „So präsentieren die Forscher des FIT eine Datenbrille für Piloten, in die während des Sichtfluges wichtige *Landmarken* - beispielsweise Türme und Städte - projiziert werden." (Berliner Zeitung, 24.03.2005; Hervorhebung M.T.); „Dabei hat der Architekt Hans Scharoun hier eigentlich eine *Landmarke* gesetzt, denn der Saal wagt sich am weitesten vor, springt gewissermaßen aus dem hoch aufstrebenden Gebäudekomplex des Bücherpalastes heraus, ragt frech fast bis an den tosenden Verkehr heran." (Der Tagesspiegel, 10.10.2004; Hervorhebung, M.T.)

Richter & Winter schlagen für Landmarken eine grundsätzliche Hierarchie vor[245]:
- Level 0 *Landmark* – the position of a prominent or well-known object in a particular landscape (also die Position eines bekannten Objektes in einer bestimmten Landschaft); „the church steeple provided a convenient landmark"
- Level 1 *Position, place* – the particular portion of space occupied by something (ein spezifischer Raum, der von etwas eingenommen wird); „he put the lamp back in its place"
- Level 2 *Point* – the precise location of something; a spatially limited location (die exakte Position von etwas); „she walked to a point where she could survey the whole street"
- Level 3 *Location* – a point or extent in space (ein Punkt oder eine Ausdehnung im Raum)
- Level 4 *Object, physical object* – a tangible and visible entity; an entity that can cast a shadow (eine sichtbare Einheit/Gebilde;); „it was full of rackets, balls and other objects"
- Level 5 *Physical entity* – an entity that has physical existence (eine Einheit/ ein Gebilde die physische Präsenz hat)
- Level 6 *Entity* – that which is perceived or known or inferred to have its own distinct existence (living or nonliving) (etwas wird als eine Einheit wahrgenommen (im Unterschied zu anderen). (Richter & Winter 2014: 3–4)

Diese Ebenen sind recht allgemein gehalten, helfen allerdings, Landmarken zu spezifizieren. Richter & Winter argumentieren weiter, dass

> [t]his hierarchy of hypernyms of *landmark* tells us something about the conceptual space of the term *landmark*. Each level inherits from the more abstract concepts and adds its own specific meanings. Especially the derivation from place and location suggests a formal property of an image schema of contact to a place […], a meaning that is reflected in below's approach to define landmarks as references to locations. (Richter & Winter 2014: 4; Hervorhebungen im Original)

---

245 Ganz allgemein schreiben sie: „Landmarks are points of reference in mental spatial representations. Their function in mental representations is to locate other objects. This function establishes a connection to *place*, which is another geographic concept structuring space, and perhaps one that is even more elusive than landmarks." (Richter & Winter 2014: 14)

Mit Bezug auf das Wechselspiel zwischen umweltbedingten Faktoren (u.a. Landmarken), Sprache und Kognition schreiben Mark et al. (2011):

> A major finding was that languages are extremely diverse in how they categorize landscape features and name places, and in how the two ontological categories of landforms and place names are related. Languages were shown to vary along the following dimensions:
>
> 1. The denotation of landform terms („mountain,' ,river,' ,valley'): different languages carve out and classify similar landforms in different ways and indeed differ also in which features get labeled. For example, terms for which the English translation 'mountain' is used vary considerably in how they extend their meaning with respect to the magnitude, shape, substance, and boundedness of referents; also, equivalents of some presumably basic landform terms are not universally present, notably ,valley.'
>
> 2. Whether landscape can be considered a discrete semantic domain: in some languages there is structural evidence for claiming the existence of such a distinct domain, in others there is evidence against it.
>
> 3. Semantic themes: mapping and labeling of landforms draw on a variety of ontological design principles, including metaphor and analogy involving body, animacy, agency, containment, and so on.
>
> 4. How proper nouns (i.e. place names) are linguistically generated: the formal tools used (e.g. form classes, syntactic units, morphological complexity) vary across languages, as do the lexical source domains from which names are drawn (landscape features, body parts, animals, plants, objects, people, proper names, activities, etc.); there is also a great deal of variation within and between languages as to the degree to which the meaning of place names can be analyzed, since they frequently have archaic characteristics.
>
> 5. Which geographical categories get named, e.g. whether names map neatly onto generic landform categories or if they represent an ontologically distinct system; both extremes were present in the language sample cited, some languages naming only features with a corresponding generic label and others systematically not doing so. (Mark et al. 2011: 5–6)

Diese 5 Aspekte der Land Geländeformen und anderer landschaftsspezifischer Bezugspunkte spielen eine wesentliche Rolle im Zusammenspiel der räumlichen Kognition zwischen Mensch und Umwelt. Im Folgenden werden einige Landmarken spezifiziert.

2. Denkmäler und Mahnmale

Denkmäler sind ebenfalls hilfreich für eine grobe Verortung, wie das Denkmal für die ermordeten Juden Europas in Berlin, das Sowjetisches Ehrendenkmal im Treptower Park ebenfalls in Berlin oder die Ruine der St.-Nikolaikirche in Hamburg (zerstört im Zweiten Weltkrieg und im Gegensatz etwa zur Dresdner

Frauenkirche als Mahnmal im Originalzustand belassen). Auch hier zeigt sich, dass der mentale Denkmalraum spezifisch und unspezifisch zugleich ist. So ist die Aussage „Wir treffen uns am Sowjetischen Ehrendenkmal" wiederum nicht spezifisch genug, da es zwar eine gewaltige Statue auf einem riesigen Sockel gibt, diese Statue aber flankiert ist von einer Art Allee mit weiteren Gedenkmonumenten. Auch hier ist also eine sprachliche Spezifizierung unabdingbar. Wie bereits angedeutet im Kapitel zur linguistischen Relativität ist dieser Grad der Spezifität in vielen Sprachen sehr dicht und spezifisch. Vor allen in nordamerikanischen Sprachen wird hier eine sehr detaillierte Einteilung vorgenommen, es wird somit weniger enzyklopädisches Wissen abgerufen als sprachlich spezifisches. Die jeweilige Grobgliederung wird einer Feingliederung unterworfen. Damit müsste „im Treptower Park" bzw. „am Sowjetischen Ehrendenkmal" lexikalisch in Unterregionen unterteilt werden. Dieser Grad der Spezifität ist vor allem bei geometrischen Relationen relevant.

3. Flüsse

Flüsse durchziehen Städte und bieten damit ebenfalls gute Anhaltspunkte. Die Elbe, die Alster, der Rhein, die Spree oder die Themse fungieren als kulturelle Bezugspunkte.[246] Die Elbe wird gern auch für Werbeslogans verwendet, z.B. „Hamburg, die (Welt)Stadt an der Elbe".

4. Hügel

In Norddeutschland ist der Begriff der Hügel eventuell etwas anders definiert als im Süden der Republik, aber auch in Berlin und Hamburg gibt es Erhebungen, die für die einheimische Bevölkerung als Bezugspunkte dienen, wie der Viktoriapark in Berlin-Kreuzberg, der Insulaner in Berlin-Tempelhof oder die Harburger Berge (insofern es sich bei Letzteren um Erhebungen von ca. 155 Metern Höhe handelt, dürfte Menschen aus dem Süden Deutschlands die Einordnung als „Berge" dabei wohl etwas merkwürdig vorkommen).

5. Parks

In vielen Städten gibt es sehr bekannte Parks, die als Referenzpunkte dienen können, wie z.B. der Central Park in New York, der Stadtpark in Hamburg, der Tiergarten in Berlin oder der Hydepark in London. In Rom gibt es den Gianicolo, eine Mischung aus Hügel und Park (und einer der sieben Hügel Roms). Aber auch

---

246 Siehe auch das Seminar (Sommersemester 2018) am Geographischen Institut der Humboldt-Universität zu Berlin mit dem Titel „Links und rechts der Mosel" (Dank für den Hinweis an Robert Wenzl, TU Berlin).

kleine Parks, die eher lokal funktionieren, wie der Wohlerspark in Hamburg, der gleichzeitig ein ehemaliger Friedhof und damit ein Ort des Gedenkens an die Toten ist, oder der Sternschanzenpark mit seinem ehemaligen Wasserturm (heute leider ein gehobenes Hotel der Mövenpick-Kette).

6. Kirchen

Kirchen sind als markanteste Referenzpunkte in Städten ebenfalls gut zur Raumorientierung geeignet, genannt seien etwa St. Michaelis in Hamburg („Michel"), der Kölner Dom, die Westminster Abbey in London oder Notre Dame in Paris.

7. Mauern, Tore, Wälle

Die Chinesische Mauer, die ehemalige Berliner Mauer, aber auch schlichtweg Mauern, die z.B. Friedhöfe und andere Orte abgrenzen (nicht zu vergessen die ‚Mauern in den Köpfen'[247]). Dabei haben Stadtmauern in der Neuzeit nach und nach ihre Funktion als Schutz und Grenzanlage verloren, sodass sie als materielle Bauwerke oft nur noch als Überrest oder gar nicht mehr vorhanden sind.

---

247 „Und wenn die Wiedervereinigung kommen sollte: Die Mauer, die der Osten errichtet hat, ist an einem Tag niedergerissen. Doch die geistige Mauer, an der wir beide arbeiten, wird auch in zehn Jahren noch nicht abgetragen sein. Prophetische Worte, gesprochen vom Studentenkabarett Das Bügelbrett ein Jahr nach dem Bau der Mauer. Was damals noch kassandrahaft klang, ist zur beklemmenden Wirklichkeit geworden. West ist West geblieben, und Ost will Ost bleiben. Da hilft auch nicht die emphatische, doch tatenleere Beschwörung der ‚Berliner Republik'. Zum zehnten Jahrestag des unerwarteten Falles der Mauer werden wir zwar nicht mehr die Vision von den blühenden Landschaften präsentiert bekommen und auch nicht die Behauptung, allen werde es besser gehen und niemandem schlechter. Aber es wird, wie stets bei solchen Anlässen, viel Weihrauch gestreut und nicht nach den Ursachen für das Ausbleiben der Einheit gefragt, die sich in jeder Meinungsumfrage andeuten, sei es zum Krieg im Kosovo oder auch nur über die eigenen Zukunftserwartungen. Dabei ist die Diagnose eindeutig: ein schwerer Fall von Mauermeise, wie die Westberliner mit ihrem bildhaften Witz die amtliche DDR-Phobie nannten, oder, mit den Worten des Bügelbretts, die geistige Mauer, ‚an der wir beide arbeiten', ist noch nicht abgetragen." (Die Zeit online 1999. *Die Mauer im Kopf*. Bernd C. Hesslein; http://www.zeit.de/1999/38/Die_Mauer_im_Kopf; letzter Aufruf 06.03.2018) Und eine andere Mauer finden wir hier: „Trump verlangt, dass Mexiko für eine Mauer zahlt, die das Land nicht will. Er sieht das offenbar als gerechte Entschädigung für den Exportüberschuss, den Mexiko mit den Vereinigten Staaten erzielt. Was eine Mauer mit Handelsbeziehungen zu tun haben soll, erschließt sich nicht. Der Überschuss ist ja kein Ergebnis illegaler Schmuggelei, die mit Grenzbefestigungen verhindert würde. Warum Mexiko für einen Exportüberschuss überhaupt bestraft werden soll, erschließt sich noch weniger. Handel entsteht, wenn zwei Parteien Deals vereinbaren, die sie beide als vorteilhaft ansehen. Keiner muss sich dafür entschuldigen." (FAZ online 26.01.2017. *Mauer im Kopf*. Winand von Petersdorff; http://www.faz.net/aktuell/wirtschaft/wirtschaftspolitik/kommentar-mauer-im-kopf-14762647.html; letzter Aufruf am 06.03.2018)

In Hamburg finden sie sich daher fast nur noch in Namen wieder, wie Alter und Neuer Wall, Sternschanze (Schanzen waren Teil der Festungsanlagen), Dammtor, Nobistor (der Name geht auf einen Gasthof namens Nobiskrug im 16. Jahrhundert zurück). Tore sind z.B. das Brandenburger Tor in Berlin, Dammtor und Lübecker Tor in Hamburg und das Martinstor Freiburg. Wälle sind in Hamburg der genannte Neuer/Alter Wall, diese sind allerdings nur noch als Straßennamen in Hamburg, die früher eben den Stadtwall markierten, zu erkennen.

Der Name der Stadt Hamburg = bezieht sich ebenfalls auf einen Wall. Ursprünglich hies die Stadt Hammaburg (*hamme* = vorspringende Erhöhung) etc.

8. Plätze

Plätze sind kulturelle Orte, an denen sich historisch Menschen versammelt haben und versammeln, sei es, um Handel zu treiben, sei es um politische Reden zu folgen, zu demonstrieren oder auch Hinrichtungen beizuwohnen. Dazu gehören die Piazza del Popolo in Rom, Rathausplätze, Marktplätz, Trafalgar Square in London, Alexanderplatz in Berlin.

9. Straßen

Straßen durchziehen Städte und markieren bzw. unterteilen Stadtviertel. Der Kurfürstendamm in Berlin, die Willy-Brandt-Straße (ehemals Ost-West-Straße) in Hamburg oder die Via Apia in Rom sind markante Straßen.

10. Referenzrahmen

Die unterschiedlichen Verankerungspunkte werden jeweils auf der Basis von Koordinatensystemen konstruiert. Referenzrahmen sind wesentlich, wie im Kapitel zu räumlichen Referenzrahmen ausführlich dargelegt worden ist. Der relative Referenzrahmen wird im Deutschen durch links/rechts vom Körper' oder vorne/hinten und oben/unten enkodiert. Die Körperlängsachse und die horizontale Anordnung der Augen dienen als Ausgangspunkt bei der kognitiven bzw. sprachlichen Orientierung im Raum. Unabhängig vom Körper ist der intrinsische oder geometrische Referenzrahmen, da er vom zu positionierenden Objekt selbst ausgeht. Diese beiden Referenzrahmen dienen vornehmlich der Verortung im unmittelbar erfahrbaren Nahraum. Dagegen sind absolute Referenzrahmen abhängig von konstanten Eckpunkten wie dem Sternenhimmel, dem Horizont (auf offenem Meer) oder den Kardinalsrichtungen Nord, Süd, Ost, West. Auch kann ein absoluter Referenzrahmen auf (ebenfalls vom körpereigenen Nahraum unabhängigen) Landmarken beruhen[248], die in einer Gemeinschaft kulturelle Referenzpunkte markieren.[249]

11. Gestaltprinzipien

Die Gestaltprinzipien, die im gleichnamigen Kapitel behandelt werden, sind vor allem Figur-Grund- oder Trajektor-Landmarke-Asymmetrien. Eine Auswahl an weiteren Prinzipien:

Gesetz der Prägnanz: Gestalten mit besonderen Merkmalen werden zuerst und stärker wahrgenommen. Hier kann es auch dazu kommen, dass nicht vorhandene Teile vom Gehirn am Bild in Form von kognitiven Konturen ergänzt werden, um einen Gesamteindruck zu erzielen.

Gesetz der Ähnlichkeit: Ähnliche Elemente werden als zusammengehörig betrachtet und entsprechend gruppiert.

Gesetz der Nähe: Elemente, die sich nah beieinander befinden, werden als Gruppe wahrgenommen. Der Effekt dieses Gesetzes überwiegt den des Gesetzes der Ähnlichkeit.

---

[248] Richter & Winter unterscheiden: „Visual landmarks – Landmarks by their visual peculiarities/Semantic landmarks – Landmarks by their distinguishing use or meaning/Structural landmarks – Landmarks by their location in the structure of the environment." (Richter & Winter 2014: 57) Weiter schreiben sie, dass „[h]ence, the guideline for object or event categories being perceived or used as landmarks is actually the current context, or focus of the observer. The attention and intention of the observer regulates the affordance of objects". (Richter & Winter 2014: 60) Damit können Landmarken je nach Kontext und Fokussetzung der wahrnehmenden Person variieren.

[249] „What hasn't been called a landmark so far! We speak of a *landmark development*, a *landmark victory*, a *landmark court decision*, a *landmark resort*, a *natural landmark*, call a skyscraper a *landmark*, or the Eiffel Tower [...], or the Sydney Opera House. The term is not only used as an attribute, but also as a name such as the Landmark Tower, Japan's tallest building, or *Landmark*, a rural settlement in Manitoba, Canada. Wikipedia defines a landmark ‚including anything that is easily recognizable, such as a monument, building, or other structure.' Particularly useful for the purpose of this book is the reference to recognition in this definition. Cognition and embodied experience will play a significant role in our exploration of landmarks. But then this definition is also somehow imbalanced, first speaking of ‚anything' in the intensional part, and then mentioning only examples taken from the built environment in the ostensive part." (Richter & Winter 2014: 1–2) Wie bereits ausgeführt gilt in dieser Einführung vor allem der Zusammenhang zwischen Kognition und verkörperter Erfahrung als konstitutiv für die Kategorisierung von Raumerfahrung.

Gesetz der Erfahrung/Erwartung: Fehler an bestimmten Objekten werden leicht übersehen, da sie unterbewusst und somit gewissermaßen automatisch anhand früherer Erfahrungen überprüft und gegebenenfalls korrigiert werden. Dieser Prozess beruht darauf, dass Bekanntes weniger intensiv betrachtet wird, da bereits ein kurzer Blick ausreicht, um das Gesamtbild zu erfassen und mit dem in der Erinnerung gespeicherten zu assoziieren.

Gesetz der Kontinuität: Zeitlich aufeinanderfolgende Objekte werden miteinander in Verbindung gesetzt. Dieses Gesetz beschreibt die Möglichkeit, durch schnell aufeinanderfolgende Bilder einen Bewegungseindruck zu vermitteln, was offensichtlich dem Prinzip von Filmen entspricht.

Gesetz der Geschlossenheit: Geschlossene Figuren werden besser erkannt, offene (unvollständige) eventuell vervollständigt. Dies ist eng mit dem Gesetz der Prägnanz verwandt.

Gesetz des gemeinsamen Schicksals: Objekte, die räumlich gleich ausgerichtet sind oder sich in dieselbe Richtung bewegen, werden gruppiert, z.B. Pfeile, die in dieselbe Richtung zeigen.

12. Objektklassifikationen
Objektklassifikationen: mentale Rotation, 2,5/3-D Sketch (nach Marr 1982), geometrische Spezifika (siehe das Kapitel zu mentalen Raummodellen)

13. Distanzen
Bereich, Größenverhältnisse, die in Adjektiven, Adverbien und vor allem in Adpositionen enkodiert werden, aber auch Kasus

14. Maßstäbe
Die Größenverhältnisse zeigen sich insbesondere in den Maßstäben und des Transfers z.B. von einem realen Objekt oder Objektverhältnis auf eine Karte oder Abbildung.

15. Metrik
Verbalsystem wie Positions- und Klassifikationsverben; Kasus

16. Perspektive
Vogelperspektive (im Gegensatz zur Normal- und Froschperspektive), hodologische Perspektive, Fluchtpunktperspektive, Vektorperspektive, Zentralperspektive etc.

17. Ausrichtung
Ausrichtung von Gegenständen und damit eine Festlegung von Orientierungen

18. Topologie/Geometrie
Das mathematische Konzept der topologischen Relationen, als Unterkategorie der Geometrie, beinhaltet idealisierte Raumzuschreibungen zwischen Objekten, vor allem die bereits genannten Figur-Grund-Asymmetrien (zu beachten ist ebenfalls der Unterschied zwischen chora vs. topos[250]). Die Verwendung wird hier in leicht abgewandelter Form einer strikt mathematischen Definition verwendet (siehe hierzu das Kapitel zu räumlichen Referenzrahmen)

19. Raumrelationen
Dies sind ganz allgemein sämtliche Verhältnisse zwischen Objekten in n-Räumen. Dabei steht hier die Sprache als Praxis von Bedeutungszuschreibungen im Vordergrund

20. Toponyme
Toponyme oder Ortsnamen bezeichnen kulturelle Orte, die in einer Gemeinschaft als Referenzpunkte dienen, also z.B. eine Region, ein Stadtviertel, einen Platz oder ein Gebäude. Neben Orten können es aber auch die oben aufgeführten Plätze, Mauern, Wälle sein, die eine kulturspezifische Ortsbeschreibung vornehmen. Bekannte Orte in Städten sind oftmals menschengemachte Bauten wie die Elbphilharmonie in Hamburg, das Brandenburger Tor in Berlin, der Eiffelturm in Paris oder das Empire State Building in New York. Diese Bauten helfen oftmals schon durch ihre weitgehende Sichtbarkeit bei der räumlichen Orientierung. Von diesen Bauten werden kognitiv Achsen gespannt, in New York z.B. in Abhängigkeit vom Straßennetz (*grid*), das sich am Kardinalsystem bestehend aus 11 Straßen – avenues – die von Ost nach West führen und von 155 Straßen orthogonal gekreuzt werden , orientiert und die Straßen durchnummeriert. Dabei gilt zu beachten, dass die Aussage „Wir treffen uns am Brandenburger Tor" auf der einen Seite recht spezifisch ist, denn sie bezieht sich ja auf einen konkreten Ort, auf der anderen Seite ist die Angabe auf den zweiten Blick auch unspezifisch, denn wo

---

250 Richter & Winter zitieren Aristoteles' Definitionen von Ort (*topos*): „Place is what contains that of which it is the place. Place is not part of the thing. The immediate place of a thing is neither less nor greater than the thing. Place can be left behind by the thing and is separable. In addition: All place admits of the distinction of up and down, and each of the bodies is naturally carried to its appropriate place and rests there, and this makes the place either up or down." (Richter & Winter 2014: 15)

endet das Brandenburger Tor? Ist nicht eher der Platz drumherum angrenzend an Gebäude gemeint (also der Platz auf der West- und Ostseite)? Und welcher Radius wird dabei angenommen? Ist der Treffpunkt bei einem der Säulendurchgänge, daneben, von wo aus gesehen rechts oder links vom Tor? Trifft man sich auf dem Vorplatz? Dieses simple Beispiel zeigt bereits, dass Sprache hier recht hilfreich ist, denn mit der sprachlichen Verortung nehmen wir eine Kleinpartitionierung des Raums vor. Der physische Raum des aktuellen Ortes wird mental kategorisiert und aufgeteilt in weitere Räume. Das können dann der direkte Torraum, der Vorplatzraum oder noch andere Räume sein. Es reicht somit nicht zu sagen „Wir treffen uns am Brandenburger Tor", sondern hier muss sprachlich spezifiziert werden. Das Brandenburger Tor ist aber nicht nur ein Toponym, sondern auch ein Denkmal, also ein historischer und architektonischer Raum. Damit werden unterschiedliche mentale Modelle angesprochen.

Die Aufzählung der räumlichen Parameter zeigt dass diese einer fundamentalen Aufteilung des Raums in Figur-Grund-Relationen unterliegen. Wie im Kapitel zur Gestalttheorie dargestellt, übernimmt Talmy diese Dichotomie in adaptierter Form aus der Gestalttheorie und bietet mit seiner Definition die Grundlage basaler Raumkonstellationen:

> The general conceptualization of Figure and Ground in language. The Figure is a moving or conceptually movable entity whose site, path, or orientation is conceived as a variable the particular value of which is the relevant issue. The Ground is a reference entity, one that has a stationary setting relative to a reference frame, with respect to which the Figure's site, path, or orientation is characterized. (Talmy 2000: 184)

Diese recht allgemeine Definition zeigt, dass mindestens zwei Objekte in Abhängigkeit von ihren geometrischen Qualitäten in direkter Relation zueinander stehen. Der primäre Unterschied nach Talmy ist der zwischen dem beweglichen Objekt (Figur) und dem eher statischen Referenzobjekt (Grund). Der Grund spannt dabei ein Raumkoordinatensystem auf, in dem sich räumliche Relationen verorten lassen. Diese Verortung basiert auf den geometrischen und topologischen Bedingungen der zueinander in Relation zu setzenden Objekte.

Unten wird gezeigt, was dies genauer bedeutet, grundsätzlich kann aber vorausgeschickt werden, dass z.B. im Deutschen durch das Verbalsystem und räumliche Präpositionen die Figur-Grund-Relation enkodiert und zur Deckung gebracht wird. Dies zeigt sich daran, dass Positionsverben wie *sitzen, stehen, liegen* prototypische Relationen ausdrücken, denn nur bestimmte Objekte *sitzen, stehen* oder *liegen* in Abhängigkeit vom Grund. Eine Schachfigur, z.B. ein Turm, *steht* auf dem Schachbrett qua seiner materiellen Beschaffenheit und der aktuellen Spielsituation. Die Aufsatzfläche der Figur ist kleiner als ihre vertikale Ausdehnung. Damit enkodiert das Positionsverb *stehen* exakt diese (eher) vertikale

Ausrichtung. Der König *steht* ebenfalls, bis zu dem Zeitpunkt zumindest, an dem er Schachmatt gesetzt wird. Dann wird der König umgeworfen, nun *liegt* er auf dem Schachbrett, hat also eine andere Kontaktrelation bzw. Kontaktfläche zum horizontalen Grund. Die Kontaktfläche der liegenden Königsfigur ist nun damit horizontal größer als vertikal. Das Positionsverb *liegen* enkodiert genau diese Relation. Die Position des liegenden Königs entspricht (in den meisten Kulturen) der Position eines verstorbenen Menschen, sodass das Umwerfen gewissermaßen den Tod des Königs symbolisiert.

Grundsätzlich haben beide Schachfiguren bestimmte geometrische Eigenschaften, sie sind beide länger als breit. Sie sind beweglich im Gegensatz zum Spielfeld. Sie stehen in bestimmten Konstellationen zueinander und zu den weiteren Figuren auf dem Feld. Sie nehmen bestimmte, sich verändernde Funktionen ein, die spielbestimmend sein können. Damit kommen wir zu den Grundspezifika von Figur-Grund-Relationen.

5.4 Grundregeln von Raumkonstellationen

Im Kapitel zur Gestalttheorie wird die Figur-Grund-Asymmetrie in den Vordergrund gestellt. Len Talmy (2000: 187) differenziert diese Asymmetrie wir folgt.
- F = Figur, G = Grund
- a. F = linear (durch zwei Endpole begrenzt). (F is linear (and generally bounded at both ends).
- b. G = ribbonal[251]: eine Ebene mit zwei ungefähr parallelen Ecken; der Abstand zwischen diesen ist gleich oder länger als die Distanz zwischen den Ecken.
- c. Die Achse von F ist horizontal (Ebene von G ist prototypisch horizontal). (The axis of F is horizontal.)
- d. Die Achsen von F und G sind ungefähr lotrecht. (The axes of F and G are roughly perpendicular.)
- e. F = parallel in Relation zur Ebene G. (F is parallel to the plane of G.)

---

251 Talmy argumentiert, dass die Präposition *across* in dem Satz ‚The board lay across the railway bed' „here indicates that the Figure (the board) is linear, that the Ground (the railway bed) is „ribbonal" in other words, a plane bounded along two parallel edges (what Herskovits (1986) terms a „strip") and that these two forms bear certain positional and orientational relations to each other, summarized as follows." (Talmy 2000: 187)

- f. F = angrenzend/danebenliegend zur Ebene G, befindet sich aber nicht *in* ihr. (F is adjacent to – not in – the plane of G.)
- g. Fs Länge ist mindestens so groß wie Gs Breite. (F's length is at least as great as G's width.)
- h. F berührt Gs Kanten. (F touches both of G's edges.)

Beispielrelationen:

Das Mosaik befindet sich an der Ostmauer der Kirche. [The mosaic is on the east wall of the church] = physischer Kontakt zwischen Figur und Grund. Die Figur ist Teil des primären Referenzobjektes, der Ostmauer.

Das Fahrrad steht östlich von der Kirche [The bike is east(ward) of the church] = unspezifische Verortung der Figur in einem unbestimmten Abstand zum Grund bzw. zum Referenzobjekt.

Langacker schlägt 1987 vor, die folgenden kognitiven Parameter einzuführen:
a) Auswahl (*selection*)
b) Perspektive (*perspective*) und
c) Abstraktion (*abstraction*) (Langacker 1987: 116–137)

20 Jahre später modifiziert er diese:
a) Spezifität (*specificity*)
b) Bedeutung (*prominence*)
c) Perspektive (*perspective*) und
d) Dynamizität (*dynamicity*) (Langacker 2007: 435)

Und Talmy führt 1988 die folgenden Parameter ein, die ergänzend zu Langacker gelesen werden können, allerdings durchaus eigene Spezifika haben:
a) Schematisierung (*schematization*)
b) Perspektive (*perspective*)
c) Aufmerksamkeit (*attention*) und
d) physikalische Naturgesetze[252] (*force dynamics*) (Talmy 1988).

---

252 Meine Übersetzung mag etwas zu axiomatisch klingen. Talmys *force dynamics* implizieren allerdings in der Tat kausale Aktion-Reaktion-Prozesse, z.B. im Hinblick auf Bewegung.

Gut zehn Jahre später modifiziert wiederum Talmy diese vier Parameter durch:
a) configurational structure
b) Perspektive (perspective)
c) Verteilung der Aufmerksamkeit (distribution of attention) und
d) physikalische Naturgesetze (force dynamics) (Talmy 2000).

Schematisierung und Spezifität überschneiden sich bei Langacker und Talmy, ebenso Bedeutung und Aufmerksamkeit (Verhagen 2007: 54). Nach Verhagen ist Talmys *force dynamics* nicht bei Langacker zu finden. Allerdings kann argumentiert werden, dass Langacker dieses Grundprinzip implizit als gegeben und grundlegend ansieht (siehe Langacker 1987).

Wenden wir die Parameter an einem konkreten Textbeispiel aus dem Roman *Der Name der Rose* an. Dieses Textbeispiel wird im späteren Verlauf noch einmal verwendet werden. Die Passage wird noch einmal zitiert, allerdings werden in kleinen Schritten die jeweiligen räumlichen Informationen herausgefiltert. Im ersten Schritt werden sämtliche Informationen unterstrichen, im zweiten die Relationen dargestellt und in einem dritten die räumlichen Parameter abgeleitet.

5.5 Kognitive Parameter in „Der Name der Rose"

Die Passage lautet wie folgt (unterstrichen sind die Raumparameter):

> Als wir *den steilen Pfad erklommen*, der sich *die Hänge hinaufwand*, sah ich zum erstenmal die *Abtei*. Nicht ihre Mauern überraschten mich, sie glichen den anderen, die ich allerorten in der christlichen Welt gesehen, sondern die Massigkeit dessen, was sich später als das *Aedificium* [= Bauwerk, Gebäude; M.T.] herausstellen sollte. Es war ein *achteckiger Bau*, der aus der Ferne zunächst wie ein *Viereck* aussah (die höchstvollendete Form, Ausdruck der Beständigkeit und Uneinnehmbarkeit der Stadt Gottes). Seine *Südflanke ragte hoch über das Plateau der Abtei*, während *die Nordmauern unmittelbar aus dem Berghang zu* wachsen schienen gleich *schräg im Fels verwurzelten Bäumen*. *Von unten* gesehen schien es geradezu, als *verlängerte sich der Felsen zum Himmel*, um in einer gewissen Höhe, ohne sichtbaren Wandel in Färbung und Stoff, zum mächtigen *Turm* zu werden – ein Werk von Riesenhand, geschaffen in größter Vertrautheit mit Himmel und Erde. *Drei Fensterreihen skandierten den Tripelrhythmus des Ausbaus*, dergestalt daß, was *physisch als Quadrat auf der Erde stand*, sich *spirituell als Dreieck zum Himmel erhob*. Beim Näherkommen sahen wir dann, daß aus der *quadratischen Grundform an jeder ihrer vier Ecken ein siebeneckiger Turm hervorsprang*, der jeweils *fünf Seiten nach außen kehrte*, so daß *mithin vier der acht Seiten des größeren Achtecks in vier kleinere Siebenecke mündeten*, die sich *nach außen als Fünfecke darstellten*. Niemandem wird die herrliche Eintracht so vieler heiliger Zahlen entgehen, deren jede einen erhabenen geistigen Sinn offenbart: acht die Zahl der Vollendung jedes *Vierecks*, vier die der Evangelien, fünf die der Weltzonen, sieben die der Gaben des Heiligen Geistes. (Eco 1986: 31–32)

Anhand dieser Textpassage lassen sich die folgenden Raumparameter festmachen:

Richtung:
- *den steilen Pfad erklimmen* [Pfad = Trajectory + Art und Weise der Bewegung und Richtung],
- *sich die Hänge hinaufwinden* [Hang = Trajectory + Art und Weise der Bewegung und Richtung]

Landmarken:
- Physische Referenzpunkte: *Pfad, Abtei, Mauern, Aedificium, achteckiger Bau, Viereck, Berghang, Turm*

Geometrische Formen:
- *Achteck* [achteckiger Bau = „Vollendung" des Vierecks], *Viereck*
- *Drei Fensterreihen skandierten den Tripelrhythmus des Ausbaus*
- *was physisch als Quadrat auf der Erde stand*
- *Dreieck* [„spirituell als Dreieck zum Himmel erhob"]
- *An jeder der vier Ecken sprang ein siebeneckiger Turm aus der quadratischen Grundform hervor*
- *Jeder Turm kehrte fünf Seiten nach außen*
- *Vier der acht Seiten des größeren Achtecks mündeten in vier kleinere Siebenecke*
- *Die Siebenecke stellten sich nach außen als Fünfecke dar*

Referenzrahmen:
- *Seine Südflanke* [= absolut] *ragte hoch über das Plateau der Abtei*
- *Die Nordmauern* [= absolut] *schienen unmittelbar aus dem Berghang zu wachsen*
- *Der Felsen verlängerte sich zum Himmel* [Fixpunkt]

Topologisch:
- *von unten*
- Verben: *stehen, erklimmen* [physisch], *hinaufwinden*

Diese Textpassage enthält somit eine Reihe von räumlichen Auszeichnungen, die mittels unterschiedlicher kognitiver Parameter zu einer räumlichen Vorstellung führen können.

Im Kapitel zu mentalen Räumen werden die verschiedenen Informationsebenen näher dargelegt, hier reicht es, die Grundidee zu vermitteln, dass kognitive Parameter und damit mentale Modelle durch den Text aktiviert werden.

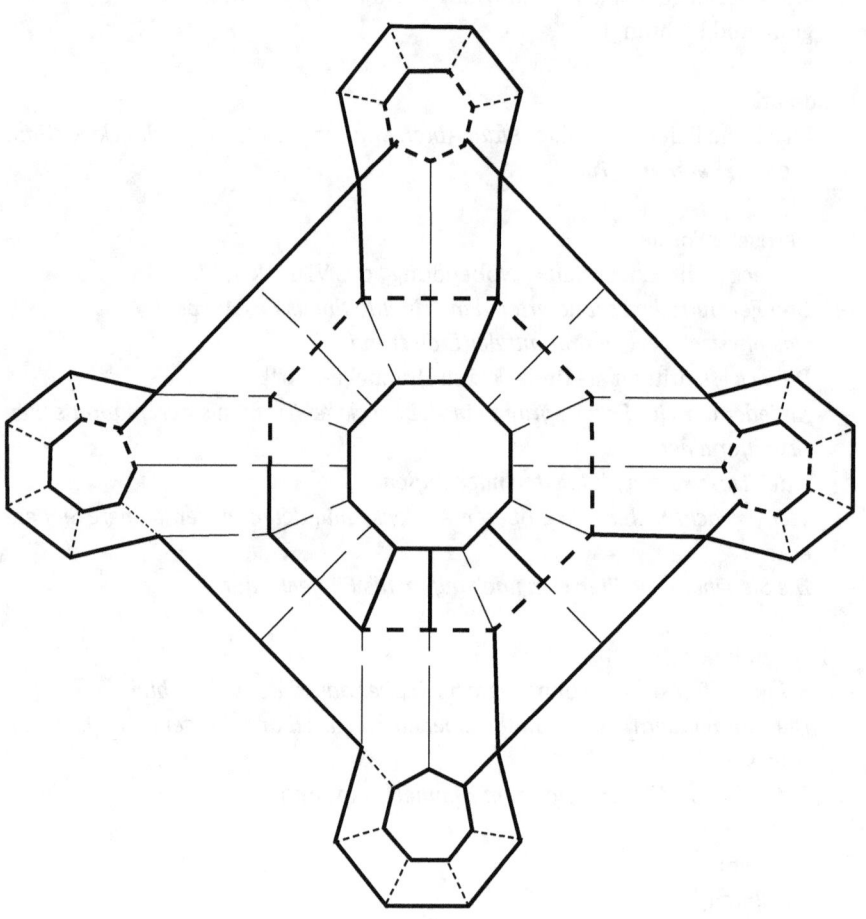

Abb. 17a: Grundriss / Detailansicht der Abtei aus *Der Name der Rose* (Anat Frumkin)

Abb. 17b: Grundriss / Frontalansicht der Abtei aus *Der Name der Rose* (Anat Frumkin)

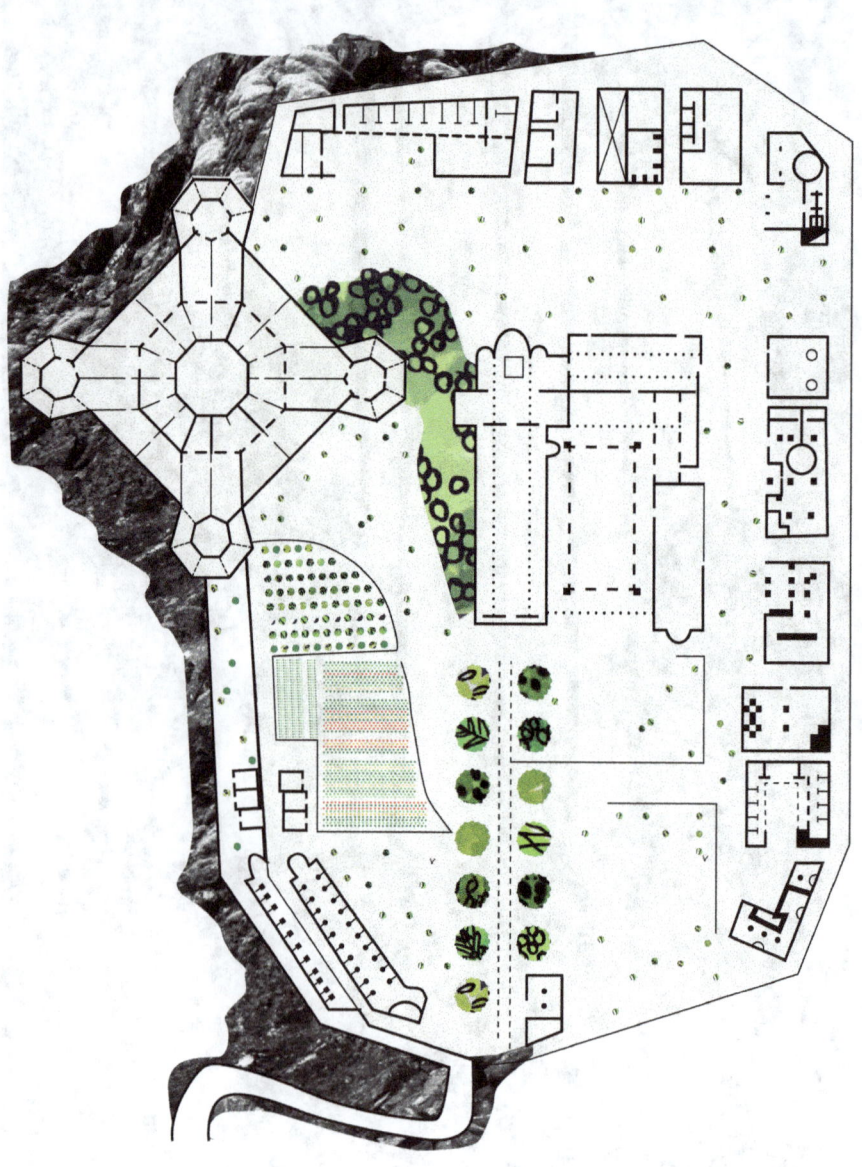

Abb. 17c: Grundriss / Aufsicht der Abtei aus *Der Name der Rose* (Anat Frumkin)

5.6 Kognitiv-Semantische Konfigurationen

Talmy präsentiert eine Reihe von kognitiv-semantischen Konfigurationen, die zumindest bei Raumrelationen auftreten können, die im Englischen mit Präpositionen wie *in, on, at* enkodiert werden. Dabei handelt es sich um idealisierte Relationen zwischen einer Figur und dem Grund als Referenzpunkt, die aber zeigen, welche spezifischen Bedingungen durch Figur-Grund-Asymmetrien enkodiert werden.

a. Unterteilung einer Raumkonfigurierung, um Figur-Grund-Relationen zu erzeugen (*partitioning of a spatial configuration to yield a Figure and a Ground*): Die Unterteilung einer Raumkonfiguration bedeutet, dass der Raum in geometrische und vor allem topologische Relationen eingeteilt wird. *Ein Glas steht auf einem Tisch* beschreibt erst einmal ganz grundsätzlich die Relation des kleineren Objektes (Glas) in Beziehung zu einem horizontalen Grund (Tisch). Die Präposition *auf* enkodiert eine Punkt-zu-Punkt-Kontaktrelation zwischen Figur und Grund. Das Positionsverb *stehen* beschreibt die vertikale Ausrichtung der Figur in Relation zum horizontalen Grund. Ein offenes Behältnis, dessen Ausmaße höher als breit sind, dessen Verwendung wird prototypisch als *stehend* bezeichnet. Das Glas kann auch auf dem Tisch *liegen*, dann befindet es sich jedoch in einer weniger prototypischen Raumsituation und ist leer.

b. Schematische Geometrie der Figur (+/− schematisch F; *schematic geometry of the Figure object*): Bei der schematischen Geometrie der Figur geht es um deren objektinhärente Eigenschaften. Ein Würfel wird prototypisch als dreidimensionales Objekt repräsentiert. Wir wissen spätestens seit dem ersten Geometrie-Unterricht in der Grundschule, dass ein Würfel sechs Seiten hat und dass die Länge, die Breite und somit auch die Fläche jeder Seite identisch ist. Ebenfalls wissen wir – wenn es sich um einen Spielwürfel handelt –, dass dieser Hexaeder 1 die 6 gegenüberliegt (der 2 die 5 und der 3 die 4). Dies ist schematisch, d.h. als abstrakte mentale Einheit repräsentiert und nach Marr (1982) als 3-D Objekt.

c. Schematische Geometrie des Grunds (+/− schematisch G; *schematic geometry of the Ground object*): Analog zu b. und den objektinhärenten Eigenschaften geht es bei der schematischen Geometrie des Grunds ebenfalls um dessen objektbedingte Funktionen.

d. Symmetrie und Asymmetrie der Figur-Grund-Geometrie (+/− Symmetrie; *symmetry or asymmetry in the geometry of the Figure and of the Ground*): Hier zeigen sich nun objektspezifische Qualitäten, die primär prototypisch gedacht werden, denn schließlich konzipieren Menschen einen sechsseitigen Würfel und keinen mit acht oder noch mehr Seiten, wie sie z.B. in Rollenspielen verwendet werden. Ein Grundprinzip ist dabei die Figur-Grund-Asymmetrie, also die schematische Repräsentation eines kleineren, sich bewegenden Objektes in Relation zu einem größeren Objekt.

e. Objektinhärente Geometrie, basierend auf den Teilen und der Ausrichtung des jeweiligen Objekts (+/− Ausrichtung; *an object's asymmetric geometry based on its parts or on a directedness within it*): Dies entspricht den geometrischen Informationen, die wir bei Figur und Grund in b. und c. gesehen haben, nur hier auf die Teile und die Ausrichtung bezogen.

f. Anzahl notwendiger Dimensionen in einer objekt-schematischen Geometrie (+/− Dimensionen; *number of relevant dimensions in an object's schematic geometry*): Die Anzahl notwendiger Dimensionen ist eine weitere Spezifizierung der Figur.

g. Abgrenzungsbedingungen der objekt-schematischen Geometrie (+/− Abgrenzung; *boundary conditions of an object's schematic geometry*): Das oben angeführte Glas kann durch seine objektinhärenten Eigenschaften vom Tisch, auf dem es steht, unterschieden werden. Die Möglichkeit, in der visuellen Wahrnehmung ein Objekt von einem anderen zu unterscheiden, ist evident in der Bedeutungszuweisung.[253]

h. Die Geometrie eines Objekts als Kontinuität oder Zusammensetzung (+/− Kontinuität; *an object's geometry as continuous or composite*): Auch hier spielt die Geometrie eine entscheidende Rolle, denn sie bedingt die Qualität der Figur. Dass diese idealtypische Darstellung etwas verkürzt ist, zeigt sich z.B. bei den genannten Kippfiguren und Vexierbildern (siehe das Kapilte zur Gestalttheorie). Vandeloise (1990) hat bereits ausführlich dargelegt, wo die Grenzen geometrischer Zuschreibungen (Kanten, Punkte, Linien, Winkel) liegen, ab wann also eine räumliche Relation durch Wahl unterschiedlicher Präpositionen zu spezifizieren ist.

i. Orientierung der Figur in Relation zum Grund (+/− Orientierung; *orientation of the Figure with respect to the Ground*): Der Fokus ist auf die Figur gelegt, der Grund scheint eher passiv zu sein.

j. Relativer Abstand/Umfang der Figur in Relation zum Grund (+/− Abstand; *relative distance/magnitude of the Figure compared to the Ground*): Die Figur steht im Vordergrund. Eine Figur-Grund-Relation kann nur entstehen, wenn bestimmte geometrische Bedingungen erfüllt sind, eben der relative Abstand

---

[253] Dieses Spiel der Objekthaftigkeit wird gern in der Kunst aufgehoben, ähnlich wie bei Kippfiguren und Vexierbildern, die auch Wittgenstein heranzieht in seinem Hase-Enten-Kopf Beispiel (siehe Kapitel zu Gestaltgesetzen). Die Abgrenzungsmöglichkeiten sind eine notwendige Bedingung, um Glas und Tisch – also Figur und Grund – voneinander trennen zu können.

der Figur zum Grund oder der Umfang. Im Deutschen wird dies schnell deutlich bei Präpositionen, die die Nähe zweier Objekte spezifizieren, zum Beispiel *bei, nahe, neben, links, rechts*. Wann steht eine Figur bei/nahe an einem Grund? Und wie nahe ist die Figur dem Grund, wie groß also die Entfernung? Dies ist relativ zur Beobachter*in (die allerdings in die geometrische Relation nicht mit einbezogen wird). *Das Fahrrad steht beim Brandenburger Tor* vs. *das Fahrrad steht am Brandenburger Tor* vs. *das Fahrrad steht links/rechts vom Brandenburger Tor* vs. *das Fahrrad steht nahe dem Brandenburger Tor*.

k. Anwesenheit/Abwesenheit eines Kontakts der Figur zum Grund (+/– Kontakt; *presence/absence of contact of the Figure with the Ground*): *Das Fahrrad steht am Brandenburger Tor* könnte einen Kontakt enkodieren (sollte dieser Kontakt tatsächlich bestehen, wäre *lehnt am Brandenburger Tor* die präzisere Darstellung). Beim Glas auf dem Tisch ist der Kontakt evident.

l. Die Verteilung der Figur (als Substanz) relativ zum Grund (+/– Verteilung; *distribution of Figure's substance relative to that of the Ground*): Das umgekippte, vormals volle Wasserglas, der Zucker, der über den Tisch verstreut ist, oder die Tischdecke, die über die Tischkante hinausragt – diese Beispiele verdeutlichen, dass die Abgrenzungsmechanismen in der Darstellung von Figur und Grund unscharf werden können. Visuelle Figur-Grund-Asymmetrien stehen nicht unbedingt auch sprachlich im gleichen Verhältnis. In und mit der Sprache können unterschiedliche Zuweisungen vorgenommen werden.

m. Anwesenheit/Abwesenheit von Selbstreferentialität der Figur-Grund-Asymmetrie (+/– Referenz; *presence/absence of self-referentiality for a Figure-Ground configuration*)

n. Anwesenheit/Abwesenheit weiterer Referenzobjekte (*presence/absence of further Reference Objects*)

o. Externe Projektion der Geometrie eines weiteren Referenzobjekts (+/– sekundärer Grund; *external projection of a secondary Reference Object's geometry*): Hier wird schlichtweg ein weiterer Referenzpunkt in Stellung gebracht. Wenn z.B. *das Rad neben dem Brandenburger Tor steht*, dann implizieren die geometrischen Bedingungen der Figur (Rad) und des Grunds (Brandenburger Tor) noch keine Raumorientierung außer einer inhärenten Grundausrichtung, da sowohl das Tor als auch das Rad vertikal in die Höhe ragen und horizontal einen Kontakt haben. Beim Tor ist die Höhe im Verhältnis zur Breite ausschlaggebend für die Raumrelation. Diese Raumrelation wird durch die Präpositionen *neben, links, bei* ausgedrückt, aber auch durch die jeweilige Sicht der Betrachter*in, die mit ins Spiel gebracht wird und die Situation kontextualisiert. Die Betrachter*in spannt einen Vektorraum auf, in dem die Objekte topologisch in Relation zueinander stehen. Diese Relation ist determiniert durch die Betrachter*innenperspektive.

p. Zuweisung einer Asymmetrie bei einem primären Referenzobjekt (*imputation of asymmetry onto a primary Reference Object*)
q. Orientierung der Figur zum Grund mit Bezug auf die Erde (Gravitation, Fliehkräfte)/eine Sprecher*in/ein anderes sekundäres Referenzobjekt (*orientation of the Figure or Ground to the earth/speaker/other secondary Reference Object*)
r. Weitere Figur-Grund-Konfigurationen (*further embeddings of one Figure-Ground configuration within another or concatenations of one upon another*)
s. Einnahme einer Perspektive, um eine vorhandene Konfiguration zu betrachten (*adoption of a perspective point from which to regard the configuration*): Streng betrachtet verlassen wir hier den geometrischen Raum und führen extra-sprachliches Wissen ein, hier also eine Betrachter*in.
t. Veränderung des Ortes der Figur oder der Perspektive (*change in the location of a Figure or perspective point through time [hence, paths of motion and perspectival scans]*) (Talmy 2000: 241)

Talmy zeigt recht detailliert die unterschiedlichen Parameter auf, gemäß denen Figur-Grund-Asymmetrien auftreten können. Diese Parameter können als kognitive Wissenssysteme verstanden werden, die verschiedene mentale Modelle aktivieren können. Diese sind, wie bereits mehrfach betont, Voraussetzung dafür, dass Raumorientierung und Navigation im Mikro- wie im Makroraum reibungslos funktionieren kann. Diese mentalen Modelle wurden als Form des Gedächtnisses eingeführt und daher soll hier abschließend für dieses Teilkapitel noch einmal spezifisch das Raumgedächtnis aufgerufen werden. Zusammenfassend hier daher eine allgemeine und gute Darstellung von McNamara, der am Beginn des folgenden Zitates zunächst den Begriff des Raumgedächtnisses (*spatial memories*) stark macht (McNamara 2013: 174–175).

> *Spatial memories*, as the term is used in this chapter, are memories of the locations of objects, places, and environmental features. Such memories are constructed from knowledge of the identities and appearances of entities in the environment. I use the term *object-place* to refer to this type of knowledge, with the aim of capturing the notion that whereas some of these environmental entities naturally would be considered objects (e.g., coffee table, stop sign), others correspond to significant locations of greater extent and less well-defined boundaries (e.g., small city park, path intersection, saddle between two hills).

Das von McNamara eingeführte Raumgedächtnis beinhaltet Erinnerungen an Orte von Objekten, Plätzen und weiteren umweltbedingten Faktoren. Objekt-Ort-Wissen ist die hier eingeführte Dichotomie, die sich in verschiedenen Wissensformen aufspalten lässt, und zwar Wissen über Landmarken, Wissen über Wege, Wissen über Formen der Umwelt und Überblickswissen:

> *Landmark knowledge* [...] is a special case of object–place knowledge. People know the identities of many objects and places in their environments that may not serve as landmarks.
>
> *Landmarks* are entities of special significance to spatial memory and navigation [...]: They are used to indicate the locations of other objects and places (e.g., the restaurant is at the top of the Sheraton Hotel), they may be the goals of navigation (e.g., I am going to the state capitol), they mark the locations of changes of direction (e.g., turn left at the Convention Center), and they are used to maintain course (e.g., you will pass the Ryman on your right). In Siegel and White's [...] classical theory of the acquisition of spatial knowledge (discussed subsequently), landmark knowledge is the first to be acquired and is the building block of other types of spatial knowledge. (McNamara 2013: 174)

Das Wissen über Landmarken, die bereits eingeführt wurden, impliziert die Verortung von Objekten und Plätzen, die wiederum Ziel einer Bewegung sein können. Landmarken können das direkte Ziel einer Orientierung im Raum sein und sie können helfen, einen eingeschlagenen Weg beizubehalten.

> *Route knowledge* consists of knowledge of sequences of landmarks and associated decisions and actions [...]. Actions specify the steps needed to get to the next landmark on the route (e.g., turn left at the laundromat and drive one block to 20th Ave.). Landmarks functioning in this way correspond to associative cues.
>
> Landmarks can also serve as beacons or as goals of navigation [...].
>
> A navigator uses a beacon by guiding locomotion toward it, and as long as each successive landmark is perceptible from its predecessor on a route, route knowledge need not contain a great deal of information about actions to be taken at each landmark. Waller and Lippa [...] investigated these two functions of landmarks in route learning in desktop virtual environments. They found that routes containing beacon landmarks were learned more efficiently than routes containing associative cue landmarks and that beacon-based route learning was less enduring and produced poorer knowledge of environmental directions than did associative-cue-based route learning. Knowledge of routes in all but the simplest of environments almost certainly includes landmarks that function as associative cues, as beacons, and even as both.
>
> In Siegel and White's [...] theory, early in acquisition, route knowledge does not represent metric information such as distance, temporal duration, or turning angles. According to this theory, such metric properties are only acquired gradually with experience in an environment. However, as discussed subsequently, there is growing evidence that route knowledge contains metric properties from early in the acquisition of spatial knowledge. (McNamara 2013: 174; Hervorhebung im Original)

Und weiter argumentiert McNamara mit Bezug auf die Eigenschaften einer natürlichen oder menschengemachten Umwelt (*Environmental Shape Knowledge*):

> Many, if not most, humans now live in largely carpentered worlds. In such environments, the shapes of rooms, corridors, streetscapes, and even bounded green spaces can be salient. There is emerging evidence that knowledge of environmental shape is a fundamental type of spatial knowledge and that it is used in navigation.
>
> Cheng [...] first discovered the importance of environmental shape in reorientation. He found that when rats searched for the known location of food in rectangular enclosures under certain conditions, they often committed *rotational errors* in which they searched equally in both the correct location and the incorrect location differing from the correct one by 180° of rotation. For instance, if the correct location were in one of the corners, the rotational error would be the corner diagonally opposite to the correct corner. These errors occurred even when proximal, nongeometric featural cues, such as visual patterns or olfactory cues, were available to allow the rat to distinguish the correct location from the rotational error. Similar findings have been observed in many species, including humans [...].
>
> Although there have been many demonstrations of the limitations of such findings [...], there is ample evidence that adults are sensitive to environmental geometry when they learn a new environment [...] and when they reorient and navigate [...]. It is unknown whether these findings generalize to natural environments. Perhaps the best evidence that they may comes from studies showing that people are sensitive to geographical slant when learning and navigating in large-scale virtual environments [...]. (McNamara 2013: 174–175; Hervorhebung im Original)

> *Survey knowledge* is knowledge of the overall spatial layout of an environment. This knowledge includes Euclidean („straight-line") distancesand interpoint directions defined in a common reference system. A key characteristic of survey knowledge is that the spatial relations between locations can be retrieved or inferred even if travel has never occurred between the locations. Survey knowledge of an environment is often referredto as a *cognitive map* (a term coined by Tolman [...]). Survey knowledge is typically considered the most advanced type of knowledge obtained about an environment [...]. Behaviors taken to be the signature of survey knowledge include the abilities to create efficient routes (e.g., taking shortcuts), to point directlyto unseen locations, and to estimate Euclidean distances. Experimental investigations of survey knowledge have usually examined the conditions that lead to its acquisition. (McNamara 2013: 175; Hervorhebungen im Original)

5.7 Implizite Wissensprozesse

Es gibt Maßeinheiten, die in keinem Lehrbuch oder Tafelwerk auftauchen, sondern allein im Umgangssprachlichen existieren. Eine davon ist der Tacken. Er bezeichnet gemeinhin eine Menge oder Länge von geringem Ausmaß. Auf die Frage: ‚Hängt das Bild gerade an der Wand?' gibt es ein: ‚Mach mal links einen Tacken höher!' zur Antwort. Obwohl niemand zu sagen wüsste, wie viel das in Millimetern oder Zentimetern ist, überzeugt das Ergebnis: Am Ende hängt das Bild in aller Regel gerade. Beziehungsweise links einen Tacken zu hoch, aber viel genauer bekommt man das auch mit einer geeichten Wasserwaage nur in glücklichen Momenten hin.[...]

Eine gleichermaßen unwissenschaftliche Einheit ist die ‚Prise'. Sie wird im Zusammenhang mit körnigen oder kristallinen Substanzen wie Salz und Zucker verwendet. Wer laut Rezept eine Prise Salz in die Suppe geben soll, der weiß, dass es sich weder um lediglich zwei Krümel handelt noch um eine komplette LKW-Ladung. Sondern um eine Menge irgendwo dazwischen, allerdings deutlich näher an den zwei Krümeln dran.

(Die Tageszeitung, Montag, den 12.12.2016: 20; *Gefühlte Maße* von Robert Niemann)

In diesem Kapitel wird ein theoretischer Ansatz nachgestellt, der sich auf Alltagswissen oder auch *common sense knowledge* bezieht (siehe Geus & Thiering 2014; Geus & Thiering 2018). Die Aussage *Die Sonne geht auf* bzw. *unter* funktioniert alltagssprachlich, auch wenn sie – wie wir spätestens seit der kopernikanischen Wende wissen – aus astronomischer Perspektive schlichtweg falsch ist.[254]

Das Konzept impliziter Wissensprozesse wurde im Rahmen verkörperungstheoretischer und kognitionspsychologischer Ansätze entwickelt. Grundsätzlich manifestiert sich implizites Wissen in alltäglichen automatisierten Abläufen und Prozessen, die in unsere täglichen Handlungen und Routinen eingeschrieben sind.[255] Dieses Wissen zeitigt seine Wirkung beim morgendlichen Im-Halbdunkeln-zum-Bad-Tapsen, beim Kaffeetasse-zum-Mund-Zirkeln, während gleichzeitig die Zeitungsnachrichten überflogen werden, beim Checken der Textnachrichten auf dem Weg zur Universität oder beim Rad- oder Autofahren.

Noch viel stärker zeigt sich implizites Wissen in spezialisierten Wissensformen etwa bei handwerklichen oder sportlichen Aktivitäten, die aufgrund einer

---

[254] „Zu diesem sprachlichen Weltbild wird man allerdings neben den Wortschatzgliederungen auch die fest zum Sprachbesitz gehörenden stehenden Redewendungen, Sinnkoppelungen, Topoi usw. rechnen müssen, ohne die wir im alltäglichen Leben gar nicht auskommen. Eine solche stehende Wendung ist sicher auch der Satz *Die Sonne geht auf*, genauso wie die Ausdrücke *Es regnet*, *Der Wind weht* usw. Diese Beurteilungsschemata für uns vertraute Naturerscheinungen sind entstanden auf der Beobachtungsebene ‚normaler' Alltagserfahrungen. Auf dieser Ebene hat sich die sprachliche Erfassung der Welt im Laufe vieler Jahrhunderte vollzogen. Und auf dieser Erfahrungsebene bleiben die genannten Ausdrucksweisen auch durchaus sinnvoll. Denn ungeachtet dessen, daß wir heute wissen, daß sich die Erde ‚in Wahrheit' um die Sonne dreht und nicht umgekehrt, geht sie für den normalen Beobachter nach wie vor am Horizont auf und unter." (Gipper 1972: 105)

[255] Zlatev schreibt diesbezüglich, „[e]verything that we know is given to us through experience, and the best we can do is to make the investigation of this experience and its intentional objects as systematic as possible." (Zlatev 2016: 567)

lang andauernden Einübung in einem hohen Maße automatisiert bzw. prozedural ablaufen.[256] Im Gegenteil, Trevor Marchand hat für Handlungsabläufe im holzverarbeitenden Handwerk gezeigt, dass es eine Umwelt-Körper-Interaktion gibt. Diese Interaktion wird in der Forschung unter dem Begriff verteilte oder situierte Verkörperungstheorien untersucht (dazu ausführlich Kapitel zu Verkörperungstheorien hier).

Die Aufzählung von Beispielen impliziten Wissens ließe sich beliebig fortführen und vor allem auf weitere Lebensbereiche erweitern. Die Leser*in ist eingeladen, sich alltägliche Routinen ins Gedächtnis zu rufen und diese einmal sprachlich zu beschreiben. Interessant ist hier, dass kognitiv komplexe Tätigkeiten zu automatisiertem – implizitem und damit nicht unmittelbar bewusstem – Wissen übergehen, die verschiedenen interagierenden Wissensformen aber erst sichtbar werden, wenn diese Tätigkeiten sprachlich beschrieben werden. Auch zeigt sich die Komplexität von Handlungsabläufen, wenn bei neurologischen Schäden einzelne Hirnareale ausfallen und automatisierte Bewegungen, die den ganzen Körper betreffen, von der betreffenden Person plötzlich bewusst ausgeführt werden sollen (ausführlicher Gallagher 2005). Der Körper und eben nicht nur das Gehirn agiert als wesentlicher Wissensspeicher, der nur im Zusammenwirken und in ständiger Interaktion zwischen Umwelt und spezifischer Handlung des Subjektes funktioniert. Trabant schreibt hierzu:

> Kognition ist nicht nur, was sich im Reinen Geist, das heißt im Computer oder im Gehirn, abspielt, also Rechenoperationen oder mentale Repräsentation der Welt da draußen, sondern sie ist viel komplizierter: Der Körper des Menschen und die Welt haben aktiven Anteil an der Produktion des Gedanken. (Trabant 2016: 33; siehe hierzu auch das Kapitel zu mentalen Modellen)

Diese Wissensprozesse z.B. in Form von Rechenoperationen laufen weitestgehend automatisiert ab und basieren auf kognitiven Operationen. In der kognitiven Psychologie werden diese automatisierten Operationen prozedurales Wissen genannt (siehe Anderson 2015). Dieses Wissen steht weiteren Wissenssystemen gegenüber bzw. wirkt parallel zu weiteren Systemen wie z.B. dem deklarativen Wissen, worunter vor allem Faktenwissen verstanden wird, oder episodisches

---

256 Die Schuhmacher*in, die scheinbar ohne nachzudenken ihre Arbeitsabläufe abruft, die Leichtathletin, die die komplizierten Bewegungen beim Hochsprung ‚abspult', die Kassierer*in, die die Waren durchschiebt, während er/sie die Preise in die Tastatur der Kasse eingibt, die Schreiner*in oder Tischler*in, die nicht nur die unterschiedlichen Beschaffenheiten der Materialen implizit kennt, sondern auch die richtigen Werkzeuge auszuwählen weiß, ohne länger darüber nachzudenken.

Wissen, das alltägliche Ereignisse, sogenannte Episoden, im Gedächtnis speichert. Im Rahmen der Forschung zur künstlichen Intelligenz wird von Anfang an versucht, diese alltäglichen Prozesse zu modellieren und nachzuahmen. Es sollen also Computersysteme entwickelt werden, die einfache menschliche Prozesse des Problemlösens nicht nur modellieren und nachahmen, sondern auch selbstständig erlernen. Die Tasse zum Mund zu führen ist ein solcher Problemlösungsprozess.[257] Dies sind allesamt Prozesse, bei denen ein *Ist*-Zustand (Ausgangspunkt) in einen *Soll*-Zustand (Zielpunkt) überführt werden soll. Im Rahmen eines Informationsmodells wird somit ein *Ist*-Zustand mit dem *Soll*-Zustand abgeglichen (*test*), bei Nicht-Übereinstimmung modifiziert (*operate*), erneut getestet, gegebenenfalls erneut modifiziert und so fort, bis mit dem Erreichen des *Soll*-Zustands die Schleife beendet wird (*exit*). Diese T-O-T-E Einheit funktioniert wie ein idealisierter Algorithmus, der erst dann beendet wird, wenn der Informationsprozess vom Ausgangspunkt zum Zielpunkt vollständig durchgeführt wurde (Wender 1980).

Wie schwierig alltägliche Handlungen künstlich zu erlernen bzw. zu modellieren sind, zeigt Bödeker, indem sie eine vermeintlich ganz einfache Praxis aus unserem Küchenalltag darauf hin befragt, welches implizite Wissen ihr zugrunde liegt:

> Ein Koch schlägt ein Ei an einer Glasschüssel auf. Wenn es richtig gemacht wird, bricht der Schlag gegen die Kante der Schüssel die Eierschale in zwei Hälften. Der Koch hält das Ei über der Schüssel, teilt die beiden Hälften der Schale mit seinen Fingern, vergrößert damit den Riss, und der Inhalt des Eis fällt sachte in die Schüssel. Am Ende befindet sich der gesamte Inhalt des Eis in der Schüssel, der Eidotter ist ganz, und der Koch hält die beiden Hälften der Schale in seinen Fingern. Was passiert wenn der Koch das Ei sehr schnell zum Zerschlagen bringt? Sehr langsam? Wenn der Koch das Ei in die Schüssel legt und mit seiner Hand stetig Druck ausübt? Wenn der Koch, nachdem er das Ei zerbrochen hat, versucht, es wie ein hartgekochtes Ei zu schälen? Wenn die Schüssel aus losen Blättern Papier besteht? Oder aus weicher Knete? Wenn die Schüssel kleiner ist als das Ei? Wenn die Schüssel verkehrt herum steht? Wenn der Koch diese Prozedur mit einem hart gekochtem Ei durchführt? Mit einer Kokosnuss? Mit einem M & M? (Bödeker 2006: 13)

Wie Bödeker weiter schreibt, liegt das „Faszinierende an den Schwierigkeiten von Computerprogrammen, Fragen wie die oben genannten zu beantworten, darin, dass sie die Banalitäten sichtbar machen, die wir im Umgang mit Gegenständen stets voraussetzen" (Bödeker 2006: 13). Weiter schreibt sie:

---

[257] Siehe das sehr anschauliche Video zu einem logischen Problemlöseprozeß das bereits erwähnte Turm-von-Hanoi-Problem auf Youtube von Oliver Vornberger: https://www.youtube.com/watch?v=UMPneeBzQHk; letzter Abruf vom 23.04.2018

> Wenn sich der Inhalt des Eis in der Schüssel befindet, dann ist er nicht mehr in der Schale. Eiweiß und Eidotter können zerfließen, die Glasschüssel nicht. Der Inhalt des Eis fällt in die Schüssel, fällt aber nicht durch die Schüssel und den Tisch hindurch. Eiweiß und Eidotter bleiben in der Glasschale, springen nicht von selbst heraus. Für solche Voraussagen über das Verhalten von Gegenständen und ihren Veränderungen stützen wir uns auf Wissen über die physikalische Welt, das all unser Handeln wie selbstverständlich begleitet, dessen wir uns aber meist nicht bewusst sind. (Bödeker 2006: 13)

Hier wird die Komplexität des Zusammenspiels unterschiedlicher Wissensformen deutlich. Komplexer wird es dann noch, wenn gefragt wird, welche Funktion Sprache dabei hat. Interessanterweise sind Computer sehr gut im Lösen von Problemen, wie sie z.B. Schach und das als noch komplizierter geltende Go bieten – hier haben Computerprogramme mittlerweile die jeweiligen Spitzenspieler*innen besiegt. Trotzdem scheint der Mensch dem Rechner noch immer in vielen Dingen überlegen: Ein Ei teilen kann ein Computer nicht, zumindest nicht mit dem erwünschten Erfolg, dass Eigelb und Eiweiß sauber getrennt werden. Die Komplexität der Mensch-Umwelt-Interaktion zeigt sich also an solch einfachen Beispielen wie dem Trennen von Eiweiß und Eigelb. Dies ist in keiner Weise trivial, sondern im Hinblick auf die Kognition höchst komplex. Solche Komplexitäten zeigen sich besonders in der Raumorientierung und Raumwahrnehmung. Das alltägliche Finden eines Wegs im Mikro- und Makroraum stellt die menschliche Kognition vor Herausforderungen, für deren Bewältigung Menschen teilweise recht unterschiedliche Methoden der Orientierung entwickelt haben.

Dabei zeigt sich diese Fähigkeit im prozeduralen Alltagswissen. Verschiedene Sprachen favorisieren unterschiedliche Enkodierungsmechanismen, das heißt grammatische und morphosyntaktische Regeln, aber vor allem lexikalische und damit semantische Einheiten bzw. Konstruktionen (Croft 2001; Goldberg 1995 oder Kollokationen; Stefanowitsch & Gries 2003, 2005). Diese Konstruktionen sind nicht isoliert von kognitiven Prozessen zu sehen, sondern stehen in direktem Zusammenhang mit den verschiedenen Wissenssystemen (wie im Kapitel zu Weltansichten und neo-whorfschen Ansätzen ausführlich dargelegt). Diese Wissenssysteme haben jeweils ihre eigenen Gesetze, so erfordert visuelle Wahrnehmung andere Dekodierungsmechanismen als das Hören gesprochener Sprache. Beiden gemein ist allerdings die Fähigkeit, fehlende Informationen durch Welt- bzw. Erfahrungswissen zu ergänzen (dieses Ergänzen fehlender Informationen mithilfe kognitiver Konturen wird im Kapitel zur Gestalttheorie beschrieben).

In der Sprache werden implizit wesentliche Qualitäten eingeschrieben, die den Objekten zugeschrieben werden. Sprecher*innen verwenden Präpositionen und Verben, die auf bestimmte Qualitäten der zu enkodierenden Objekte verweisen. Deshalb können bestimmte Objekte (in einem Satz) nur *stehen* oder *liegen*: Ein Spielwürfel *liegt* auf dem Tisch, das Glas *steht* auf dem Tisch, das Blatt Papier *liegt* auf dem Tisch, das Buch *steht* im Buchregal. Und der Ball? Ein Ball *liegt* auf der Straße. Wie weiter gezeigt wurde, wird das Positionsverb *stehen* mit der Präposition *auf* immer dann verwendet, wenn das zu lokalisierende Objekt eine höhere vertikale Ausdehnung im Vergleich zum horizontalen Referenzpunkt aufweist, es somit eine Punkt-zu-Punkt-Kontaktrelation gibt. Dies wäre bei einem Ball ebenfalls der Fall, denn im Gegensatz zu einem Würfel ist die Kontaktfläche zum Referenzpunkt eher gering, trotzdem *liegt* der Ball auf der Straße. Dies liegt daran, dass ein Ball gleich hoch wie breit ist. Dieses Wissen ist implizit, es wird nicht bewusst abgerufen und es wird auch nicht bewusst gelernt.

Während des frühkindlichen Spracherwerbs wird u.a. solches Wissen in *trial-and-error*-Verfahren erworben. Eltern erklären den Kindern nicht explizit die geometrischen Verhältnisse von und zwischen Objekten. Dass also ein Ball *auf* der Straße *liegt* und das Buch *im* Regal *steht* oder der Atlas wiederum *im* Regal *liegt*, weil Figur und Grund in einem bestimmten Verhältnis zueinander stehen. Und eine Vase eben meistens *auf* dem Tisch *steht*, wenn nicht, dann ist ein Malheur passiert und die Vase ist umgefallen und *liegt* auf dem Tisch. Sie also die geometrischen Verhältnisse oder Bedingungen ändern, was sich wiederum in der semantischen Zuweisung über die veränderten Positionsverben zeigt.[258]

Diese Beispiele können beliebig weitergeführt werden. Was sie zeigen sollen, ist, dass Objekten inhärente Eigenschaften zugeschrieben werden, die sich in der Sprache widerspiegeln. In vielen nicht-europäischen Sprachen, wie z.B. den *First-nations*-Sprachen in Kanada, müssen Objekte also explizit sprachlich charakterisiert und klar definiert werden. Klassifikatorische Verben sind dafür notorisch bekannt. Diese sind semantisch reicher als die deutschen Positionsverben wie *stehen* oder *liegen*. Im Deutschen muss daher mehr Welt- und Erfahrungswissen addiert werden, und dieses Wissen manifestiert sich im und durch den Sprachgebrauch. Je häufiger sprachliche Konstruktionen dabei benutzt werden, desto eher gibt es eine semantische Übereinkunft (*usage-based-* oder *frequency-based*-Ansatz; Bybee 2013; Bybee & Hopper 2001).

---

258 Der Cursor ist *auf* dem Bildschirm, allerdings ist er doch eigentlich eher *im* Bildschirm, da er sich ja nicht dreidimensional vom Hintergrund abhebt. Und ansonsten bewegen sich viele Menschen *im* Internet oder *in* sozialen Netzwerken, sind aber *auf* Facebook, *auf* Instagram, *auf* Twitter etc.).

I walk through the streets and memorize the city
I count every light until I reach the shore
Sometimes I close my eyes and you're not very pretty
Sometimes I can't believe I've had those thoughts before.

(The Organ (2004): *Memorize the City*. Grab that Gun.)

6 Mentale Raummodelle

Dieses Kapitel führt ein in die aktuelle Forschung zu mentalen Modellen und kognitiven Karten. Es wird der Versuch unternommen, die recht abstrakten, teilweise formalen Ansätze und Theorien fassbar und anwendbar darzustellen. Mentale Modelle sollen hier im Kontext verteilter Kognitionsprozesse eingeführt werden – der Ansatz, dass Wissen nicht nur im Kopf eines Einzelnen gespeichert ist, sondern sich auf unterschiedliche Wissensformen verteilt (dazu ausführlicher im Kapitel zu Verkörperungstheorien). Eingangs sollen daher zentrale Begriffe wie *mental*, *kognitiv*, *Modell* und *Karte* grundsätzlich bestimmt werden. Vorausgeschickt wird bereits, dass in den folgenden Ausführungen auf die formal-logischen Definitionen und die Beschreibung der unterschiedlichen Syllogismen, die für die Beschreibung mentaler Modelle normalerweise herangezogen werden, verzichtet wird. Dies ist vor allem der Zielsetzung der Verständlichkeit des Textes und der Anwendbarkeit mentaler Modelle in Form von konkreten Praktiken geschuldet.

Das Eingangszitat zeigt, was Menschen exemplarisch bei einem Spaziergang durch eine Stadt kognitiv konstruieren und perzeptuell wahrnehmen – *memorize the city*. Diese Konstruktionsprozesse basieren auf mentalen Modellen, die im Alltag Wissensbereiche bereitstellen. Ganz allgemein sind mentale Modelle vereinfachte bzw. auf wesentliche Elemente reduzierte Abbildungen einer außersprachlichen Umwelt. Ein Modell steht für etwas anderes, das in der jeweiligen direkt wahrnehmbaren oder gedachten Umwelt existiert. Dieser repräsentative Ansatz folgt ganz dem semiotischen Diktum eines *aliquid stat pro alio* und somit der zeichentheoretischen Idee, dass etwas für etwas anderes steht. Ein Modell ist grundsätzlich eine maßstabsgetreue Abbildung eines Originals inklusive der geometrischen Relationen, sei es eines Hauses, Autos, eines neuen Wohnviertels. Vor allem in der Architektur werden Modelle zur Veranschaulichung verwendet. Solche Modelle können rein virtuell sein – modelliert z.B. unter Verwendung von CAD-Progammen–, aber auch physisch hergestellt werden, also ganz plastisch aus Kunststoff, Holz, Metall oder Styropor. Sie stellen so Relationen und Verhältnisse eines Objektes im Raum dar und können als greifbare Abstraktionen konkreter Raumverhältnisse verstanden werden. Computermodellierungen haben den Vorteil, dass sie eine einfache Manipulation von Symbolen erlauben, die wiederum Relationen abbilden können. Dabei können per Mausklick am Bildschirm Objekte – Symbole – verschoben und neu angeordnet werden. Allgemein sind Symbole als übergeordnete Kategorie:

> [Symbolic cognitive models are] theories of human cognition that take the form of working computer programs. A cognitive model is intended to be an explanation of how some aspect

of cognition is accomplished by a set of primitive computational processes. A model performs a specific cognitive task or class of tasks and produces behavior that constitutes a set of predictions that can be compared to data from human performance. Task domains that have received considerable attention include problem solving, language comprehension, memory tasks, and human-device interaction. (Lewis 1999: 141; siehe auch Knauff 1997, 2014; Minsky 1975, 1977; Nejasmic et al. 2015)

Der Fokus liegt bei Lewis auf der Modellierung kognitiver Prozesse durch Computeranwendungen (zum Begriff der kognitiven Modellierung siehe Strube et al. 1996: 407f.). Die menschliche Kognition wird dabei analog zur Funktionsweise eines Computers gedacht. Dabei geht es primär um die Manipulation und Kodierung von Symbolen (den digitalen Varianten von 0 und 1, die diese Kodierung symbolisieren) innerhalb von Computerprogrammen bzw. der Speicherung und Ausführung von Befehlsketten (Strube et al. 1996: 84).[259] Wie bei Lewis soll auch in diesem Kapitel der Fokus auf *primitive computational processes* liegen.

Analog zu kognitiven Modellen schreiben Rickheit & Sichelschmidt:

> In broad terms, a mental model is to be understood as a dynamic symbolic representation of external objects or events on the part of some natural or artificial cognitive system. Mental models are thought to have certain properties which make them stand out against other forms of symbolic representations. [...] Generally speaking, then, the term ‚mental model' refers to a hypothetical construct that may serve to explain and predict the behavior of a system by representing its relevant components and the relations between them in a symbolic way. (Rickheit & Sichelschmidt 1999: 9–10)

Hier stehen somit symbolische Repräsentationen externer Objekte oder Ereignisse im Vordergrund. Mentale Modelle sind nach Rickheit & Sichelschmidt als Weiteres hypothetische Konstruktionen inklusive der relevanten Relationen zwischen Komponenten, um Verhalten vorhersagbar zu machen. Strube et al. schreiben, dass der Fokus vor allem auf den Repräsentationen spezifischer Funktionen liegt, aber auch hier werden externe Sachverhalte als interne Modelle repräsentiert:

> Das Konzept des mentalen Modelles sieht vor, daß Menschen strukturelle und dynamische Aspekte komplexer Problembereiche des Alltags (z.B. technische Geräte, logische Schluß-

---

[259] Siehe zur Gegenüberstellung zwischen analog und digital Strube et al. (1996: 25–26). Zur *computational* Theorie schreibt Horst: „The computational theory of mind (CTM) holds that the mind is a digital computer: a discrete-state device that stores symbolic representations and manipulates them according to syntactic rules; that thoughts are mental representations – more specifically, symbolic representations in a LANGUAGE OF THOUGHT; and that mental processes are causal sequences driven by the syntactic, but not the semantic, properties of the symbols." (Horst 1999: 170–171; Hervorhebung im Original)

folgerungen) dadurch repräsentieren, daß sie interne Modelle aufbauen, welche die jeweiligen Sachverhalte (Funktionieren einer Kaffeemaschine, Textverstehen bei Gebrauchsanweisungen, räumliche Inferenzen) anschaulich machen und mental zu simulieren erlauben. (Strube et al. 1996: 406–407)

Diese Erläuterung kann als allgemeine und im Prinzip recht grundsätzliche Definition verstanden werden. Wesentlich ist hier, dass Menschen externe Zusammenhänge in interne Modelle übertragen. Auch sollen die verschiedenen Computeranwendungen Vorhersagen (*a set of predictions*) treffen können, die sich qua Wahrscheinlichkeiten (*probability*) berechnen lassen. Wenn Sie als Leser*in also irgendeine Aufgabe X in bestimmter Art und Weise automatisiert haben und täglich erledigen, dann ist die Wahrscheinlichkeit hoch, dass Sie diese Handlung wiederholen, ohne dabei dezidert auf die verschiedenen Abläufe achten zu müssen, wie im Kapitel zu Verkörperungsansätzen skizziert wird. Die Vorhersehbarkeit und Wahrscheinlichkeit ergibt sich durch die wiederholte Handlung, die wiederum kognitive Wissensstrukturen aktiviert (und dabei ebenfalls neuronale Spuren hinterlässt). Anders ausgedrückt, es scheint wahrscheinlicher, dass menschliches Handeln auf bisherigem zielführendem Handeln und Wissen aufbaut, als dass es immer wieder bei null anfängt (zur Definitionen von unterschiedlichen Handlungen siehe Strube et al. 1996: 245f.).[260]

Wie in dieser Einführung deutlich gemacht wird, erscheint allerdings die Orientierung und Navigation im Raum weiterreichende Informationsebenen vorauszusetzen, die nur bedingt über rein stochastische Computermodellierungen – Ergebnis, Ereignis, Wahrscheinlichkeit, Wahrscheinlichkeitsmaß, Wahrscheinlichkeitsraum, Zufallsvariable, Verteilung, stochastischer Prozess – zu erfassen sind (zur Stochastik siehe Strube et al. 1996: 677). Allerdings sollte betont werden, dass Computermodellierungen, die auf neuronalen Netzwerken, propositionalen Netzwerken oder anderen Anwendungen beruhen können, durchaus in der Lage sind, idealtypische Situationen und Handlungen bis zu einem gewissen Grad vorherzusagen.

Auch in diesem Unterkapitel steht die Orientierung im n-Raum im Vordergrund, sei es im urbanen Raum unter Benutzung (mentaler) Karten[261], dem virtu-

---

[260] In Bezug auf Handeln und alltägliche Erfahrungen argumentiert Hutchins: „With experience we learn about the regularities of the world of external symbolic tokens and we form mental models of the behaviors of these symbolic tokens that permit us to perform the manipulations and to anticipate the possible manipulations. With even more experience, we can imagine the symbolic world and apply our knowledge, gained from interactions with real physical symbol tokens, to the manipulations of the imagined symbolic worlds." (Hutchins 1995: 292)
[261] „Mentale Karten bezeichnen dabei Raumrepräsentationen, die aus Wahrnehmung und Bewegung hervorgehen, im (Körper-)Gedächtnis gespeichert sind und räumliches Verhalten beein-

ellen, dem sprachlichen, dem geometrischen oder einem anderen n-Raum. Damit steht auch das Wechselspiel zwischen externalisiertem Wissen – z.B. in Form von Karten, GPS-Systemen, Pokemon Go oder Geocaching (GPS-Schnitzeljagd) – und dem Körperraum (siehe die Kapitel zu Verkörperungstheorien und räumlichen Referenzrahmen) im Vordergrund.

Wie formt sich Wissen durch welche – sprachlichen – Handlungen? Und wie kann auf dieses Wissen zurückgegriffen werden? Dazu schreibt Tversky, dass Bilder, architektonische Pläne und Karten eine bestimmte Wissensform des n-Raumes präsentieren:

> Traditional pictures, architectural plans, and maps are literally spatial in the sense that they represent things that are visible in the world, typically preserving shapes and spatial relations among and within the forms. Such mappings are derived from the spatial world through the mind, by schematizing or abstracting information from the spatial world. At another extreme are mappings that are regarded as abstract or metaphorically spatial. Such mappings are constructions, derived from mental representations in the mind through similar schematizing processes to forms and places on the page. For concepts that are not literally spatial, form and place are freed of any need to resemble „reality." Nevertheless, the uses of form and place in conveying meanings are constrained by certain psychological correspondences, perceptual, cognitive, and social. Many of these metaphorically spatial concepts are evident in spatial language: someone is at the top of the class, another has fallen into a depression, friends grow close or apart; a field is wide open, a topic is central to a debate. (Tversky 2014: 11–12; siehe auch Kitchin & Blades 2002)[262]

---

flussen. Wesentliche Impulse zur Untersuchung mentaler Karten gingen von Edward C. Tolman (1886–1959) und Kevin Lynch (1918–1984) aus. Während Tolman über das Verhalten von Ratten in Labyrinthen zu einer Theorie kognitiver Karten (*cognitive maps*) kam, entwickelte Lynch seinen Begriff des Umweltbildes (*environmental image*) im Rahmen empirischer Studien zur Wahrnehmung der Stadt." (Günzel 2010: 234; siehe auch Richter & Winter 2014) Und weiter schreibt Günzel: „‚Raumkognition', ‚Spatial Reasoning' oder ‚Cognitive Maps' sind Begriffe des 20. Jahrhunderts. Ihre Gegenstände jedoch, wie räumliches Vorstellen und Schließen oder Richtungs- und Orientierungsverhalten, beschäftigen Philosophie, Anthropologie, Physiologie und Psychologie weitaus länger. [...] Zeigen sich mentale Karten von Beginn an als ein interdisziplinärer Forschungsgegenstand der Psychologie und Geographie, dann haben die Semiotik einerseits, die Postcolonial Studies andererseits zu einer Transformation des ursprünglich kognitivistischen Begriffs ›mentaler Karten‹ in ein kritisches soziokulturelles Konzept beigetragen." (Günzel 2010: 234)

262 Kritisch betrachtet Hutchins das *mind*-Konzept (*mind* wird in der Regel mit ‚Geist', ‚Gehirn' oder ‚Verstand' übersetzt, wobei keiner der deutschen Begriffe dasselbe Bedeutungsspektrum abdeckt wie *mind*; siehe Wilson 1999: xv-xxiv). Hutchins schreibt, „among the benefits of cognitive ethnography for cognitive science is the refinement of a functional specification for the human cognitive system. What is a mind for? How confident are we that our intuitions about the cognitive nature of tasks we do on a daily basis are correct? It is a common piece of common sense that we know what those tasks are because we are human and because we engage in them

Pläne und Karten sind Tversky zufolge räumlich und beziehen sich auf sichtbare Dinge der Umwelt bzw. (re)präsentieren diese. Diese Abstraktionen enkodieren damit geometrische Formen und Informationen der räumlichen Relation zwischen Objekten. Dieser Zusammenhang zwischen der (Re)Präsentation und der Umwelt (*mapping*) wird auf der kognitiven Ebene (*mind*) hergestellt (siehe Johnsons *The Body in the Mind* [1987], das den Körper und kognitive Fertigkeiten zusammenbringt; weiter Ziemke et al. 2007; Zlatev et al. 2008; Clark 2001 ist ebenso zu empfehlen).[263] Ein solcher Zusammenhang lässt sich anhand von Wahrnehmungsprozessen gut veranschaulichen.

---

daily. But I believe this is not true. In spite of the fact that we engage in cognitive activities every day, our folk and professional models of cognitive performance do not match what appears when cognition in the wild is examined carefully. I have tried to show here that the study of cognition in the wild may reveal a different sort of task world that permits a different conception of what people do with their minds." (Hutchins 1995: 371)

263 Zum Zusammenhang von *mind* und *body* führt Robert Wilson (1999) im einleitenden Beitrag zur Philosophie in der *MIT Encyclopedia of the Cognitive Senses* aus: „The relation between the mental and the physical is the deepest and most recurrent classic philosophical topic in the philosophy of mind, one very much alive today. In due course, we will come to see why this topic is so persistent and pervasive in thinking about the mind. But to convey something of the topic's historical significance let us begin with a classic expression of the puzzling nature of the relation between the mental and the physical, the MIND-BODY PROBLEM. This problem is most famously associated with RENÉ DESCARTES, the preeminent figure of philosophy and science in the first half of the seventeenth century. Descartes combined a thorough-going mechanistic theory of nature with a dualistic theory of the nature of human beings that is still, in general terms, the most widespread view held by ordinary people outside the hallowed halls of academia. Although nature, including that of the human body, is material and thus completely governed by basic principles of mechanics, human beings are special in that they are composed both of material and nonmaterial or mental stuff, and so are not so governed. In Descartes's own terms, people are essentially a combination of mental substances (minds) and material substances (bodies). This is Descartes's dualism. To put it in more commonsense terms, people have both a mind and a body. Although dualism is often presented as a possible solution to the mind-body problem, a possible position that one might adopt in explaining how the mental and physical are related, it serves better as a way to bring out why there is a ‚problem' here at all. For if the mind is one type of thing, and the body is another, how do these two Philosophy types of things interact? To put it differently, if the mind really is a nonmaterial substance, lacking physical properties such as spatial location and shape, how can it be both the cause of effects in the material world–like making bodies move–and itself be causally affected by that world–as when a thumb slammed with a hammer (bodily cause) causes one to feel pain (mental effect)? This problem of causation between mind and body has been thought to pose a largely unanswered problem for Cartesian dualism." (Wilson 1999: XV–XVI; Hervorhebungen im Original; siehe 546–548)

6.1 Wahrnehmungsprozesse

Menschen haben ein sowohl individuelles als auch kollektives Gedächtnis und damit die Möglichkeit, frühere Wahrnehmungen und zu einem anderen Zeitpunkt erlangtes Wissen erneut aufzurufen. Sprachen und Sprechen ermöglichen es, auf dieses Wissen zuzugreifen, um eine bestimmte Sichtweise zu formulieren, eine Geschichte zu erzählen etc. Dieses Wissen entwickelt sich nicht nur ontogenetisch, also in der Seins-Werdung des Individuums vom Fötus zum erwachsenen Menschen, sondern auch phylogenetisch und damit im Kontext der anthropologischen und evolutionären Stammesentwicklung des Menschen (Tomasello 1999, 2014).[264] Damit sind entwicklungsspezifische Ausprägungen durchaus relevant für die Entwicklung eines Menschen. Ob diese nun genetisch vorprogrammiert sind, wie es z.B. der Spracherwerbsmechanismus nach Noam Chomsky suggeriert, auch _language_ _acquisition_ _device_ (LAD) genannt, oder das FOXP2-Sprachgen (siehe Krause et al. 2007), oder ob es lediglich Präferenzen innerhalb einer Sprecher*innengemeinschaft gibt, die kulturspezifisch ausgeprägt werden, steht auf einem anderen Blatt (siehe Corballis 2003, 2009, 2011; Hauser et al. 2014; Hurford 2004; Oller & Griebel 2004; kritisch Zlatev 2014).

Mentale Vorgänge sind ganz allgemein sämtliche Prozesse, die im Gehirn und in Verbindung mit dem Körper – verlängertes Rückenmark, zentrales Nervensystem Koordination der Extremitäten – ablaufen. Dazu gehören alle Formen der sinnlichen Wahrnehmung: Neben der visuellen Wahrnehmung ist dies die auditive Wahrnehmung (hören) sowie die olfaktorische Wahrnehmung (riechen) als die entwicklungsgeschichtlich älteste Form von Wahrnehmung, des Weiteren die haptische Wahrnehmung – das tastende Fühlen von Gegenständen mit den Händen oder das vorsichtige Vortasten im Dunkeln mit den Füßen[265] – und die taktile Wahrnehmung – die eher passive Wahrnehmung z.B. von Schmerz. Darüber hinaus bezieht sich der Begriff des Mentalen immer auch auf die Spei-

---

264 Zur Sprachevolution siehe: Aitchison 1996; Bickerton 1981, 1990, 1995; Corballis 2003, 2009, 2011; Deacon 1997; Dunbar 1996; Dunbar, Hurford 2012; Knight und Power 1999; Knight, Studdert-Kennedy und Hurford 2004; Knight und Lewis 2014; Lieberman1984; Marquardt 1984; Mufwene 2004; Richerson und Boyd 2010; Ulbaek 1998; Tomasello 1999, 2003, 2014; Trabant und Ward 2001.
265 Philosophisch interessant ist das _Be-greifen_ im doppelten Sinne: als Ertasten eines Gegenstandes und als Verständnis der jeweiligen Funktion. Die Metapher nimmt das funktionale Greifen als materielles Umsetzen einer Handlung zum Ausgangspunkt, um etwas Immaterielles darzustellen, denn etwas begreifen bedeutet, einen Sachverhalt, ein Problem, einen Zustand zu verstehen Grundschüler*innen.

cherung von Wissen und damit das menschliche Gedächtnis, das uns dazu befähigt, Wissen abzurufen.

6.2 Wissensformen

Wichtig ist hier die grundsätzliche Feststellung, dass es unterschiedliche Wissensformen gibt, die in unterschiedlichen Wahrnehmungssituationen bzw. bei unterschiedlichen Praktiken aktiv sind. Solche Wissensformen umfassen z.B. den Bewegungsablauf beim Treppen-Steigen, das Gleichgewicht-Halten auf dem Fahrrad, die Koordination von Auge und Hand beim Frisbee-Spielen, die richtige Benutzung von Essbesteck, aber auch sprachliches Wissen über grammatische und morphosyntaktische Strukturen oder das Weltwissen. Um im Alltag zurechtzukommen und in unterschiedlichsten Situationen adäquat (re)agieren zu können, muss der Zugriff auf diese Wissensformen gewährleistet sein. Mentale Modelle helfen, diese Wissensformen theoretisch greifbar zu machen.[266] Als sinnvollste Analogie oder Metapher zur Erfassung von Wissensformen und ihres Gebrauchs erscheinen dabei informationsverarbeitende Systeme. Anders ausgedrückt, die menschlichen mentalen Vorgänge werden mit der Arbeitsweise von Computern verglichen.

6.2.1 Computermetapher

Gemäß der eben erläuterten Computermetapher wird das Gedächtnis beschrieben als bestehend aus einem Langzeitspeicher (Langzeitgedächtnis), einem Arbeitsspeicher (Kurzzeitgedächtnis) und einer Art Cache (Ultrakurzzeitgedächtnis), in dem Informationen gespeichert werden.[267] Diese fundamentalen Gedächtnisleistungen sind insofern kognitiv, als es sich bei ihnen immer um das Erkennen von Problemen handelt und Problemlöseprozesse geht (zum Problemlösen siehe Strube et al. 1996: 520–530).

---

[266] In Bezug auf mentale Modelle merkt Hutchins richtigerweise an: „[P]utting the question of the flexible constitution of functional systems first means approaching the study of cognition from a different starting point. It requires a different view of cognition, and it demands that our models of cognition be capable of different sorts of computations. This is a consequence of an attempt to build a theory of cognition that comes after, rather than before, a description of the cultural world in which human cognitive behavior is embedded." (Hutchins 1995: 291)
[267] Siehe Anderson 1983, 2009, 2015; Baddeley 1990; siehe zum Navigator-Modell im Zusammenhang mit dem Arbeits- und Langzeitgedächtnis Montello 2005: 282; Montello & Raubal 2013)

Der Langzeitspeicher enthält Wissen, das es sich durch Lernen angeeignet hat und das für die Bewerkstelligung seines Alltags notwendig ist. Dies kann in der Schule oder während einer Ausbildung erworbenes Faktenwissen sein (deklaratives Wissen), aber auch Wissen über Bewegungsabläufe (prozedurales Wissen).[268] Dieses Wissen wird oftmals in Form von Alltagssituationen und die Handhabung von Gegenständen wie Werkzeugen eingebettet (episodisches Wissen).

Der Arbeitsspeicher hält Wissen bereit, um dieses mit neuem abzugleichen. Ebenso hilft der Speicher dabei, sich neue Wissensinhalte einzuprägen. Eine neue Telefonnummer wird für eine gewisse Zeitspanne im Kurzzeitgedächtnis gehalten, bevor sie ins Langzeitgedächtnis überführt wird. Eine einmalige Nennung einer Telefonnummer bzw. das einmalige Lesen einer solchen führt nicht unmittelbar zur Speicherung der Nummer, dazu bedarf es des wiederholten Inputs wie beim Auswendiglernen.

Das Ultrakurzzeitgedächtnis funktioniert wiederum ähnlich wie das Cache auf einem Rechner bzw. im Browser, also wie eine Art Zwischenablage, auf die der Kurzzeitspeicher zurückgreifen kann, um das jeweilige Wissen in den Langzeitspeicher zu überführen. Wiederholte Bewegungsabläufe führen so z.B. zu automatisierten Abläufen, die wiederum Ressourcen für andere Bereiche bereitstellen.

Beim Autofahren muss Gas gegeben und gekuppelt werden, gleichzeitig muss auf den Verkehr geachtet werden, die Kinder im Fond schreien, ein plötzliches Bremsen etc. Auf diese Umweltbedingungen muss adäquat und meistens schnell (und intuitiv) reagiert werden. Das Abrufen von Faktenwissen wäre hier wenig hilfreich, deshalb gibt es automatisierte Prozesse, die unbewusst ablaufen. Und ebendiese automatisierten Prozesse werden in Form von mentalen Modellen dargestellt.

Wie oben dargestellt, sind mentale Modelle ganz grundsätzlich kognitive Abbildungen einer erlebten Wirklichkeit. Laut Philip Johnson-Laird, der den grundlegenden theoretischen Ansatz zu mentalen Modellen vorgelegt hat (siehe v.a. Johnson-Lairds *Mental Models* von 1983; siehe auch 1999, 2005, 2006), sind mentale Modelle

> psychological representations of real, hypothetical, or imaginary situations, mental models were first postulated by the Scottish psychologist Kenneth Craik [...], who wrote that the mind constructs „small-scale models" of reality to anticipate events, to reason, and to underlie EXPLANATION. The models are constructed in working memory as a result of per-

---

268 In dem Kapitel „Why we can't say what we do" beschreibt Hutchins dieses Phänomen: „A common observation concerning automatized skill [= prozedurales Wissen; M.T.] is that skilled performers may have difficulty saying how they do what they do." (Hutchins 1995: 310)

ception, the comprehension of discourse, or imagination [...]. A crucial feature is that their structure corresponds to the structure of what they represent. Mental models are accordingly akin to architects' models of buildings and to chemists' models of complex molecules. (Johnson-Laird 1999: 525–526)[269]

Mentale Modelle ermöglichen es Menschen im Alltag, Ereignisse zu erinnern und Zukünftiges zu antizipieren.[270] Analog zu einem Bild oder einem Film werden raumzeitliche Sequenzen im Gedächtnis gespeichert. Das Gedächtnis kann dabei auf die oben beschriebenen unterschiedlichen Wissensformen zurückgreifen, wie analoges, digitales, bildhaftes, episodisches, enzyklopädisches, deklaratives und prozedurales, aber auch haptisches und taktiles Wissen. Die einzelnen Wissensformen sollen später noch etwas genauer betrachtet und definiert werden.

---

[269] Weiter schreibt Johnson-Laird, „[t]he term mental model is sometimes used to refer to the representation of a body of knowledge in long-term memory, which may have the same sort of structure as the models used in reasoning. Psychologists have investigated mental models of such physical systems as handheld calculators, the solar system, and the flow of electricity [...]. They have studied how children develop such models [...], how to design artefacts and computer systems for which it is easy to acquire models [...], and how models of one domain may serve as an ANALOGY for another domain. Researchers in artificial intelligence have similarly developed qualitative models of physical systems that make possible ‚commonsense' inferences [...]. To understand phenomena as a result either of short-term processes such as vision and inference or of long-term experience appears to depend on the construction of mental models. The embedding of one model within another may play a critical role in METAREPRESENTATION and CONSCIOUSNESS." (Johnson-Laird 1999: 526; Hervorhebungen im Original)

[270] Günzel schreibt: „Die Handlung des Orientierens (von lat. *oriens*) bezeichnete ursprünglich die Ausrichtung nach Osten, der aufgehenden Sonne entgegen, um dann allgemeiner die Ausrichtung von Karten und Rissen – in der reflexiven Form des Sich-Orientierens auch des eigenen Körpers – auf die Himmelsrichtungen zu bedeuten [...]." (Günzel 2010: 235) Und Bartlett argumentiert: „Remembering obviously involves determination by the past. The influence of ‚schemata' is influence by the past. But the differences are at first sight profound. In its schematic form the past operates en masse, or, strictly, not quite en masse, because the latest incoming constituents which go to build up a ‚schema' have a predominant influence. In remembering, we appear to be dominated by particular past events which are more or less dated, or placed, in relation to other associated particular events. Thus the active organised setting looks as if it has somehow undergone a change, making it possible for parts of it which are remote in time to have a leading role to play." (Bartlett 1995 [1932]: 202)

6.3 Ein einfaches mentales Modell des Alltags

Mentale Modelle oder Schemata[271] – das historisch erste kognitionspsychogische Konstrukt kognitiver Repräsentationen – ermöglichen es, mittels Abstraktionen alltägliches Wissen über physikalische Bedingungen der Welt erfahrbar zu machen. Ein anschauliches Beispiel ist das mentale Modell von elektrischem ‚Strom'. Die wenigsten Leser*innen werden die naturwissenschaftlichen bzw. physikalischen Bedingungen von Strom erklären können, sondern sich eher mit Analogien aushelfen. Wie würden Sie Strom oder Elektrizität in Ihrer Alltagssprache beschreiben?

Umfragen haben ergeben, dass ‚Strom' gern analog zu ‚Wasser' und damit als etwas Fließendes dargestellt wird (Gentner & Stevens 1983: zu mentalen Modellen von Elektrizität Gentner & Gentner 1983: 99–130). Die Aussage, dass Strom *fließt*, zeigt eine Analogie bzw. Metapher zu fließendem Wasser z.B. in einem Gartenschlauch. Strom hat also ähnliche Eigenschaften wie Wasser. Aber was passiert, wenn wir einerseits einen Gartenschlauch aufschneiden, durch den Wasser läuft, und andererseits ein Stromkabel durchschneiden? Bei dem Gartenschlauch würde das Wasser, solange der Hahn aufgedreht ist, weiterfließen, aus dem Loch im Schlauch herausfließen. Aber fließt der Strom aus einem durchgeschnittenen Stromkabel heraus? Auf der Grundlage des mentalen Modells, dem zufolge Strom ähnlich wie Wasser fließt, könnte dies angenommen werden. Aber auch wenn dies bekanntermaßen nicht der Fall ist, hält sich die Analogie von Strom und Wasser hartnäckig als Alltagswissen.[272]

---

[271] „We experience this world in ways that are determined by our biological make-up. We are told there is a world out there that abides by the laws of physics, that there is order to everything. But what we experience is not necessarily the orderly world and not all and every aspect of it. We are told there are atoms, but we have never seen them, we are told there is gravity, but we have only seen apples falling from trees, we are told the earth is round and constantly moving, but it seems very stable and flat under our feet, we are told the earth moves around the sun, but every morning we see the sun coming up from the horizon, and every evening going down, not the earth moving. Scientific knowledge about the world does not necessarily enter our belief system, and if it does, it requires the passage of centuries. [...] Our belief system rather is formed by our everyday experiences with the physical world and our cultural environment. We reason and talk about the world using language in ways that reveal our reliance on our beliefs. We describe the sun as ‚rising' and ‚setting' with respect to a stable horizon, and the stars as ‚coming out' at night." (Svorou 1994: 1)

[272] Zum Spaß lade ich ein, einfach einmal auf Wikipedia den Eintrag über elektrischen Strom nachzulesen. Aktuell steht dort als Definition Folgendes: „Der elektrische Strom ist die Gesamtheit der elektrischen Erscheinungen, die Ursache eines Magnetfeldes sind. Der elektrische Strom ist beim Konvektionsstrom mit der gerichteten Bewegung von Ladungsträgern verbunden. Die

Die Analogie baut auf intuitiven Wissensstrukturen auf, um komplexe Abläufe begreifbar zu machen (Bödeker 2006). Die Analogiebildung darf als Grundmechanismus mentaler Modelle verstanden werden. Alltagswissen ist grundlegend für die Sinnstiftung in Form von Bedeutungszuweisungen im Alltag.[273] Dies zeigt sich besonders deutlich bei Prozessen des Orientierens und Navigierens im Raum (siehe Geus & Thiering 2014).

> Few behavioral problems are more fundamental than getting from here to there. Humans and other mobile animals move about their environments in order to get to places with food, mates, shelter, margaritas, and other resources; they must also avoid threats and dangers such as predation, assault, exposure, and Hanson music blaring from a radio. Furthermore, animals must get from here to there efficiently; going far out of its way is no way to act for a creature with limited time, water, calories, and patience.

---

sich bewegenden Ladungsträger sind häufig die negativ geladenen Elektronen in einem Metall. Aber auch positive Ladungsträger können durch ihre Bewegung die Ursache von elektrischem Strom sein. Beispiele sind die Ionen im Elektrolyten einer Batterie. In der Röhre einer Gasentladungslampe bewegen sich negative Elektronen entgegengesetzt zu positiv geladenen Ionen" (Wikipedia, letzter Abruf am 07.06.2015). Wahrscheinlich werden die wenigsten Leser*innen eine solche Definition im Alltag anwenden, sondern Analogien bilden. Unter „Kids Science" gibt es ebenfalls eine gute Erklärung, die Strom *fließen* lässt (http://www.kids-and-science.de/wie-funktionierts/detailansicht/datum/2009/10/23/was-ist-elektrischer-strom.html). Relevant ist hier, dass dieses Wissen implizit ist, ebenso wie das physikalische Wissen, das im Alltag angewendet wird, z.B. das Wissen über das Fallgesetz, über Bewegung etc. Bödeker (2006) hat eindrücklich auf dieses Alltagswissen als intuitives Wissen aufmerksam gemacht.

273 In Bezug auf Sprache argumentiert Zlatev: „Language crucially involves two kinds of *sharing* between the members of a community: (a) of lexical meanings, grammatical rules, and conventions of use, all of which are necessary for successful symbolic communication; and (b) using these for honestly communicating factual knowledge and for constructing fictive beliefs. Due to (a), human languages can conveniently be defined as ‚socially shared symbolic systems' [...] and due to (b), *cooperation* is a central property of language use, and is furthermore essential for the conventions of (a) to be established [...]. If evolution is fundamentally based on the natural selection of individuals, or of their genes [...], the evolution of both kinds of sharing appears anomalous. On the basis of such assumptions, Fitch [...] concludes: ‚The cooperative sharing of information thus remains a central puzzle in language evolution'." (Zlatev 2014: 249; Hervorhebungen im Original) Zlatev antwortet auf Fitchs Puzzle: „The proposal of this Chapter is that a solution to this puzzle can be found by linking the evolution of language to that of two other (interconnected) features of human sociality, which likewise have appeared as anomalous for a gene-centred perspective on evolution. This first is *intersubjectivity*, a suite of capacities such as joint attention, joint actions and empathy involving ‚the sharing of affective, perceptual and reflective experiences between two or more subjects' [...]. The second is *morality*, understood as ‚a sense of right and wrong that is born out of group-wide systems of conflict management based on shared values' [...]." (Zlatev 2014: 249; Hervorhebungen im Original)

> This coordinated and goal-directed movement of one's self (one's body) through the environment is *navigation*. Navigation is sometimes a highly technical activity carried out by specialists, or even groups of specialists [...]. However, it is by no means true that only ship captains, pilots, and explorers practice navigation. Virtually every one of us navigates many times a day, with no more technical assistance than the occasional sign or road map, if that. We go to work, we go to shop, we visit friends, we even find our way from the bedroom to the coffeepot each morning. Our main tools for navigating are our repertoires of cognitive abilities – our abilities to perceive, remember, and reason in space and place – and of motor abilities that use cognitive input to produce efficient movement. (Montello 2005: 257–258)

Der wichtige Aspekt ist hier der Hinweis auf die tägliche Praxis des Sich-Orientierens, um erfolgreich navigieren zu können, „[v]irtually every one of us navigates many times a day, with no more technical assistance than the occasional sign or road map, if that". Und in Bezug auf Wegfindung als Grundfunktion der Orientierung schreiben Richter & Winter: „*Wayfinding* comprises the tactical and strategic part of solving the problem to find a distal destination." (Richter & Winter 2014: 48)

Neben Analogien, die im Alltag intuitiv angewendet werden, gibt es aktive Prozesse mentaler Modelle, die z.B. dabei helfen, Texte zu verstehen. Dieses Textverständnis setzt bestimmte Anker im Text voraus, die für die Leser*in hilfreich sind, um sich ein Bild über die beschriebenen Situation machen zu können. Dazu bitte ich als Einstieg die Leser*in folgenden kurzen Auszug aus Michael Weins Roman „Goldener Reiter" zu lesen.

> Es riecht nach Zwiebel im Haus. Das heißt, ich bin nicht sicher, ob es wirklich nach Zwiebel riecht. Vielleicht bilde ich es mir auch nur ein. Ich weiß nicht, ob es so sehr nach Zwiebel riechen kann, bis hier oben herauf zu mir, ich meine, nach roher Zwiebel. [...] Ich weiß, dass meine Mutter unten in der Küche steht. Sie schneidet Zwiebeln. Ich höre sie schneiden. Und ich habe den Geruch roher Zwiebel in der Nase. Ich sitze in meinem Zimmer auf dem Bett. Die Zimmertür steht halb offen. [...] Ich sitze auf dem Bett und schaue aus dem Fenster. Ich sehe die Äste des Kirschbaums, schwarze Äste. Dahinter den oberen Rand der Lärmschutzmauer. Dahinter die Lampen, die an dicken Kabeln über der Autobahn schwanken. [...] Ich hole meine Blicke zurück ins Zimmer. Sie gleiten über die Poster an den Wänden, über das Regal mit meinen Büchern, über meinen Schreibtisch. [...] Ich schleiche mich in den Flur. Ich setze mich auf die dritte Stufe der Treppe. Die Treppe knarzt. Von der dritten Stufe aus kann ich nach unten in den Flur sehen. (Weins 2002: 7–8)

Wo befinde ich mich als Leser*in? In was für einem Gebäude und wie ist dieses strukturiert?[274] Auf der Basis eines primär westlich geprägten Weltwissens gehe

---

[274] Diese Form der Orientierung wird allgemein der Funktion kognitiver Karten zugeschrieben (Nadel 2012: 158–159).

ich davon aus, dass ein Einfamilien oder Reihenhaus im Unterschied zu einer Wohnung in einem Mietshaus als Ausgangspunkt gewählt wird. Dies ergibt sich daraus, dass durch die Treppe eine oben/unten-Relation angezeigt wird (es könnte sich allerdings auch um eine Maisonettewohnung handeln), auch riecht es im Haus nach Zwiebeln. Weiter lässt sich vermuten, dass sich im oberen Stockwerk ein (Kinder)Zimmer befindet und unten unter anderem die Küche ist. Und die knarzende Treppe könnte darauf verweisen, dass es sich um ein älteres Haus handelt, das sich wiederum in der Nähe einer Autobahn befindet.

Zu betonen ist hier, dass ich den Text beim Lesen implizit durch eigenes Wissen ergänze, das mich in die Lage versetzt, einen Raum mental zu konstruieren und auch mental zu durchschreiten. Am folgenden Beispiel soll gezeigt werden, dass dieses Wissen stark kulturell geformt ist.

6.4 Ein nichtalltägliches, weniger einfaches mentales Modell

Bitte lesen Sie nun die bereits bekannte längere Textpassage und versuchen Sie sich mental das beschriebene Gebäude vorzustellen. Eventuell mag es helfen, sich ein Blatt Papier zu nehmen, um die unterschiedlichen Dimensionen und architektonischen Besonderheiten skizzieren zu können. Die Sprache mag etwas gewunden sein, trotzdem steckt eine recht genaue Beschreibung des Gebäudes in der Darstellung. Es ist dabei sinnvoll, Satz für Satz vorzugehen und die Passage zweimal zu lesen, [275]denn die Sprache ist an einigen Stellen etwas ungewohnt, aber eben auch die architektonischen Beschreibungen und die verschiedenen Formen.

> Als wir den steilen Pfad erklommen, der sich die Hänge hinaufwand, sah ich zum erstenmal die Abtei. Nicht ihre Mauern überraschten mich, sie glichen den anderen, die ich allerorten in der christlichen Welt gesehen, sondern die Massigkeit dessen, was sich später als das Aedificium [= Bauwerk, Gebäude; M.T.] herausstellen sollte. Es war ein achteckiger Bau, der aus der Ferne zunächst wie ein Viereck aussah (die höchstvollendete Form, Ausdruck der Beständigkeit und Uneinnehmbarkeit der Stadt Gottes). Seine Südflanke ragte hoch über das Plateau der Abtei, während die Nordmauern unmittelbar aus dem Berghang zu wachsen schienen gleich schräg im Fels verwurzelten Bäumen. Von unten gesehen schien es geradezu, als verlängerte sich der Felsen zum Himmel, um in einer gewissen Höhe, ohne sichtbaren Wandel in Färbung und Stoff, zum mächtigen Turm zu werden – ein Werk von Riesenhand, geschaffen in größter Vertrautheit mit Himmel und Erde. Drei Fensterreihen

---

[275] Im Kapitel zu den kognitiven Parametern wird dieselbe Passage auf ihre Informationsgehalte hin untersucht, also die Verwendung von Landmarken, Distanzen, räumlichen Referenzrahmen, Perspektiven etc.

skandierten den Tripelrhythmus des Ausbaus, dergestalt daß, was physisch als Quadrat auf der Erde stand, sich spirituell als Dreieck zum Himmel erhob. Beim Näherkommen sahen wir dann, daß aus der quadratischen Grundform an jeder ihrer vier Ecken ein siebeneckiger Turm hervorsprang, der jeweils fünf Seiten nach außen kehrte, so daß mithin vier der acht Seiten des größeren Achtecks in vier kleinere Siebenecke mündeten, die sich nach außen als Fünfecke darstellten. Niemandem wird die herrliche Eintracht so vieler heiliger Zahlen entgehen, deren jede einen erhabenen geistigen Sinn offenbart: acht die Zahl der Vollendung jedes Vierecks, vier die der Evangelien, fünf die der Weltzonen, sieben die der Gaben des Heiligen Geistes. (Eco 1986: 31–32)

Student*innen in Seminaren der Allgemeinen Linguistik der Technischen Universität Berlin haben sich, als sie mit dieser Beschreibung aus Umberto Ecos *Der Name der Rose* konfrontiert wurden, mit Zettel und Bleistift beholfen, um ihr irgendwie einen Sinn zu verleihen. Der Reihe nach soll nun versucht werden, das mentale Modell, das beim Lesen entstand, aufzulösen bzw. zu interpretieren.

Eine erste inhaltliche Setzung ergibt sich durch die Erwähnung der Abtei, des Aedificiums. Ein solches Gebäude fordert geradezu eine bestimmte Vorstellung heraus. Als Leser*innen gehen wir einen (vorgestellten) Pfad entlang (keine Straße oder Weg). Diese Form des Blickes, der sich beim Anstieg an das Gebäude ergibt, wird *hodologisch* genannt. Das Wort leitet sich vom griechischen Wort *hodos* (= Weg) ab. Wir befinden uns in einer eher ländlichen Gegend im Gebirge, da sich der Pfad ja die Hänge hinaufwindet (= Gebirge). Hier findet eine allgemeine räumliche Verortung in einem konkreten physischen Raum statt, in einer Landschaft. Eventuell greift die Leser*in auf die Erinnerung an ihre letzte Wanderung in einem Gebirge zurück und versucht per Analogien Ähnlichkeiten zu finden.

Die achteckige Abtei selbst steht auf einer Anhöhe bzw. auf einem Plateau, wobei es so wirkt, als sei sie in das Gebirge hineingewachsen, insofern die „Nordmauern unmittelbar aus dem Berghang zu wachsen schienen". Nach der Schilderung dieses ersten, noch recht groben Eindrucks folgt eine zunehmend detaillierter werdende Beschreibung des eigentlichen Aufbaus des Gebäudes: „Drei Fensterreihen skandierten [= betonten] den Tripelrhythmus des Aufbaus, dergestalt daß, was physisch als Quadrat auf der Erde stand, sich spirituell als Dreieck zum Himmel erhob." Hier werden explizit ein physischer und ein transzendentaler Raum eröffnet, für unser Verständnis reicht allerdings der Hinweis auf die „quadratische[ ] Grundform". Aus den vier Ecken dieses Quadrats wiederum springt jeweils ein siebeneckiger Turm hervor.

Als Leser*innen müssen wir womöglich unser mathematisches bzw. geometrisches Schulwissen abrufen bzw. aktivieren, um ein mentales Model der Abtei konstruieren zu können. Ebenso helfen uns vielleicht architektonische Grundrisse, die wir bei der Wohnungssuche gesehen haben. Wir versuchen kognitive

Konturen zu erstellen, also aus dem Input des Texts ein Modell abzuleiten und zu ergänzen, das uns ermöglicht, der Beschreibung zu folgen und uns eine irgendwie geartete Abtei vorzustellen bzw. erst einmal ein Gebäude ganz allgemein. Der Begriff der kognitiven Konturen wird näher im Kapitel zur Gestalttheorie ausgeführt. Es reicht hier zu wissen, dass wir vor allem in der visuellen Wahrnehmung fehlende Informationen – dies ist mit kognitiven Konturen gemeint – auf der Grundlage von Gestaltprinzipien vor unserem inneren Auge ergänzen.

Wie schon gesagt aktivieren wir beim Lesen unter anderem geometrisches Wissen. Vielleicht ziehen wir auch mentale Bilder von mittelalterlichen Bauten zum Vergleich heran, vielleicht sind wir mental an einem Urlaubsort in Frankreich, Spanien, Italien oder Portugal und ‚sehen' ein dort besuchtes Kloster oder eine Abtei? Von diesem visuellen Wissen leiten wir einen ersten Grundriss ab, der uns bei der Orientierung helfen soll. Dieser Grundriss ist erst einmal zweidimensional sein, es sei denn, wir ziehen aktuelle filmische Animationen durch verschiedene CAD-Programme (CAD = *computer-aided designs*) heran, die einen Eindruck von Dreidimensionalität erzeugen.

Welches Wissen auch immer aktiviert wird, es wird während der Erstellung des mentalen Modells konstant im Gedächtnis gehalten, um die nächsten Schritte der Identifizierung der Räume bzw. Raumverhältnisse einzuleiten, denn ansonsten gehen die Perspektiven verloren. Die Externalisierung des Wissens in Form einer Skizze (distribuierte Verkörperung, siehe Kapitel zu Verkörperungsansätzen) hilft dabei, den geometrischen und perspektivischen Verschachtelungen zu folgen.

Kommen wir zurück zu Ecos Darstellung der Abtei, die wir bisher bis zur quadratischen Grundform mit jeweils einem siebeneckigen Turm an jeder Ecke verfolgt haben. Nun wird es komplizierter, denn die Türme kehren „jeweils fünf Seiten nach außen […], so daß mithin vier der acht Seiten des größeren Achtecks in vier kleinere Siebenecke mündete, die sich nach außen als Fünfecke darstellten".

Wichtig ist an diesem Beispiel, dass der Text sich – wie schon gesagt – auf ein bestimmtes kulturelles Wissen sowie auf geometrisch-mathematisches Wissen beruft, welches die Leser*innen in die Lage versetzt, sich ein mittelalterliches Gebäude vorzustellen. Dieses kulturelle Wissen ist in der deutschen Übersetzung enkodiert in Adjektiven, Verben, Präpositionen, die jeweils räumliche Relationen abbilden.

Dieses Beispiel zeigt in seiner dichten Beschreibung, welche verschiedenen Wissensformen hier zusammenspielen, um die Beschreibung des Gebäudes nachvollziehen zu können. Zum Abschnitt zu den unterschiedlichen Interpretationen der Zahlen ist dabei anzumerken, dass diesen ein kulturspezifisches, konkret ein christliches Wissen zugrunde liegt. Dieses Wissen ist allerdings für das Verständnis der Architektur des Gebäudes irrelevant.[276]

Es wurde hier gezeigt, dass ein literarischer Text, indem er ein bestimmtes kulturspezifisches Wissen voraussetzt, anhand einiger Eckdaten bei seinen Leser*innen eine bestimmte Vorstellung – hier die Vorstellung von einem besonderen Gebäude – erzeugen kann bzw. diese in die Lage versetzt, diese Vorstellung mental zu konstruieren.[277] Dabei wird die erste, noch grobe Vorstellung mit bereits bekannten Gebäuden abgeglichen, sodass ein Ergebnis der Repräsentation sein kann, eines dieser Gebäude als Ausgangsmatrix für die weitere mentale Konstruktion heranzuziehen.[278] Im Falle von *Der Name der Rose* gewinnt die Leser*in so eine Vorstellung des Handlungsortes. Dies ermöglicht es ihr mental, im Gebäude zu navigieren und sich zu orientieren, was für den weiteren Handlungsverlauf bedeutend ist, denn das Gebäude ist in der Tat wesentlich für den Roman. Die sprachlichen Anhaltspunkte (*clues*) bereiten die Grundlage für die

---

276 Leser*innen können einen Roman oder ein Computerspiel nehmen und jemandem vorlesen bzw. beschreiben. Die Zuhörer*in ist dann gefragt, eine räumliche Skizze anzufertigen bzw. die jeweiligen Räume zu beschreiben. Welche Assoziationen werden aktiviert?

277 Diese Fähigkeit zur mentalen Konstruktion wurde durch die mentalen Rotationstests (siehe Kap. zu räumlichen Referenzrahmen und zur Gestalttheorie) bereits bewiesen.

278 Der Unterschied zwischen mentalen Modellen und mentalen Repräsentationen soll hier kurz dargestellt werden, da diese Theorien nicht deckungsgleich sind. Johnson-Laird fasst wie folgt zusammen: „The structure of a mental model contrasts with another sort of MENTAL REPRESENTATION. Consider the assertion: The triangle is on the right of the circle. Its meaning can be encoded in the mind in a *propositional representation*, for example: (right-of triangle circle) The structure of this representation is syntactic, depending on the conventions governing the LANGUAGE OF THOUGHT: The predicate ‚right-of' precedes its subject ‚triangle' and its object ‚circle.' In contrast, the situation described by the assertion can be represented in a mental model:

The structure of this representation is spatial: it is isomorphic to the actual spatial relation between the two objects. The model captures what is common to any situation where a triangle is on the right of a circle. Although it represents nothing about their distance apart or other such matters, the shape and size of the tokens can be revised to take into account subsequent information. Mental models appear to underlie visual IMAGERY." (Johnson-Laird 1999: 525; Hervorhebungen im Original) Die räumliche Relation zweier geometrischer Objekte wird hier anhand syntaktischer Strukturregeln erklärt. Das Prädikat ist rechts von determiniert Subjekt und Objekt des Satzes bzw. Figur und Grund der Relation. Diese Relation ist strikt propositional. Das mentale Modell stellt dagegen die räumliche Relation zwischen dem Dreieck (Propositional = Subjekt) und dem Kreis (Propositional = Objekt) grafisch dar. Das Modell enkodiert die Form und Größe der Objekte, nicht den aktuellen metrischen Abstand. Rechts von beschreibt lediglich eine räumliche Beziehung (die sich auf den relativen Referenzrahmen bezieht; siehe Kapitel hierzu), nicht aber die exakte Relation zwischen den Objekten.

mentale Konstruktion eines Gebäudes, aber auch einer bestimmten Zeit, auf die der Text verweist.

6.5 Raumsprache – Sprachraum: ein weiteres mentales Modell

Auch in dem im Folgenden dargestellten mentalen Modell wird Räumlichkeit verbalisiert. Wieder nehmen wir einen Text zur Hand, dieses Mal aus dem Filmskript von Hampton Fancher und David Peoples (1981) zu *Blade Runner* von Ridley Scott (USA 1982). Die Anfangsbeschreibung gibt die Gegebenheiten des Raums der ausgewählten Szene wieder, wobei es sich augenscheinlich um einen Raum in einem Hochhaus handelt (*the ninth floor*). Die Leser*in möge sich vorstellen, wo sich die in der Szene vorkommenden Personen aufhalten und wie sie sich bewegen.

Ausgangspunkt ist der neunte Stock eines Hauses. Zu sehen sind Fußabdrücke im Hausflur.

> On the ninth floor he finds what he's looking for. Footprints coming and going from a door halfway down the hall. He stops to the side of it and listens. Silence.
> Deckard fires three quick shots through the door. If somebody were on the other side of it, they aren't now.
> He kicks the door open and dives through head first and hits the floor in a roll, pouring fire into the far corners of the room but the room is empty. There's a kitchen bar, a closet and a bedroom door, both closed. [...].
> [...]
> Mary is huddled in the rear of the closet. Her hand [hier scheint im Original etwas zu fehlen] out like somebody about to catch a ball but afraid of it.
> Deckard shoots her through the neck to make sure. Mary falls to the floor, like a puppet with her strings cut.
> Deckard backs away from the pathetic figure in the closet and sits on the sofa, unable to take his eyes off her. [...]
> Deckard jumps out of the way as the ceiling gives in. Chucks on concrete and plaster hit the couch where he was sitting. The hole is a couple feet in diameter – beams cracked through, exposing the apartment above.

Diese szenische Beschreibung des Raums bzw. der Räumlichkeiten und der verschiedenen Besonderheiten ist dem folgenden Szene vorangestellt. Die Zuschauer*in befindet sich in einem Gebäude.[279]

---

[279] Die Raumanweisungen werden ins Deutsche übersetzt; die Zählung der Stockwerke im US amerikanischen fängt mit dem Erdgeschoss als Ersten Stock an, in deutschsprachigen zählt das Erdgeschoss als 0. Ich übersetze 1:1 aus dem Original, tenth floor bleibt damit zehnter Stock.

> Deckard:
> „Hello, Roy."
> Innenraum: Treppenhaus – Neunte und zehnte Etage – Nachts
> Deckard comes out onto the landing. Taking his time, he climbs the steps to the next floor, the last floor. He shoots the hinges out of the big stairwell door, pushes it with his foot and it comes down with a bang. The reverberations turn into silence. The corridor is empty.
> Innenraum: Flur – Zehnte Etage – Nachts
> Moving fast but cautious, he passes each door until he gets to the apartment above Sebastian's. Slowly he turns the knob and pushed open the door.
> Innenraum:. Wohnung – Zehnte Etage – Nachts
> Except for the hole in the middle of the floor, there's nothing to see. Back against the wall, he moves towards the bedroom, but stops at the noise. It sounds like the hooting of an owl and it's coming from the hallway.
> Innenraum: Treppenhaus – Zehnte Etage – Nachts
> Deckard looks around the corner of the door down the hall. Batty's at the other end. Except for jockstrap and gym shoes, he's nude.
> Batty:
> „You wanna play?"
> Deckard fires. Batty's fast. He ducks into a doorway. Pops out again. [...] In a blue of lightning-like action, Batty whips down the hall, zigzagging off the walls towards Deckard so fast that Deckard gets only three shots off before the blur crashes through the wall on his left with a laugh. Deckard stands there a moment – digesting the impact of it, then edges up to the gaping wall. [...] (Ridley Scott 1982. Blade Runner; die Zwischenüberschriften sind jeweils Raumanweisungen)

Es ist trivial, dass eine Leser*in diese Filmszene wesentlich einfacher visualisieren kann, wenn sie den Film als Referenz kennt. Sobald dieses popkulturelle Weltwissen aktiviert wird, hat die Leser*in eventuell eine Situation im Kopf oder mental repräsentiert, in der sich zwei Männer gegenseitig auf dem Dach eines Hochhauses jagen, während es in Strömen regnet. Diese Schlussszene des Science-Fiction-Klassikers *Blade Runner* führt die Betrachter*in durch verschiedene physische Räume (bzw. Filmräume). Die Verschriftlichung bzw. Verbalisierung ist dabei aufgrund ihrer chronologischen Sequenzialität gezwungen, räumliche Bedingungen exakt zu beschreiben.

Im Prinzip wird mit der sprachlichen Beschreibung der Filmszene ein anderer Wahrnehmungsraum geöffnet als der Filmraum, der durch die Filmsprache von Kameraführung, Einstellungen, Blenden, Rückblenden, Blickwinkel etc. begrenzt wird. Es zeigt sich, dass unterschiedliche Enkodierungsmechanismen auch unterschiedliche mentale Modelle hervorbringen. Dabei ist wiederum zu bedenken, dass die sprachliche Beschreibung im Kopf der Leser*in immer durch deren enzyklopädisches Wissen ergänzt wird. Indem auf diese Weise fehlende Informationen ergänzen werden, kann der filmischen Raumsituation ein sinnvoller Rahmen gegeben werden. Wohl auch deshalb wird mit verschiedenen künstlerischen Mitteln dieses Hintergrundwissen ad absurdum geführt, indem (Seh-) Erwartungshaltungen von Zuschauer*innen enttäuscht werden.

Ein Meister dieser Kunst ist M.C. Escher. Er lässt Illusionen entstehen und spielt mit Wahrnehmungshorizonten, welche die Betrachter*in seiner Bilder immer wieder in die Irre führen, da sich Eschers Motive z.B. häufig als Kippfiguren herausstellen. Sobald bei solchen Figuren ein Aspekt visuell fixiert wird, verschwindet er sogleich wieder. Vor allem spielt Escher mit geometrischen Varianten, die eigentlich unmöglich sind. Hier hilft der Rückgriff auf mentale Modelle nur in Form von Abstraktionswissen.

Die sprachliche Beschreibung hilft bei der Verankerung von Wissenssystemen (siehe Kapitel zu räumlichen Referenzrahmen). Umgekehrt ermöglicht die ikonografische, filmische und symbolische Darstellung anhand von Bildern einen Gesamteindruck, der auf den ersten Blick mehr Informationen darzustellen scheint.

6.6 Mentale Modelle der Narration: Audiodeskription beim Hörfilm

Hörfilmproduktionen sind ein besonders anschauliches Beispiel dafür, wie durch sprachliche Beschreibungen unter anderem räumliche Relationen für blinde oder sehbehinderte Menschen dargestellt werden können. Die Kunst besteht dabei darin, insbesondere einem blind geborenen Menschen eine Tag/Nacht-Situation und die damit einhergehenden Lichtverhältnisse, die er nie visuell erlebt hat, fassbar zu machen (siehe zu Molyneux' Problematik Levinson 2003: 56; Dokic & Pacherie 2006: 260–262).

Menschen, die nicht sehen können, konstruieren mentale Modelle basierend auf auditiven, taktilen, haptischen oder olfaktorischen Informationen. Hörfilme veranschaulichen, wie über Sprache mentale Modelle komplexer visueller Situationen und Relationen ermöglicht werden können. Die Webseite Hörfilm e.V. gibt einen guten Eindruck über die Arbeit der Filmbeschreiber*innen:[280]

> Der Begriff Audiodeskription meint ganz allgemein das hörbare Beschreiben von visuellen Eindrücken. Audiodeskription ist sozusagen eine akustische Untertitelung und bedeutet für das Medium Film, ihn mit zusätzlichen akustischen Bildbeschreibungen zu ergänzen. Visuelle Elemente wie Orte, Landschaften, Personen, Gestik, Kameraführung – alles, was zu sehen ist und was insbesondere für das Verständnis der Handlung und das ästhetische

---

[280] Die folgenden Zitate entstammen der Webseite: http://hoerfilmev.org/index.php?id=1

Erleben des Werkes wichtig ist, in Sprache umzusetzen. Der so entstandene Beschreibungstext ist in den Dialogpausen des Filmes zu hören.

Hier zeigt sich das Grundmuster der Audiodeskription, das hörbare Beschreiben eines visuellen Eindrucks. Es werden zwei Modalitäten zusammengeführt. Die Leser*in wurde in dieser Einführung bereits aufgefordert, sich eine Wegbeschreibung vorzustellen oder dem Erzähler von *Der Name der Rose* zu folgen. Nun wäre die Aufgabe, sich einen Film vorzustellen und einzelne Sequenzen so zu beschreiben, dass eine Person, die den Film nicht sehen kann, die Handlungsstränge, Objekte, Personen etc. diese nachvollziehen kann. Ein solcher Versuch kann verdeutlichen, welche Funktion Sprache als Konstruktion von Weltansichten hat.

Im Folgenden nehmen wir uns noch einmal *Blade Runner* vor, allerdings wird nun aus der audiodeskriptiven Beschreibung zitiert. Die Leser*in sollte dies beim Lesen der Beschreibungsanweisung des Skripts beachten. Die Details zeigen, wie visuelle Informationen versprachlicht werden. Es handelt sich nun bei dem im Folgenden zitierten Ausschnitt nicht, wie oben, um die Szene zwischen den Protagonisten, also einen Ausschnitt aus dem Filmskript, sondern um die Übersetzung visueller Eindrücke und Gegebenheiten in eine verbale Beschreibung. Die Kunst der Filmbeschreiber*innen besteht dabei darin, diese Eindrücke sinnvoll und nachvollziehbar zu deuten, sodass eine nicht-sehende Person sich ein mentales Modell der Filmsequenz erarbeiten kann.[281]

> Beschreibung der Ausgangssituation:
> Der Fahrstuhl hält auf der Galerie. *(ANHALTEN)* * Deckard horcht auf. * Roy macht einen schwungvollen Schritt aus dem Fahrstuhl und schaut die Galerie entlang. * Deckard eilt mit gezogener Waffe durch einen Raum. * Roy geht mit hochgeschlagenem Mantelkragen langsam über die Galerie. Von der Decke tropft es.
> 11:32:22
> Deckard öffnet eine Tür. *(ÖFFNEN)* Er verbirgt sich dahinter und zielt Richtung Vorraum. Grelles Scheinwerferlicht streicht durch die Zimmerflucht.
> 11:32:34
> Roy bleibt neben einer Wand stehen und schaut konzentriert lauschend zur Seite.

---

[281] Die Beschreiber*innen waren: Olaf Koop, Hela Michalski, Rudolf Beckmann; Mai/Juni 2010. Sprecherangaben: Es werden die folgenden Kürzel verwendet, um der Beschreiber*in die filmspezifische bzw. filmmomentspezifische Atmosphäre sprachlich zu realisieren: *s*: schnell sprechen, *ss*: sehr schnell sprechen, *n*: wieder normal sprechen, *: markiert einen Szenenwechsel innerhalb des Textes, weiterlesen, durch Betonung es deutlich machen. An dieser Stelle möchte ich dem Team danken, dass es mir die relevante Stelle zur Verfügung gestellt hat.

11:32:44
Er geht weiter. * Deckard zielt immer noch Richtung Vorraum. * Auf Pris fallen abwechselnd Licht und Schatten. Sie liegt an einer Wand. An der steht Roy mit feuchtem Gesicht und betrachtet seine tote Freundin. Er wendet den Blick ab und sieht durch den Vorraum. * Deckard steht nervös mit der Waffe im Anschlag hinter der Tür. * Roys schorfige Hand mit den violett verfärbten Fingernägeln dreht Pris' auf der Seite liegendes Gesicht nach oben. Ihre Zungenspitze guckt zwischen den Lippen hervor. Roy beugt sich zu Pris runter. Er gibt ihr einen Kuss und schiebt dabei ihre Zunge zurück in den Mund.
11:33:22
Deckard zielt unverwandt in den Vorraum. Dort taucht Roy auf. *(SCHUSS)* s Roy hechtet zur Seite. * Hinter Deckard strömt Dampf aus Rohren.
11:33:33
„*Gegner zu schießen.*" [Original]
s Deckard schleicht eine Wand entlang.
11:33:42
„*ein guter Mann?*"
An der Wand rinnt Wasser runter.

Die Ausgangsszene beginnt mit dem ankommenden Fahrstuhl im oberen Stockwerk, dies ist nur zu sehen, deshalb wird dieser Vorgang beschrieben: Der Fahrstuhl hält auf der Galerie. Roy macht einen schwungvollen Schritt aus dem Fahrstuhl und schaut die Galerie entlang.

Der *schwungvolle Schritt* wird als selbiger beschrieben, denn der Schwung in dieser Situation ist nicht zu hören, sondern nur zu sehen. Eine schnelle, ruckartige Bewegung also. Ein mentales Modell könnte somit ein mehrstöckiges Haus mit einem Fahrstuhl sein, in dem eine Person hochfährt. Diese Person mit dem Namen Roy erreicht eine Galerie und damit die oberste Etage des Hauses.

Und weiter folgt die Filmsequenz den beiden Kontrahenten (das Abzählen stammt von Roy, der damit ankündigt, seinen Gegner bei 10 gefunden zu haben):

„1 2"
s Deckard reißt eine Tür auf. *(Rest TÜR)* Benommen durchquert er einen düsteren Raum; dabei schaut er ängstlich zurück. Durch ein Fenster strömt Dampf; von der Decke tropft es. [...]
11:35:35
s Deckard hastet durch einen dunklen Raum.
11:35:38
Von Roys Nase zieht sich ein Strich aus Blut zum Kinn. Eine Träne läuft über sein Gesicht. Er beginnt zu jaulen.
11:35:49
(Jaulen)
s Deckard drückt sich neben einem Durchbruch in eine dunkle Ecke.
11:35:54
(bisschen Atmen)
s Er hat den rechten Ringfinger umfasst und zieht ihn nach unten.

> 11:36:00
> *(Schrei)*
> Roy sitzt an die Wand gelehnt und starrt vor sich hin. Licht streift über seine linke Gesichtshälfte.
> 11:36:13
> *(bisschen Jaulen)*
> s In einem Raum geht Deckard zu einem mit Querstreben verbarrikadierten Fenster. Durch die Spalten fällt umherstreifendes Licht. Deckard rüttelt vergeblich an einer Strebe und probiert dasselbe bei einem zweiten Fenster.

Vor allem die letzte Passage zeigt deutlich, wie die Versprachlichung des Raums vor sich geht. Die Leser*in kann sich wohl recht gut das hier dargestellte dreidimensionale Zimmer und die Atmosphäre vorstellen. Dabei werden vormalige Raumsituationen und Raumerfahrungen, die im mentalen Modell ‚Raum' gespeichert sind, mit der sprachlichen Beschreibung abgeglichen.[282] Je exakter die audiodeskriptive Beschreibung ist, umso besser kann ein prototypisches mentales Modell aktiviert werden.

Die Situation zwischen dem Replikantenjäger Rick Deckard und Roy Batty, dem letzten noch verbliebenen Replikanten, entspinnt sich weiter wie folgt:

> 11:36:28
> „Deckard!"
> Der sieht zu einem fast deckenhohen Schrank.
> 11:36:34
> „4 5"
> Deckard stellt sich davor und schaut hinauf.
> 11:36:38
> „Wie man am Leben bleibt ..."
> Durch eine Zimmerflucht kommt Roy leichtfüßig angerannt. Er trägt nur eine eng anliegende Lauf-Hose.
> 11:36:47

---

282 Dieser Prozess der Erfahrungen gilt als grundlegend für mentale Modell und kognitive Schemata: „Suppose I am making a stroke in a quick game, such as tennis or cricket. How I make the stroke depends on the relating of certain new experiences, most of them visual, to other immediately preceding visual experiences and to my posture, or balance of postures, at the moment. The latter, the balance of postures, is a result of a whole series of earlier movements, in which the last movement before the stroke is played has a predominant function. When I make the stroke I do not, as a matter of fact, produce something absolutely new, and I never merely repeat something old. The stroke is literally manufactured out of the living visual and postural ‚schemata' of the moment and their interrelations. I may say, I may think that I reproduce exactly a series of text-book movements, but demonstrably I do not; just as, under other circumstances, I may say and think that I reproduce exactly some isolated event which I want to remember, and again demonstrably I do not." (Bartlett 1995 [1932]: 201–202)

(mit Bild)
s Deckard klettert am Schrank hoch. Dabei schlägt er Scheiben ein. Seine Waffe fällt runter.
11:36:57
(bisschen Lachen)
s Deckard erreicht die Schrankkante. Durch ein Fenster schaut Roy aus dem Regen rein.
11:37:07
(Ausatmen)
Deckard greift durch ein Loch in der Decke. * Neben einer Kloschüssel erscheint sein Arm. Er zwängt den Kopf hinterher.
11:37:17
(Atmen)
Deckard sieht sich um und zwängt auch den zweiten Arm durchs Loch.
11:37:23
(bisschen Stöhnen)
s Roys Hand krampft sich zusammen.
11:37:31
(bisschen Stöhnen lassen, Rest übersprechen)
s Er versucht sie mit der anderen Hand zu öffnen und beißt hinein. * In dem regennassen verschimmelten Bad setzt sich Deckard auf die Wanne. Auch er hält sich die Hand.
11:37:41
(mit Bild)
Roy schaut sich in einem Raum um. In einer Lücke im Dielenboden entdeckt er große Nägel, die aus einem Balken ragen. Er zieht einen langen rostigen Nagel heraus.
11:38:04
(mit Bild)
Deckard sieht sich hektisch um. Wasser rinnt an der blau-weiß gefliesten Wand über den Waschbecken runter. * Roy lehnt an einer genauso gefliesten Wand.
11:38:15
„Uuuh!"
Deckard sitzt verstört da. Plötzlich stößt Roys Kopf durch die gefliese Wand.
11:38:32
(mit Bild)
s Deckard stürmt zu einer Wand und reißt ein Rohr ab. Roy zieht den Kopf zurück und kommt durch eine Tür neben dem Loch herein.
11:38:43
„Geh in den Himmel!"
ss Deckard schlägt ihm das Rohr an die Stirn. Roy fällt gegens Fenster. Deckard trifft die Schulter.
11:38:49
„Geh zur Hölle!"
Er packt das Rohr.
11:38:53
„den ich haben will!"
s Der ‚Blade Runner' flieht ins Nebenzimmer. Dort fliegen Tauben auf.
11:38:59
(bisschen Flattern)

s Er tritt ein Brett vor dem Fenster ein, steigt raus auf den Sims, schaut in die Straßenschlucht und hält sich an einer abgeklappten Fahnenstange fest. Die schwenkt kurz über den Abgrund und zurück. Deckard rutscht fast ab – und drückt sich weiter an der Wand entlang.

11:39:18
(bisschen Jaulen)
Mit dem Rücken zum Abgrund schiebt er sich um eine Hausecke. * Im Bad hetzt Roy los. * Vor Deckard tritt er Bretter aus einer Fensteröffnung.
11:39:28
(Poltern)
Roy steigt auf den Sims.
11:39:33
„Das hat weh getan."
Ängstlich weicht Deckard auf dem Sims zurück.
11:39:38
„Das war irrational."
ss Deckard klettert an Stein-Ornamenten hoch.
11:39:44
„dass es unsportlich war."
Er blutet an Stirn und Schulter.
11:39:50
„Wo willst Du denn hin?"
Roy beobachtet, wie Deckard eine weit nach vorn ragende, schräge Verzierung hochklettert.
11:39:58
(Lachen)
Deckard greift über seinen Kopf an eine Kante. Seine Füße rutschen kurz ab.
11:40:02
(Abrutschen)
Er hält sich mit beiden Händen fest. * Roy schließt die Augen, hält den Kopf in den Regen – und verschwindet im Haus. * Deckard klettert weiter den Überhang hoch. Dabei stützt er sich mit Fuß und Knie ab.
11:40:16
(mit Bild)
Im strömenden Regen taucht Deckards Hand mit den verbundenen Fingern über der Dachkante auf. Nur mit Zeige- und Mittelfinger hält er sich am Stein fest. Die beiden Finger tasten zur Innenseite der leicht erhöhten Dachumrandung und finden Halt. Zitternd vor Anstrengung erscheint Deckards Kopf über der Kante; Lippe und Nase bluten.
11:40:35
(bisschen Atmo)
Auch mit der gesunden Hand greift er über die Umrandung.
1140:41
(mit Schnitt)
Mühsam hievt er sich langsam höher. Er stützt das Knie auf den Rand [...]
1:40:49
(2x Stöhnen)
[...] und lässt sich auf dem Flachdach erschöpft auf den Rücken rollen.

11:40:57
(mit Bild)
Am Ende einer düsteren Zimmerflucht taucht Roy auf. Er kommt mit geschmeidigen Bewegungen näher.

11:41:05
(Atmen)
Deckard betrachtet seine verletzte Hand. Benommen richtet er den Oberkörper auf, stützt sich auf den Händen ab und sieht sich um. Er kommt schwerfällig auf die Füße. Neben ihm steigt Dampf aus einem kastenförmigen Rohrventil. Deckard geht über das Dach, auf dem sich langsam achtflügelige Rotoren drehen.
11:41:30
(bisschen Atmo)
s Er entdeckt eine Luke und stürmt darauf zu. Die klappt herum. Roy erscheint.
11:41:35
(Erschrecken)
s Deckard stoppt. Roy sieht ihn grimmig an. Deckard macht kehrt, rennt auf die Dachkante zu und springt über den Abgrund zum Nachbarhaus.
11:41:43
(Landung)
Er kriegt nur einen überstehenden Stahlträger zu fassen und umklammert ihn. Unablässig prasselt der Regen auf Deckard herab.
11:41:56
(bisschen Stöhnen lassen, Rest übersprechen)
Oben an der Dachkante erscheint Roy mit einer weißen Taube in der Hand. Ruhig sieht er zu Deckard hinüber. Hinter Roy leuchtet der Dampf von den Strahlen der Scheinwerfer auf. Die Schatten der drehenden Rotoren durchschneiden den Dunst. Roy verschwindet von der Kante. * Deckard klammert sich mit verzerrtem Gesicht an den Träger.
11:42:18
(mit Bild)
Roy steht mit vor der Brust gekreuzten Armen auf dem Dach. Die Hand mit dem Nagel blutet; in der anderen hält er die Taube. Entschlossen rennt er zur Kante und springt mühelos über den Abgrund aufs Nachbardach.

Um zu zeigen, wie die unterschiedlichen Modalitäten, also Filmsprache, erzählende und erzählte Zeit, Bilder oder auch Symbole interagieren und sich beeinflussen, hilft ein kleiner Test. Zwei Proband*innen bieten den Ausgangspunkt. Proband*in A beschreibt die Filmsequenzen der Audiodeskription, Proband*in B visualisiert die beschriebenen Gegebenheiten durch eine Grafik. Anschließend wird verglichen, wo die mündlichen Beschreibungen sich mit der grafischen Darstellung überschneiden bzw. diametral gegenüberstehen. Dies haben Student*innen aus meinen Linguistik-Seminaren an der Berliner TU anhand unterschiedlicher Stimuli getestet. Ähnlich wie bei der Beschreibung der Abtei aus *Der Name der Rose* haben Student*innen Proband*innen durch Benutzung unterschiedlicher visueller Stimuli Proband*innen zu Raumorientierung und

Navigationstechniken befragt (siehe hierzu das Kapitel zu räumlichen Referenzrahmen). Was sich zeigt, ist, dass unterschiedliche Enkodierungsmodalitäten unterschiedliche inhaltliche Foci vornehmen, die allerdings selten monadisch, also isoliert vorgenommen werden, sondern sich ergänzen.

Ebenfalls interessant in Bezug auf die Konstruktion mentaler Modelle basierend auf nicht-visuellen Stimuli ist die folgende Beschreibung der künstlerischen Technik des *Light Painting* aus dem Bereich der Fotografie, „also das teilweise Ausleuchten und Nachmalen von Figuren oder Gegenständen, während die Kamera auf Dauerbelichtung eingestellt ist" (Schleiermacher 2018: 43). Der interessante Aspekt zeigt sich in der Beschreibung der Arbeitsweise des blinden Fotografen Gerald Pirners:

> Wenn Gerald Pirner fotografiert, bewegt er sich mit einer Taschenlampe durch einen komplett abgedunkelten Raum. Er tastet kurz, um die Schulter seines Fotomodells zu finden, dann knipst er die Lampe an und malt mit dem Lichtstrahl den Bogen des Rückens nach. Auch eine Hand und das Gesicht leuchtet er aus. Auf dem späteren Bild wird das matt erleuchtet zu sehen sein. Der Rest des Körpers hebt sich nur schwach vor dem dunklen Hintergrund ab. Über der Figur schweben ein paar Lichtschlieren auf dem Bild, die aber diesmal eher zufällig auf die Aufnahme geraten sind.
>
> Doch damit ist die Arbeit für den Fotografen noch nicht abgeschlossen. Pirner ist vollständig erblindet. Um zu überprüfen, ob das Bild so geworden ist, wie er es beabsichtigt hat, lässt er sich im nächsten Schritt von seiner Assistentin Heidi Prenner *Bildaufbau und Wirkung beschreiben. Detailliert schildert sie ihm, was zu sehen ist, wie stark die Kontraste sind und wie die einzelnen Bildelemente zueinander stehen*: dass sich also Hand, Gesicht und Schliere wie eine Diagonale durchs Bild ziehen. Wenn das Foto seiner Vorstellung noch nicht entspricht, macht Pirner einen neuen Versuch, nimmt vielleicht eine andere Taschenlampe mit härterem oder weicherem Licht. (Schleiermacher 2018: 43; Hervorhebung M.T.)

In der fotografischen Praxis Pirners wirken also unterschiedliche Informationen bei der Konstruktion von mentalen Modellen zusammen. Nicht nur die Vorstellung des Fotografen ist maßgeblich, sondern auch das externalisierte Wissen, das die Assistentin zum künstlerischen Prozess beisteuert. Der Rückgriff auf Wissenssysteme läuft hier über haptisches Wissen – „[e]r tastet kurz, um die Schulter seines Fotomodells zu finden" – und das visuelle Wissenssystem der Assistentin.[283]

---

[283] Dieses Phänomen der Konstruktion basierend auf unterschiedlichen Informationen wird noch genauer im Kontext verteilter Verkörperungspraktiken anhand der nautischen Navigation erläutert. Hutchins beschreibt anschaulich die unterschiedlichen interagierenden Wissenssysteme in Form von Instrumenten und Personen, die unterschiedliche Aufgaben erfüllen, ähnlich einem Orchester (Hutchins 1995).

6.7 Mentale Modelle in Anwendung: Audioguides im Museum

Ein weiteres sehr anschauliches Beispiel für ein mentales Modell neben Hörfilmen sind Audioguides, wie sie Besucher*innen heute in vielen Museen angeboten werden. Wer sich einen solchen Audioguide ausleiht oder die entsprechende App auf sein Smartphone lädt, erhält an zumeist ausgewiesenen Stellen in einer Ausstellung zusätzliche Informationen. An dieser Stelle soll allerdings ein alternativer Guide als konkretes Beispiel dienen, der also nicht offiziell vom Museum angeboten wird, und zwar der 2013 für die – mittlerweile an einigen Stellen überarbeitete – Dauerausstellung des Deutschen Historischen Museums (DHM) in Berlin entwickelte Audioguide der Initiative „Kolonialismus im Kasten?".[284] Besonders interessant ist die Wegbeschreibung durch einen bestimmten Teilbereich des Museums.[285] Hier wird durch eine eingesprochene Wegbeschreibung mit verschiedenen Sprecher*innen durch das Museum geführt und damit eine Erzählperspektive eingenommen, die von der durch die vom Museum vorgegebene Erzählung abweicht.

Die eingesprochenen Beschreibungen unterschiedlicher Ausstellungsexponate bieten den Besucher*innen eine alternative Version der deutschen und europäischen Geschichte, die in der ursprünglichen Dauerausstellung aus einer hegemonialen, das heißt weißen, westeuropäischen und kolonialen Perspektive erzählt wurde. Vorherrschende mentale Modelle deutscher bzw. europäischer Kolonialgeschichte werden mit den abweichenden Beschreibungen des alternativen Audioguides kontrastiert und eventuell durch diese überschrieben, es werden neue Spuren gelegt. Spuren sind dabei erst einmal als weitere Verweisstücke zu verstehen, als mögliche Informationen, die wiederum ergänzende Narrative nach sich ziehen.

Neben der reinen Navigation durch bzw. Orientierung im Museum als einer Wissensform wird im Ausstellungsraum ein weiterer, alternativer Sprechraum eröffnet.[286] Zugleich wird dem musealen Raum durch die neue Praxis des Audioguides eine alternative Raumkonstellation eingeschrieben. Hier zeigt sich ebenfalls der vertretende Ansatz der n-Räume, also dem Zusammenspiel verschiedener Raumvorstellungen.

---

284 Webseite (letzter Aufruf 05.03.2018): https://www.kolonialismusimkasten.de/
285 Die Macher*innen des Audioguides weisen dabei darauf hin, dass es sinnvoll ist, einen Ausstellungsplan bei sich zu haben.
286 Navigation und Orientierung im Raum ist die „ability to create or maintain an image from sensory perceptions of the position of the body relative to the environment." (Richter & Winter 2014: 49) Damit impliziert Raumorientierung prototypisch die Relation des eigenen Körpers im Verhältnis zur Umwelt.

Das mentale Modell ‚Museum' bzw. ‚museale Erzählung' impliziert bestimmte Erwartungen und Erfahrungen von Besucher*innen, die prototypisch mit Ausstellungsstücken, einer erzählten bzw. gezeigten Dramaturgie und einem pädagogischen Ansatz einhergehen. Der Bruch mit solchen prototypischen Abläufen erfordert eine Ergänzung an das jeweilige mentale Modell und damit auch an das jeweils aktuelle Narrativ bzw. den jeweiligen bildungspolitischen Diskurs.

Erzählperspektiven werden aufgebrochen und umgedeutet, die Narrative werden kritisch beleuchtet und damit wird auch die traditionelle Museumserzählung hinterfragt.

6.8 Ein Vorgriff auf mentale Modelle der Navigation: Mikronesische Praktiken der Navigation

In diesem Abschnitt werden die kulturanthropologischen Aspekte der Navigation zur See in Kulturen skizziert, in denen ohne nautische Instrumente navigiert wurde und teilweise noch wird. Spezifisch wird es um die kognitiven Karten gehen, die zwar auch in Teilen den universalen kognitiven Strukturen der Raumwahrnehmung unterliegen (siehe Kapitel zu Gestaltprinzipien), aber vor allem kulturspezifische Ausprägungen zeigen. Diese Ausprägungen manifestieren sich nicht nur in der jeweiligen Sprache, sondern auch in weiteren semiotischen Wissenssystemen, die in der Einleitung bereits als Handlungspraktiken des Raums bezeichnet worden sind. Dieser Abschnitt fungiert dabei als Scharnier zwischen erstens dem Konzept der mentalen Modelle, das sich auf einer rein kognitiven Ebene bewegt, zweitens den verkörperungstheoretischen Überlegungen, die über diese rein kognitive Ebene hinausgehen, und drittens der konkreten räumlichen Orientierung, wie sie im Kapitel zu den räumlichen Referenzrahmen dargestellt worden ist.

Interessant sind Navigationspraktiken, da hier mentale Modelle handlungsbasiert angewendet werden – ganz im Sinne eines pragmatischen Ansatzes, wie er hier vertreten wird. Hutchins nennt diesen Ansatz *distributed cognition* (verteilte Kognition; nähere Informationen zu seinem Ansatz im Kapitel zu Verkörperungstheorien) und untersucht in seinem Buch *Cognition in the Wild* (1995) die Navigationstechniken westlicher und mikronesischer Kulturen, deren Gemeinsamkeiten und deren Unterschiede (siehe auch Hutchins 2008). Diese Unterschiede schließen direkt an den Neo-Whorfschen Ansatz an, also an die Annahme, dass eine spezifische Kultur über die Sprache Einfluss auf die Kognition hat (siehe Kapitel zur sprachlichen Relativität).

Gladwin gibt ein Beispiel, wie sich die Navigation auf dem Meer in mikronesischen Kulturen darstellt:

> Standing on the shore of Puluwat and looking out upon the ocean there is little to see but water and sky. The scene is alive with wind and waves, with birds flashing in the sunlight and clouds marching slowly past, but otherwise it is empty. Puluwat seems a patch of land thrust up from the bed of the sea, alone in an endless expanse of sparkling water. Yet if the view is to the east, or to the west, we know that just a few fathoms down there is a great reef teeming with fish, swimming to breast the current which flows steadily, first this way and then that, over and through miles of coral and sand before its water runs over the edge of the reef and back down again to the cold depths of the ocean. This much perhaps we can picture and make real in our minds. Yet beyond this there is more, and it too is real. It is this farther reality which stamps a unique meaning on the life of every man, woman, and child on Puluwat. (Gladwin 1970: 33)

Dieses Beispiel zeigt anschaulich, welche Wissenssysteme hier zusammenwirken müssen. Die mentalen Modelle der Puluwat-Nautiker*innen müssen Informationen zur Verfügung stellen, die sich nur bedingt durch formal-logische Syllogismen beschreiben lassen – „This much perhaps we can picture and make real in our minds [= Repräsentationen in Form mentaler Modelle]. Yet beyond this there is more, and it too is real" –, also den nach Johnson-Laird maßgeblichen logischen Kausalitäten oder auch logische Schlussfiguren, die grundlegend für mentale Modelle sind (die Funktionsweise von Syllogismen, also logischen Schlussfolgerungen wird ausführlich beschrieben in Johnson-Laird 1983: 64–15; siehe auch Johnson-Laird 2006: 136–152; Strube et al. 1996: 707). Dieses Mehr an Informationen ist für die Forschung von Interesse, um überhaupt Gemeinsamkeiten und Unterschiede der nautischen Orientierung in verschiedenen Kulturen zu untersuchen. Der Fokus allein auf mentale Vorgänge kann eventuell zu kurz greifen bei der Beschreibung alltäglicher Praktiken, dies soll hier aber als offene Frage verstanden werden.

Das Beispiel der mikronesischen Navigation zur See wird unter anderem von Levinson (2003: Kap. 6) als kulturelle Differenz dargestellt, um den ja auch in dieser Einführung als zentral behandelten Neo-Whorfschen Ansatz stark zu machen. Bestimmte Handlungen beinhalten dabei, wie bereits ausgeführt, spezifische Zuschreibungen von Bedeutungen, die in einem bestimmten Kontext eingebettet oder situiert sind (*situated cognition*). Dieses Zuschreiben kann gestisches Zeigen sein oder kollektives Zusammenarbeiten wie z.B. in einem Orchester oder beim Hausbau. Beim Orchester dürfte das gemeinsame Wirken am deutlichsten sein, denn hier steht nicht nur eine Dirigent*in vorne am Pult, sondern die einzelnen Musiker*innen spielen jeweils ihre Stimme, um gemeinsam Musik zu machen. Hier wird somit eine Bühne hervorgebracht, mit der bestimmte Zuschreibungen und damit Verantwortlichkeiten einhergehen (siehe die Ausführungen zum Bühnenmodell). Der wichtige Punkt hier ist, dass neben zeichensprachlichen Enkodierungen (das Dirigieren eines Orchesters) weitere semiotische Wissenssysteme aufgerufen werden, die im Konzert zusammenwirken, um ein Problem zu lösen, hier einem Musikstück zu einer kohärenten Tonabfolge zu verhelfen, also einer Melodie (siehe das Kapitel zur Gestalttheorie, vor allem Christian von Ehrenfels Ansatz). Dabei wird Wissen teilweise ausgelagert, externalisiert in Form von Notenblättern, Taktstock und Instrumenten. Zudem spielt der Raum bzw. die Raumakustik als Klangkörper eine Rolle. Hier trifft sich somit ein rein kognitiver Ansatz (die Musiker*in, die die Partitur im Kopf hat und auswendig spielt), der Problemlöseprozesse primär im Gehirn verankert bzw. im Rahmen von Verkörperung, mit einem Ansatz der verteilten Kognition, wie sie unter anderem eben in *distributed-cognition*-Ansätzen vertreten werden (die Orchestermitglieder im Zusammenspiel). Sämtliche Teamsportarten funktionieren nach diesem Prinzip des kollektiven Zusammenspiels.

Interessant sind somit nicht nur die individuellen kognitiven Problemlöseprozesse, z.B. bei der Koordination von Händen und Füßen beim Treppen steigen, sondern eben im nächsten Schritt die jeweiligen Spielbedingungen, die einen Einfluss auf diese Koordinationsprozesse und vor allem auf das Antizipieren von möglichen Aktionen erfordern. Versuchen Sie einmal alltägliche Aktivitäten wie Treppensteigen, Fahrrad-Fahren, Lesen etc. zu versprachlichen. Also zu beschreiben, welche Prozesse ablaufen, um z.B. die Koordination der verschiedenen Körperteile und das Halten des Gleichgewichts beim Treppensteigen zu synchronisieren. Hier zeigt sich die kognitive Ökonomie, die bedingt, dass bestimmte Prozesse prozedural und damit unbewusst ablaufen. Sobald die entsprechenden Fähigkeiten ausfallen, stehen Menschen vor einer fast unlösbaren Aufgabe, wie Gallagher (2005) anhand eines Patienten mit Namen Ian gezeigt hat, der aufgrund einer Läsion unterhalb des Halswirbels seinen Körper nicht mehr prozedural benutzen kann (Gallagher 2005: 43–45). Daher muss er sämtliche körperliche Aktivitäten praktisch berechnen. Das bedeutet, dass jede Bewegung bewusst eingeleitet werden muss. Beim Treppensteigen muss somit die Koordination der Lage des Oberkörpers (damit dieser im Gleichgewicht bleibt), das Heben des ‚richtigen' Beins beim nächsten Schritt, die Beugung des Knies, das Zusammenspiel der Muskeln und Sehnen, das Strecken des jeweils hinteren Standbeins etc. berechnet und synchronisiert werden. Hat der Patient diese Arbeit vollbracht und ist oben oder unten angekommen, dann sind die soeben berechneten Schritte nicht mehr abrufbar und das Ganze beginnt beim nächsten Mal von vorne. Die Speicherung im und der Abruf aus dem Langzeitgedächtnis ist gestört. Dies zeigt sich ebenfalls bei Hand-Mund-Koordinationen z.B. beim Greifen und Zum-Mund-Führen einer Tasse oder beim Greifen und Benutzen eines Stifts.

Allerdings gibt es interessanterweise eine Fähigkeit, die jener Patient auch nach der Läsion noch beherrscht, nämlich das Autofahren, ein höchst komplexer Problemlöseprozess (siehe Gallagher 2005). Beim Autofahren wird davon ausgegangen, dass vor allem prozedurales Wissen, das beim Patienten weitestgehend nicht intakt ist, angewendet wird, sodass genügend kognitive Ressourcen zur Verfügung stehen, um im Verkehr adäquat zu agieren und reagieren.

Von einem ähnlichen Ansatz verteilter Koordination geht auch Hutchins in seinen Veröffentlichungen aus, in denen er zeigt, wie verschiedene Wissens- und Zeichensysteme interagieren, um Navigation zu ermöglichen. Vor allem sein Buch *Cognition in the Wild* transferiert die oftmals laborartigen Versuchsreihen der Kognitionswissenschaften hin zu angewandten Prozessen. Das Zusammenspiel der verschiedenen Wissenssysteme ist hier von besonderem Interesse, vor allem weil ein phänomenologischer und verkörperungstheoretischer Ansatz, wie Gallagher ihn vertritt, durch einen kulturvergleichenden Ansatz ergänzt wird.

Katrina is reassured. Suddenly her attention is caught, as Ichabod'swas, by the Cardinal bird.
KATRINA (pointing)
Oh, look! A Cardinal! My favorite! I
would love to have a tame one, but I
wouldn't have the heart to cage him.
Ichabod unslings his satchel.
ICHABOD
Then I have something for you.
He has a PAPER DISK with a BIRD on one side and an EMPTY CAGE on the other, pierced by a looped string on which the disk can twist and spin. He demonstrates like a magician. This is the very Toy given to him by his Mother.
ICHABOD
A Cardinal on one side, and an empty cage.
Katrina watches intently. Ichabod spins the Disk.
ICHABO
And now ...
The bird appears to be inside the cage.
Katrina is astonished and delighted.
KATRINA
You can do magic! Teach me!
ICHABOD
It is no magic. It is optics.
Ichabod gives her the Toy and shows her how to spin it.
ICHABOD
Separate pictures which become one
picture in the spinning [...]. Like the
truth which I must spin here [...].
Katrina spins the disk, the bird appears in the cage.

(aus Tim Burtons Film *Sleepy Hollow* von 1999.)

7 Gestalttheorie

Dieses Kapitel bietet die Grundlagen für die Wahrnehmungsprozesse, die fundamental sind für kognitive Kategorisierungsmechanismen in der visuellen Wahrnehmung. Diese Prozesse sind, wie in dem Zitat oben angedeutet, keine Magie, sondern lassen sich durch kognitive Prozesse erklären – „It is no magic. It is optics", wie Ichabod Katrina im Eingangszitat formuliert. Die in diesem Kapitel dargestellten Grundlagen sind insbesondere für die Kognitive Semantik relevant, da sich einige der Kategorisierungsmechanismen in der visuellen Wahrnehmung auf der sprachlichen Ebene niederschlagen. Der Kognitiven Semantik zufolge spiegeln sich diese Kategorisierungsmechanismen sprachlich in Figur-Grund-Relationen wider, wobei in diesem Ansatz das syntaktische Subjekt und Objekt eben durch die gestalttheoretischen Konzepte Figur und Grund ersetzt werden (Len Talmys Adaption; siehe unten) bzw. in der Kognitiven Grammatik durch Trajektor und Landmarke (Langacker 1987, 1997; Talmy 1978, 1983, 2000; Thiering 2015; Zlatev 2007).[287]

Weiter unten wird diese Dichotomie ausführlich erklärt, hier sei nur so viel gesagt, dass die Figur in der Kognitiven Semantik prototypisch ein kleineres, sich bewegendes Objekt in Relation zu einem größeren und eher statischen Referenzobjekt darstellt, z.B. in Sätzen wie „das Glas [Figur] steht auf dem Tisch [Grund]" oder „das Boot [Figur] fährt den Fluss [Grund] hinauf".

Wie in der Einleitung bereits dargelegt stellt sich grundsätzlich die Frage, wie und durch welche Enkodierungsverfahren die von uns durch unsere Wahrnehmung gewonnenen Informationen kategorisiert und so der externen Welt Sinn verliehen werden kann. Und weiter gefragt: Welche Informationen – visuell, haptisch, auditiv, olfaktorisch – werden wie und durch welche Kanäle bzw. Sinnesmodalitäten gebündelt? Informationen, die hier ganz allgemein als Inputfaktoren verstanden werden, können visueller, auditiver, olfaktorischer, taktiler oder haptischer Natur sein. Aus diesen Informationen werden für die jeweilige Situation relevante Aspekte herausgefiltert und kategorisiert. Während Sie diese Zeilen lesen, blenden Sie sehr wahrscheinlich Geräusche aus der Umgebung aus, die Pling-Geräusche eingehender Nachrichten auf dem Smartphone werden für den Moment nicht beachtet und der Fokus wird auf den Leseprozess gelegt. Welche Prozesse darüber entscheiden, wann aus Informationen Wissen wird, steht auf

---

[287] „The distinct roles played by the ‚primary' and ‚secondary' objects [*primary* = Figur und *secondary* = Grund; M.T.] just described for linguistic schematization appear to be closely related to the notions of ‚Figure' and ‚Ground' described in Gestalt psychology, and the same terms can be applied to them." (Talmy 2000: 184)

einem anderen Blatt und ist nicht Gegenstand dieser Einführung. Es soll hier aber zumindest auf den Unterschied zwischen Informationen und Wissen hingewiesen werden. Information kann zu Wissen werden durch Integration in bestehende Wissensformen. Informationen müssen allerdings nicht zu Wissen werden, dies ist analog zur hier verwendeten Bühnenanalogie zu sehen, die in der Einleitung dargestellt worden ist. Bestimmte Informationen sind im Fokus, andere werden ausgeklammert und finden damit keine weitere Beachtung. Sprache hat dabei eine konstitutive Funktion, wie in den Kapiteln zur linguistischen Relativitätstheorie und räumlichen Referenzrahmen dargelegt wurde. Um mit Ray Jackendoff unter dem Titel „The Real World and the Projected World" zu argumentieren:

> What is the information that language conveys? What is this information *about*? The first of these is essentialy the tradtional philosophical concern with *sense* and *intension*; the second, *reference* or *extension*. Naive introspection yields these answers: the information conveyed consists of ideas – entities in the mind; the information is *about* the real world. (Jackendoff 1983: 23)[288]

Jackendoff fragt, welche Information Sprache übermittelt und was der Informationsgehalt ist. Im nächsten Schritt argumentiert Jackendoff dafür, dass

> [t]he view to be taken here [in der Verbindung einer realen vs. projizierten Welt] is that it is indeed legitimate to question the nature of the information conveyed, and that the answer of naive introspection is in some sense correct. [...] We will assume that there is a level of human organization that can plausibly be termed mental, that this level is causally conneted with, but not identical to, states of the nervous system, and that the function of this level can be treated as processing of information. (Jackendoff 1983: 23–24)

---

[288] Lehar schreibt zur Wahrnehmung von Objekten: „The direct realist view, also known as *naive realism*, is the natural intuitive understanding of vision that we accept without question from the earliest days of childhood. When we see an object, such as this book that you hold in your hands, the vivid spatial experience of the book is assumed to be the book itself. This assumption is supported by the fact that the book is not merely an image, but appears as a solid three-dimensional object that emits sounds when we flip its pages, emits an odor of pulp and ink, and produces a vivid spatial sensation of shape, volume, texture, and weight as we manipulate it in our hands. Our belief in the reality of our perceived world is continually reaffirmed by the stability and permanence of objects we perceive in the world. Nevertheless, there are deep logical problems with the direct realist view that cannot be ignored if we are ever to understand the true nature of perceptual processing." (Lehar 2003: 1). Die Diskussion zum direkten im Gegensatz zum indirekten Realismus soll unten weiter behandelt werden. Grundsätzlich steht hier die Frage im Vordergrund, „whether the world we see around us is the real world itself, or whether it is merely a copy of the world presented to consciousness by our brain in response to input from our senses" (Lehar 2003: 1).

Das Hauptargument ist die mentale Ebene in Verbindung mit dem zentralen Nervensystem. Jackendoff verweist im Folgenden darauf, dass Sprache nicht nur auf eine mentale, sondern auch auf eine reale Welt referiert. Sein Argument wird durch gestalttheoretische Ansätze untermauert:

> Perhaps the most significant general result of the school of Gestalt psychology [...] was its demonstration of the extent to which perception is the result of an interaction between environmental input and active principles in the mind that impose structure on that input. (Jackendoff 1983: 23)

Wahrnehmung ist also das Resultat der Interaktion zwischen umweltbedingtem Input und kognitiven Mechanismen – *active principles in the mind* – die ihrerseits bestimmte Muster auf diesen Input projizieren. Dieses Kapitel wird somit in Anlehnung an Jackendoff mit einer Beobachtung des Mitbegründers der gestalttheoretischen Bewegung Anfang des 20. Jahrhunderts in Deutschland, Max Wertheimer, eingeleitet. Er schreibt:

> Ich stehe am Fenster und sehe ein Haus, Bäume, Himmel. Und könnte nun, aus theoretischen Gründen, abzuzählen versuchen und sagen: da sind ... 327 Helligkeiten (und Farbtöne). (Habe ich „327"? Nein; Himmel, Haus, Bäume; und das Haben der „327" als solcher kann keiner realisieren.) Und seien in dieser sonderbaren Rechnung etwa Haus 120 und Bäume 90 und Himmel 117, so habe ich jedenfalls dieses Zusammen, dieses Getrenntsein, und nicht etwa 127 und 100 und 100; oder 150 und 177. In dem bestimmten Zusammen, der bestimmten Getrenntheit sehe ich es; und in welcher Art des Zusammen, der Getrenntheit ich es sehe, das steht nicht einfach in meinem Belieben: ich kann durchaus nicht etwa, nach Belieben jede irgend andere gewünschte Art der Zusammengefaßtheit einfach realisieren. (Und welch ein merkwürdiger Prozeß, wenn einmal so etwas gelingt. Welches Erstaunen, wie ich hier nach langem Hinsehen, nach allerlei Versuchen, in sehr wirklichkeitsferner Einstellung entdeckte, daß da an einem Fenster Stücke des dunkeln Rahmens mit einem glatten Ast zusammen ein lateinisches N bilden.) –
>
> Oder: Die zwei Gesichter Wange an Wange. Ich sehe das eine (mit seinen, wenn man so will, „57" Helligkeiten) und das andere (mit seinen „49"); nicht aber in der Teilung 66 plus 40 oder 6 plus 100. Theorien, die etwa fordern würden, daß ich da „106" sehe, stehen auf dem Papier; zwei Gesichter sehe ich. Aber hier mag es vorerst nur auf die Art des Zusammen und der Geteiltheit ankommen; die ist jedenfalls so bestimmt. Nur von diesem – bescheidenen, theoretisch aber nicht unwichtigen – Sachverhalt soll hier zunächst gehandelt werden.
>
> Oder ich höre eine Melodie (17 Töne!) mit ihrer Begleitung (32 Töne!). Ich höre eine Melodie und Begleitung, nicht einfach „49" oder wenigstens gewiß nicht normaliter oder ganz nach Belieben 20 plus 29. (Wertheimer 1923: 301; siehe auch Pinna 2010: 11; zu den Gestaltprinzipien bei Melodien siehe von Ehrenfels 1890; Kanizsa bietet eine umfangreiche Bibliografie zu den ersten gestalttheoretischen Untersuchungen [1979: 254–264]).

Der hier wichtige und für die Gestalttheorie wesentliche Aspekt ist, dass in der Wahrnehmung, ob nun visueller oder anderer Art, Informationen zusammengefasst wahrgenommen und gespeichert werden. Menschen sehen nicht die Einzelteile bzw. „‚57‘ Helligkeiten" gesondert, sondern konstruieren ein ganzes Ensemble, sodass die Eindrücke gebündelt werden, was einer bestimmten kognitiven Ökonomie entspricht (siehe auch Richter & Winter 2014: 55–56). Das Ganze ist also etwas anderes als die Summe seiner Teile.

In Bezug auf die Wahrnehmung bzw. das Erkennen von Formen schreibt Pinna:

> Human perception is more than figural grouping and segregation, it also extends to the organization of shapes and meanings [...]. Each perceptual object is made up of element components grounded and segregated, but further appears as a shape related to other shapes that convey and signify one or more meanings related to other shapes and meanings, thus creating a complex net of perceptual shapes and meanings that is the complex world perceived in everyday life. By perceiving people, cities, houses, cars and trees, we perceive at least three main kinds of organization (forms): grouping/figure-ground segregation, shape and meaning. (Pinna 2010: 12)

Demnach wirken bei der Wahrnehmung von Objekten oder Einheiten also mindestens drei Arten der Organisation mit, nämlich die Gruppierung von Figur-Grund-Asymmetrien, Formen und Bedeutung. Das Zusammenfassen von Einheiten (*grouping*) ist maßgeblich für die visuelle, auditive, haptische etc. Wahrnehmung. Das gestalttheoretische Grundmotto lautet dann auch „the whole is more than the sum of the parts".

Tversky schreibt treffend zum grundsätzlichen Strukturierungsmuster:

> Gestalt psychology is by now a given, recognized by the public at large, accepted by the scientific community, immortalized in dictionaries as „the whole is more than the sum of the parts." The Gestalt approach developed to describe certain compelling phenomena of the experience of perception that are not easily explained by qualities of the stimuli nor of the internal processing of them. Most prominent among them is grouping. The mind groups visual objects, on almost any basis it can find, by similarity of shape, of color, of size, of angle, or if the objects are uniform, by proximity. The penchant for grouping is so strong that the mind groups and regroups fields of uniform objects. That is, the mind finds groupings even when there is no perceptual basis for them, to the delight of artists and their audiences. It is not only visual objects that get grouped; sound objects are also grouped, as an essential component of auditory scene analysis and appreciation of music [...]. Grouping occurs not just in perception, but also in action; problem solvers use gestures to organize imaginary individuals into imaginary groups [...]. Grouping, and other perceptual organizing principles, are processes applied to stimuli in the world. But what about stimuli in the mind, mental objects? Many mental processes, notably, mental rotation, seem to derive from perceptual ones [...]. If the processes occur in the mind, then the objects on which they act can also be mental objects, rather than objects in the world [...]. So it is not unreasonable

to propose that grouping and other perceptual organizing principles are general processes of the mind, not limited to perception. (Tversky 2006: 155; siehe auch Tversky 2005)

Demnach gibt es also ein Zusammenspiel von kognitiven und umweltbedingten Faktoren, (visueller) Wahrnehmung und kognitivem Apparat.

Christian von Ehrenfels' gestalttheoretischer Ansatz von 1890 geht ebenfalls in diese Richtung. Ehrenfels macht darauf aufmerksam, dass eine Melodie eine zeitliche Dimension hat, denn sie entsteht erst durch die Aneinanderreihung von Tönen. Dabei muss der jeweils vorherige, bereits verklungene Ton im Prinzip im Gedächtnis gehalten und mit dem folgenden Ton zusammengefügt und gleichzeitig ein Verweis auf den nächsten Ton angestimmt werden. Sehr vereinfacht ergibt dies die Melodie. So ähnlich schreibt auch von Ehrenfels (1890: 251) „[...] der Eindruck der ganzen Tonreihe ist erforderlich".[289] Der hier vorgestellte Ansatz des Zusammenhangs von Sprache und menschlichem Verhaltens fokussiert allerdings auf die detaillierten Facetten in einer Gesprächssituation.

7.1 Ein Würfel

Die obige Beschreibung von Wertheimer soll hier an einem konkreten Beispiel eines geometrischen Objektes noch verdeutlicht werden. Die Leser*in wird gebeten, sich einen prototypischen Spielwürfel vorzustellen. Welche Wissensformen impliziert dieses Konzept? Das Konzept ‚WÜRFEL' impliziert eventuell eine Reihe von Würfelkonstellationen. Prototypisch handelt es sich bei einem Würfel um einen dreidimensionalen geometrischen Körper mit sechs identischen quadratischen und zueinander rechtwinklig angeordneten Seiten. Der Necker-Würfel wird häufig als Kippfigur herangezogen (Koffka 1930: 163–172). Bei längerer Betrachtung dieser Figur – in Anlehnung an Austins Sprechakt nenne ich diese Seh-Akt – ändert sich die Wahrnehmungsperspektive, und zwar zwischen einer Ansicht ‚von unten' und einer ‚von oben'. Dieser bistabile Effekt bzw. die Form des

---

289 Dies gilt weniger für bzw. ist anders gelagert bei atonaler Musik, Zwölftonmusik, Elektroakustik, *music concrète* oder Musik aus anderen Kulturkreisen, die mit Harmonien und Tonschichtungen arbeiten und diese dekonstruieren und damit neu konstruieren. Einen interessanten Ansatz zum Verhältnis zwischen Sprache bzw. Versprachlichung und raumakustischen Phänomenen bieten Sharma et al. in dem Band *Towards understanding and verbalizing spatial sound phenomena in electronic music* (2015). Ich danke an dieser Stelle Gerriet K. Sharma für die Hörerfahrung des aus 20 Lautsprechern bestehenden Ikosaederlautsprechers (siehe Sharma & Schultz 2017: *Are Loudspeaker Arrays Musical Instruments?* und Sharmas Dissertation *Komponieren mit skulpturalen Klangphänomenen in der Computermusik* von 2016; auch danke ich Herrn Sharma für das Zur-Verfügung-Stellen seiner Dissertation, Sharma 2016).

geometrischen Körpers, der sich an unterschiedlichen Kippfiguren zeigen lässt, soll hier am bereits genannten Necker-Würfel – benannt nach dem Schweizer Naturforscher Louis Albert Necker, der ihn 1832 entwarf – betrachtet werden:

> The essence of the matter is that the two-dimensional representation (a) has collapsed the depth out of a cube and that a certain aspect of human vision is to recover this missing third dimension. The depth of the cube can indeed be perceived, but two interpretations are possible, (b) and (c). A person's perception characteristically flips from one to the other. (Marr 1982: 26; siehe auch Kanizsas Manipulation des Würfels 1979: 7–9 und 19)

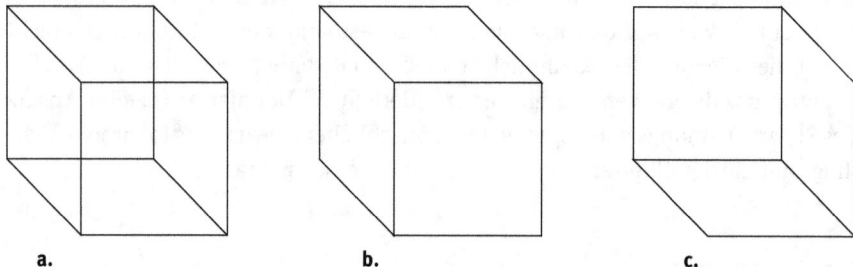

Abb. 18: Necker-Würfel (Marr 1982: 26; adaptiert von Anat Frumkin)[290]

Koffka zerlegt die Seiten des Würfels und zeigt, wie die visuelle Wahrnehmung den *Seh-Akt* konstruiert, also welche Prozesse der visuellen Kategorisierung ablaufen.

Kommen wir wieder zurück zu dem Spielwürfel und stellen uns zudem vor, dass er auf einem Tisch liegt [Abbildung 19].[291] Wir nehmen diesen Würfel immer

---

290 Marr beschreibt das Phänomen wie folgt: „The so-called Necker illusion, named after L. A. Necker, the Swiss naturalist who developed it in 1832. The essence of the matter is that the two-dimensional representation (a) has collapsed the depth out of a cube and that a certain aspect of human vision is to recover this missing third dimension. The depth of the cube can indeed be perceived, but two interpretations are possible, (b) and (c). A person's perception characteristically flips from one to the other." (Marr 1982: 26) Im Prinzip fehlt somit etwas in der Wahrnehmung des Würfels (a). Im Rahmen kognitiver Konturen versucht der visuelle Apparat fehlende Informationen zu ergänzen. Dieses Ergänzen führt in diesem Fall zu den beiden Varianten (b) und (c).

291 Interessanterweise *liegt* ein Würfel im Deutschen auf einer horizontalen Fläche, er *steht* nicht, wie z.B. ein Wasserglas, eine Tasse oder eine Vase. Augenscheinlich haben die Proportionen des jeweiligen Objekts, also seine Ausdehnung in den unterschiedlichen Dimensionen, und die Kontaktfläche zwischen dem Objekt und seinem Referenzobjekt eine spezifische Auswirkung auf sprachliche Beschreibung der räumlichen Ausrichtung. Allerdings *liegt* ein Ball auf der Straße, obwohl dessen Kontaktpunkt wesentlich kleiner ist als die des Würfels. Die Anwendung

als ein dreidimensionales Objekt wahr, allerdings sehen wir nie gleichzeitig alle Seiten, Ecken und Kanten.[292] Ebenso wenig sehen wir, dass sich die Zahlenpaare 1 und 6, 2 und 5 sowie 3 und 4 jeweils auf gegenüberliegenden Seiten befinden. Dieses Alltagswissen ist somit implizit vorhanden, wenn wir einen Spielwürfel sehen bzw. ihn uns vorstellen. Wir berechnen auch nicht bewusst die Winkel, in denen die Seiten des Würfels zueinander stehen. Damit fehlen also bestimmte visuelle Informationen in der optischen Darstellung und dem jeweiligen mentalen Modell. Es wäre ein interessantes Experiment, eine Person, die noch nie einen Würfel gesehen hat, dazu aufzufordern, einen Würfel allein auf der Grundlage einer sprachlichen Beschreibung einer dritten Person zu konstruieren.

Es gibt eine mentale Repräsentation eines prototypischen Würfels, der mental rotiert werden kann (siehe Kapitel zu mentalen Raummodellen). Eine geometrisch-mathematische Berechnung des Würfels wird in einer Art mentalem Bild oder Vorstellung gespeichert. Die geometrischen Aspekte, die Dimensionalität und die verschiedenen Zahlenwerte sind im Moment der visuellen Wahrnehmung als Hintergrundinformationen (*background cognition*; Fauconnier 1994 [1985]) vorhanden. Diese sind aber nur dann aktiv präsent, wenn wir unsere Aufmerksamkeit darauf lenken bzw. danach gefragt werden. Auch hier ist die Aufgabe der Leser*in, einen Würfel in all seinen Dimensionen und Ausrichtungen sprachlich zu beschreiben. Dies ist in keiner Weise trivial, sondern kognitiv grundlegend, da durch die informationelle Reduktion die Aufmerksamkeit auf weitere Wahrnehmungsbereiche gelenkt werden kann, die eventuell im Hintergrund stehen.

---

der Positionsverben *stehen*, *sitzen*, *liegen* und weiteren impliziert die räumlich-geometrische Verortung und ihren Grad der Spezifität (*degree of specificity*) (Svorou 1994; Thiering 2015). Die Gestaltprinzipien helfen in der Analyse allerdings weniger als rein topologisch-geometrische Zuschreibungen (Jackendoff 1996; Vandeloise 1991).

292 Siehe zur Phänomenologie der Wahrnehmung von Objekten Kanizsa: „However, amodal completation is a much more universal phenomenon, and merits much more attention than it receives. One need only recall the fundamental fact of figure-ground segmentation in the construction of the phenomenal world, in which the articulation always implies the completion [...] of the continuous background existing behind the figure. And not only does every phenomenal object taken as a figure appear against a background amodally present behind it; it also possesses, phenomenally, its own back side. Although not visible, this posterior part is nonetheless phenomenally present. [...] Therefore, the optical system always fills gaps, goes beyond the information given through perceptual interpolation. This must be considered not simply as an interesting phenomenon [...] but as a norm of visual perception, a universal fact that happens every time we find ourselves in front of a field organized as figure and background, every time a phenomenal object exists." (Kanizsa 1979: 6)

Ebenfalls zeigt sich hier, dass das menschliche Gehirn fehlende Informationen ergänzt (sogenannte *kognitive Konturen* oder auch *perceptual interpolation* – visuelle Erweiterung oder Ergänzung an Informationen könnte eine passende Beschreibung sein[293]).

Menschen geben in der Sprache grundsätzlich immer nur Ausschnitte ihrer Wahrnehmung wieder, sie reduzieren den aktuellen Kontext gemäß kognitiv-ökonomischen Prinzipien.[294] Es wäre relativ unökonomisch, einen prototypischen Würfel in all seinen Ausformungen und mit all seinen Details sprachlich exakt zu beschreiben. Ebenso wird ein Tisch prototypisch als ein alltäglicher Gebrauchsgegenstand erinnert und nicht als eine spezifische Anordnung bestimmter Elemente aus eventuell unterschiedlichem Material (horizontale Platte [kreisrund, quadratisch] aus Holz, Kunststoff, Metall oder auch Glas, vertikale, im rechten Winkel zur Platte angeordnete Beine, meist wiederum aus Holz, Kunststoff oder Metall).[295]

Allerdings wurde bereits gezeigt, dass es durchaus Sprachen gibt, in denen weniger abstrahiert wird und in denen somit sprachlich mehr Kontext gegeben werden muss, um den Gegenständen Qualitäten zuzuschreiben. Gemeint sind die *First-Nation-* bzw. die *Native-American*-Sprachen in Kanada bzw. den USA, deren klassifikatorische Verben die Qualitäten von Gegenständen trotz mancher Ähnlichkeiten detaillierter als die deutschen Positionsverben (also z.B. *sitzen, stehen, liegen, hängen*) definieren. Diese *affordances* (siehe Gibson 1986), also die objektspezifischen Qualitäten, werden in visuell geprägten westlichen Kul-

---

[293] Siehe hierzu ausführlich Kanizsa (1979, v.a. die Kapitel „Two ways of going beyond the information given" und „Anomalous contours and surfaces"); der Begriff wurde von Gregory (1972) eingeführt, allerdings betont Kanizsa, dass er das Konzept bereits 1955 dargelegt hatte, wenn auch unter einer anderen Bezeichnung.

[294] „One main characteristic of language's spatial system is that it imposes a fixed form of structure on virtually every spatial scene. A scene cannot be represented directly at the fine-structural level in just any way one might wish – say, as a complex of many components bearing a particular network of relations to each other. Rather, with its closed-class elements and the very structure of sentences, the system of language is to mark out one portion within a scene for primary focus and to characterize its spatial disposition in terms of a second portion [...], and sometimes also a third portion [...], selected from the remainder of the scene. The primary object's spatial disposition here refers to its site when stationary, its path when moving, and often also its orientation during either state." (Talmy 2000: 181-182)

[295] Zu ergänzen ist, dass ein prototypischer Tisch eine bestimmte Funktion erfüllt, z.B. als Schreibtisch oder Esstisch. Gleichzeitig hat ein Tisch eine soziale Funktion, eben beim Essen in der Familie oder der Wohnungsgemeinschaft. Auch gibt es eine Vielzahl von Tischen, Garten-, Café-, Ess-, Wohnzimmertische, um nur eine kleine Auswahl zu nennen.

turen häufig idealisiert. Allerdings gibt es zu den *affordances* objektspezifische mentale Modelle, die auf der kognitiven Ebene semantische Parameter ergänzen.

7.2 Gestaltprinzipien: Eine Auswahl

Zurück zu den ausgewählten Gestaltprinzipien. Diese sind z.B. 1. das Prinzip der Prägnanz, 2. das Gesetz der Ähnlichkeit und 3. das Gesetz der Nähe, aber auch 4. das für die kognitive Linguistik wichtige und prägende Gesetz von Figur und Hintergrund (Grund), 5. das Gesetz der Erfahrung, 6. das Gesetz der Erwartung, 7. das Gesetz der Kontinuität, 8. das Gesetz der Geschlossenheit, 9. das Gesetz der guten Fortsetzung und 10. das Gesetz des gemeinsamen Schicksals. Das letztgenannte Prinzip mag etwas merkwürdig klingen, bedeutet allerdings lediglich, dass z.B. sich gleichzeitig in eine Richtung bewegende Elemente als Einheit wahrgenommen werden. Ein Beispiel, dass in der Forschung häufig erwähnt wird, ist eine Ballettgruppe, die durch gemeinsame Bewegungsabläufe den Eindruck von Zusammengehörigkeit vermittelt.

Im folgenden Abschnitt werden einige der oben aufgezählten visuellen Prinzipien auf die sprachliche Gestaltungsebene übertragen (Grafik einfügen zu den Prinzipien). Zusammenfassend wurden 10 Gesetze herausgearbeitet:
1. Gesetz der Prägnanz
2. Gesetz der Ähnlichkeit
3. Gesetz der Nähe
4. Gesetz der Figur und Hintergrund (Grund) Asymmetrie
5. Gesetz der Erfahrung
6. Gesetz der Erwartung
7. Gesetz der Kontinuität
8. Gesetz der Geschlossenheit
9. Gesetz der guten Fortsetzung
10. Gesetz des gemeinsam Schicksals

7.3 Ein Anschauungsobjekt: Kanizsas Dreiecke

In der Forschungsliteratur zu optischen Täuschungen von vor allem geometrischen Objekten gilt neben dem Necker-Würfel, der Ponzo-Illusion, der Müller-Lyer-Täuschung oder dem Hase-Enten-Kopf das Kanizsa-Dreieck als einschlägig. Da der Gestalttheoretiker Gaetano Kanisza allerdings unterschiedliche nach ihm benannte Dreieck-Konstellationen entworfen hat, wird hier – wie schon in der Überschrift – von Kaniszas Dreiecken im Plural gesprochen. Kanizsas Ansatz soll hier nicht im Detail dargestellt werden, sondern nur der Aspekt der kognitiven Konturen, also der Ergänzungen fehlender Wissensformen im Seh-Akt.

Sehen Sie sich nun die folgende Abbildung eines Kanizsa Dreiecks an. Ein Dreieck beruht auf spezifisch kulturellem Wissen, vor allem auf geometrischem Schulwissen und auf kulturspezifischen Sehpraktiken (dazu mehr am Ende dieses Unterkapitels).

Abb. 19: Kanizsa-Dreieck (positiv; adaptiert von Anat Frumkin)

Je nachdem welches Hintergrundwissen Sie mitbringen, sehen bzw. konstruieren Sie hier drei schwarze Kreise, aus denen jeweils ein Dreieck herausgeschnitten ist, sodass sie einer Pacman-Figur mit offenem Mund ähneln und ein Dreieck praktisch oben auf liegt. Sie sehen zudem drei durchbrochene schwarze Linien, die in einem bestimmten Winkel aufeinandertreffen. Der größte Teil der Fläche ist weiß, eben mit Ausnahme der drei Kreissegmente und der drei durchbrochenen Linien. Wenn ich nun frage: „Sehen Sie das weiße oder das schwarze Dreieck?" Dann sehen Sie eines oder beide sehr wahrscheinlich ohne größere Mühe. Diese Dreiecke selbst sind allerdings nicht abgebildet, sondern durch die Kreissegmente und Linien nur angedeutet. In der visuellen Wahrnehmung bzw. Konstruktion ergänzen Sie die fehlenden Informationen – auch kognitiven Konturen genannt, indem Sie die durchbrochenen Linien kognitiv ergänzen. Eine bestimmte visuelle Erwartungshaltung im Hinblick auf die geometrischen Objekte setzt hier ein, denn Dreiecke sind prototypisch gleichseitig (alle Seiten und Winkel sind identisch). Diese Erwartungshaltung führt dazu, dass Sie nur drei jeweils gleich weit voneinander entfernte Punkte wahrnehmen müssen, um ein Dreieck zu wahrzunehmen. In einer weiteren Dreiecks-Konstellation verändert Kanizsa die Ausgangssituation.

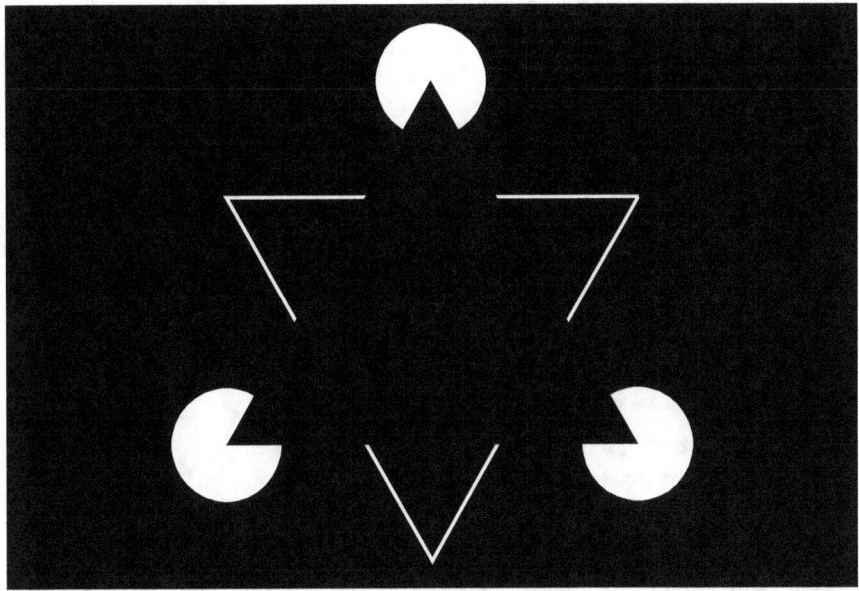

Abb. 20: Kanizsa-Dreieck (negativ; adaptiert von Anat Frumkin)

Die vorhandenen Informationen sind ins Gegenteil verkehrt: Vor einer schwarzen Grundfläche heben sich nun drei weiße Kreissegmente und drei durchbrochene weiße Linien ab und lassen uns ein schwarzes Dreieck wahrnehmen (bzw. zwei übereinanderliegende Dreiecke). Kanizsa führt dieses ‚Wahrnehmungsspiel' nun weiter, indem er sehr vereinfachte geometrische Abbildungen so weit manipuliert, bis die eigentlichen geometrischen Figuren kaum noch zu identifizieren sind. Bis also zu viel Informationen kognitiv ergänzt werden müssen. Die folgende Abbildung zeigt anschaulich, wie stark der visuelle Input reduziert werden kann, ohne dabei die geometrische Funktion aufzulösen. So sieht ein weiteres Kanizsa-Dreieck wie folgt aus:

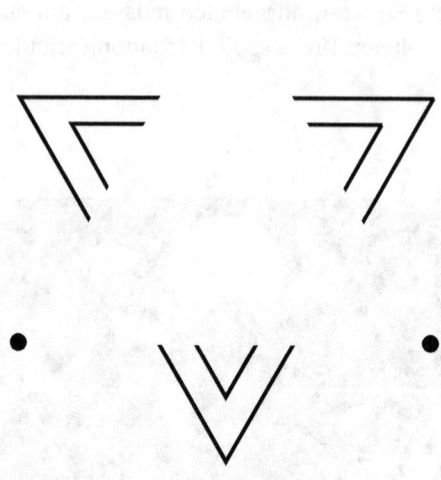

Abb. 21: Kanizsa-Dreieck (reduziert; adaptiert von Anat Frumkin)

Die drei Punkte zeigen lediglich einen Referenzrahmen auf weißem Hintergrund an, aber dies reicht aus, um ein weißes Dreieck zu konstruieren. Das Dreieck ist im Prinzip eine Illusion, eine kognitive Konstruktion basierend auf geometrischem Vorwissen. Es ist allerdings nicht zu unterschätzen, wie viel Hintergrundwissen bei der visuellen Konstruktion von geometrischen Objekten zum Einsatz kommt. Dies zeigt sich spätestens dann, wenn wir den westlich-europäischen Kontext verlassen und mit Menschen arbeiten, die im Alltag weniger einer künstlichen visuellen Wahrnehmung ausgesetzt sind und/oder kein geometrisches Schulwissen erwerben. Hier zeigt sich, welchen Einfluss kulturelle Praktiken des Sehens haben, welche Kompetenzen als universell angenommen werden.

Sprache hat dabei einen genuin konstruktiven Einfluss, denn allein durch die jeweilige Fragestellung werden Gewissheiten prognostiziert. Wenn ich frage: „Sehen Sie ein Dreieck oder eine geometrische Konstellation?", dann impliziert diese Frage eine Struktur, die die Rezipient*in erkennen und entschlüsseln muss.

Interessanter ist es, Proband*innen nach einer Beschreibung zu fragen. Zum Beispiel bei folgender Ansammlung von Punkten.

Ein Anschauungsobjekt: Kanizsas Dreiecke — 273

Abb. 22: Marrs Dalmatiner (Marr 1982)

Je nach Fragestellung und kulturellem Hintergrund nehmen Sie eine Ansammlung von schwarz-weißen Punkten wahr, die an einigen Stellen gebündelter auftreten als an anderen. Frage ich nun danach, ob Sie einen Hund oder besser noch einen Dalmatiner sehen, dann dürfte es einen Aha-Effekt geben. Sollten Sie den Dalmatiner vorher nicht wahrgenommen haben, dann ist es nach dem Aha-Effekt nicht mehr möglich, den Dalmatiner nicht zu sehen. Hier sei auf den Unterschied zwischen *wahrnehmen* und *sehen* hingewiesen: Wahrnehmen ist erst einmal ein neutraler visueller Eindruck, das Sehen ist ein spezifisches, explizites Konstruieren eines visuellen Eindrucks. Sie *nehmen* somit Punkte *wahr* und *sehen* einen Dalmatiner als Resultat visueller Mustererkennung.

Zurück zu Kanizsas Dreiecken. Diese zeigen sehr eindrücklich, welchen visuellen Illusionen der kognitive Apparat ausgesetzt ist und wie die konstruktive Bedeutungszuschreibung funktioniert. In allen drei besprochenen Abbildungen fehlen Informationen zur Vervollständigung der jeweiligen geometrischen Objekte bzw. täuschen Relationen vor, die nicht abgebildet sind. Die wesentliche Frage dabei ist hier nicht, welche neurophysiologischen Prozesse auf welchen Ebenen stattfinden, sondern welche Wissenssysteme wie interagieren, um aus den Illusionen sinnvolle Konstruktionen abzuleiten. Und welche Funktion hat Sprache in den Zuschreibungsprozessen?

Um dabei eine oft geäußerte Kritik anzusprechen und zugleich zu entkräften, soll darauf hingewiesen werden, dass Kanizsas Dreiecke keinen alltäglichen Sinneseindrücken entsprechen – im Alltag sehen wir eher selten solche geometrischen Illusionen. Die Beispiele minimieren den Kontext, der die visuelle Bedeutungszuschreibung stören könnte. Die fundamentalen Prozesse innerhalb der visuellen Wahrnehmung können aber exakt durch die einfachen Stimuli vergleichbar gemacht werden. Welche fundamentalen kognitiven Prozesse der visuellen Wahrnehmung sind anzunehmen und wie interagieren diese Prozesse mit anderen kognitiven Modalitäten?

Die folgenden Abbildungen stellen weitere Illusionen zur Veranschaulichung dar. Eindeutig werden im Seh-Akt Informationen ergänzt, die mit der realen Abbildung nicht deckungsgleich sind.

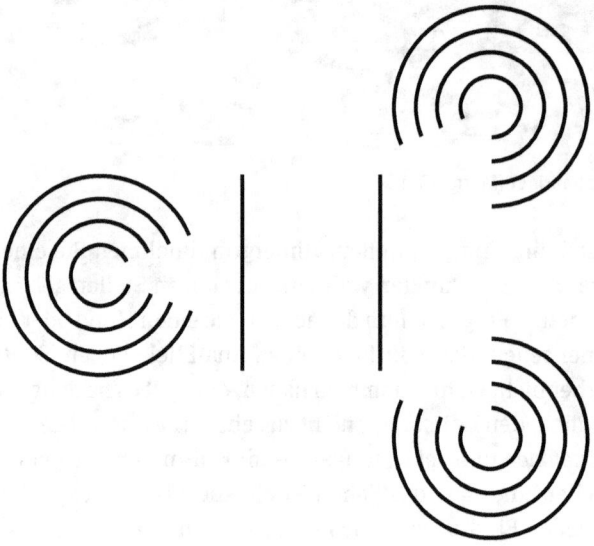

Abb. 23: Ponzo-Illusion (Kanizsa 1979: 209; Original von 1911; im Original sind die vertikalen Balken horizontal zueinander in Relation gesetzt; adaptiert von Anat Frumkin)

Die dreiviertel geschlossenen Ringe bilden die Referenzrahmen für die Konstruktion des weißen Dreiecks. Die vertikalen Linien brechen lediglich die geometrische Struktur des Dreiecks. Es gibt noch genügend Kontext, um die geometrischen Formen zu konstruieren. Mit diesem visuellen Stimulus im Hinterkopf, kann die nächste Abbildung ohne Weiteres entschlüsselt werden.

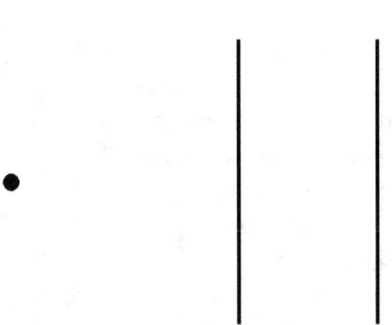

Abb. 24: Ponzo-Illusion (Kanizsa 1979: 212; adaptiert von Anat Frumkin)

Diese Abbildung ist nun reduziert auf drei Punkte und zwei vertikale Linien. Mit dem Stimulus der vorherigen Abbildung im Gedächtnis zeigt sich auch hier ein Dreieck in einer rudimentären Form. Im folgenden Beispiel verschwimmen Linien und Formen, es entsteht der Eindruck, die Illusion, also ob die Linien kontinuierlich verschwimmen und damit nicht konstant bleiben. Konturen verschwinden, obwohl diese als geometrische Gradienten klare Zuordnungen aufweisen.

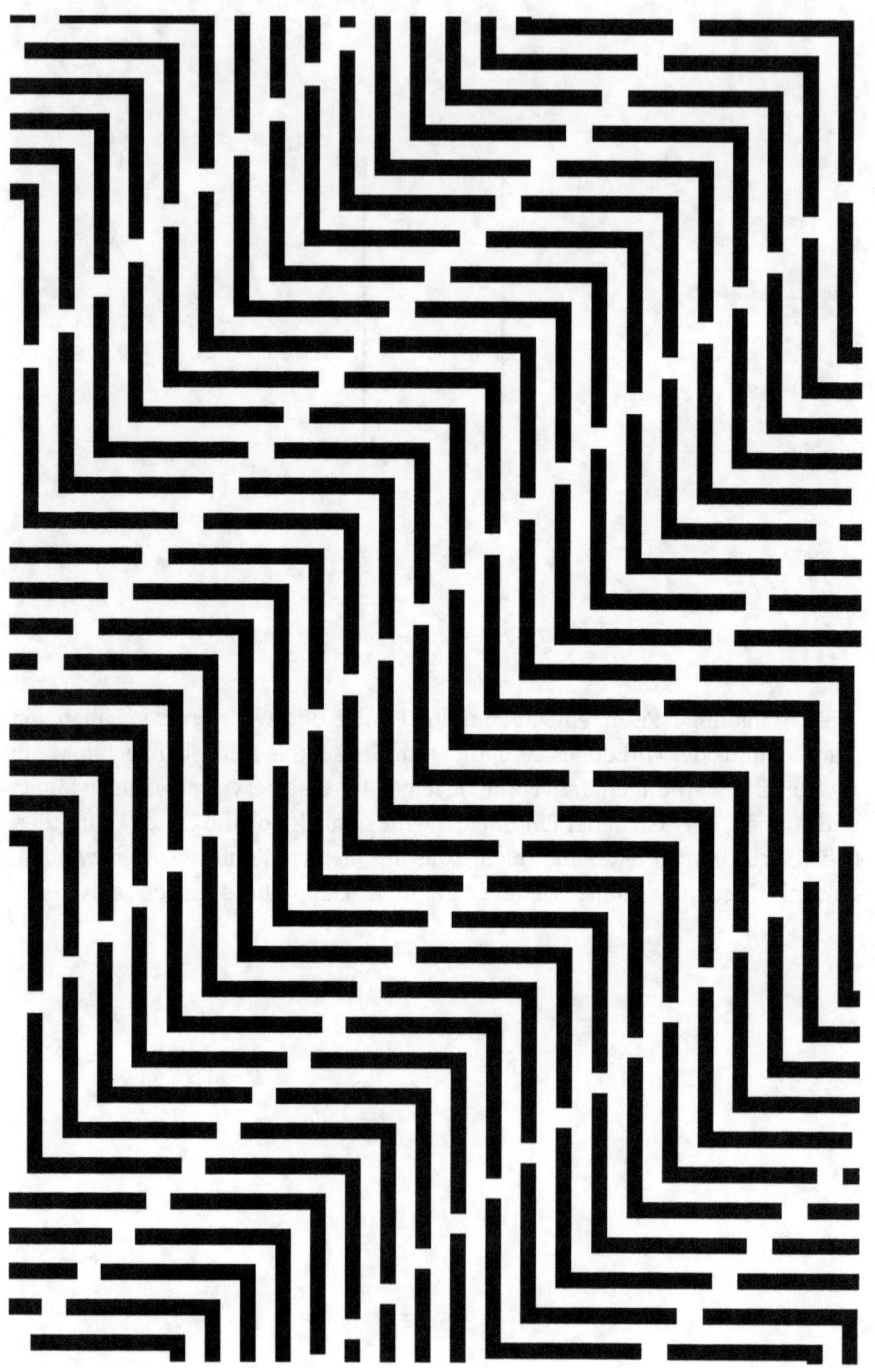

Abb.25: Zöllner-Illusion (Kanizsa 1979: 208; adaptiert von Anat Frumkin)

Abschließend noch einmal das Kanizsa Dreieck, das die Ebbinghaus-Täuschung nun als Störfaktor einbaut.

Abb. 26: Adaption der Ebbinghaus-Täuschung (nach Kanizsa; adaptiert von Anat Frumkin)

Die beiden Kreise wirken im Originalversuch von Ebbinghaus unterschiedlich groß, sie sind aber gleich groß. Je nach Fokus werden zwei aufeinander liegende Dreiecke konstruiert, ein weißes liegt auf einem Dreieck mit schwarzer Umrandung oder drei schwarze Gradienten gucken hinter drei weißen Pyramiden hervor. Vergleichende Untersuchungen haben gezeigt, dass die gezeigten Illusionen nur bedingt universell funktionieren. Damit gehen u.a. bestimmte kulturspezifische Sehgewohnheiten einher, aber auch unterschiedliche Lernkontexte und Wahrnehmungsgewohnheiten.

7.4 Figur-Grund-Relationen in der Kognitiven Semantik

In und mit der Sprache nehmen wir morphosyntaktische und semantische Setzungen vor, die dem visuellen Eindruck zur Seite gestellt werden. Vor dem Hintergrund der linguistischen Relativitätstheorie, also der Idee, dass Kulturen je nachdem, welche Sprache in ihnen gesprochen wird, das Denken auf unterschiedliche Weise beeinflussen (vgl. Kap. zur linguistischen Relativität), wäre allerdings zu fragen, ob der visuelle Eindruck nachgestellt –epiphänomenal –

wird, sodass mit und in der Sprache Bedeutungszuweisungen vorgenommen werden. Wie im Kapitel zur Relativität gezeigt wurde, hat der sprachliche Impetus konstruierenden Charakter. Mit Blick auf die Sprachspiele nach Ludwig Wittgenstein ist bereits argumentiert worden, dass Sprache sich im Sprechen und Zeigen manifestiert. Dies sollte im folgenden Kapitel mitgedacht werden, denn visuelle Eindrücke werden durch sprachliche Bedeutungszuweisungen erst semantisch gehaltvoll.

Gestalttheoretische Aspekte der Wahrnehmung zeigen sich in der Sprache vor allem in den Zuweisungen von Figur-Grund-Asymmetrien (F/G). Eine Asymmetrie ist dabei ein Ungleichgewicht zwischen zwei Entitäten, meistens ist eine Entität größer als die andere.[296] Dazu die folgenden Beispielsätze:

a) Das Glas (F) steht auf dem Tisch (G).
b) Der Teller (F) steht neben dem Laptop (G).
c) Das Auto (F) parkt auf dem Parkstreifen (G).
d) Das Buch (F) steht im Regal (G).
e) Das Goldfischglas (F) steht auf dem Schrank (G). Und:
f) Der Goldfisch (F) schwimmt im Goldfischglas (G).
g) Ich (F) gehe ins Internet (G).
h) Das Smartphone (F) liegt auf der Schutzhülle (G1), auf dem Tisch (G2).
i) Der Skater (F) macht einen Ollie auf die Bank/Treppenstufe (G).

Syntaktisch sind das Subjekt und das Objekt durch grammatische Bedingungen gebunden und relativ statisch. Die Beispiele zeigen, dass in relativ einfachen Sätzen reale oder virtuelle Objekte in Relation zueinander stehen. Diese Relation wird ergänzt durch a) die Figur und den Grund, aber vor allem b) durch Konnektoren wie *stehen, sein, auf, im* (*space builder* nach Fauconnier 1985, 1997 und *spatial grams* nach Svorou 1994). Diese grammatischen Enkodierungen – spatial grams – nehmen räumliche oder zeitliche Setzungen vor.

---

296 „One of the first construal operations to have been recognized as linguistically highly relevant is the ‚Figure/Ground' distinction, well known from studies in Gestalt psychology. It was introduced into Cognitive Linguistics (even before it was known under that name) through the work of Talmy [...]. In visual perception, one element may be the focus of attention – the ‚Figure'; it is perceived as a prominent coherent element and set off against the rest of what is in the field of vision – the ‚Ground'. This psychological distinction is reflected in many linguistic distinctions, lexical as well as grammatical. Consider, for instance, the expressions X is above Y and Y is below X; while these expressions denote the same spatial configuration, they are semantically distinct in that they reflect different selections of the participant that is to provide the Ground, with respect to which the other participant, as Figure can be located." (Verhagen 2007: 50)

Das Konzept von Figur und Grund wird von Talmy übernommen und im Rahmen der Kognitiven Linguistik weiterentwickelt. Er schreibt:

> The spatial disposition of a focal object in a scene is largely characterized in terms of a single further object, also selected within the scene, whose location and sometimes also ‚geometric' properties are already known (or assumed known to an addressee) and so can function as a reference object [...]. The first object's site, path, or orientation is thus indicated in terms of distance from or relation to the geometry of the second object. (Talmy 2000: 182; Talmy entwickelt dieses Konzept bereits in einem Artikel von 1978 und erweitert es im Verlauf seiner weiteren Forschungsarbeit; siehe auch Talmy 2015)

Durch die Übernahme des gestalttheoretischen Ansatzes kann Talmy zeigen, dass in räumlichen Beschreibungen ein Objekt im Vordergrund steht, das selbst mindestens einen weiteren Bezugs- oder Referenzobjekt hat.[297] Dieses zweite Referenzobjekt ist der Grund. Talmy schreibt weiter, dass „spatial characterizations expressed overtly (as with prepositions) ultimately rest on certain unexpressed spatial understandings" (Talmy 2000: 182), dies bedeutet, dass implizites Alltagswissen bei räumlichen Setzungen in der Sprache eine wesentliche Rolle spielt. Talmy ist es wichtig zu betonen, dass es funktionale Unterschiede gibt, selbst bei Sätzen, die auf den ersten Blick semantisch gleich sind.

---

[297] Richter & Winter betonen dann auch, dass „Talmy [...] identified strong Gestalt properties in the spatial language of localizing an object. He found that in an utterance conveying spatial information the object to be localized, the *figure*, is typically smaller, or more movable or variable, or more salient. The figure is localized by references to known, larger, more complex and more stable objects, the *ground*. This way language structures space for the mental spatial representation of the recipient. Tversky and Lee responded to Talmy by pointing out that not only language structures space but also space structures language, this means, whichever language is chosen, graphical or verbal, similar kinds of information will be omitted or retained." (Richter & Winter 2014: 78; Hervorhebung im Original) Der Zusatz Tversky & Lees, dass nicht nur Sprache Raum strukturiert, sondern Raum auch Sprache beeinflusst, wurde in dieser Einführung bereits stark gemacht, nämlich das Oszillieren zwischen kulturellen Praktiken, Sprache und Kognition, zumindest kann dies für die Raumorientierung angenommen werden. Richter & Winter argumentieren allerdings weiter, dass „[l]anguage is also not precise, adding to the uncertainty of an already abstracting mental spatial representation". In Bezug vor allem auf klassifikatorische Enkodierungssysteme in *First-Nation*-Sprachen wird in dieser Einführung allerdings eine etwas differenzierte Meinung vertreten. Vor allem im Hinblick auf den Grad der Spezifität zeigt sich, dass es Sprachen und Grammatiken gibt, die äußerst exakt in ihren räumlichen Zuschreibungen und geometrischen Kategorisierungen sind.

Das oft zitierte Beispielpaar ist:
a. *The bike is near the house.*
b. *The house is near the bike.*[298]

Nach Talmy haben diese beiden Sätze nicht die gleiche Bedeutung, auch wenn dies so scheint. Er argumentiert, dass in Beispiel (a) das Haus ein spezifisches Referenzobjekt darstellt. Enzyklopädischem Wissen zufolge sind Häuser eher statisch und weniger beweglich (deshalb auch *Im*mobilien), sie bieten sich als Referenzobjekte an, an denen andere Gegenstände oder Personen verortet werden können. Fahrräder sind kleiner und beweglich, sie dienen in den meisten Fällen nicht als Referenzobjekt. Deshalb wirkt das Beispiel (b) auch eher merkwürdig, denn prototypischerweise ist ein Fahrrad eben nicht Referenzobjekt für ein Haus. Die Betonung liegt hier allerdings auf prototypisch.[299] Es kann nämlich durchaus sein, dass auch ein Rad als Referenzobjekt dient, z.B. wenn das Fahrrad bei einer Produktpräsentation, bei der das Rad im Mittelpunkt steht, umgeben ist von anderen Dingen oder aber bei Aussagen *Die Ampel (an der ich den Unfall hatte, gegen die ich prallte) ist neben meinem Rad* oder *Das Brandenburger Tor ist rechts vom Rad (das auf der Straße liegt, da ich dort mit einem Auto kollidierte)*. In beiden Fällen handelt es sich um Situationen, in denen das bewegliche Objekt als Referenzpunkt gesetzt wird, aufgrund der subjektiven Wahrnehmung, in der ein

---

[298] Ausführlich schreibt Talmy zu diesem einfachen Beispiel:
One could have expected these sentences to be synonymous on the grounds that they simply represent the two inverse forms of a symmetric spatial relation. But the obvious fact is that they do not have the same meaning. They would be synonymous if they specified only this symmetric relation – that is, here, the quantity of distance between two objects. But in addition to this, (4a [= a.]) makes the nonsymmetric specification that the house is to be used as a fixed reference point by which to characterize the bike's location, itself to be treated as a variable. These nonsymmetric role assignments conform to the exigencies of the familiar world, where in fact houses have locations more permanent than bikes and are larger landmarks, so that (4a) reads like a fully acceptable sentence. The sentence in (4b [= b.]), on the other hand, sounds quite odd, and is thereby well flagged as semantically distinct from (4a). Since the assertion of nearness is unchanged, the reason for the difference can only be that (4b) makes all the reverse reference assignments, ones that in this case do not happen to match the familiar world. (Talmy 2000: 183–184; siehe als Zusammenfassung Zlatev 2007: 326–334, v.a. 327–328)

[299] Evans schreibt dazu: „This suggests that the grammatical organisation of linguistically encoded spatial scenes reflects figure-ground organisation. While the subject position corresponds to the figure, the object position corresponds to the ground. The unnaturalness of the second sentence is due to the fact that an entity that would be more likely to serve as the ground in a spatial relation holding between a bike and a house is placed in the position associated with the figure." (Evans 2007: 81)

Unfall zentral ist. Sowohl Ampel als auch Brandenburger Tor würden aber prototypischerweise eher als Referenzobjekte dienen. Dann lehnt ein Fahrrad z.B. an einer Ampel (eventuell angeschlossen) oder ich stelle mein Rad ans Brandenburger Tor, um ein Foto zu machen.

Talmys funktionale Definition von Figur und Grund lautet hier noch einmal ganz allgemein:

> The Figure is a moving or conceptually movable entity whose site, path, or orientation is conceived as a variable the particular value of which is the relevant issue.The Ground is a reference entity, one that has a stationary setting relative to a reference frame, with respect to which the Figure's site, path, or orientation is characterized. (Talmy 2000: 184; siehe auch Talmy 1983)

Die Figur ist damit eine bewegliche Einheit/Entität, deren Seiten, Weg oder Orientierung variabel sind, sodass der Fokus situationsabhängig gesetzt werden kann. Dies entspricht der Grundidee der Bühnenmetapher (vgl. Einleitung), der zufolge Zuschauer*innen eine bestimmte Perspektive einnehmen und die Bühnenereignisse und Akteur*innen auf der Grundlage unterschiedlicher Faktoren kategorisieren. Der Grund ist das Referenzobjekt eben im Hinblick auf die genannte Eigenschaft der Figur. Wie bereits gezeigt wurde, können Objekte intrinsische Qualitäten haben, die als Bezugspunkte bei der räumlichen Konstellation dienen.

7.5 Hase und Ente: Wittgensteins Aspektsehen als gestalttheoretische Pragmatik

Der gestalttheoretische Ansatz versucht sich an einer Theorie der visuellen Wahrnehmung, basierend auf einer Anzahl von universalen visuellen Kategorisierungsmechanismen. In diesem Abschnitt soll dem visuellen Kategorisierungsprozess eine wesentliche Heuristik an die Seite gestellt werden, und zwar die sprachliche Zuschreibung von Bedeutung. Der späte Ludwig Wittgenstein hat in Abschnitt II seiner *Philosophischen Untersuchungen* (der keinem systematischen Aufbau folgt, sondern eher aus einzelnen Gedanken und Aphorismen besteht) einen erkenntnistheoretisch-sprachphilosophischen und vor allem pragmatischen Vorschlag gemacht, der hier im Detail nachvollzogen werden soll.

> Zwei Verwendungen des Wortes ‚sehen'.
>
> Die eine: ‚Was siehst du dort?' – ‚Ich sehe *dies*' (es folgt eine Beschreibung, eine Zeichnung, eine Kopie). Die andere: ‚Ich sehe eine Ähnlichkeit in diesen beiden Gesichtern' – der, dem ich dies mitteile, mag die Gesichter so deutlich sehen wie ich selbst.

> Die Wichtigkeit: Der kategorische Unterschied der beiden ‚Objekte' des Sehens.
>
> Der Eine könnte die beiden Gesichter genau abzeichnen; der Andere in dieser Zeichnung die Ähnlichkeit bemerken, die der erste nicht sah.
>
> Ich betrachte ein Gesicht, auf einmal bemerke ich seine Ähnlichkeit mit einem andern. Ich sehe, daß es sich nicht geändert hat; und sehe es doch anders. Diese Erfahrung nenne ich ‚das Bemerken eines Aspekts.'
>
> Seine *Ursachen* interessieren den Psychologen.
>
> Uns interessiert der Begriff und seine Stellung in den Erfahrungsbegriffen.
>
> Man könnte sich denken, daß an mehreren Stellen eines Buches, z.B. eines Lehrbuchs, die Illustration [länglichen Quader einfügen] stünde. Im dazugehörigen Text ist jedesmal von etwas anderem die Rede: Einmal von einem Glaswürfel einmal von einer umgestülpten offenen Kiste, einmal von einem Drahtgestell, das diese Form hat, einmal von drei Brettern die ein Raumeck bilden. Der Text deutet jedesmal die Illustration.
>
> Aber wir können auch die Illustration einmal als das eine, einmal als das andere Ding *sehen*. – Wir deuten sie also, und *sehen* sie, wie wir sie *deuten*. (Wittgenstein 1982: 518–519)

Wittgenstein präsentiert eingangs ein simples Sprachspiel in Bezug auf die Polysemie von *sehen*. Sehen wird hier als ambiger Prozess dargestellt, Wittgenstein macht deutlich, dass es unterschiedliche Aspekte des Wortes gibt. Der phänomenale Eindruck ist unterschiedlich. Wichtig ist hier zu betonen, dass das Sehen aktiviert wird durch eine Frage, nämlich: „Was siehst Du dort?" Der sprachliche Stimulus lenkt die Aufmerksamkeit auf einen bestimmten Sehbereich. Dieser kann unterschiedlich kategorisiert werden, wiederum ganz der Bühnenmetapher folgend. Als Weiteres stellt Wittgenstein dar, dass ein visueller Stimulus, ausgelöst von einem Bild, das z.B. eine Kiste darstellen könnte, unterschiedliche Deutungen ermöglicht. Dies mag trivial sein, stellt aber anschaulich dar, wie visuelle Wahrnehmung und sprachliche Zuschreibungen zusammenhängen. Mit Wittgensteins Worten „Wir deuten sie also, und *sehen* sie, wie wir sie *deuten*". Wittgenstein fährt fort:

> Da möchte man vielleicht antworten: Die Beschreibung der unmittelbaren Erfahrung, des Seherlebnisses, mittels einer Deutung ist eine indirekte Beschreibung. „Ich sehe die Figur als Kiste" heißt: ich habe ein bestimmtes Seherlebnis, welches mit dem Deuten der Figur als Kiste, oder mit dem Anschauen einer Kiste, erfahrungsgemäß einhergeht. Aber wenn es das hieße, dann müßte ich's wissen. Ich müßte mich auf das Erlebnis direkt, und nicht nur indirekt beziehen können. (Wie ich von Rot nicht unbedingt als der Farbe des Blutes reden muß.)

> Die folgende Figur [...] wird in meinen Bemerkungen der H-E Kopf heißen. Man kann ihn als Hasenkopf, oder als Entenkopf sehen.
>
> Und ich muß zwischen dem ‚stetigen Sehen' eines Aspekts und dem ‚Aufleuchten' eines Aspekts unterscheiden.
>
> Das Bild mochte mir gezeigt worden sein, und ich darin nie etwas anderes als einen Hasen gesehen haben.
>
> Es ist hier nützlich, den Begriff des Bildgegenstandes einzuführen. Ein ‚Bildgesicht' z.B. wäre die Figur [Gesicht einfügen]
>
> Ich verhalte mich zu ihm in mancher Beziehung wie zu einem menschlichen Gesicht. Ich kann seinen Ausdruck studieren, auf ihn wie auf den Ausdruck des Menschgesichtes reagieren. Ein Kind kann zum Bildmenschen, oder Bildtier reden, sie behandeln, wie es Puppen behandelt. (Wittgenstein 1982: 520)

Wittgenstein bezieht sich hier direkt auf einen von Jastrow entwickelten gestalttheoretischen Ansatz und führt dessen Hase-Enten-Kopf ein, der im Original allerdings weniger einer Strichzeichnung denn einem Dürer-Bild ähnelt (Jastrow 1899; siehe auch Albertazzi 2006: 177). Die wichtige Unterscheidung hier ist das *stetige Sehen* im Gegensatz zum *Aufleuchten eines Aspektes*. Wir nehmen immer nur einen Aspekt des betrachteten Dings wahr, wir können nicht gleichzeitig einen Hasen und eine Ente sehen. Es kann sogar sein, dass ein Aspekt erst durch die Frage „Was siehst Du?" aufleuchtet. Ein gern bemühtes Beispiel aus der kognitiven Psychologie in Bezug auf Wahrnehmung und Erinnerung ist eine Ansammlung von schwarz-weißen Punkten auf einem weißen Blatt [siehe den Dalmatiner oben]. Wer dieses Bild nicht kennt, probiert evtl. unterschiedliche Verfahren aus, um der Punkteansammlung eine Struktur zu geben. Wenn die Frage spezifiziert wird, nämlich durch die präzisierende Frage „Siehst Du einen Hund?", dann wird, das entsprechende kulturelle Wissen der wahrnehmenden Person vorausgesetzt, ein Dalmatiner gesehen, der sich von der Betrachter*in weggedreht hat und mit der Schnauze auf dem Boden schnuppert. Ein Dalmatiner, dieses Weltwissen wird automatisch aktiviert, ist weiß mit schwarzen Punkten. Die Frage nach dem Hund aktiviert das mentale Modell ‚HUND' und ermöglicht so, die unterschiedlichen Varietäten von ‚Hunden' abzurufen. Ähnlich wie bei der eingeführten Prototypentheorie wird im deutschsprachigen Raum eventuell zuerst ein Schäferhund oder ein Dackel abgerufen, aber diese Token passen augenscheinlich nicht zu dem Bild. Dieses *trial-and-error*-Verfahren führt letztendlich zum Sehen des Dalmatiners, aber eben nur dann, wenn diese Hundeart bekannt ist.

Wittgenstein macht diesen Prozess anhand des H-E Kopfes deutlich.

> Ich konnte also den H-E-Kopf von vornherein einfach als Bildhasen sehen. D.h.: Gefragt, „Was ist das?", oder „Was siehst du da?", hätte ich geantwortet: ‚Einen Bildhasen'. Hätte man mich weiter gefragt, was das sei, so hätte ich zur Erklärung auf allerlei Hasenbilder, vielleicht auf wirkliche Hasen gezeigt, von dem Leben dieser Tiere geredet, oder sie nachgemacht.
>
> Ich hätte auf die Frage „Was siehst du da?" nicht geantwortet: „Ich sehe das jetzt als Bildhasen." Ich hätte einfach die Wahrnehmung beschrieben; nicht anders, als wären meine Worte gewesen „Ich sehe dort einen roten Kreis". –
>
> Dennoch hätte ein Anderer von mir sagen können: „Er sieht die Figur als Bild-H-"
>
> [...] Ich sehe zwei Bilder; in dem einen den H-E-Kopf umgeben von Hasen, im andern von Enten. Ich bemerke die Gleichheit nicht. Folgt daraus, daß ich beide Male etwas andres sehe? – Es gibt uns einen Grund, diesen Ausdruck hier zu gebrauchen.
>
> [...] Der Ausdruck des Aspektwechsels ist der Ausdruck einer neuen Wahrnehmung, zugleich mit dem Ausdruck der unveränderten Wahrnehmung.
>
> Ich sehe auf einmal die Lösung eines Vexierbildes. (Wittgenstein 1982: 520–523)

Obwohl ein einziges Objekt wahrgenommen wird, sehen wir *zwei* Aspekte.[300] Hier lässt sich somit erneut zwischen Wahrnehmung und Sehen unterscheiden. Beides sind wahrnehmungstheoretisch verschiedene Prozesse der Bedeutungszuschreibung.

In neueren Ansätzen wird der Fokus ebenfalls auf den Prozess bzw. die Handlung gelegt. Noë deutet diese Prozesshaftigkeit bereits im Titel an *Action in Perception* und bringt diesen Ansatz wie folgt auf den Punkt:

> Perception is not something that happens to us, or in us. It is something we do. Think of a blind person tap-tapping his or her way around a cluttered space, perceiving that space by touch, not all at once, but through time, by skilful probing and movement. This is, or at least ought to be, our paradigm of what perceiving is. The world makes itself available to the perceiver through physical movement and interaction. In this book I argue that all perception is touch-like in this way: Perceptual experience acquires content thanks to our possession of bodily skills. *What we perceive* is determined by *what we do* (or what we know how to do);

---

300 Aspekt kommt vom Lateinischen *aspectus* und bedeutet Anblick, Ansicht; der Duden bietet folgende Wortbedeutungen von Aspekt an: Blickwinkel, Blickrichtung, Betrachtungsweise, Blick-, Gesichtspunkt, Perspektive. Damit zeigt sich etymologisch bereits die Richtung und Perspektive des jeweiligen Blickes.

it is determined by what we are *ready* to do. In ways I try to make precise, we *enact* our perceptual experience; we act it out. To be a perceiver is to understand, implicitly, the effects of movement on sensory stimulation. Examples are ready to hand. An object looms larger in the visual field as we approach it, and its profile deforms as we move about it. A sound grows louder as we move nearer to its source. Movements of the hand over the surface of an object give rise to shifting sensations. (Noë 2004: 1; Hervorhebung im Original)[301]

Dieses Zitat zeigt bereits die enge Verzahnung von gestalttheoretischen Ansätzen und verkörperungstheoretischen Ausrichtungen. Wichtig ist hier, dass Noë Wahrnehmung nicht als passiven Prozess beschreibt, sondern als aktive Handlung – „it is something we do".

Wittgensteins Aspektsehen wird hier im Prinzip verkörpert, das bedeutet, die wahrnehmende Person aktiviert implizites Wissen, das nicht nur sprachlich ist, sondern weitere Wissensformen beinhaltet. Noë geht hier allgemein von Bewegungen im realen Raum aus.[302] Der Körper und die Umwelt interagieren. Wichtig ist Noë dabei, dass diese Handlungsweisen von Bewegungen nicht im Gehirn zu verankern sind, sondern eben der ganze Körper eine konstitutive Rolle dafür spielt.

A second implication of the enactive approach is that we ought to reject the idea – widespread in both philosophy and science – that perception is a process *in the brain* whereby the

---

301 Und weiter schreibt Noë: „As perceivers we are masters of this sort of pattern of sensorimotor dependence. This mastery shows itself in the thoughtless automaticity with which we move our eyes, head and body in taking in what is around us. We spontaneously crane our necks, peer, squint, reach for our glasses, or draw near to get a better look (or better to handle, sniff, lick or listen to what interests us). The central claim of what I call *the enactive approach* is that our ability to perceive not only depends on, but is constituted by, our possession of this sort of sensorimotor knowledge." (Noë 2004: 1) Noë stellt somit im letzten Satz heraus, dass der enaktive Ansatz davon ausgeht, dass menschliche Wahrnehmung auf sensomotorischem Wissen beruht. Hier u.a. wird das Beispiel des Greifens eines Glases gebracht.
302 Zur Diskussion über Raumkognition schreibt Günzel: „Hatte Immanuel Kant in der *Kritik der reinen Vernunft* von 1781 Raum und Zeit noch als reine Formen der Anschauung beschrieben, die jeder Wahrnehmung äußerer Erscheinungen vorausliegen und ordnend in sie eingehen [...], führte die Sinnesphysiologie generell die Wahrnehmung auf die anatomische Struktur der Sinnesorgane zurück. In den verschiedenen Sinnesorganen mit ihren jeweiligen, auf die Empfindung von Licht, Schall, Wärme, Druck etc. ausgerichteten Nervenfasern wurden Medien erkannt, die das, was sie vermitteln, allererst hervorbringen. Sie stellen demnach keine passiven Instanzen dar, durch die – wie in der Camera obscura als dem frühneuzeitlichen Wahrnehmungsmodell – ein Abbild der Außenwelt in den Seelenraum eintritt, sondern haben aktiven Anteil an der Wahrnehmung [...]. In der Kontroverse zwischen Nativisten und Empiristen blieb dabei offen, ob räumliche Vorstellungen auf die Struktur der Sinnesorgane zurückzuführen und somit angeboren sind oder primär durch Erfahrung erworben werden [...]." (Günzel 2010: 235)

perceptual system constructs an *internal representation* of the world. No doubt perception depends on what takes place in the brain, and very likely there are internal representations in the brain (e.g., content-bearing internal states). What perception is, however, is not a process in the brain, but a kind of skillful activity on the part of the animal as a whole. (Noë 2004: 2)

Does the body rule the mind
Or does the mind rule the body!
I dunno ... (The Smiths (1984): *Still Ill*. The Smiths).

I don't want to be a product of my environment.
I want my environment to be a product ... of me.
(Frank Costello (Jack Nicholson) als Mafiaboss in
(Martin Scorsese (2006): *The Departed*)

We [...] emphasize the growing conviction that cognition is not
the representation of a pregiven world by a pregiven mind
but is rather the enactment of a world and a mind on
the basis of a history of the variety of actions
that a being in the world performs. (Varela et al. 1991: 9)

8 Verkörperungstheorien

Das Zitat des von Jack Nicholson gespielten Charakters Frank Costello in *The Departed* (Martin Scorsese, USA 2006) bringt anschaulich die in dieser Einführung vertretene Position auf den Punkt, dass das *cogito ergo sum* einen konstruktiven Charakter aufweist. In diesem Kapitel wird es allerdings nicht vornehmlich um die Gestaltungsmacht des rational denkenden, kartesischen Egos gehen, sondern um das Zusammenspiel zwischen dem sprechenden Menschen und seiner Umwelt gehen. Dieses Wechselspiel klingt in der von *The Smiths* besungenen Frage an, ob der Geist (*mind*) durch den Körper bestimmt wird oder umgekehrt (Varela et al. 1991: 4, 37–57).[303] Die in der Philosophie als Leib-Seele-Problem[304] altbekannte Frage nach dem Zusammenhang von Geist und Körper ist also

---

[303] Der englische Begriff *mind* ist dabei nur bedingt gut mit ‚Geist' zu übersetzen. Weitere Übersetzungsmöglichkeiten wären ‚Verstand' (*ratio*), ‚Sinn', ‚Seele', ‚Denkweise'. Häufig wird unter *mind* allerdings das Gehirn verstanden. In der MIT-Enzyklopädie zu den *cognitive sciences* wird deutlich gemacht, dass *mind* dem kartesischen Prinzip folgt: „In Descartes's own terms, people are essentially a combination of mental substances (minds) and material substances (bodies). This is Descartes's *dualism*. To put it in more common-sense terms, people have both a mind and a body." (Wilson 1999: XV; Hervorhebung im Original). Der Verweis auf einen Dualismus spiegelt sich bedingt in der aktuellen Forschung wider, denn der Fokus liegt aus neurologischer Sicht primär auf dem Gehirn. Ebenso gehen *computational* Ansätze von informationsverarbeitenden Systemen und Programmen aus, die im Gehirn verschaltet sind. Der Körper ist dabei häufig nebensächlich. Hutchins (1995) und Gallagher (2005) zeigen, dass eine solche Trennung bzw. ein solcher Fokus alltäglichen Wissensprozessen nicht immer gerecht werden.

[304] „The *mind-body problem* is the problem of explaining how our mental states, events, and processes are related to the physical states, events, and processes in our bodies. [...] A long tradition in philosophy has held, with René Descartes, that the mind must be a nonbodily entity: a soul or mental substance. This thesis is called ‚substance dualism' or ‚Cartesian dualism' because it says that there are two kinds of substance in the world, mental and physical or material. Belief in such dualism is based on belief that the soul is immortal, and that we have free will, which seems to require that the mind be a nonphysical thing because all physical things are subject to the laws of nature. To say that the mind (or soul) is a mental substance is not to say that the mind is made up of nonphysical ‚stuff' or material. Rather, the term *substance* is used in the traditional philosophical sense: a *substance* is an entity that has properties and that persists through change in its properties. A tiger, for instance, is a substance, whereas a hurricane is not. To say there are mental substances – individual minds or souls – is to say there are objects that are nonmaterial or nonphysical, and these objects can exist independently of physical objects, such as a person's body. These objects, if they exist, are not made of nonphysical ‚stuff' – they are not made of ‚stuff' at all." (Crane 1999: 546) Legrand argumentiert dann auch, dass „Cartesian dualism intends to radically eliminate the body as Descartes argues that ‚my mind, by which I am what I am, is entirely and truly distinct from my body, and may exist without it' [...]. Importantly, he also insists that ‚I am not only lodged in my body as a pilot in a vessel, [...] I am besides

weiterhin aktuell und nicht zuletzt für die vorliegende Einführung in die Kognitive Semantik und die Kognitive Anthropologie von grundlegender Bedeutung.[305]

Wie Trabant konstatiert, spielt für kognitive und computertheoretische, aber vor allem linguistische Ansätze aus der Universalgrammatik der Körper keine konstitutive Rolle. Im Gegenteil, was primär im Fokus steht, ist die Computer-Gehirn-Analogie, also der Ansatz, dass die Funktionen des Gehirns mithilfe von Computern modelliert werden können. Informationsverarbeitung und speicherung beruht damit eben auf den digitalen Einheiten 0 und 1. Die Hardware ist das Gehirn, die Software die neuronalen Verschaltungen.

Trabant schreibt bezüglich verschiedener verkörperungstheoretischer Ansätze, die in der Einleitung bereits angerissen worden sind:

> Die Philosophie der Verkörperung ist keine einheitliche Schule, sondern eher ein Ensemble von – im Wesentlichen amerikanischen – philosophischen Untersuchungen, die in Opposition zum klassischen Kognitivismus stehen. [...] Kognition ist nicht nur, was sich im Reinen Geist, das heißt im Computer oder im Gehirn abspielt, also Rechenoperationen oder mentale Repräsentationen der Welt da draußen, sondern sie ist viel komplizierter: Der Körper des Menschen und die Welt haben aktiven Anteil an der Produktion des Gedanken. Es geht in dieser Debatte um eine Wende innerhalb der Kognitionswissenschaft. Diese ist ja ein Kind der Computer- und der Neuro-Wissenschaften und hat seit einigen Jahrzehnten die geistigen Prozesse des Menschen, die wir inzwischen alle ‚Kognition' nennen, zunächst analog zum Computer als kalkulierbare – und in der Hinsicht rein geistige – Prozesse theoretisch gefasst. Das Gehirn war dann das Organ, in dem diese Berechnungen stattfanden. Dem Gehirn galt und gilt noch immer die Hauptaufmerksamkeit bei der Erforschung des Denkens. (Trabant 2016: 31)[306]

---

so intimately conjoined, and as it were intermixed with it, that my mind and body compose a certain unity' [...]." (Legrand 2010: 181)

305 Grundlagenwerke zu Verkörperungstheorien, die einen guten Einblick in dieses interdisziplinäre Forschungsfeld geben, sind: Chalmers. 2012. *Constructing the World*; Clark. 2001. *Mindware. An Introduction to the Philosophy of Cognitive Science*; Gallagher. 2005. *How the Body Shapes the Mind*; Noë. 2004. *Action in Perception*; Robbins & Aydede (Hrsg.) 2009. *The Cambridge Handbook of Situated Cognition*; Varela, Thompson & Rosch 1991. *The Embodied Mind. Cognitive Science and Human Experience*; Ziemke, Zlatev & Frank. (Hrsg.). 2007. *Body, Language and Mind. Volume I: Embodiment*. Für die Kognitive Linguistik und Kognitive Semantik ist insbesondere Mark Johnson 1987. *The Body in the Mind. The Bodily Basis of Meaning, Imagination, and Reason* zu erwähnen.

306 Fuchs schreibt zu den Neurowissenschaften: „Betrachten wir beispielsweise die kognitiven Neurowissenschaften, so stellen wir fest, dass sie letztlich noch immer den prinzipiellen Unterschied zwischen einer rein mentalen und einer rein physikalischen Welt voraussetzen, das heißt zwischen dem subjektiven Geist und dem objektiven Körper – der eine nur von innen, aus der Erste-Person-Perspektive erfahrbar, der andere nur von außen, aus der Dritte-Person-Perspektive. Als Konsequenz dieser Teilung erscheinen auch Geist und Welt voneinander getrennt:

Trabant zeigt hier also kritisch auf, dass das Gehirn im Zentrum der kognitionswissenschaftlichen Modellierungen steht. In dieselbe Kerbe schlägt auch Fuchs, wenn sie/er schreibt:

> Der Mensch denkt, nicht sein Gehirn – und als Lebewesen ist der Mensch weder nur von innen her erfahrene Subjektivität noch ein nur von außen beobachtbares physiologisches System, sondern ein lebendiges, d.h. lebendes *und* erlebendes Wesen in Beziehung mit anderen. (Fuchs 2015: 802; Hervorhebung im Original)

Der Körper interagiert ständig mit der unmittelbaren Umwelt.[307] Dabei gibt es einen kontinuierlichen Austausch von Informationen und zugleich passt sich der Körper permanent an die sich ihrerseits stets ändernden Umweltbedingungen an. Unterschiedliche verkörperungstheoretische Ansätze sprechen von *enacted*, *embodied*, *embedded*, *extended* (*mind*) Verkörperungen oder auch von *situierter* Verkörperung, wie sie hier am Beispiel der von Hutchins untersuchten Navigationstechniken der Mikronesier beschrieben werden soll. Trotz einiger inhaltlicher Unterschiede, ist allen Ansätzen jedoch gemeinsam, dass der Körper in der Interaktion zwischen der jeweiligen Akteur*in und der Umwelt bzw. den Objekten in dieser Umwelt eine wesentliche Funktion hat.[308] Gibbs stellt dies sehr anschaulich anhand eines Beispiels dar:

Die Außenwelt, so die Annahme, wird in der Innenwelt des Bewusstseins nur simuliert oder repräsentiert. Dies resultiert in entkörperten Modellen des Geistes als eines repräsentationalen Symbolsystems im Gehirn." (Fuchs 2015: 802)

307 „The brain is an integral part of the body, which in turn exists in a world with which it interacts at many levels. Brain, body, and world all have specific structural properties that shape and constrain their interaction and thus the nature of human experience. This is the notion of embodiment. [...] These various factors are basically the same for all people. Regardless of language or culture, we are born with very similar bodies and largely identical perceptual apparatus. We all have experience with physical objects, with objects moving along paths, with entities being linked to one another, and so on. We are all subject to the pull of gravity, must learn to maintain our balance, and engage both actively and passively in force-dynamic interactions. Beyond this, we share an inborn basis for social interaction, manifested in the capacity to follow someone's gaze, to read intentions, and so on [...]. Collectively, these factors provide a universal basis for cognitive development. And to the extent that it is based on them, we can say that cognition is embodied." (Langacker 2014: 30–31; Hervorhebung im Original)

308 Richter & Winter zählen drei Formen von Raumwissen auf, die unmittelbar mit Verkörperung zusammenhängen: „1. Knowledge gained from exploring an environment (embodied experience). 2. Knowledge gained from exploring secondary sources such as maps, photos, or written or spoken words (embodied is only the experience with the medium, while the experience of the environment is indirect via a reading process). 3. Knowledge gained from experience with other, similar environments." (Richter & Winter 2014: 53) Wissen über einen n-Raum wird

> The windsurfer continualy affects and is affected by the set of the rig, so the behavioral intention to successfully windsurf emerges as a result of interaction between the person and the environment. Focusing on the agent alone, or on how the agent responds to the environment, fails to capture the complex nuances of windsurfing behavior. Just as it is important to understand the significance of paper and pencil when one does long division, where the cognition of doing long division is in part „offloaded" into the environment, the intentionality in windsurfing is best understood as a distributed cognitive behavior involving a person, a device, and the environment. (Gibbs 2001: 117–118)

Hier zeigen sich unterschiedliche interagierende Wissensformen: Die Windsurfer*in beeinflusst und wird beeinflusst – „affects and is affected" – durch das Rigg (= Mast und Segel). Erfolgreiches Windsurfen beruht demzufolge im Wesentlichen auf einer gelungenen Interaktion zwischen der Surfer*in und der Umwelt. Wissensformen werden externalisiert oder *offloaded*. Wird lediglich auf *eine* Komponente – also die Surfer*in *oder* die Umwelt (Wasser, Wind, Surfbrett, Surfsegel etc.) fokussiert, lassen sich die komplexen Verflechtungen von Wissenskomponenten nicht erklären, die notwendig sind, um erfolgreich zu surfen und damit das jeweilige intentionale Ziel zu erreichen. Hier lässt sich von Gibbs eine Brücke zu Hutchins *distributed-cognition*-Ansatz schlagen, der in dieser Einführung schon mehrfach erwähnt wurde und in diesem Kapitel genauer dargestellt wird. Im Unterkapitel zum Hausbau der Eipomek wird Hutchins Ansatz dann wiederum um das Moment der sozialen Kognition erweitert.

8.1 Gehirn ohne Körper – Körper ohne Gehirn?

Was für ein Zusammenspiel gibt es zwischen dem menschlichen Gehirn und dem Körper? Ist es sinnvoll, Körper und Gehirn als getrennte Entitäten zu verstehen, wenn es um Problemlöseprozesse insbesondere bei der Raumorientierung geht? Und welche Funktion kann dabei dem Gehirn zugeschrieben werden? Diese Fragen sollen hier nur in einem begrenzten Rahmen behandelt werden, aber selbstverständlich darf das Gehirn bei einer Darstellung von Wissenssystemen nicht fehlen. Dabei soll das Gehirn allerdings nicht als alleiniger Sitz des Verstandes, der Ratio gesehen werden. Lehar schreibt dazu:

---

somit schlichtweg über die Erkundung der Umgebung erreicht, was als verkörperte Erfahrung bezeichnet wird. Des Weiteren kann n-Raum-Wissen über unterschiedliche Wissen-generierende Praktiken erworben werden, also über semiotische Praktiken. Dabei muss räumliche Erfahrung nicht direkt bzw. explizit erfahrbar sein, sondern kann eben auch rein implizit ablaufen.

> The problem arises if we accept the modern materialistic view of the brain as the organ of consciousness. According to this view, every aspect of visual experience is a consequence of electrochemical interactions within our physical brain in response to stimulation from the eyes. In other words, there is a direct correspondence between the physical state of the brain, and the corresponding subjective experience, such that a change of a particular sort in the physical brain state results in a change in the subjective experience. Conversely, any change in the subjective experience reflects some kind of change in the underlying brain state. It follows therefore that a percept can be viewed in two different contexts, either from the objective external context, as a pattern of electrochemical activity in the physical brain expressed in terms of neurophysiological variables such as electrical voltages or neural spiking frequencies, or from the internal subjective context, where that same percept is viewed as a subjective experience expressed in terms of subjective variables such as perceived color, shape, motion, and so on. Like the two faces of a coin, these very different entities can be identified as merely different manifestations of the same underlying structure. The dual nature of a percept is analogous to the representation of data in a digital computer, where a pattern of voltages present in a particular memory register can represent some meaningful information, either a numerical value, or a brightness value in an image, or a character of text, or what have you, when viewed from inside the appropriate software environment. When viewed in external physical terms, those same data take the form of voltages or currents in particular parts of the machine. (Lehar 2003: 2)

Insofern der Sehapparat durch externe Reize stimuliert wird, gibt es, so Lehar, eine direkte Verbindung zwischen dem physischen Zustand des Gehirns und den jeweiligen subjektiven Erfahrungen. Damit wird auch die Frage der mentalen Repräsentationen problematisiert: Wie wird Wissen, wie immer dies definiert wird, abgerufen, also repräsentiert? Ist Wissen symbolisch, digital, chaotisch-netzwerkartig verteilt? Wie sind die verschiedenen Wissensformen voneinander abzugrenzen?[309] Wie unterscheidet sich sprachliches oder grammatisches Wissen von dem Wissen, wie ein Auto zu fahren ist, oder dem Wissen, was ich vor zehn Jahren gemacht habe?

Grundsätzlich bedeutet dabei aus einer kognitiv-linguistischen Perspektive,

> that the human mind and conceptual organisation are a function of the way in which our species-specific bodies interact with the environment we inhabit. In other words, the nature of concepts and the way they are structured and organised is constrained by the nature of our *embodied experience*. [...] The idea that experience is embodied entails that we have a species-specific view of the world due to the unique nature of our physical bodies. In other words, our *construal* of reality is mediated in large measure by the nature of our bodies. (Evans 2007: 66–67; Hervorhebung im Original)

---

[309] In dieser Einführung wurde bereits darauf hingewiesen, dass es verschiedene miteinander interagierende Wissensformen gibt, die sich über mentale Modelle beschreiben lassen (siehe Kap. zu mentalen Raummodellen).

Evans betont die spezifische Art und Weise der Interaktion zwischen Körper und Umwelt. Verkörperte Erfahrung ist hier das Schlagwort, die abhängig ist von der spezifisch menschlichen Beschaffenheit des Körpers. Ähnlich argumentiert Shaun Gallagher:

> In its broadest definition, the embodiment hypothesis is the claim that human physical, cognitive, and social embodiment ground our conceptual and linguistic systems. (Rohrer 2007: 27; siehe auch Gallaghers *terms of embodiment*, Gallagher 2005: 17–39)

Das Konzept der Verkörperung kann damit als Kampfansage gegen einen mentalen Reduktionismus gesehen werden – Reduktionismus deshalb, weil sämtliche Funktionen des Denkens auf neuronale Verschaltungen und Repräsentationen reduziert wird. Nun lässt sich allerdings nicht leugnen, dass neurologische Ausfälle, also Ausfälle im Gehirn, Auswirkungen auf den Körper haben, z.B. bei Patient*innen, die durch einen Schlaganfall nicht mehr ihre Gliedmaßen koordinieren können, Schwierigkeiten mit dem Sprechen haben oder durch retrograde Amnesie bestimmte Ereignisse in der Vergangenheit nicht mehr erinnern können. Ist also nicht doch das Gehirn verantwortlich für die maßgebliche Interaktion mit der Umwelt?

In seinem Buch *How the Body Shapes the Mind* zeigt Shaun Gallagher anhand eines neuropathologischen Beispiels, dass das Argument exakt umgekehrt werden kann (Gallagher 2005: 40–64).[310] Gallagher beschreibt eindrücklich, dass der Patient Ian Waterman in alltäglichen Situationen große Schwierigkeiten hat, die erforderlichen, vermeintlich einfachen Handlungen zu bewältigen. Aber auch Handlungen, die von alltäglichen Routinen abweichen, zeigen, wie diese Körper-Umwelt-Interaktion im Alltag bei gesunden Menschen funktioniert. Allerdings kann der genannte Patient noch Auto fahren, was angesichts dessen, dass er noch nicht einmal die alltäglichsten Dinge problemlos bewältigen kann, recht kurios klingt.

Golledge stellt den Komplex von Wahrnehmung, Fortbewegung und Umwelt anschaulich dar.

> Unless we are blind, or completely lost in a pitch-dark night, fog or a blizzard, or for the first time swimming under water in an unknown area, we know that by using vision we can

---

310 Phänomenologisch ist diese Argumentationsweise bereits bekannt. Zum Beispiel bezieht sich Maurice Merleau-Ponty (1974, 1976) auf pathologische Fälle, um seinen philosophisch geprägten phänomenologischen Ansatz empirisch zu untermauern. Auch sind hier in der Sowjetunion im frühen 20. Jahrhunderte entstandene entwicklungspsychologische und neurologische Ansätze zu nennen, z.B. die von Alexander Luria und Alexsei Leon'tev, aber auch Lev Wygotski.

begin to make sense of our surroundings.[311] We look for things that stand out because they are different from their surrounds, or because they have a shape or form or structure that we believe we could recognize again. If nothing catches our attention, we create something – we scratch a mark on the sidewalk or wall, or build a cairn or mound of dirt, anything than can represent to us a sense of location. Once established, this anchors other information processed by our senses. Order can begin replacing chaos. Things we sense now have properties of distance, direction, orientation, proximity, linkage, and association, both with respect to spatial anchors and with regard to each other. We can begin to classify, to cluster, to regionalize, and to impose hierarchies. Where information is sparse, we can create another anchor, establish a relation between this and the initial one (e.g. by establishing a path or base line), and can continue the process of ordering the mass of information bombarding our senses. With such ordering comes security, recognition capability, and, even when all things appear strange and difficult to identify according to our well-established perceptual norms, we can at least identify and use the environment in which we find ourselves. (Golledge 1992: 199)

Visuelle Wahrnehmung folgt demnach bestimmten Mustern, Formen oder bestimmten Eigenschaften von Objekten der Umwelt, die der wahrnehmenden Person bekannt vorkommen. Formen von mentalen Repräsentationen helfen demnach bei der Orientierung (siehe zum Thema Spuren als semiotische Verweise Derrida 1988, 1994; Krämer et al. 2007; Ginzburg 1983).

---

[311] Wie bereist angedeutet worden ist, nimmt Levinson, dessen räumliche Referenzrahmen in dieser Einführung einen wesentlichen Anteil haben, interessanterweise exakt diesen Ausgangspunkt auf (was wäre, wenn wir blind geboren wären?), um eine philosophisch-erkenntnistheoretische Grundsatzdebatte zur Frage der sinnesspezifischen Modalität zu stellen. Hier noch einmal die zitierte Stelle: „In 1690 William Molyneux wrote John Locke a letter posing the following celebrated question: if a blind man, who knew by touch the difference between a cube and a sphere, had his sight restored, would he recognize the selfsame objects under his new perceptual modality or not? The question whether our spatial perception and conception is modality specific is as alive now as then. Is there one central spatial model, to which all our input senses report, and from which instructions can be generated, appropriate to the various output systems (touch, movement, language, gaze and soon)?" (Levinson 2003: 50) Levinsons Fokus ist dabei der Einfluss der Sprache auf das Denken, wie ihn der Ansatz der sprachlichen Relativität bzw. der Sapir-Whorf-Theorie ins Zentrum stellt. Levinson selbst beantwortet die Frage der Modalitätsspezifität wie folgt: „Here then is the first part of the answer to our puzzle. Representational systems of different kinds, specialized to different sensory modalities (like visual memory) or output systems (like gesture and language), maybe capable of adopting different frames of reference. [...] Thus the facts that (a) frameworks are not freely convertible, (b) languages may offer restricted frameworks as output, and (c) it may be desirable to describe any spatial experience whatsoever at some later point, all conspire to require that speakers code spatial experiences at the time of experience in whatever output frameworks their dominant language offers". (Levinson 2003: 60–61)

Räumliche Bezugspunkte einer solchen Orientierung in der Umwelt sind Parameter wie Abstand (*distance*), Richtung (*direction*), Orientierung (*orientation*), Nähe (*proximity*), Verknüpfung (*linkage*) und Assoziation (*association*). Sind nicht genügend Informationen vorhanden, um eine Orientierung sicherzustellen, werden zusätzliche Ankerpunkte konstruiert bzw. ergänzt. Die im Kap. zur Gestalttheorie ausführlich behandelten kognitiven Konturen – z.B. werden drei Punkte auf einem Blatt, die alle gleich weit voneinander entfernt sind, als Eckpunkte eines Dreiecks ‚erkannt' – sind dabei hilfreiche kognitive Mechanismen der semantisch-visuellen Ergänzung.

Das Wissen, das bei solchen implizit und automatisch ausgeführten Tätigkeiten aktualisiert wird, wird in der kognitiven Psychologie als prozedurales Wissen bezeichnet. Weitere Beispiele für entsprechende Tätigkeiten wären das morgendliche, leicht verschlafene Ertasten des Lichtschalters, die Augen-Finger-Koordination beim Tippen auf einer Computer-Tastatur bzw. das Wischen auf dem Tablet oder Smartphone. Während diese Tätigkeiten einerseits sehr selbstverständlich wirken, zeigen sie andererseits, wie der Körper als aktiver Takt- und Bedeutungsgeber fungiert. Und der oben angesprochene Fall von Ian Waterman zeigt, wie kompliziert alltägliche Routinen werden, wenn sie bewusst ausgeführt und berechnet werden müssen. Wie Noë in seinem/ihrem Buch *Action in Perception* darlegt und wie bereits angeklungen, handelt der Körper, wenn wir wahrnehmen:

> The main idea of this book is that perceiving is a way of thinking. Perception is not something that happens to us, or in us. It is something we do. Think of a blind person tap-tapping his or her way around a cluttered space, perceiving that space by touch, not at all at once, but through time, by skillfull probing and movement. [...] The world makes itself available to the perceiver through physical movement and interaction. [...] *What we perceive* is determined by *what we do* (or what we know how to do); it is determined by what we are *ready* to do. In ways I try to make precise, we *enact* our perceptual experience; we act it out. To be a perceiver is to understand, implicitly, the effects of movement on sensory stimulation. (Noë 2004: 1; Hervorhebung im Original)

Die Wahrnehmung spielt eine entscheidende Rolle im Verkörperungsansatz. Wie Noë in dem Zitat nochmals verdeutlicht, ist Wahrnehmung eine aktive Zuschreibung des Körpers und damit der zur Verfügung stehenden Sinne. Im Vordergrund stehen implizite Wissensprozesse und kognitive Verarbeitungssysteme (siehe Thiering 2014). Noë macht deutlich, dass Wahrnehmung durch unser Handeln beeinflusst wird („what we perceive is determined by what we do") und dass dieses Handeln implizite Wissensformen aktiviert („To be a perceiver is to understand, implicitly, the effects of movement on sensory stimulation"). So können wir auf Wahrnehmungskorrelate zurückgreifen, denn wir können einen bestimmten Geruch aus der Kindheit erinnern, ein Ereignis aus unserer Schulzeit, wir erinnern womöglich, wie die Schwester uns das Radfahren beigebracht hat oder wie wir Autofahren gelernt haben – aber wir erinnern nicht, wie wir das Sprechen gelernt haben bzw. wie wir grammatische Regeln und ihre korrekte Anwendung gelernt haben. Diese Regeln, und dies gilt ebenso für sämtliche Alltagspraktiken, wurden implizit erworben, nicht erlernt. Erwerben heißt dabei aber durchaus, dass Kinder im *trial-and-error*-Modus mit der Umwelt interagieren, also in dieser Interaktion gewissermaßen Hypothesen aufstellen, auf ihre Gültigkeit testen und aus dem Ergebnis gegebenenfalls Regeln ableiten. Versuchen wir also, den Spracherwerb mit den alltäglichen Praktiken zusammenzubringen.

Beim Sprechen/Hören müssen mehrere Faktoren einbezogen werden:[312]

a) Die Sprachsituation ist grundlegend ausschlaggebend. Möchte ich jemandem etwas persönlich mitteilen oder telefonisch oder per Mail oder Textnachricht (physischer vs. virtueller Raum)? Stehe ich mit meinem Smartphone in der U-Bahn oder gehe zum Abflug-Gate? Die Antwort auf diese Fragen ändert die Kommunikationssituation.

b) So ich eine Mitteilung in Form einer Frage, Aussage, eines Hinweises etc. machen möchte, geht es darum, die Gedanken in einen sprachlichen Rahmen zu bringen (oder ist der Gedanke bereits im Wort eingekapselt?). Zu diesen sprachlichen Rahmen werden unterschiedliche Wissensformen in Stellung gebracht: vor allem Weltwissen (enzyklopädisches Wissen) und Faktenwissen, aber eben auch Wissen motorischer Handlungen (prozedurales Wissen). Das Weltwissen wird sprachlich in Form von *frames* bereitgestellt. *Frames* sind dabei enzyklopädische Wissensformen von Ereignissen, Erlebnissen und weiteren Wissensformen, die durch ein Lemma aktiviert werden (Lakoff schlägt semantische Netzwerke vor, die prototypisch organisiert sind, siehe Lakoff 1987; auch Rosch 1973, 1977, 1978; Rosch & Lloyd 1978). Zum Beispiel aktiviert die Frage „Wollen wir uns am Wochenende wieder zum Beachvolleyball treffen?" die Erinnerung an das letzte Spiel, als es anfing zu regnen/ ich mir den Knöchel verstaucht habe/wir das Spiel verloren haben etc. Bei der Frage „Wollen wir eine Partie Schach spielen" werden bei der Hörer*in gegebenenfalls vormalige Partien und – im Falle fortgeschrittener Schachkenntnisse – unterschiedliche Stellungen und Züge aktiviert.

---

312 Siehe hierzu ganz grundsätzlich Ferdinand de Saussures Sprecher*in/Hörer*in-Modell und Karl Bühlers Organon-Model, das eine Sender*in, eine Empfänger*in und einen Sachverhalt postuliert, die über das sprachliche Zeichen verbunden sind; mehr dazu im Kap. zur linguistischen Relativität.

c) Dieser Rahmen wird gestrickt durch eine Reihe von kognitiven Prozessen, die nicht nur seriell, sondern auch parallel ablaufen, also inkrementell sind (Levelt 1989).

d) Der immaterielle Gedanke wird in der Sprachproduktion mit einem Wort (einem Lemma) bzw. einer Konstruktion, einer Paraphrase, belegt. In flektierenden Sprachen werden die dazu notwendigen grammatischen, genauer morphosyntaktischen Kennzeichnungen vorgenommen: Tempus, Modus, Numerus etc. Konstruktion soll hier verstanden werden als eine Informationseinheit, die den eigentlichen Begriff ‚Wort' überschreitet (ähnlich einem Lemma). Eine Handlung, die durch ein Verb ausgedrückt wird, ist immer in Relation zu einem (gedachten) Raum, zu einem Zeitpunkt und zu Objekten zu denken. Das Verb ‚lesen' impliziert immer eine Handlung von etwas: Ich lese[X] (X = eine Zeitung, eine Karte, meine Nachrichten auf dem Smartphone etc.). Deutlich werden Konstruktionen und Redewendungen bei Aussagen wie „Er hat ins Gras gebissen (s/he kicked the bucket)". Die morphosyntaktische Dekomposition in die einzelnen Lemmata führt nicht zur über die Lemmagrenzen hinausgehenden Bedeutung von „Jemand ist gestorben". Die Bedeutung ist lediglich aus einer diachronen Perspektive zu verstehen, also ausgehend von einem historischen Bedeutungswandel. Ebenso ist hier anzumerken, dass unterschiedliche Sprachen diverse Enkodierungsmechanismen aufweisen, die sich in Konstruktionen wie *verb-framed*, *satellite-framed* und *mixed-framed* Strukturen zeigen (siehe Kapitel zu räumlichen Referenzrahmen zu Slobins und Talmys entsprechender Einteilung von Sprachen).[313] In agglutinierenden und polysynthetischen Sprachen müssen weitere Faktoren vor allem der Syntax mitbedacht werden, allen voran der Grad der morphosyntaktischen Spezifität. Insbesondere in polysynthetischen Sprachen werden z.B. Objekte sehr detailliert voneinander unterschieden und durch eine große Bandbreite von klassifikatorischen Verben enkodiert. Hier zeigt

---

[313] Im Kapitel zu räumlichen Referenzrahmen wird auf folgende Beobachtung hingewiesen: Sprachen enkodieren eine Bewegung entweder durch ein Verb oder durch ein Verb und einen sogenannten Satelliten, also ein weiteres Lemma. Nehmen wir den Satz „sie geht ins Kino": Das Verb *gehen* enkodiert die Bewegung, die Präposition *ins* beschreibt die Richtung und den Raum, in dem die Bewegung zielgerichtet enden soll. *Ins* ist damit ein Satellit zum Verb (VP+PP=V+PP). Im Englischen reicht ein Verb ohne Satelliten: „S/he enters the cinema" („*sie/er geht Kino" wäre im Deutschen nicht korrekt, „sie/er betritt das Kino" funktioniert hingegen, ist aber semantisch anders gelagert als der englische Satz mit *to enter*). Das Verb *to enter* enkodiert hier sowohl die Bewegung als auch die Richtung von A nach B. Ein Satellit ist nicht notwendig, vielmehr wird hier das Weltwissen vorausgesetzt, dass Besucher*innen in ein Kino als Container gehen.

sich ganz entschieden der Einfluss der *affordances* auf die Enkodierung und Situiertheit innerhalb einer Sprechsituation.
e) Eventuell müssen konzeptuelle Bereiche (*conceptual domains*) wie Raum, Zeit, Objektpermanenz, Gender, Anzahl, Farbe etc. verwoben werden (*conceptual, blending*), um einen neuen Gesichtspunkt auszudrücken. Darauf haben bereits Lakoff & Johnson aufmerksam gemacht, als sie von metaphorischen Extensionen sprachen, also kognitiven Kategorisierungsprozessen, die von wörtlichen zu abstrakten Bedeutungen führen (Lakoff & Johnson 1980; siehe auch Grady 2007).

Es zeigt sich bereits bei den Kategorisierungsprozessen, dass ein rein sprachlicher Fokus nicht genügt, Sprechsituationen ausreichend bzw. nur unter Verweis auf sprachliches Wissen zu erklären. Sprechen findet nie im Vakuum und idealisiert statt. Im Gegenteil, beim Sprechen werden Arme und Beine benutzt, Gesten, Mimik, sprachliche und damit gedankliche Pausen gemacht. Wir runzeln die Stirn und verschränken die Arme, halten unser Kinn, gucken in die Luft etc. Gleichzeitig gucken wir auf unser Smartphone, prüfen eingehende Nachrichten, scrollen über den Bildschirm und gehen dabei in Richtung U-Bahn. Der Körper als Klang- und Sprachkörper erhält somit eine bedeutungsgebende Funktion. Am deutlichsten ist dies ausgeprägt in einer Situation, in der wir in eine Richtung zeigen, um jemandem einen Weg zu beschreiben (siehe Kap. zu räumlichen Referenzrahmen). Das Verb *be-schreiben* impliziert bereits eine verkörperte, händische Tätigkeit, *be-greifen* dagegen das *Greifen*, also das Verstehen, Erfassen eines Problems, eines Sachverhalts etc. Das Adjektiv *ver-rückt* verweist ebenfalls auf eine Verkörperung: Jemand ist abgerückt von der Norm, neben der Spur, eben vom geraden Weg abgekommen. Das Präfix *ver-* gibt die *Ver*schiebung an, eine Veränderung.

Aus rein linguistischer Perspektive mag dies irrelevant erscheinen, also das kontextuelle Wissen. Nur stellt sich eben die Frage, ob die formal-logische Analyse sprachlicher Strukturen auf das außersprachliche Wissen und die unterschiedlichen Wissensformen und Interaktionen verzichten kann. Dies mag als eine philosophische und erkenntnistheoretische Frage abgetan werden, denn damit wird Sprache auf ein rein formal-logisches und informationsverarbeitendes System reduziert. Es soll gar nicht in Abrede gestellt werden, dass dies aus einer eher generativen Tradition durchaus gewollt ist, aber es soll zugleich darauf aufmerksam gemacht werden, dass die semantisch-pragmatische Bedeutungsebene über die rein formale Beschreibung hinausgeht, eben weil es sich permanent um polyseme, uneinheitliche, metaphorische Bereiche handelt. Auch ist zu fragen, ob die Annahme universaler Wortklassen – sogenannte *parts-of-speech*, also die (universelle) Einteilung in Nomen, Verben, Adjektive, Präpositionen, Pronomen etc. und die morphosyntaktische Eingrenzung von grammatischen und semantischen Funktionen dekompositional ist. Das Beispiel „Er hat ins Gras gebissen" (*S/he kicked the bucket*) wurde diesbezüglich bereits erwähnt.

8.2 Alltagspraktiken als verkörperte Handlungen

Kommen wir zurück zu den Alltagspraktiken und nehmen als Beispiel das Treppensteigen: Dieser Prozess der Ortsveränderung ist äußerst komplex und bedingt zahlreiche parallel ablaufende Berechnungsprozesse. Diese sind primär implizit und prozedural. Damit werden im Prinzip Programme oder mehr noch Verhaltensweisen abgerufen, die die alltägliche Problembewältigung im Raum erleichtern.

Welche Prozesse sind es nun, die bei der alltäglichen Praxis des Treppensteigens aktiviert werden? Und was hat dies mit Sprache zu tun? Zum einen muss der Abstand der jeweiligen Treppenstufen berechnet werden: Wie hoch muss das Bein gehoben, wie stark das Knie gebogen, in welcher Position muss der Körper austariert werden, damit selbiger nicht nach vorne oder hinten wegkippt? Dabei muss ständig der Abstand zwischen dem Objekt (z.B. Treppenstufe) und dem visuellen Wahrnehmungsapparat berechnet werden. Also die Tiefenwahrnehmung des Raumes, die Umrechnung der Umweltreize in eine mentale Repräsentation und die adäquate Reaktion auf eventuelle Änderungen. Diese Berechnungen laufen implizit im Bruchteil einer Millisekunde ab, ein bewusstes Ausrechnen (*computing*) von Abständen, Winkeln, Gewichtsverlagerungen würde den kognitiven Apparat überfordern. Dies zeigt sich schnell, wenn einmal eine Treppenstufe höher oder niedriger ist als die anderen, der Automatismus der alltäglichen Praxis also gestört wird. In dieser Praxis zeigt sich die oben genannte Berechnung ausgehend von Umweltfaktoren und damit der objektbedingten *affordances*. Wenn wir nun von jemandem die Wegbeschreibung „Gehen Sie die Bernhard-Nocht-Treppe hoch, dann links in Richtung Park Fiction" bekommen, wird bei uns ein u.a. Treppenschema aktiviert und gegebenenfalls das Wissen um die genannten Orte. Dieses Schema ist prototypisch, das heißt, es wird von Treppen ausgegangen, wie sie im Alltag benutzt werden, also etwa von der Treppe in unserem Mietshaus, im Institutsgebäude etc. und nicht von einer Treppe in einem der verschachtelten Treppenlabyrinthe von M.C. Escher.[314]

---

[314] Diese Aktivierung prototypischen Wissens gilt auch für Texte. Zum Beispiel erklärt der Protagonist aus *Tristram Shandy* von Laurence Sterne, während er eine Treppe heruntersteigt, wie problematisch es ist, sämtliche Vorgänge des Treppensteigens beim Schreiben analog darzustel-

Weitere Beispiele sind das prozedurale, also automatisierte Wissen beim Auto und Radfahren. Die Fahrer*in muss auf den Verkehr achten, Körperteile koordinieren und mit der Außenwelt abgleichen. Die Hand-Augen-Interaktion und Koordination läuft als einstudierte Praxis automatisiert ab. Sobald jedoch eine Funktion ausfällt, zeigt sich die Komplexität der orchestrierten Vorgänge.

8.3 Verteilte (Raum)Kognition: Semiotische Praktiken *in the wild*

Wie dargestellt sind gestalttheoretische Grundprinzipien der Wahrnehmung in der Kognitiven Semantik vor allem in Form von Figur-Grund-Relationen übernommen worden (siehe Kap. zur Gestalttheorie). Dem Subjekt wird somit eine bedeutungszuweisende Funktion zugeschrieben, die sich prinzipiell auf dessen kognitiven Apparat und dessen Kategorisierungsmechanismen im Austausch mit den jeweiligen Umweltbedingungen bezieht. Wie die Bühnenmetapher verdeutlicht, nehmen Sprecher*innen situationsbedingte Bedeutungszuschreibungen vor, die sich in der visuellen Wahrnehmung mittels Figur-Grund-Zuschreibungen darstellen.[315] Diese Zuschreibungen finden sich auch auf der sprachlichen Ebene wieder. Hier gibt es unterschiedliche Kategorisierungsmechanismen, die situationsbedingt variieren können. Es wurde herausgearbeitet, dass in der visuellen Wahrnehmung neben den Figur-Grund-Zuschreibungen auch räumliche Referenzrahmen als Orientierungshilfe dienen. Hierzu zählen der relative, der intrinsische und der absolute Referenzrahmen. Diese variieren je nach Kultur und Sprecher*in, basieren aber auf grundlegenden kognitiven Mechanismen.

Wie gesehen können unterschiedliche Referenzrahmen dabei in einer räumlichen Situation variieren und sich ergänzen. Ebenso wurde dargestellt, dass es

---

len. Das Erzählen kommt dem erzählten Ereignis nicht hinterher (die Literaturwissenschaft differenziert hier zwischen erzählter Zeit und Erzählzeit). Auch hier greift die kognitive Ökonomie, denn sämtliche Faktoren einer solchen Situation detailliert abrufen zu müssen, wäre schlichtweg ineffektiv. Deshalb wird abstrahiert und vereinfacht.

315 Noë rekurriert auf Hurley (1998), die argumentiert, dass die Beziehung zwischen Wahrnehmung und Handlung als Input-Output-Bild zu verstehen ist: „Perception is input from the world to mind, action is output from mind to world, thought is the mediating process" (Noë 2004: 3). Jackendoff (1983) schlägt ebenfalls eine Mittlerebene (bei Hurley *thought*) vor, die bereits erwähnte *projected world*. Allerdings widerspricht Noë Hurley in einem wesentlichen Punkt, denn „if the input-output picture is right, then it must be possible, at least in principle, to disassociate capacities for perception, action, and thought. The main claim of this book is that such a divorce is not possible". (Noë 2004: 3)

weitere Gestaltmechanismen gibt, die in Form von impliziten Wissensstrukturen auf räumliche Situationen angewendet werden. Hierzu zählen:
- der Abstand, der zwischen Objekten und Sprecher*innen eingenommen wird,
- der angelegte Maßstab
- die Größenwahrnehmung
- Höhenunterschiede
- Qualitäten der Objekte
- geometrische Informationen der Objekte
- episodisches Erfahrungswissen von Ereignissen
- Weg- und Routenwissen, das in Form von kognitiven Karten gespeichert ist
- räumliche Orientierungspunkte
- Perspektiven: Vogelperspektive, Froschperspektive (von unten nach oben), hodologische Perspektive (Wegperspektive), Vektorperspektive

Diese Auswahl von Wissenssystemen und Bedeutungszuschreibungen entsprechen ganz der Bühnenmetapher, die den/einen Ausgangspunkt dieser Einführung darstellte, also der Ausrichtung der Zuschauer*innen durch die gegebene Sitzposition und die Bühne, und damit dem Theater als Black-Box-Theater (nicht zu verwechseln mit der Black Box, die unter anderem Noam Chomsky als Untersuchungsebene wählt, also den kognitiven Prozessen, die nicht direkt zugänglich sind für die Betrachter*in).

Als Zuschauer*innen nehmen wir unterschiedliche Positionen ein und nehmen damit unterschiedliche räumliche Setzungen vor. Dieses Prinzip der kognitiven Ökonomie, das im Zusammenhang der kognitiven Konturen bereits ausgeführt wurde, ermöglicht es, den Fokus auf einen bestimmten Aspekt zu legen und andere Aspekte außen vor zu lassen (siehe Kap. zur Gestalttheorie). Wir konstruieren praktisch ständig Kippfiguren und wählen zwischen den Aspekten, also den Kippmomenten aus, wie sie Ludwig Wittgenstein beschrieben hat. Dass diese Auswahl kultur- und damit sprachspezifisch ausgeführt wird, zeigt sich in den unterschiedlichen Wahrnehmungskonstruktionen bekannter und unbekannter geometrischer Figuren, die ebenfalls ausführlich im Kapitel zur Gestalttheorie dargestellt worden sind.

Wie gezeigt bestehen also unterschiedliche kognitive Fähigkeiten, die bei der visuellen Wahrnehmung eine Rolle spielen und in ihrem Zusammenspiel zu situationsbedingten Bedeutungszuschreibungen führen. Dabei geht es allerdings oftmals um unmittelbar gegebene Situationen, in denen eine Entscheidung getroffen werden muss, um angemessene Setzungen vornehmen zu können. Diese Setzungen finden in alltäglichen Praktiken unter Einbezug von Alltagswissen statt. Im Folgenden soll nun eine wesentliche Praxis dargestellt werden, die zeigt, wie alltägliche Raumpraktiken zum Teil implizit ablaufen. Hinter diesen impliziten Prozessen stecken allerdings universale kognitive Prinzipien, die entwicklungspsychologisch angelegt sind, um sich ganz grundsätzlich einen n-Raum zu eigen zu machen (siehe grundsätzlich Piaget & Inhelder 1956).

Das Untersuchungsfeld der verkörperten Kognition wird jetzt erweitert und spezifiziert. Der Fokus wird dabei auf die sozial angewandte und situierte Kognition gelegt. Edwin Hutchins folgend befasst sich dieses Kapitel mit *Cognition in the Wild*, das heißt mit Kognition *in* der Praxis und *als* Praxis. Hier wird deutlich, was mit dem bequemen Untersuchungsfeld einer laborartigen Untersuchungssituation gemeint ist (die im Kapitel zu räumlichen Referenzrahmen angedeutet worden ist), denn die folgenden Beispiele zeigen weitere kognitive Prozesse auf, die nur in der Interaktion mit der Umwelt bzw. mit Umweltfaktoren zu dem jeweils gewünschten Ergebnis des Problemlösens führen können.

Neben dem Individuum als kognitivem System stellen nun umweltbedingte Faktoren und Einflüsse weitere Anforderungen dar. Allerdings soll hier eben auch gezeigt werden, wo die Parallelen zu sehen sind zwischen alltäglicher Raumwahrnehmung und der Navigation im Raum auf hoher See und damit impliziten kognitiven Prozessen, die auch in anderen Bereichen gefunden werden können. Hier spielen ganz entscheidend implizite Wissensstrukturen eine zentrale Rolle, die oben bereits als kognitive Prozesse mentaler Triangulation bezeichnet worden sind.[316] Navigation wird dabei mit Hutchins ganz allgemein als „the process of directing the movements of a craft from one point to another" bestimmt (Hutchins 1995: 49).[317]

Auch dynamische Bedeutungszuschreibungen und Anpassungsmomente spielen eine zentrale Rolle in den verschiedenen Kontexten und Umgebungen, wie auch – neben ontogenetischen Wissenssystemen – phylogenetische und damit historisch gewachsene Systeme. Ebenso sind Handlungen und Praktiken

---

316 Die impliziten Wissensstrukturen nennt Noë daher auch *implicit practical knowledge* (2004: 8, auch 15, 30–31, 59–66).
317 Weiter schreibt Hutchins: „There are many kinds of navigation. This chapter [„Navigation as Computation"; M.T.] lays the foundations for the construction of an analysis of the information processing carried out by those who practice a form of navigation referred to in the Western technological culture as *surface ship piloting*. *Piloting* (or *pilotage*) is navigation involving determination of position relative to known geographic locations. Rather than present what passes in our cultural traditions as a description of how pilotage is done, this chapter attempts to develop a computational account of pilotage. This account of pilotage overlaps portions of the computational bases of many other forms of navigation, including celestial, air, and radio navigation. Aspects of these forms of navigation will be mentioned in passing, but the focus will be on the pilotage of surface vessels in the vicinity of land. Unless otherwise indicated, the term ‚navigation' will henceforth refer to pilotage." (Hutchins 1995: 49; Hervorhebung im Original)

der Navigation bedeutend, da sich hier die sprachliche Externalisierung kognitiven Wissens in Form von Bedeutungszuschreibungen zeigen lässt.

Nun wurde schon gezeigt, dass auch ganz alltägliche, recht einfache Bedeutungszuschreibungen und Prozesse kognitiv äußerst komplex sind, denn es müssen verschiedene miteinander interagierende Wissenssysteme koordiniert werden. Noch deutlicher wird diese Komplexität bei mentalen Rotationsprozessen (siehe Kap. zu räumlichen Referenzrahmen). Ein Objekt kann mental gedreht werden, was impliziert, dass es eine gewisse mentale Objektpermanenz gibt, die eine solche Drehung überhaupt erst ermöglicht. Des Weiteren sind visuelle Täuschungen bzw. Idealisierungen ein ständiger Begleiter unserer täglichen Wahrnehmung. Hier greifen Wissenssysteme, die sich situationsbedingt und somit dynamisch den sich verändernden Gegebenheiten anpassen (mentale Triangulation). Dies mag nun für Problemlösungsprozesse bei unmittelbaren Aufgaben wie dem Greifen, Treppensteigen oder Fahrradfahren eingängig erscheinen, aber wie sieht es aus bei mittelbaren Aufgaben wie z.B. bei der Raumorientierung zur See? Oder gar bei der Raumorientierung zur See ohne nautische Instrumente wie GPS, Kompass, Sextant, nautische Karten, Radar, Satellitenortung etc.: „Without recourse to mechanical, electrical, or even magnetic devices, the navigators of the Central Caroline Islands of Micronesia routinely embark on ocean voyages that take them several days out of sight of land." (Hutchins 1995: 66)

Hier trägt nun die Idee der Verbindung von Kognitiver Semantik und Kognitiver Anthropologie Früchte. Eine Verbindung, die zeigt, dass Sprache und Wissen ähnlich wie andere Praktiken funktionieren. Trabant formuliert in Bezug auf die Sprache pointiert: „Sprache ist *energeia*, sie ist schöpferische kognitive Tätigkeit" (Trabant 2016: 41).[318] Trabant verweist darauf, dass bereits Wilhelm von Humboldt diesen Gedanken in seiner Kritik an Kant äußerte: „Anschauung [ist] nichts Passives [...], sondern etwas Aktives".

Dieses Aktive ist in dieser Einführung als Bedeutungszuschreibungen definiert verstanden worden. Diese Zuschreibungen verlaufen ähnlich in Sprache und allgemeinen kognitiven Prozessen.

Im Folgenden wird also eine prototypische Fallstudie der Navigation zur See dargestellt, die nicht nur neue Einsichten in kognitive und interagierende Problemlöseprozesse präsentiert, sondern zeigt, wie ausgefeilt verschiedene Wissenssysteme miteinander interagieren, wie sich somit semiotische Prozesse ineinander verschachteln. Dabei wird auf der einen Seite auf universale Gestaltmechanismen eingegangen, aber auch auf kulturspezifische Techniken, die auf

---

[318] Dieser Ansatz ähnelt somit Karl Bühlers Analogie von der Sprache als Werkzeug (*organon*) (Bühler 1999 [1934]).

der anderen Seite zeigen, dass kognitive Problemlösungsprozesse jeweils situationsbedingt angepasst werden können. Dies ist eine erstaunliche Fähigkeit des kognitiven Apparats.

8.3.1 Das mentale Raumnavigationsmodell: Das Fallbeispiel mikronesischer Seefahrer*innen und ihrer Orientierungstechniken

Dieses Unterkapitel widmet sich den nautischen Navigationstechniken in Kulturen ohne nautische Instrumente, also ohne Kompass, Sextant, Winkelsextant, Teleskop, GIS. Dafür werden andere ‚Instrumente' verwendet: Riffe, Wassertiefen (unterschiedliche Tiefen lassen sich an der Farbe des Wassers erkennen), Fische, Seevögel, Sternenkompass, Horizont oder eine ‚dritte Insel'. Interessant hier ist die nautische Praxis der Puluwat-Navigator*innen und anderer Seefahrer*innen, die mentale Modelle oder kognitive Karten verwenden, die sich von westlichen Praktiken in vielerlei Hinsicht unterscheiden. Die Unterschiede zeigen, wie kulturelles Wissen über (sprachliche) Praktiken in der nautischen Navigation zum Ausdruck kommt und damit die Raumkognition nautischer Orientierung beeinflusst. Dabei sollte hier betont werden, dass die westliche Konzeption einer statischen Karte überdacht werden sollte, wie Oatley bereits 1977 nahegelegt hat:

> It is important to understand the term cognitive map as a dynamic one, not as a static paper map. The dynamic aspect relates the navigator's position to the moving celestial frame. The navigator's cognitive map is a process, not just a picture. It also is the reason why, although externalized maplike artifacts are used in teaching navigators, they are not taken to sea! In other areas of the world (e.g. American Indians, desert nomads, Australian Aboriginals), there have also been found navigation traditions which rely on cognitive maps and cues (particularly of direction) derived from natural phenomena. In many ways, navigation is very like a perceptual task. Cues in the environment are used to address and guide an internal model or representation, within which symbolic inferences are made about the outside world and actions that we might take towards it. (Oatley 1977: 545)

Die unterschiedlichen Wissenskomponenten und systeme sind nicht rein kognitive Konstrukte, sondern basieren auf umweltbedingten und kulturspezifischen Faktoren und den von Oatley genannten *cues* in der Umwelt, die Anhaltspunkte für den Aufbau mentaler Modelle oder kognitiver Karten liefern.

Dieses Unterkapitel stellt die wesentlichen Forschungsansätze bzw. deren Vertreter*innen vor, angefangen bei den frühesten ethnografischen Aufzeichnungen der Navigationstechniken aus dem 19. Jahrhundert bis zu aktuell entwickelten Ansätzen der verteilten Kognition (*distributed cognition*). Des Weiteren wird in diesem Unterkapitel gezeigt, dass die Gestaltprinzipien, die allgemein der

Orientierung im Nahraum vorbehalten sind, ebenso im Fernraum angewendet werden.

8.3.2 *East is a Big Bird*: Nautische Navigation auf Puluwat

> Of the thousands of voyages made in the memory of living navigators, only a few have ended with the loss of a canoe. Western researchers travelling with these people have found that at any time during the voyage the navigators can accurately indicate the bearings of the port of departure, the destination, and other islands off to the side of the course being steered, even though all of these may be over the horizon and out of sight. *These navigators are also able to tack upwind to an unseen island while keeping mental track of its changing bearing* – a feat that is simply impossible for a Western navigator without instruments. (Hutchins 1995: 67; Hervorhebung M.T.)

Wie im Kapitel zu räumlichen Referenzrahmen beschrieben, gibt es im Kontext angewandter absoluter Referenzrahmen die erstaunliche Beobachtung, dass Sprecher*innen nicht-schriftsprachlicher Kulturen, nachdem sie im Rahmen eines Experiments mit verbundenen Augen in einem Helikopter hunderte Kilometer zu einem ihnen unbekannten Ort geflogen und in einen fensterlosen Raum gebracht worden sind, ohne zu zögern exakt die Himmelsrichtungen angeben oder in Richtung ihrer jeweiligen Heimatdörfer zeigen können. Boroditsky führt einen ähnlich, allerdings weniger aufwendigen Test, wie im Kapitel zu räumlichen Referenzrahmen beschrieben, gern mit Student*innen und Forscher*innen an unterschiedlichen Universitäten durch. Dieser ad hoc Test zeigt recht anschaulich, dass Student*innen und Forscher*innen, die eher westlich geprägt sind, eben nicht spontan die richtigen Himmelsrichtungen anzeigen können. Augenscheinlich gibt es also eine Art und Weise der mentalen Triangulation, die solche Fähigkeiten ermöglicht.[319] Diese Praxis soll im Folgenden anhand der ‚dritten Insel' beschrieben werden.

---

319 Oatley verweist auf diese Art des kognitiven Problemlösens und auf ein Problem innerhalb der Richtungsangaben; The direction frame is given by a ‚compass' of rising and setting positions of stars [...]. There are 32 principal points, but the intervals are unequal. Whether on a voyage any particular star is visible is not important, as *the compass is mainly a conceptual one*. Within the map all the islands need to be *mentally triangulated* with one another, so that the navigator has a spatial conception of their positions, and the relative bearings are labeled by appropriate star directions." (Oatley 1977: 543; Hervorhebung M.T.)

8.3.3 Das Prinzip des *Etak* oder der *dritten Insel*[320]

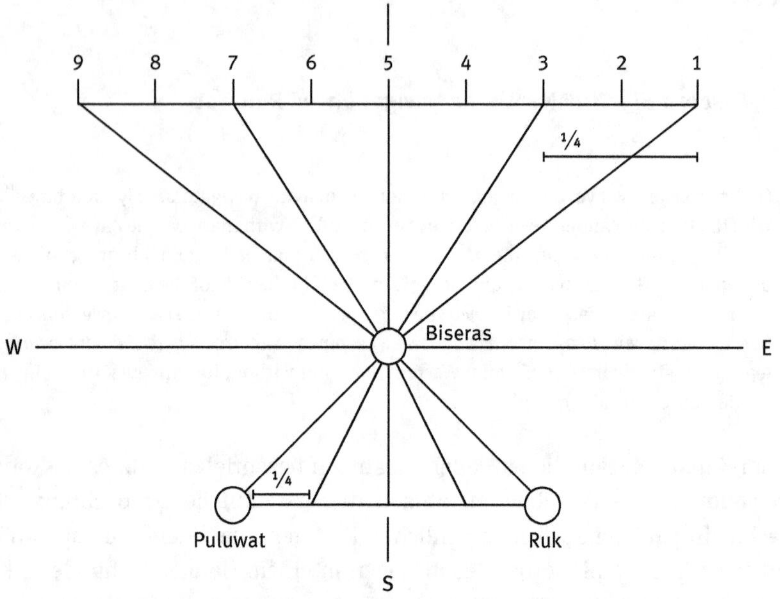

Abb. 27a: Dritte Insel (adaptiert von Anat Frumkin)

Folgende Situation: Wir möchten von Punkt A (= Ausgangspunkt oder *source*), hier die Insel Ruk, zu Punkt B (= Zielort oder *goal*), die Insel Puluwat, dabei gibt es keinen direkten Sichtkontakt zwischen A und B. Der direkte Weg ist also nicht möglich, da das Ziel nicht zu sehen ist.[321] Nehmen wir weiter an, dass Sie funda-

---

320 „When the navigator envisions in his mind's eye that the reference island is passing under a particular star he notes that a certain number of segments [*Etak*; M.T.] have been completed and a certain proportion of the voyage has therefore been accomplished." (Gladwin 1970: 184) Und weiter: „[T]he etak system does not add anything to the input of concrete information upon which the navigator bases his judgment of position and course. It is a way of organizing and synthesizing information obtained through a variety of discrete observations and nothing more. In sum, the contribution of etak is not to generate new primary information, but to provide a framework into which the navigator's knowledge of rate, time, geography, and astronomy can be integrated to provide a conveniently expressed and comprehended statement of distance traveled." (Gladwin 1970: 184, 186)

321 Oatley schreibt allerdings: „[A] person traveling in an unknown town. Assuming the traveler has no external map, and disregarding the presence of landmarks and constraining pathways, the traveler will be able to retain a sense of direction, and keep heading in a general direction irrespective of twists and turns. This intuitive sense of direction is a basis for most navigational systems. Elaborations either by instruments or cues from the outside world, are typically made

mentale Prinzipien der nautischen Navigation erlernt haben. Es ist eine sternenklare Nacht, die Sternenbilder sind deutlich zu erkennen. Wir befinden uns nun auf offener See ohne Sicht auf die Küste, das GPS ist ausgefallen und der Kompass ist unbrauchbar.

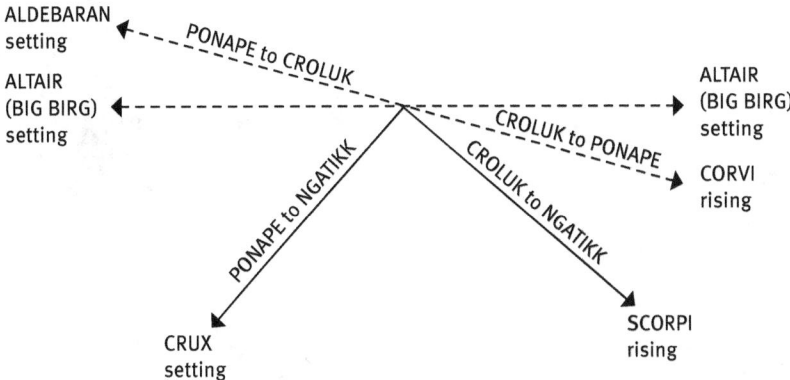

Abb. 27b: Dritte Insel (adaptiert von Anat Frumkin)

Wie bestimmen wir nun den Weg von A nach B? Einen Lösungsweg bietet das Koppelungsverfahren (*dead reckoning*). Dieses Verfahren wird auch heute noch von angehenden Kapitän*innen erlernt, da es eine recht einfache Methode ist, eine Position auf offener See nur mit einer Seekarte und ohne mechanische Hilfsmittel zu bestimmen.

> Koppelungsnavigation (Englisch *dead reckoning*, M.T.) bedeutet nämlich, dass man seine Position auf der Seekarte einzig und alleine durch Errechnen und Einzeichnen der Kompass- und Lotwerte in einer bestimmten Zeitspanne ermittelt. Ausgehend von Punkt A fährt man also beispielsweise in Richtung 335° bei einer Geschwindigkeit von 9 Knoten. Nach einer Viertelstunde weiß man also, dass man knappe 2,2 Seemeilen Nord-Nord-Westlich des Punktes A liegt. Dieser neue Ort wird dann als Ort B bezeichnet. Von Ort B fahren/segeln wir nun mit einer Geschwindigkeit von 5 Knoten in Richtung 245°. Nach einer halben Stunde errechnen wir, dass wir 2,5 Seemeilen Süd-Westlich von Punkt B liegen. Dieser Punkt wird als Punkt C bezeichnet. Die Teilstrecken von A nach B, sowie von B nach C werden also, wie Eisenbahnwaggons, „aneinandergekoppelt". Rechnet man nun die Versetzung von allen segelrelevanten Einflüssen mit ein (Windversetzung, Stromversetzung, Kursbeschickung) (und erst dann) bezeichnet man die jeweiligen Orte B und C als „Kop-

---

to supplement the ability to keep traveling in a straight line. This and the accompanying ability to update one's position within the cognitive map while traveling seem to be part of our basic psychological equipment." (Oatley 1977: 539) Im Prinzip vertritt er also die Position, dass es eine grundsätzliche kognitive Fähigkeit gibt, grundlegende Ortskenntnisse zu konzeptualisieren.

pelorte". (Zitiert nach: http://www.segeln-wissen.de/segelwissen/navigation/koppelnavigation.html; letzter Abruf 07.07.2018)

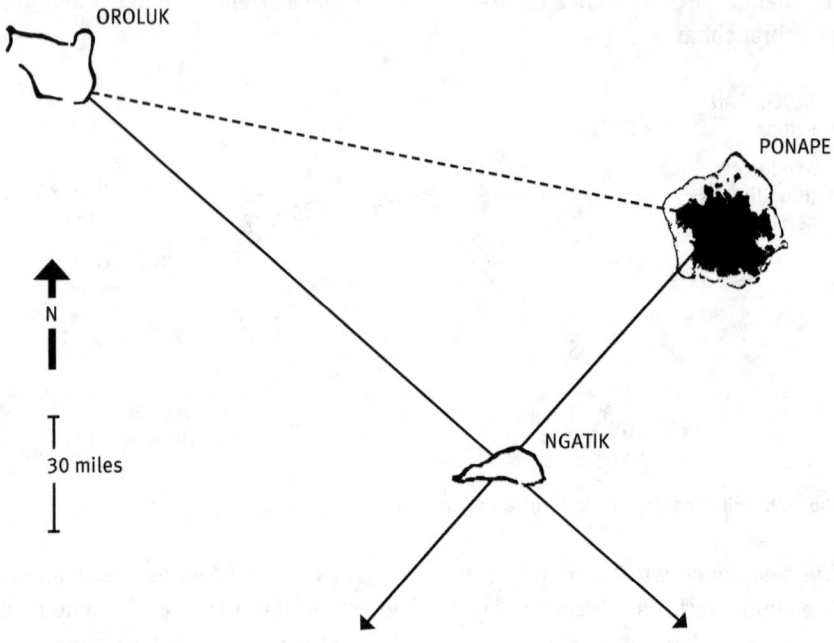

Abb. 27c: Dritte Insel (adaptiert von Anat Frumkin)

Und hier eine historische Beschreibung von 1882, wie sich Seefahrer*innen ohne nautische Instrumente auf hoher See der Karolinen Inseln/Mikronesien orientieren:

> Wie alle Menschen, deren Hilfsmittel gering sind, müssen die Karoliner ihre Aufmerksamkeit auf wenige Dinge beschränken, während wir [westlich geschulte Nautiker*innen; M.T.], denen bessere und reichhaltigere Hilfsmittel zu Gebote stehen, sie auf mehrere ausdehnen können. Da die Sonne in der Gegend, welche jene Insulaner bereisen, keine große Höhe über dem Horizont erreicht, so daß man sie nur kurze Zeit am Tage bequem sehen kann, jedoch der Wind, folglich auch der Seegang, sobald der jedesmalige Monsun beständig geworden ist, nicht so veränderlich sind als in unseren Breiten, so benutzt der Karoliner bei Tage auch die Richtung des Seeganges, um sich nach ihr in der Weise zu orientieren, daß er kurz vor Sonnenaufgang sich merkt, welchen Winkel der Wellenkamm mit dem Meridian oder der Ost-Westlinie, bzw. dem Canoe inne zu haltend Kurse macht, – vielleicht auch, um sich dies besser einprägen zu können, ein ähnliches System von Stäben anwendet [...], dessen einzelne Teile die Nord-Süd- und die Ost-Westlinien, außerdem die Linien angeben, welche mit der Nord-Südlinie nach Osten und Westen einen Winkel von 18° oder unter sich einen von 36° bilden. [...] Täglich kommt der Bewohner der Karolinen ans Ufer,

> er sieht täglich die Richtung und Stärke von Ebbe und Flut, die dort, weil weniger durch veränderliche Windrichtung und Windstärke beeinflußt, regelmäßiger sind als bei uns; er ist gezwungen, seine Zeit nur nach dem Stande der Sonne und dem Aufgange gewisser Sternbilder einzuteilen; dieser Zeiteinteilung und der Entfernung einzelner Inseln seiner Gruppe von einander entsprechend kennt er die Wirkung der Strömung bei Windstille und glattem Meere; weil er vom Ufer aus sah, daß, sobald sich Wind und Seegang einstellten, jene ähnliche Wirkung hatten wie die Strömung, so rechnet er auch die des Seeganges und der Abtrift des Canoes dazu. (Schück 1882: 55)

Der wesentliche und hier neue Aspekt in diesem Textauszug liegt in der Beschreibung der zeitlichen Komponente und der Wirkung der Strömung. Die Beobachtung dieses Zusammenspiels ermöglicht der Navigator*in die Orientierung. Des Weiteren nimmt sie Informationen aus der Umwelt auf, Wassertiefe, Riffe (Riesenberg 1972: 22–23), Seevögel, unterschiedliche Fische, Felsen etc.[322]

Zum Aspekt der Zeit bzw. Dauer kommt außerdem ein weiterer Referenzpunkt, der, je nach Autor, Notinsel (Sarfert 1911), dritte Insel (*Etak*) oder Phantominsel (Riesenberg 1972) genannt wird.[323] Das mentale Modelle der dritten Insel oder Etak wird ganz allgemein beschrieben als:

> [Note that] the etak system does not add anything to the input of concrete information upon which the navigator bases his judgment of position and course. It is a way of organizing and synthesizing information obtained through a variety of discrete observations and nothing more. [...] In sum, the contribution of etak is not to generate new primary information, but to provide a framework [räumliche mentale Modelle; M.T.] into which the navigator's knowledge of rate, time, geography, and astronomy can be integrated to provide a conveniently expressed and comprehended statement of distance traveled. (Gladwin 1970: 184, 186)

Das Zitat zeigt, dass Navigator*innen ihre Position und Richtung (ein)schätzen, Zeit in Form von zurückgelegter Dauer messen, geografische und astronomische Informationen einbeziehen, um – so wäre mit Hutchins (1995) zu ergänzen – eine für die jeweilige Route gültige kognitive Karte zu konstruieren.[324] Hutchins (1983,

---

[322] Siehe Riesenberg 1972: 20; Sarfert 1911: 134; Finney 1977, 1991. Ausführlich mit Navigationstechniken beschäftigen sich Gladwin (1970) und Hutchins (1995). Hutchins, der selbst Pilot von Passagiermaschinen und Kapitän auf großer Fahrt ist und damit eine gewisse Praxis mitbringt, stellt die verschiedenen Navigationstechniken vergleichend dar und erläutert sie gut nachvollziehbar, wobei er auf überzeugende Weise einen verkörperungstheoretischen und einen computational Ansatz zusammenzubringt.
[323] Sarfert stellt bereits heraus, dass Nautiker*innen seiner Meinung nach von der falschen Grundannahme einer gedachten Seekarte ausgehen (Sarfert 1911: 136). Hutchins (1995) hat Sarferts Kritik überzeugend widerlegt.
[324] Nicht Distanz- oder Abstandsmessung, sondern Zeitmessung in Form von implizitem Wissen. Ein anschauliches Beispiel findet sich in einer Reisebeschreibung der Kanareninsel La Go-

1995) und Riesenberg (1972) verweisen auf weitere Informationen wie die bereits genannten Fischschwärme, Inseln, Riffe, Wassertiefen und damit unterschiedliche Farbgebungen. Gladwin argumentiert ebenfalls für die Distanzmessung anhand der Sichtung bestimmter Vögel (deshalb auch der Buchtitel *East is a Big Bird*) und den Einsatz von (gedachten) dritten Inseln als Referenzpunkten.[325]

Auf einen anderen wesentlichen Punkt, der bei den bisherigen Beschreibungen der Navigationstechniken nicht beachtet worden ist, macht wiederum Hutchins aufmerksam:

> Substantial differences between Western and Micronesian navigation become apparent as soon as we consider the representations and the algorithms that the two cultural traditions have developed to satisfy the constraint of the task [der nautischen Orientierung; M.T.]. A major problem with earlier Western studies of Micronesian navigation was that the representations used in the performance of Western navigation were assumed to be the most general description. Because they failed to see the computational level at all Gladwin [...], Lewis [...], Sarfert [...], and Schück [...] attempted to interpret the representations used in Micronesian navigation in terms of the representations used in Western navigation, rather than interpreting both sets of representations in terms of a single, more general, computational account. (Hutchins 1995: 65–66)

Hier zeigt sich ein generelles Forschungsproblem, denn als Forscher*in bringe ich meinen jeweiligen kulturellen Hintergrund mit, was gerade im Fall von ethnografischer Feldforschung ein Problem darstellt, wenn ich das Beobachtete – bewusst oder unbewusst – gemäß meinem kulturellen Wissen interpretiere. Dieses kulturelle Wissen sollte mit dem Wissen der mikronesischen Navigationstechniken abgeglichen werden, da diese auf recht unterschiedlichen Praktiken basieren. Damit ist der Versuch sinnvoll die Denkweise einer Seefahrer*in anzunehmen,

---

mera: „Warum werden Entfernungen meistens in Minuten angegeben? In unseren Beschreibungen der Ferienunterkünfte finden Sie häufig Entfernungsangaben zu den nächsten Ortschaften oder Stränden, die in (Auto oder Geh)Minuten angegeben sind. Da die Straßen auf den Kanaren oft sehr kurvig sind und Autobahnen oder Schnellstraßen nicht überall vorhanden sind, kann man die Entfernung besser mit einer Zeitangabe als in Kilometern angeben." (http://www.urlaubswelt-la-gomera.com/faq-haeufige-fragen/; letzter Aufruf: 23.04.2018)

325 Zu den Referenzpunkten schreibt Oakley: „For the seaman of Oceania, making a voyage is conceptualized as being within a pattern of islands, the positions of which are represented in his cognitive map. While traveling, he thinks of himself as the fixed centre of two moving frames of reference. One frame is the pattern of invisible islands which move past him at the same speed as his craft through the water, but in the opposite direction. The other frame which provides the main anchoring for his own orientation frame, is the pattern of stars which wheels overhead from east to west." (Oatley 1977: 542)

um im nächsten Schritt die mentalen Berechnungen (*computations*) zu modellieren (Thomas Gladwin (1970) und Ed Hutchins (1995) haben diesen Versuch unternommen und kommen zu unterschiedlichen Ergebnissen).

Eine mentale Berechnung (oder auch mentale Triangulation, eine geometrische Methode optischer Abstandsmessung) geht von einem gedachten Punkt A aus, dies kann eine Landmarke oder ein Ort sein. Ein weiterer Punkt B der gedachten mentalen Karte ermöglicht eine Verbindungslinie, von der ein C abgeleitet werden kann und zwar über die Winkelmessungen. Dieser simple Prozess der Triangulation (basierend auf trigonometrischen Funktionen) ermöglicht es, ein einfaches Koordinatensystem zu konzipieren. Dieses Koordinatensystem besteht aus Bezugspunkten wie a) der Küste, b) den Wellenbewegungen, c) der Strömung, d) dem Sternenbild bei Nacht, e) dem Sonnenstand bei Tage, f) dem Horizont bzw. der Horizontlinie, g) Fischen bzw. Fischschwärmen und ihren Schwimmrichtungen, h) Vögeln und Vogelschwärmen und ihrer Entfernung zur Küste, i) Unterwasserfarben, die (Un)Tiefen anzeigen, j) Riffe, k) Buchten und l) realen und virtuellen Inseln. Der letzte Punkt ist der in der Wissenschaft umstrittenste bzw. am schwierigsten zu erklärende. Hutchins erläutert das bei den Bewohner*innen der mikronesischen Insel Puluwat *Etak* genannte System, das auf der Konzeption solcher virtuellen, ‚dritten' Inseln beruht:

> Courses between islands are defined in terms of this abstract sidereal compass. For every island in a navigator's sailing range, he knows the star point under which he must sail to reach any other island in the vicinity. Thus, the sidereal compass provides the directional reference in terms of which displacements can be specified. The sidereal compass has a second function in navigation: the expression of distance traveled on a voyage. For every course from island to another, a third island (over the horizon and out of sight of the first two) is taken as a reference for the expression of the distance traveled. In the language of Puluwat Atoll, this system of expressing distance traveled in terms of the changing bearing of a reference island is called *etak*. Since he knows the star bearings for all the inter-island courses in his area, the navigator knows the star bearing of the reference island from his point of origin and the bearing of the reference island from his destination. (Hutchins 1995: 70)

Im Prinzip stellt Hutchins heraus, dass a) die Navigator*in ihre unmittelbare Umwelt sehr gut kennt und b) die Umgebung mithilfe bestimmter Sterne *kartiert*. Dieses Wissen ermöglicht es dann, Orte oder Punkte im Meer zu fixieren, die eine bestimmte Reichweite (*range*) implizieren, also in Form einer modernen Kartierung und quadrantähnlichen Aufteilung. Der wirklich interessante Teil der mikronesischen Navigation ist das *Etak*-System, mit dem dieses Unterkapitel eingeführt wurde.

> In the navigator's conception, this reference island [die dritte Insel; M.T.] starts out under a particular star (at a particular star bearing) abeam of the canoe during the voyage through a succession of star bearing until the canoe reaches its destination, at which time the reference island is under the point that defines the course from the destination island to the reference island. (Hutchins 1995: 71)

Der wichtigste konzeptuelle Aspekt ist der, dass die Navigator*innen sich neben dem Ort, an dem sie sich befinden, und dem Zielort einen dritten Punkt vorstellen, die ‚dritte Insel', die nicht sichtbar und noch nicht einmal existent sein muss. Dazu kommt eine Vorstellung der Welt, in der sich nicht das Kanu bewegt, sondern die Inseln: „A fundamental conception in Caroline Island navigation is that a canoe on course between islands is stationary and the islands move by the canoe" (Hutchins 1995: 71). Diese Beobachtung, die bereits Gladwin (1970) macht, ist ein wesentlicher Hinweis auf die Art und Weise der nautischen Navigation auf den Karolinen. Da es keine materiellen Karten gibt und die Kultur nicht auf Schrift aufbaut, müssen alternative Wissensformen entwickelt werden. Dazu gehört das Memorieren eines „large body of information" (Hutchins 1995: 73). Diese Form von Mnemotechniken wirkt aus westlicher Perspektive erst einmal verwunderlich und wenig ökonomisch, denn im Prinzip muss eine Navigator*in ständig ihren Aufenthaltsort berechnen und mental präsent haben, also ihren mentalen Kompass kontinuierlich aktualisieren.[326]

Um das *Etak*-System zu erklären, behilft sich Oatley mit einem interessanten Vergleich (im letzten Satz des Zitats):

> The boat is stationary in the centre, heading in this voyage in a NE [northeast] direction, conceptualized in the system as being towards the rising point of the star Vega. Over the period of the voyage, the islands in the cognitive map are thought of as moving with respect to the vessel almost as if they are on a conveyor belt. Throughout the voyage one particular island, off to one side of the ship's track and well beyond the horizon, is used as a reference, and continually kept in mind. As the voyage proceeds this reference (*Etak island*), moves successively und the setting positions of Vega, the Pliades and Aldebaran. Thus the navigator sees his task partly as the problem of keeping a straight course towards the rising point of Vega. The course is divided up into sections corresponding to the Etak island coming to

---

[326] Was Hutchins in seinem Buch im Forschungsüberblick immer wieder betont, ist die Gefahr, dass Forscher*innen westliche Konzepte auf die mikronesischen nautischen Navigationstechniken projizieren. Hutchins verweist z.B. auf Riesenbergs detaillierte Sternenkarte der Region, die er, ganz nach westlicher Lesart, als kreisrunde Kompassrose angelegt hat. Die historisch belegten Beschreibungen der mikronesischen Nautiker*innen lassen allerdings vermuten, dass nicht eine zirkuläre Kompassrose konzeptualisiert wird, sondern ein „box-shaped" Form (Hutchins 1995: 74). Dies macht einen Unterschied in der Kartierung der unterschiedlichen Orte bzw. Referenzpunkte und ihrer Relationen zueinander.

lie under the setting positions of a succession of stars. *The task is somewhat like walking in a straight line between two chairs in a large room with one's eyes shut, while continually pointing to a third chair off to one side of the path.* (Oatley 1977: 543; Hervorhebung M.T.)

In der Theorie ist die Aufgabe der Navigator*in somit einfach zu skizzieren: Sie muss eine gerade Strecke zwischen zwei Punkten A und B mit geschlossenen Augen zurücklegen, während sie zugleich kontinuierlich auf einen dritten Punkt C zeigt. Dies ist im Prinzip eine einfache mentale Triangulation, mit dem Problem, dass sich Navigator*innen auf offener See befinden, wo die Bedingungen sich dauernd ändern und es keine festen, unveränderlichen Bezugspunkte gibt.

Hutchins schlägt folgende Grafiken als Ergänzung zu der bereits abgebildeten vor (Hutchins 1995: 84).

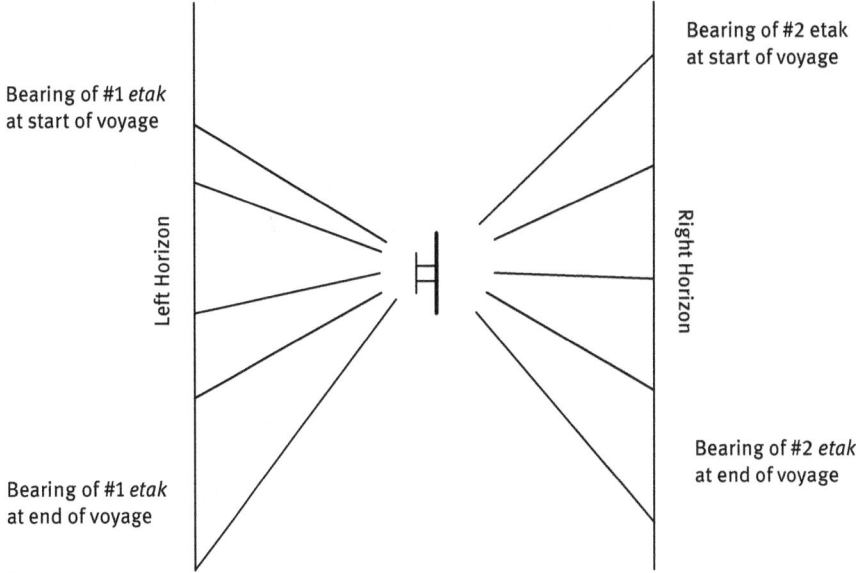

Abb. 28: Etak System (Etak System 2; adaptiert von Anat Frumkin)

314 —— Verkörperungstheorien

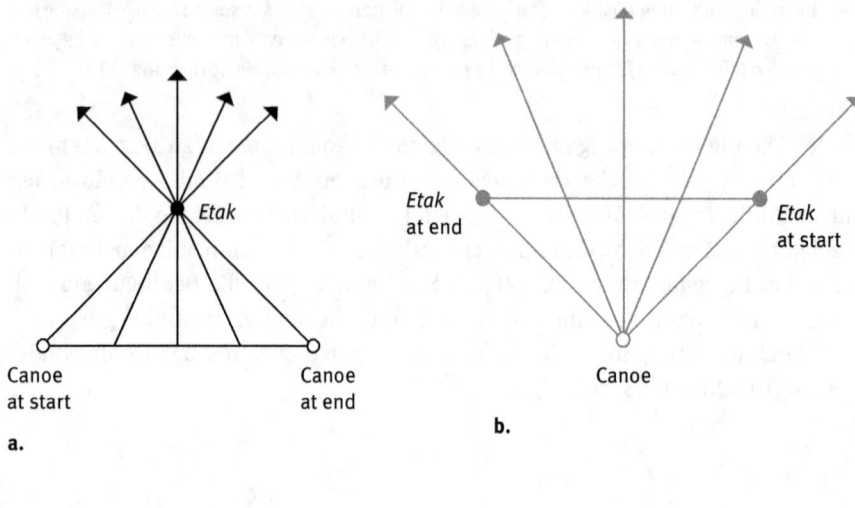

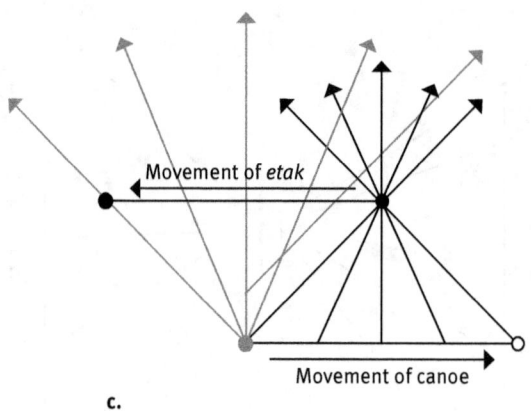

Abb. 29: Navigationsvarianten (Etak System 7; adaptiert von Anat Frumkin)

Abbildung 29a stellt die Fahrt gemäß einem westlichen Orientierungskonzept dar, in dem sich nur das Kanu bewegt, während auch eine virtuelle Insel als unbeweglich gedacht wird. 29b stellt das mikronesische Konzept dar, in dem sich *Etak* in Abhängigkeit vom zurückgelegten Weg verändert. Und 29c ist Hutchins' Versuch, den Weg der vorgestellten *Etak*-Bewegung zu illustrieren (meines Erachtens ist hier der Prozeß des kognitiven mappings ausschlaggebend, zwei Varianten überlappen sich und bilden eine neue Möglichkeit der Navigation).[327] Hier wird

---

327 „Besides the smaller-scale skills related to object permanence, humans develop sophisti-

nun deutlich, dass sich ebenfalls das Kanu bewegt, diametral dem *Etak*-System gegenüberliegend. Dabei entspricht das Navigieren nach dem *etak*-System den bereits beschriebenen Gestaltprinzipen, insbesondere den kognitiven Konturen (siehe Kap. zu den Gestaltprinzipien):

> The star compass defines the principal directions, and when visible, stars are cues used for orientation. Navigators know the whole succession of stars rising and setting in the same directions. Even if only a small patch of sky is visible, a group of stars or the sun is sufficient to anchor the orientation frame. This means that the navigator needs to have a good *Gestalt conceptualization* of the whole moving structure of the heavenly bodies across the sky. (Oatley 1977: 543)

Im nächsten Schritt sollen noch einmal einige historische Beschreibungen mikronesischer Navigationstechniken bzw. konzepte zu Wort kommen, da diese erste Hinweise darauf geben, welche Versuche unternommen worden sind, die Techniken verschiedentlich zu beschreiben.

8.3.4 Schücks historische Beschreibungen nautischer Orientierung

Schücks frühe Dokumentation der nautischen Orientierung der Karoliner*innen beginnt mit der Anekdote eines Beamten von 1817: Dieser habe erzählt, wie der Steuermann eines Bootes einen kleinen Holzstab flach vor sich hinlegte, weil er glaubte, dass dieser ihn leiten würde – so wie die Europäer*innen sich von einem Kompass leiten ließen (Schück 1882: 51). Diese Anekdote zeigt bereits eindrücklich die etwas ungewöhnliche Art und Weise der nautischen Navigation, zumindest aus Sicht von Europäer*innen. Weiter zitiert Schück Franz Hernsheim, der von ca. 1882 bis 1900 Konsul des Deutschen Reichs in/auf Jaluit (Marshallinseln im Pazifischen Ozean) war und der von einem nautischen System von Stäbchen

---

cated abilities of spatial orientation on larger scales. They can quickly accumulate spatial information about previously unknown territories; in known territories they can move flexibly, that is, they can make detours and take short cuts that they have not previously made or taken; and they can optimize their routes by arranging the stations of their travel in a rational manner. They can integrate knowledge about landmarks with knowledge about the motion of their own body to construct route knowledge, and combine their knowledge about intersecting routes to obtain what may be called configurational knowledge: knowledge about the overall configuration of landmarks and their relations. They are also able to make use of cues such as wind directions, the position of the Sun, or distal landmarks. Following a large body of literature, we refer to these abilities here as *cognitive mapping*." (Schemmel 2016: 6; Hervorhebung im Original; siehe auch Downs & Stea 1973)

und Steinchen berichtete. Die Stäbchen verbinden die durch Steine repräsentierten Inseln, die zur Orientierung benutzt worden sind.

Schück legt dar, dass bereits frühere Aufzeichnungen von 1697 aufzeigen, wie ausgefeilt die nautischen Techniken der Bewohner*innen der Karolinen gewesen sind (siehe auch Sarfert 1911; Finney 1977, 1991; Goodenough 1953).

8.3.5 „Island Looking", „Sea Knowing", „Sea Brothers", „Coral Hole Stirring" und „Trigger Fish": Untypische, bewegliche Landmarken

Diese vielleicht etwas merkwürdig klingende Überschrift zählt einige nautische ‚Instrumente' auf, die in westpazifischen Inselkulturen bei der Navigation ohne mechanische oder elektronische Instrumente Anwendung finden. Im Folgenden wird von der Webseite des Penn Museums, wie das Museum für Archäologie und Anthropologie der University of Pennsylvania heißt, zitiert. Es lohnt sich, diese aufzurufen und ihre Animation der nautischen Berechnung nachzuvollziehen (https://www.penn.museum/sites/Navigation/sailing/sailing.html; letzter Abruf am 09.07.2018).

> „Island Looking" is the name of the most important exercise. With it, navigators and their pupils endlessly rehearse their knowledge of where islands are located in relation to one another. One takes an island and then goes around the compass naming the places that lie in each direction from that island. Then one takes another island and does the same. As they sit around the boathouse in the evening, older men quiz the younger men and one another. In reciting „Island Looking", a beginner gives the name of the nearest island that lies in a given compass direction from the hub island. As he goes around the compass, if no island lies in a particular direction, he so indicates. Later, the student learns to include reefs and shoals and, finally, living seamarks, thus filling most of the compass directions from each focal island.

Ausgangspunkt der auf den Karolinen praktizierten Übung *island looking* ist ein *sidereal*-Kompass, der durch Stäbe und Steine im Sand dargestellt wird und dessen sämtliche Markierungen von den Schüler*innen auswendig gelernt werden müssen. Der Kompass basiert auf einer Sternenkarte. Damit müssen zumindest einige Sterne am Himmel sichtbar sein, um einen Anhaltspunkt zu ermöglichen.[328] Die unter der Überschrift aufgeführten Techniken dienen dem

---

[328] „After learning the compass points, a student of navigation is taught all their reciprocals. The reciprocal of the rising of Vega in the northeast, for example, is the setting of Antares in the southwest. For every reciprocal pair a student must then learn what other reciprocal pair lies at a right angle to it. A compass star on the beam can thus serve as a guide when the star on which

Memorieren verschiedener nautischer Konstellationen. Das Beispiel des *island looking* zeigt, wie Anfänger*innen dieser Techniken die Sternenkarte verkörperlichen, indem sie um den Kompass herumgehen (der durch Stäbe und Steine im Sand dargestellt wird).

Auf der Webseite des Penn Museum werden weitere nautische Übungen beschrieben, mittels deren die Orientierung auf dem Meer gelehrt wird:

> Another exercise, „Sea Knowing", involves learning the names of all the sealanes, called „roads", between the various islands and reefs. To speak of sailing on the „Sea of Beads" is to indicate travel between Woleai and Eauripik on the star course between „Rising of Fishtail" (in Cassiopeia) and „Setting of Two Eyes" (Shaula in Scorpio). Referring only to the names of sealanes, those in the know can tell one another where they have been traveling and leave the untutored in the dark.
>
> The exercise called „Sea Brothers" groups sealanes that lie on the same star compass coordinates. Thus on the course from „Rising of Fishtail" to „Setting of Two Eyes" lie the several sealanes that connect the islands of Pisaras and Pulusuk, Pikelot and Satawal, West Fayu and Lamotrek, Gaferut and Woleai, and Woleai and Eauripik. A navigator may forget the sailing directions from Woleai to Eauripik but remember that the Woleai-Eauripik sealane is „brother" to the West Fayu-Lamotrek sealane. His remembering the star coordinates for the latter allows him to retrieve the forgotten coordinates for the former.
>
> „Coral Hole Stirring" imagines a parrot fish hiding in its hole in the reef at a given island. A fisherman probes the hole with a stick to drive the fish out into a dipnet, and it darts off to a hole in the reef at a neighboring island. Again the fisherman tries to catch the fish, and again it darts away to another island, and so on through a series of islands back to the one from which the exercise began. Each such hole has a special name, known only to navigators, that serves as a synonym for the island name. In this exercise the star courses are from hole name to hole name. To learn all of these star courses is to learn a parallel and redundant set of sailing directions. „Coral Hole Stirring" provides another arena within which to rehearse these directions and, importantly, a way for navigators to discuss voyages within the hearing of others without being understood. Another exercise very similar to this one is called „Sea Bass Groping".[329] „Breadfruit Picker Lashing" uses as metaphor the pole for picking breadfruit, which has a short stick lashed to its end at an angle that permits engaging the stem of a fruit and twisting it loose. In the navigator's imagination a breadfruit picker reaches out in a straight line along a particular star course, from one place to the next, until it turns in a new direction on another course, and so on until it has picked off along these courses all the known places, real and imaginary, in the navigator's repertoire. There are a number of breadfruit picker exercises, beginning at different places

---

one's course is set is not visible." (https://www.penn.museum/sites/Navigation/sidereal/sidereal2.html; letzter Aufruf 09.07.2018)

329 Siehe auch Riesenberg (1972: 23–23).

and following different star courses. (https://www.penn.museum/sites/Navigation/sailing/sailing.html; letzter Aufruf im 09.07. 2018)

Die hier beschriebene und zusammengefasste Form der räumlichen Navigation anhand von bestimmten Fischpopulationen und ihren Wanderungen dürfte erst einmal befremdlich wirken. Bei näherer Betrachtung wird allerdings deutlich, dass diese Beobachtung auf bestimmte Routinen schließen lässt, die sich über Generationen verfestigt haben.

Die folgende Beschreibung zeigt, dass im Weiteren einzelnen Fischen kompassähnliche Funktionen zugeschrieben werden. Der Fischkopf stellt dabei immer den östlichen Punkt dar, die Schwanzflosse den westlichen. Norden und Süden können hingegen variieren. Diese Funktionen sind in Rautenform angeordnet. Sämtliche Inselformationen können in Form dieses *trigger*-Fisches repräsentiert werden.

> „Trigger Fish" is the name for one such way of conceiving of the geography of the navigator's world. It envisions five places. Four of them form a diamond to represent the head, tail, and dorsal and ventral fins of the trigger fish. The head is always the eastern point and the tail the western one; but the dorsal and ventral fins can serve either as northern and southern or as southern and northern points respectively. The fifth place, at the center of the diamond, represents the fish's backbone. Any set of islands, real or imaginary, reefs, shoals, or living seamarks whose relative locations are suitable can be construed as a trigger fish. On a course between the dorsal and ventral fins, the head or tail can serve as reference island and the backbone marks midcourse. (https://www.penn.museum/sites/Navigation/sailing/sailing.html; letzter Aufruf im 23.04. 2018; siehe auch Gladwin 1970; Riesenberg 1972)

Riesenberg erläutert, wie die abgebildete doppelte Rautenform gemäß einem seiner Informant*innen entsteht:

> In position 1, Olimarao is shown at the ventral fin, Gaferut at the dorsal fin, and Fais and Magur at the tail and head respectively. Then Y. [= Interviewter; M.T.] conceives the fish to be flipped over to the north, to position 2, so that it is seen upside down, the dorsal fin still being at Gaferut, but the other threeangles of the diamond marking three new localities, as shown in the dia gram. Needless to say, the diamonds, when laid out on a chart, in this case and in those to follow, form very rough diamonds indeed, geometrically speaking. (Riesenberg 1972: 29)

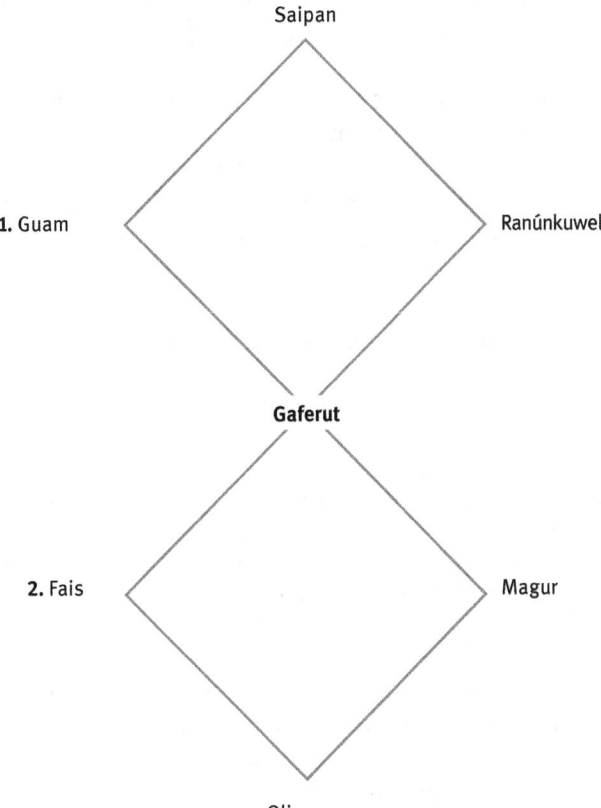

Abb. 30: (Riesenberg 1972: 29; Adaptiert von Anat Frumkin)

Wohlgemerkt, diese Rautenform bezieht sich auf einen Fisch, ein sich bewegendes Objekt, das hier als Kompass dient. Der Fisch dient somit als Ausgangspunkt, um ihm Himmelsrichtungen zuzuschreiben. Die jeweiligen Orte, die als Referenzpunkte dienen, werden in Relation zueinander gesetzt. Hier zeigt sich, dass der rote Faden der Raumkognition dieser Einführung sinnvoll gewählt wurde, oder wie Waller & Nadel in einem anderen Kontext schreiben:

> Yet, in each of these instances, the psychological structures and processes that underlie the behaviour – for example, the relative use of perceptual and mnemonic processes – may be quite different. Of course, spatial cognition is also a fundamental aspect of behaviors that do not involve navigation. Recalling which arm is raised on the Statue of Liberty or determining whether a picture frame is aligned with the walls on which it is hung also involves spatial processing – not of one's own relationship with the world but of the relations among

objects in the world. These and other examples make it clear that spatial cognition underlies a great deal of our behavior. (Waller & Nadel 2013: 3)

Im nächsten Schritt soll eine weitere Art der nautischen Berechnung von Räumen in mikronesischen Kulturen nach Saul Riesenberg beschrieben werden, die sich auf „perceptual and mnemonic processes" bezieht und auf das Zusammenspiel verschiedener Wissenssysteme, „[that] underlies a great deal of our behavior" (*behavior* hier also verstanden als aktive Praxis).

8.3.6 Riesenbergs Beschreibung der Raumnavigation

In einem 1972 erschienenen Artikel beschreibt Riesenberg

> some of the mnemonic devices and systems of classification employed by the navigators of the atoll of Puluwat (Central Caroline Islands) to arrange their knowledge of geography and of star courses into organised bodies of data. The word geography is used here in a very broad sense, to include both natural and mythical phenomena, and animate beings as well, when they are part of those bodies of data and are used as reference points by navigators in finding their way on the high seas. (Riesenberg 1972: 19)

Es zeigt sich, dass die bisher beschriebenen nautischen Berechnungen auf einer Mischung aus externalisierten Wissensformen und verkörperten Praktiken beruhen. Riesenberg betont eingangs seines Artikels, dass es darin zentral um Gedächtnisstützen oder Erinnerungstechniken (*mnemonic devices*) geht.[330] Die

---

[330] „Mnemonic devices are techniques a person can use to help them improve their ability to remember something. In other words, it's a memory technique to help your brain better encode and recall important information. It's a simple shortcut that helps us associate the information we want to remember with an image, a sentence, or a word. Mnemonic devices are very old, with some dating back to ancient Greek times. Virtually everybody uses them, even if they don't know their name. It's simply a way of memorizing information so that it ‚sticks' within our brain longer and can be recalled more easily in the future. [...] The Method of Loci is a mnemonic device that dates back to Ancient Greek times, making it one of the oldest ways of memorizing we know of. Using the Method of Loci is easy. First, imagine a place with which you are familiar. For instance, if you use your house, the rooms in your house become the objects of information you need to memorize. Another example is to use the route to your work or school, with landmarks along the way becoming the information you need to memorize. You go through a list of words or concepts needing memorization, and associate each word with one of your locations. You should go in order so that you will be able to retrieve all of the information in the future. [...] Visual imagery is a great way to help memorize items for some people. For instance, it's often used to memorize pairs of words (green grass, yellow sun, blue water, etc.). The Method of Loci, mentioned above, is a form of using imagery for memorization. By recalling specific imagery, it can help us recall

bei den karolinischen Navigator*innen zu beobachtenden Gedächtnisleistungen sind in der Tat bemerkenswert, da sie eine Vielzahl an Informationen für die Navigation parat haben müssen. Riesenberg macht deutlich, dass nicht nur geografische, sondern auch mythische Wissensformen äußerst relevant sind. Dies mag aus einer westlichen Perspektive befremdlich klingen, allerdings zeigen sich bei näherer Betrachtung durchaus Parallelen in der Form und Verwendung der mentalen Modelle, die zur Anwendung kommen, nämlich in den impliziten Wissensstrukturen, wie sie hier bereits ausgeführt worden sind.

Zurück zu Riesenbergs Informant*innen. Er stützt sich auf die Aussagen zweier von ihm interviewter Informant*innen[331], die er nach den Toponymen befragt hat, die sie bei ihren Navigationstechniken verwenden (Riesenberg 1972: 23). Dabei zeigt Riesenberg, dass die beiden Informanten ein unterschiedliches Repertoire an umweltbedingten Toponymen verwenden. Es ist hier anzunehmen, dass diese Unterschiede mit der jeweiligen Erfahrung der Navigation der beiden korrespondieren. Der bereits genannte Interviewte Y. stellt anschaulich da, wie Toponyme im Kontext einer narrativen Karte fungieren:

> Y's course is quite different [from the other informant's course], being a westward one. Instead of hole names he recites the names of passes through the reef. He begins with the pass at Nama and ends with three unidentifiable places, the course, with star names and pass names omitted, being:
> Nama
> Truk (southpass) Puluwat
> Satawal
> Lamotrek
> Channel between Elato and Lamoliur
> Ifaluk
> Woleai
> Fais
> Ulithi
> Yap
> The channel of a place called Heleita [...]
> The channel of a place called Ailiáf [...]
> A large coral head in the sea, in the shape of a canoe, named Naihániwa [...] which is where the fish is finally caught. (Riesenberg 1972: 24)

---

information we associated with that imagery." (https://psychcentral.com/lib/memory-and-mnemonic-devices/; letzter Abruf am 23.04.2018)

331 Riesenbergs Informanten sind allesamt männlich, da die Navigation zur See auf Puluwat Männern vorbehalten ist.

Riesenberg zeigt hier, dass die unterschiedlichen Ortsbezeichnungen zu einer kognitiven Karte geformt werden. Y. kann anhand dieser Koordinaten und durch mentale Triangulation die Strecke auf dem Meer ohne größere Schwierigkeiten zurücklegen. Riesenberg geht in seiner Analyse schrittweise vor, indem er einzelne Beschreibungen seiner Informanten präsentiert und daran anschließend eine Visualisierung in Form von Grafiken vornimmt. Er folgt dabei den verschiedenen, zum Teil mobilen Landmarken, die wie folgt genannt werden: „Reef hole probing", „Catching the sea bass", „The sail of Limahách", „Aligning the weir", „Looking toward an island", „The great trigger fish", „Ayúfál's tail", „The fortune telling of the sea bass's food", „The lashing of the breadfruit picker" (Riesenberg 1972: 22–38). Hier zeigt sich der kognitiv-anthropologische Ansatz recht prägnant, da er Erzählungen der Navigatoren nimmt, um daraus jeweils eine kognitive Karte zu erstellen. Y.s oben zitierte Abfolge von Ortsnamen führt Riesenberg zu der folgenden idealisierten Karte[332]:

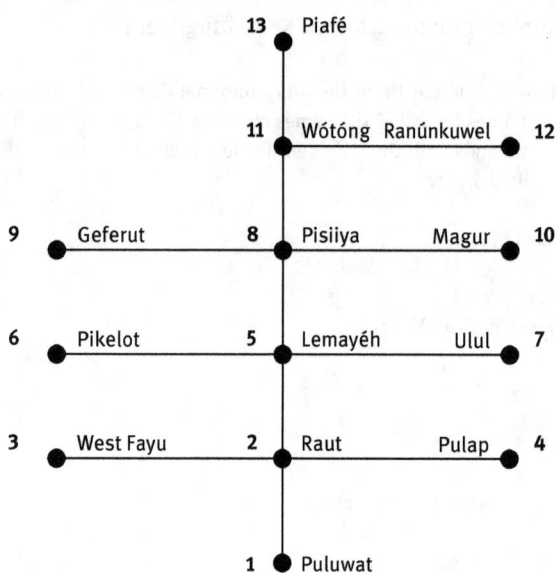

Abb. 31: Toponyme als Koordinaten (Adaptiert von Anat Frumkin)

---

[332] „In the diagram the points of intersection (Nos. 2, 5, 8, 11) and the northernmost point (No. 13) represent reefs, named as indicated. All the other places are islands, except No. 12 which is a place where a whale with two tails lives." (Riesenberg 1972: 25)

Dieses grobe Schema wird ergänzt durch Riesenbergs sehr detaillierte Beschreibung der verschiedenen Ortsnamen bzw. der Landmarken und ihrer Konzeptualisierungen. Diese Landmarken korrespondieren mit einer Sternenposition. Damit gibt es eine direkte Relation zwischen der Konstellation der jeweils am Nachthimmel zu sehenden Sterne und kulturspezifischen Landmarken.

Ein Beispiel sei hier zitiert, das zeigt, dass umweltbedingte Landmarken mit bestimmten Sternen korrespondieren:

> Under Star 5 from Puluwat to Mótolap, which is the space of water between Tamatam and Pulap. From thence the narrator proceeds:
> Under Star 4 from Mótolap to:
> 1. Ametákit (Small Fiber), the narrow middle part of the bank which
> runs from Pulap eastwards;
> 2. Fainiyááh (Upper Coral), a large and dangerous coral shoal on the southern reef of Namonuito between Ulul and Piseras, so named because it is spoken of as lying above Ulul;
> 3. Magur*. This is where the system begins. From here, still under Star 4, the narrator passes on the way to the Lagoon of Anúúfa the following:
> 4. Yolomwár (Yellow Garland), a fish of the species howólól, this individual being yellow
> 5. Riginiól (Different Yellow), a second fish of the same species but less yellow in colour;
> 6. Aniól, a yellow heron flying about;
> 7. Lisileru, a black heron flying about;
> [...]
> 11. The Lagoon of Anôôfa. Now the narrator lights his torch and proceeds to the series of places described below, each time symbolically catching whatever fish or other creature is mentioned in the description and returning with it to the Lagoon, the voyage being made in each direction under the stars indicated. (Riesenberg 1972: 35–36)

Dies ist nur ein Ausschnitt aus Riesenbergs detaillierter Analyse der von seinen Informanten benannten Landmarken (Inseln, Fische, Lagunen etc.). Diese Form der qualitativen Analyse ähnelt der bei Gladwin (1970), der ebenfalls aus Interviews, Erzählungen und Mythen Rückschlüsse zieht auf mentale Modelle bzw. kognitive Karten. Hutchins (1983, 1995) hingegen verfolgt neben der rein qualitativen Beschreibung einen *computational* Ansatz.

8.4 Verteilte Kognition: Praxis des Hausbaus der Eipomek

Praktiken sind zentral in dieser Einführung, wie die Beschäftigung mit der nautischen Orientierung noch einmal unterstrichen hat. Aus kognitiv-anthropologischer Perspektive ist es äußerst interessant, kulturübergreifende Praktiken zu vergleichen. Dabei stehen die folgenden Fragen im Vordergrund: Wie werden diese Praktiken versprachlicht? Welche Funktion hat Sprache in der Praxis, z.B.

in Form von Handlungsanweisungen? Was bedeutet es für das Denken, wenn in einer Kultur bestimmte Konzepte nicht versprachlicht werden, Wörter oder Umschreibungen fehlen und es keine Entsprechungen gibt?

Der Hausbau der Eipomek auf Papua Neuguinea bietet ein anschauliches Beispiel dafür, dass in einer Kultur bestimmte Techniken praktiziert werden können, ohne sich sprachlich niederzuschlagen (siehe Koch & Schiefenhövel 1979). Stellen Sie sich vor, Sie wollen ein Haus konzipieren, ein Feld abmessen oder eine sonstige Konstruktionsform vermessen. Ein erster Schritt ist eine Skizze auf einem Blatt Papier oder auch mit einem CAD-Programm. Diese Skizze wird maßstabsgetreu angefertigt. Es werden Linien gezogen, Punkte verbunden, Winkel berechnet etc. Skizzen sind dabei erst einmal nur erste grafische Verfertigungen von Ideen. Wir gehen in westlichen Kulturen häufig davon aus, dass Konzepte wie Punkt, Maßstab, Abstand, Winkel, Linie, Kreis, Dreieck usw., die in mathematischen Formeln und sprachlichen Beschreibungen verwendet werden, universell anwendbar sind. Allerdings, und darauf wurde bereits im Kontext der Beschreibung impliziter Wissensstrukturen und mentaler Modelle aufmerksam gemacht (siehe Kap. zu mentalen Raummodellen), ist ein großer Teil der angewandten Wissensformen implizit und nicht immer gibt es sprachliche Beschreibungsmöglichkeiten. Dieses implizite Wissen zeigt sich besonders beeindruckend im – mittlerweile wohl fast als historisch zu bezeichnenden – Hausbau der Eipomek. Soll in deren Kultur ein neues Männerhaus – der zentrale Ort der Eipomek, ähnlich einem Rathaus – errichtet werden, hängt die Größe des Hauses a) vom eventuell bereits vorhandenen vorherigen Hausradius ab (es handelt sich um einen Rundbau) und b) davon, wie viele Männer am Tag des Hausbaus zur Baustelle kommen. Der Hausbau wird nun, unterteilt in verschiedene Arbeitsschritte, innerhalb eines Tages vollendet, ohne erkennbare Bauanleitung. Es werden Holzpfeiler in gleichen Abständen vertikal in den Boden gerammt und es wird ein rechteckiges Geisterhaus in der Mitte des Rundbaus gebaut. Zudem wird ein Zwischenboden eingezogen, ein Kegeldach gesetzt etc.

Wie wird nun der Radius des neuen Hauses gemessen, um die richtige Materialmenge für den Bau im Voraus zur Baustelle zu schaffen? Fragt man die Eipomek danach, wie groß der Durchmesser ist, erntet man Erstaunen, da das euklidische Konzept eines (messbaren) Abstands nicht existiert (Heeschen 1987, 1998; siehe auch Heeschen & Schiefenhövel 1983). Allerdings benutzen die Männer zusammengerolltes Ratan (Pandanuss), mit der sich ein Mann im Zentrum des zu entstehende Hauses um die eigene Achse dreht bzw. an verschiedenen Stellen die Rolle an die vertikalen Pfeiler hält. Diese Praxis, die kein Längenmaß im klassischen Sinne verwendet, zeigt, dass die Eipomek durchaus vermessen. Es gibt kein Wort für messen oder Messung, aber das Konzept ist der Praxis implizit eingeschrieben. Der Hausbau ist ein kompliziertes Unterfangen, dass allerdings ohne technische Hilfsmittel auskommt, wenn vom Grabstock – der unterschiedlichen Funktionen dient – und der Ratanrolle abgesehen wird. Wobei die Ratanrolle ebenso als ein solches bezeichnet werden kann, ebenso wie deren Grabstock, der im Prinzip einem Schweizer Taschenmesser entspricht.[333]

Wenn es nun teilweise keine Wörter für die Praktiken gibt, wie erlernen Kinder sie dann? Wie wird Wissen weitergegeben? Dies zeigt sich ebenfalls in den verschiedenen ethnologischen Filme. Sehr gut ist zu sehen, dass die Jüngeren durch Imitation und Ausprobieren in Form von *trial-and-error*-Verfahren lernen. Implizites Wissen wird adaptiert und modelliert.

Besonders deutlich wird dies beim Modellbau eines Männerhauses durch Eipomek-Kinder. Schon von klein auf bauen Eipomek-Kinder solche Modelle.

Auch hier zeigt sich, dass die Idee der Abstraktion, wie sie einem Modell zugrunde liegt, den Eipomek nicht geläufig ist bzw. sie dafür kein Wort oder Umschreibung haben bzw. hatten (die Filme sind aus den 1970er Jahren, mittlerweile studiert ein Großteil der Jüngeren in Jakarta), was aufgrund der Praxis auch nicht notwendig ist.

Diese Form der verteilten und sozialen Kognition macht deutlich, dass rein formal-logische Beschreibungen sprachlicher Strukturen eben nur einen Teil der Weltansichten abbilden, wie bereits im Kapitel zu mentalen Modellen unterstrichen wurde.

Meines Erachtens ist genau an dieser Schnittstelle von Sprache und Praxis zu sehen, wie sich Kognitive Semantik und Kognitive Anthropologie, für deren Verbindung in dieser Einführung ja geworben wird, sinnvoll ergänzen. Hier in Form einer kooperativen Praxis.

Abb. 32: Stills aus dem ethnologischen Filmmaterial der Eipomek (1975): *Kinderspiel. Bauen eins Hausmodels* (West-Neuguinea, Zenrales Hochland; Human-Ethologisches Filmarchiv der Max-Planck-Gesellschaft; Editoren: Irenäus Eibl-Eibesfeldt, Hans Hass & Wulf Schiefenhövel)

---

333 Die Durchsicht der ethnografischen Filme, die über fast zwei Jahrzehnte im Rahmen des enthnologischen Langzeitprojektes zu den Eipomek entstanden sind, zeigt sehr anschaulich die Komplexität unterschiedlicher Werktätigkeiten: neben dem Hausbau ist der Bau von Brücken und verschiedenen Tierfallen zu sehen (siehe Thiering & Schiefenhövel 2016).

326 — Verkörperungstheorien

9 Epilog

Eine Einführung benötigt kein abschließendes Fazit, daher hier lediglich ein Epilog, der mit einem Zitat eingeleitet werden soll:

> Ich hatte gedacht, meinen Roman noch Szene für Szene und Wort für Wort im Kopf zu haben, aber als ich anfing, ihn von neuem zu schreiben, löste sich die Erinnerung auf, und ich merkte, wie viel mir entfallen war. Es war wie in einem Traum, in dem alles ganz klar zu sein scheint, aber sich sofort entzieht, wenn man genauer hinzuschauen, sich darauf zu konzentrieren versucht. Meine Erinnerung an das Buch bestand nicht aus Worten und Sätzen, sondern aus Gefühlen, die viel präziser sind, als jeder Gedanke es jemals sein könnte, aber zugleich viel schwerer zu fassen. (Stamm 2018: 111)

Diese Einführung hatte es sich zur Aufgabe gemacht, unterschiedliche Disziplinen unter Beobachtung der Raumwahrnehmung einzuführen, zu skizzieren und fassbar zu machen. Dabei wurde eine enge Verzahnung zwischen kulturellen Praktiken, die sich u.a. über sprachliche Enkodierungen und andere semiotische Einschreibungen nachweisen lassen und kognitiven Effekten stark gemacht. Es haben sich einige lose Fäden ergeben, die an einigen Stellen zusammen gekommen sind, an anderen noch offen stehen. Meine Hoffnung ist, dass der konstruktive Charakter von Sprachen und Sprechen, der mit Wilhelm von Humboldt hier Einzug nahm, die Leser*in motiviert, das Sprechen immer als eine Handlung zu verstehen. Damit hat das Sprechen (und natürlich das Schreiben) immer eine mittelbare oder unmittelbare Konsequenz. Dieser Konsequenz sollte sich jede Leser*in vor allem in heutigen recht schnelllebigen Zeiten bewusst sein und werden. Welche Konsequenzen sich daraus ergeben können, ist Thema eines anderen Buches.

Zum Abschluss ein kleiner Test. Gucken Sie sich folgende Abbildung auf der nächsten Seite an. Beschreiben Sie, was Sie sehen.

Abb. 33: Puzzleteilchen (adaptiert nach Anat Frumkin nach Vorlage Jung von Matt 2012; siehe: https://www.whudat.de/lego-imagine-by-jung-von-matt-8-pictures/; https://9gag.com/gag/41411)

Je nach Ihrem Vorwissen sehen Sie eventuell unterschiedliche Figuren oder Figurkonstellationen. Vielleicht sehen Sie Hochhäuser oder auch Statistiken? Wenn ich jedoch den Hinweis gebe, dass in der Ansammlung von unterschiedlich zusammengesetzten Puzzleteilchen das einzelne weiße Puzzleteilchen oben links Idefix darstellen soll, dann könnten die Würfel fallen und für Sie ergeben sich bestimmte Gestaltkonstellationen. Diese Konstellationen stammen allesamt aus der westlichen visuellen Popkultur. Von links oben nach unten sind dies: 1) Asterix und Obelix, 2) Donald Duck und seine drei Neffen Tick, Trick und Track, 3) Bert und Ernie, 4) die Simpsons, 5) die Daltons, 6) die Schlümpfe, 7) die zentralen Figuren aus der Serie Southpark und 8) die Ninja Turtles. Ohne den sprachlichen Prompt sehen Sie dagegen vielleicht nur wahllos zusammengesetzte Puzzleteilchen. Hier zeigt sich die kulturelle Bedingtheit der visuellen Wahrnehmung im Zusammenspiel mit der Sprache. Nach Wittgenstein wechseln hier somit die Aspekte.

Bibliografie

Adams, Douglas & Carwardine, Mark (1990): *Last Chance to See*. London: Pan.
Aitchison, Jean (1996): *The Seeds of Speech. Language Origin and Evolution*. Cambridge etc.: Cambridge University Press.
Aitchison, Jean (2003) [1987]: *Words in the Mind: An Introduction to the Mental Lexicon*. New York: Blackwell.
Albertazzi, Liliana (2006): *Visual Thought: The Depictive Space of Perception*. Amsterdam/Philadelphia: Benjamins.
Albertazzi, Liliana (2006): Visual quality. In: Liliana Albertazzi (Hrsg.), *Visual Thought. The Depictive Space of Perception*. Amsterdam & Philadelphia: Benjamins, 165–193.
Ameka, Felix K. & Essegbey, James (2006): Elements of the grammar of space in Ewe. In: Stephen C. Levinson & David Wilkins (Hrsg.), *Grammars of Space*. Cambridge: Cambridge University Press, 359–399.
Anderson, John R. (1983): *The Architecture of Cognition*. Cambridge, MA: Cambridge University Press.
Anderson, John. 20158 [1980]: *Cognitive Psychology and its Implications*. New York: Worth.
Arnheim, Rudolf (1976): The perception of maps. *The American Cartographer* 3(1), 5–10.
Augé, Marc (1994): *Orte und Nicht-Orte. Vorüberlegungen zu einer Ethnologie der Einsamkeit*. Frankfurt am Main: Suhrkamp.
Aurnague, Michel, Hickmann, Maya & Vieu, Laure (Hrsg.) (2007): *The Categorization of Spatial Entities in Language and Cognition*. Amsterdam & Philadelphia: Benjamins.
Austin, John L. (1962): *How to Do Things With Words*. Cambridge, MA: Harvard University Press.
Bachtin, Michail (2008) [1937/1938]: *Chronotopos* [1937/1938], Frankfurt am Main: Suhrkamp.
Baddeley, Alan David (1990): *Human Memory. Theory and Practice*. Hove: Erlbaum.
Baldassare, Mark (1978): Human spatial behavior. *Annual Review Sociology* 4, 29–56.
Barkowsky, Thomas (2002): *Mental Representation and Processing of Geographic Knowledge: A Computational Approach*. New York: Springer.
Barthes, Roland (1981a) [1964]: *Elemente der Semiologie*. Frankfurt am Main: Syndikat.
Barthes, Roland (1981b) [1970]: *Das Reich der Zeichen*. Frankfurt am Main: Suhrkamp.
Barthes, Roland (2010) [1957]: *Mythen des Alltags*. Frankfurt am Main: Suhrkamp.
Bartlett, Frederik C. (1995) [1932]: *Remembering. A Study in Experimental and Social Psychology*. New York: Cambridge University Press.
Beck, David (2004): *Upper Necaxa Totonac*. München: Lincom Europa.
Beller, Sieghard, Bender, Andrea & Medins, Douglas L. (2012): Should Anthropology be part of Cognitive Science? *Topics in Cognitive Science* 4, 342–353.
Bennett, David C. (1968): English prepositions: a stratificational approach. *Journal of Linguistics* 4, 153–172.
Bennett, David C. (1972): Some observations concerning the locative-directional distinction. *Semiotica* 5, 58–88.
Berlin, Brent & Kay, Paul (1969): *Basic Color Terms: Their Universality and Evolution*. Berkeley: University of California Press.
Berthele, Raphael (2006) [2004]: *Ort und Weg. Die sprachliche Raumreferenz in Varietäten des Deutschen, Rätoromanischen und Französischen*. Berlin: Mouton de Gruyter.

Berthele, Raphael (2014): Biestmilch, Schafspferche und Schamanen: Überlegungen zur Verwendung whorfoiden Gedankenguts im Diskurs über sprachliche Diversität. In: Martin Thiering (Hrsg.), Die Neo-Whorfian Theorie: Das Wiedererstarken des linguistischen Relativitätsprinzips. *Zeitschrift für Semiotik* 35(1/2), 85–107.

Bickel, Balthasar (1997): Spatial orientation in deixis, cognition, and culture: where to orient oneself in Belhare. In: Jan Nuyts & Eric Pederson (Hrsg.), *Language and Conceptualization*. Cambridge: Cambridge University Press, 46–83.

Bickel, Balthasar (2000): Grammar and social practice: On the role of 'culture' in linguistic relativity. In: Susanne Niemeier & René Dirven (Hrsg.), *Evidence for Linguistics Relativity*. Amsterdam/Philadelphia: Benjamins, 161–191.

Bickerton, Derek (1981): *Roots of Language*. Ann Arbor: Karoma.

Bickerton, Derek (1990): *Language and Species*. Chicago: University of Chicago Press.

Bickerton, Derek (1995): *Language and Human Behavior*. Seattle, WA: University of Washington Press.

Blomberg, Johan & Thiering, Martin (2016): Spatial Phenomenology and Cognitive Linguistics. *Metodo* 4(2), 159–212.

Bloom, Paul, Peterson, Mary A., Nadel, Lynn & Garrett, Merrill F. (Hrsg.) (1996): *Language and Space*. Cambridge, MA: MIT Press.

Bloomfield (1933): *Language*. New York: Henry Holt.

Boas, Franz (1997) [1911]: *Handbook of American Indian Languages*. London: Routledge.

Bohnemeyer, Jürgen & Pederson, Eric (Hrsg.) (2011): *Event Representation in Language and Cognition*. Cambridge, UK: Cambridge University Press.

Bödeker, Katja (2006): *Die Entwicklung intuitiven physikalischen Denkens im Kulturvergleich*. Münster: Waxmann.

Bowerman, Melissa (1989): Learning a semantic system: What role do cognitive predispositions play? In: Mabel L. Rice, & Richard L. Schiefelbusch (Hrsg.), *The Teachability of Language*. Baltimore: Brookes, 133–169.

Bowerman, Melissa & Pederson, Eric (1992): Topological relations picture series. In: Stephen C. Levinson (Hrsg.), *Space stimuli kit 1.2*. Nijmegen: Max Planck Institute for Psycholinguistics.

Bowerman, Melissa & Choi, Soonja (2001): Shaping meanings for language: universal and language-specific in the acquisition of spatial semantic categories. In: Melissa Bowerman & Stephen Levinson (Hrsg.). *Language Acquisition and Conceptual Development*. Cambridge: Cambridge University Press, 475–511.

Bredekamp, Horst & Lauschke, Marion & Arteaga, Alex (Hrsg.) (2012): *Bodies in Action and Symbolic Forms*. Berlin: Akademie.

Brown, Cecil (1983): Where do cardinal directions come from? *Anthropological Linguistics* 25(2), 121–161.

Brown, Penelope (2006): A sketch of the grammar of space in Tzeltal. In: Stephen Levinson & David Wilkins (Hrsg.), *Grammars of Space*. Cambridge: Cambridge University Press, 230–272.

Brown, Penelope (2015): Language, culture, and spatial cognition. In: Farzad Shairifian (Hrsg.), *The Routledge Handbook of Language and Culture*. London & New York: Routledge, 294–308.

Brown, Roger & Lenneberg, Eric (1954): A Study in Language and Cognition. *Journal of Abnormal and Social Psychology* 49(3), 454–462.

Bühler, Karl (1999) [1934]: *Sprachtheorie. Die Darstellungsfunktion der Sprache*. Frankfurt am Main: UTB für Wissenschaft.

Burenhult, Niclas (2008): Spatial coordinate systems in demonstrative meaning *Linguistic Typology* 12, 99–142.

Burenhult, Niclas & Levinson, Stephen C. (2008): Language and landscape: a cross-linguistic perspective. *Language Sciences* 30, 135–150.

Bybee, Joan L. (1994): A view of phonology from a cognitive and functional perspective. *Cognitive Linguistics* 5(44), 285–305.

Bybee, Joan L. (2013): Usage-based theory and grammaticalization. In: Heiko Narrog & Bernd Heine (Hrsg.), *The Oxford Handbook of Grammaticalization*. Oxford: Oxford University Press, 69–78.

Bybee, Joan K. & Hopper, Paul (2001): Introduction to frequency and the emergence of linguistic structure. In: Joan Bybee & Paul Hopper (Hrsg.), *Frequency and the Emergence of Linguistic Structure*. Amsterdam: John Benjamins, 1–24.

Bylund, Emanuel & Athanasopoulos, Panos (2017): The Whorfian Time Warp: Representing Duration Through the Language Hourglass. *Journal of Experimental Psychology* 146(7), 911–916.

Casad, Eugene H. (2012): *From Space to Time. A Cognitive Analysis of the Cora Locative System and its Temporal Extensions*. Benjamins

Casad, Eugene H. & Palmer, Gary B. (Hrsg.) (2003): *Cognitive Linguistics and Non-Indo-European Languages*. Berlin & New York: Mouton de Gruyter.

Cassirer, Ernst (2001) [1923]: *Philosophie der symbolischen Formen. Erster Teil. Die Sprache*. (Gesammelte Werke Hamburger Ausgabe, Band 11) Hamburg: Meiner.

Certeau, Michel de (1984): *The Practice of Everyday Life*. Berkeley: University of California Press.

Cervel, Sandra P. (1998): The prepositions in and out and the trajector-landmark distinction. *RESLA* 13, 261–271.

Chalmers, David J. (2012): *Constructing the World*. Oxford; UK: Oxford University Press.

Carlson-Radvansky, Laura & Irwin, Darrell 1993. Frames of reference in vision and language: Where is above? *Cognition* 46, 223–244.

Casson, Ronald W. (1999): Cognitive Anthropology. In: Robert A. Wilson & Keil (Hrsg.), *The MIT Encyclopedia of the Cognitive Sciences*. Cambridge, MA: MIT Press, 120–121.

Chiang, Ted (2016) [2002]: Story of Your Life. In: Ted Chiang, *Stories of Your Life and Others*. New York: Vintage, 91–145.

Chomsky, Noam (1957): *Syntactic Structures*. The Hague/Paris: Mouton.

Chomsky, Noam (1965a)[1964]: Current issues in linguistic theory. In: Jerry A. Fodor & Jerrold J. Katz (Hrsg.), *The Stucture of Language. Readings in the Philosophy of Language*. New Jersey: Prentice Hall, 50–118.

Chomsky, Noam (1965b) [1964]: On the notion of „rule of grammar". In: Jerry A. Fodor & Jerrold J. Katz (Hrsg.), *The Stucture of Language. Readings in the Philosophy of Language*. New Jersey: Prentice Hall, 119–136.

Chomsky, Noam (1965c)[1964]: A review of B.F. Skinner's *Verbal Behavior*. In: Jerry A. Fodor & Jerrold J. Katz (Hrsg.), *The Stucture of Language. Readings in the Philosophy of Language*. New Jersey: Prentice Hall, 547–578 (Original: 1957/1959 Language 35(1), 26–58).

Chomsky, Noam (1965d): *Aspects of the Theory of Syntax*. Cambridge, MA: MIT Press.

Chomsky, Noam (1988): *Language and Problems of Knowledge. The Managua Lectures*. Cambridge, MA: MIT Press.

Cienki, Alan J. (1989): *Spatial Cognition and the Semantics of Prepositions in English Polish, and Russian*. München: Sagner.
Clark, Andy (2001): *Mindware. An Introduction to the Philosophy of Cognitive Science*. New York & Oxford: Oxford University Press.
Cook, Eung-Do (1986): Athapaskan classificatory verbs. *Amerindia, Revue d'Ethno-linguistique amérindienne* 11, 11–24.
Cook, Eung-Do (2004): *A Grammar of Dene Suline (Chipewyan)*. Winnepeg: Algonquian & Iroquoian Linguistics.
Cooper, Gloria (1968): *A Semantic Analysis of English Locative Prepositions*. Cambridge, MA: Beranek and Newman.
Committeri, Giorgia, Galati, Gaspare, Paradis, Anne-Lise, Pizzamiglio, Luigi, Berthoz, Alain & LeBihan, Denis (2004), Reference frames for spatial cognition: different brain areas are involved in viewer-, object-, and landmark-centered judgments about object location. *Journal of Cognitive Neuroscience* 16(9), 1517–1535.
Comrie, Bernard (1976): *Aspect. An Introduction to the Study of Verbal Aspect and Related Problems*. Cambridge: Cambridge University Press.
Corballis, Michael (2003): *From Hand to Mouth: The Origins of Language*. Princeton: Princeton University Press.
Corballis, Michael (2009): The evolution of language. *The Year in Cognitive Neuroscience Ann. N.Y. Acad. Sci.* 1156, 19–43.
Corballis, Michael (2011): *The Recursive Mind: The Origins of Human Language, Thought, and Civilization*. Princeton: Princeton University Press.
Coventry, Kenny R. & Garrod, Simon C. (2004): Spatial prepositions and the functional geometric framework. Towards a classification of extra-geometric influences. In: Laura A. Carlson & Emile van der Zee (Hrsg.), *Functional Features in Language and Space: Insights from Perception, Categorization and Development*. Oxford: Oxford University Press, 149–162.
Croft, William (2001): *Radical Construction Grammar: Syntactic Theory in Typological Perspective*. New York: Oxford University Press.
Croft, William & Cruse, Alan D. (2004): *Cognitive Linguistics*. Cambridge & New York: Cambridge University Press.
Curtis, Edward S. (1976): *The Chipewyan. The Western Woods Cree. The Sarsi*. The North American Indian. Vol. 18. New York: Johnson.
Dancygier, Barbara (Hrsg.) (2017): *The Cambridge Handbook of Cognitive Linguistics*. Cambridge,UK & New York: Cambridge University Press.
D'Andrade, Roy (2003): [1995]. *The Development of Cognitive Anthropolgy*. Cambridge, New York: Cambridge University Press.
Davidson, William L., Elford, William L. & Hoijer, Harry (1963) Athapaskan classificatory verbs. In: Harry Hoijer et al. (Hrsg.), *Studies in the Athapaskan Languages*. Berkeley: University of California Press, 30–41.
Deacon, Terrence W. (1997): *The Symbolic Species. The Co-Evolution of Language and the Human Brain*. New York: Norton.
De Mulder, Walter (2007): Force dynamics. In: Dirk Geeraerts & Hubert Cuyckens (Hrsg.), *The Oxford Handbook of Cognitive Linguistics*. Oxford: Oxford University Press, 294–350.

Denis, Michel & Fernandez, Gilles (2013): The processing of landmarks in route directions. In: Thora Tenbrink, Jan Wiener & Christophe Claramunt (Hrsg.), *Representing Space in Cognition. Interrelations of Behaviour, Language, and Formal Models*. Oxford, UK: Oxford University Press, 42–55.
Derrida, Jacques (1988): *Feuer und Asche*. Berlin: Brinkmann & Bose.
Derrida, Jacques (1994) [1967]: *Die Schrift und die Differenz*. Frankfurt am Main: Suhrkamp.
Derrida, Jacques (1996) [1967]: *Grammatologie*. Frankfurt am Main: Suhrkamp.
Derrida, Jacques (1999) [1972]: *Randgänge der Philosophie*. Wien: Passagen.
Deutscher, Guy (2010): *Through the Looking Glass. Why the World Looks Different in Other Languages*. New York: Holt.
Dirven, René, Wolf, Hans-Georg & Polzenhagen, Frank (2007): Cognitive Linguistics and Cultural Studies. In: Dirk Geeraerts & Hubert Cuyckens (Hrsg.), *The Oxford Handbook of Cognitive Linguistics*. Oxford, US: Oxford University Press, 1203–1240.
Dokic, Jérôme & Pacheris, Elisabeth (2006): On the very idea of a frame of reference. In: Maya Hickmann & Stéphane Robert (Hrsg.), *Space in Languages: Linguistic Systems and Cognitive Categories*. Amsterdam & Philadelphia: Benjamins, 259–280.
Downs, Roger & Stea, David (1973): *Image and Environment: Cognitive Mapping and Spatial Behavior*. Chicago: Aldine.
Dunbar, Robin I.M. (1996): *Grooming Gossip and the Evolution of Language*. London: Faber & Faber.
Dunbar, Robin I. M., Knight, Chros & Power, Camilla (Hrsg.) (1999): *The Evolution of Culture*. Edinburgh: Edinburgh University Press.
Dünne, Jörg & Thielmann, Tristan (2008): Einleitung: Was lesen wir im Raume? Der *Spatial Turn* und das geheime Wissen der Geographen. In: Jörg Dünne & Tristan Thielmann (Hrsg.), *Spatial Turn. Das Raumparadigma in den Kultur- und Sozialwissenschaften*. Bielefeld: Transcript, 7–45.
Duranti, Alessandro (Hrsg.). (2007) [2001]: *Linguistic Anthropology. A Reader*. Malden, MA: Blackwell.
Ebbinghaus, Hermann (1885): *Über das Gedächtnis: Untersuchungen zur experimentellen Psychologie*. Leipzig: Duncker & Humblot
Eckardt, Barbara van (1999): Mental representation. In: Robert A. Wilson & Frank C. Keil (Hrsg.), *The MIT Encyclopedia of the Cognitive Sciences*. Cambridge, MA: MIT Press 527–529.
Eco, Umberto (1977) [1973]: *Zeichen. Einführung in einen Begriff und seine Geschichte*. Frankfurt am Main: Suhrkamp.
Eco, Umberto (1985) [1984]: *Semiotik und Philosophie der Sprache*. München: Fink.
Eco, Umberto (1986): *Der Name der Rose*. München: DTV.
Eco, Umberto (1987): *Entwurf einer Theorie der Zeichen*. München: Fink.
Ehrenfels, Christian von (1890): Über Gestaltqualitäten. *Vierteljahresschrift für wissenschaftliche Philosophie* 14, 249–292.
Evany, Vyvyan (2007): *A Glossary of Cognitive Linguistics*. Edinburgh: Edinburgh Univerisity Press.
Evans, Vyvyan (2013): Temporal frames of reference. *Cognitive Linguistics* 24(3), 393–435.
Evans, Vyvyan & Green, Melanie (2007): *Cognitive Linguistics: An Introduction*. Edinburgh: Edinburgh University Press.
Everett, Caleb (2013): *Linguistic Relativity. Evidence Across Languages and Cognitive Domains*. Berlin & New York: Mouton de Gruyter.

Everett, Daniel L. (2005): Cultural constraints on grammar and cognition in Pirahã. *Current Anthropology* 46, 621–634.
Everett, Daniel L. (2008): *Don't Sleep, there are Snakes. Life and Language in the Amazonian Jungle.* New York: Vintage.
Everett, Daniel L. (2016): *Dark Matter of the Mind. The Culturally Articulated Unconscious.* Chicago & London: University of Chicago Press.
Fajen, Brett & Phillips, Flip (2013): Spatial perception and action. In: David Waller & Lynn Nadel (Hrsg.), *Handbook of Spatial Cognition.* Washington: United Book Press, 67–80.
Fauconnier, Gilles (1994) [1985]: *Mental Spaces: Aspects of Meaning Construction in Natural Language.* Cambridge, MA: MIT Press.
Fauconnier, Gilles (1997): *Mappings in Thought and Language.* New York: Cambridge University Press.
Finney, Ben (1977): Voyaging Canoes and the Settlement of Polynesia. *Science* 196, 1277–1285.
Finney, Ben (1991): Myth, Experiment, and the Reinvention of Polynesian Voyaging. *American Anthropologist, New Series* 93(2), 383–404.
Fodor, Jerry (1975): *The Language of Thought.* Harvard/MA: Harvard University Press.
Fodor, Jerry (1983): *Modularity of Mind. An Essay on Faculty Psychology.* Cambridge, MA: MIT Press.
Fodor, Jerry (1998): *Concepts. Where Cognitive Science Went Wrong.* Oxford: Clarendon.
Fodor, Jerry & Katz, Jerrold J.(Hrsg.) (1964): *The Structure of Language.* New Jersey: Prentice Hall.
Foucault, Michel (1994): *Überwachen und Strafen. Die Geburt des Gefängnisses.* Frankfurt am Main: Suhrkamp.
Foucault, Michel (2005): Von anderen Räumen. In: Michel Foucault, *Schriften. Band IV. 1980–1988.* Frankfurt am Main: Suhrkamp, 931–942.
Frank, Andrew U. & Campari, Irène (Hrsg.) (1993): *Spatial Information Theory: A Theoretical Basis for GIS.* Berlin: Springer, 14–24.
Gallagher, Shaun (2005): *How the Body Shapes the Mind.* Oxford: Clarendon Press.
Gallagher, Shaun & Zahavi, Dan (2008): *The Phenomenological Mind. An Introduction to Philosophy of Mind and Cognitive Science.* London & New York: Routledge.
Gallagher, Shaun & Schmicking, Daniel (Hrsg.) (2010): *Handbook of Phenomenology and Cognitive Science.* Dordrecht & New York: Springer.
Galati, Gaspare, Pelle, Gina, Berthoz, Alain & Committeri, Giorgia (2010): Multiple reference frames used by the human brain for spatial perception and memory. *Experimental Brain Research* 206(2), 109–120.
Gärdenfors, Peter (2014): *The Geometry of Meaning. Semantics based on Conceptual Spaces.* Cambridge, MA: MIT Press.
Garrison, Edward Ralph (1974): *Navajo Semantics: The „Classificatory" Verbs.* Northwestern University, Illinois, PhD Thesis.
Geeraerts, Dirk & Cuyckens, Hubert (Hrsg.) (2007): *The Oxford Handbook of Cognitive Linguistics.* Oxford: Oxford University Press.
Geertz, Clifford (1973): *The Interpretation of Cultures. Selected Essays.* New York: Basic.
Gentner, Dedre & Stevens, Albert (Hrsg.) (1983): *Mental Models.* Hillsdale: Erlbaum.
Geus, Klaus & Thiering, Martin (2014): *Features of Common Sense Geography: Implicit Knowledge Structures in Ancient Geographical Texts.* Wien & Berlin: LIT.

Geus, Klaus & Thiering, Martin (2018): *Features of Common Sense Geography: Landmarks*. Berlin: Peter Lang.
Gibbs, Raymond J. (2001): Intentions as emergent products of social interactions. In: Bertram F. Malle, Louis, J. Moses & Dare A. Baldwin (Hrsg.), *Intentions and Intentionality. Foundations of Social Cognition*. Cambridge, MA: MIT Press, 105–122.
Gibson, James J. (1986) [1979]: *The Ecological Approach to Visual Perception*. New York: Taylor & Francis.
Gibson, James J. (2015): *The Ecological Approach to Visual Perception*. Classic Edition. New York: Taylor & Francis.
Gielas, Anna (2011): Mit anderen Worten. *Weltwoche*, 60 (06.01.2011)
Gipper, Helmut (1972): *Gibt es ein sprachliches Relativitätsprinzip? Untersuchungen zur Sapir-Whorf-Hypothese*. Frankfurt am Main: Fischer.
Ginzburg, Carlo (1983): *Über verborgene Geschichte, Kunst und soziales Gedächtnis*. Berlin: Wagenbach.
Gladwin, Thomas (1970): *East is a Big Bird. Navigation & Logic on Puluwat Atoll*. Cambridge, MA: Harvard University Press.
Gleitman, Lila & Papafragou, Anna (2005): Language and Thought. In: Robert G. Morrison & Keith J. Holyoak (Hrsg.), *Cambridge Handbook of Thinking and Reasoning*. New York: Cambridge University Press, 633–661.
Goldberg, Adele (1995): *Constructions: A Construction Grammar Approach to Argument Structure*. Chicago: University of Chicago Press.
Golledge, Regindald G. (1992): Place recognition and wayfinding: making sense of space. *Geoforum* 23(2), 199–214.
Golledge, Reginald G. & Rushton, Gerard (Hrsg.) (1976): *Spatial Choice and Spatial Behavior. Geographic Essays on the Analysis of Preferences and Perceptions*. Ohio: Ohio State University Press.
Goodenough, Ward H. (1953): *Native Astronomy in the Central Carolines*. Philadelphia: University Museum.
Gould, Peter & White, Rodney (2002) [1974]: *Mental Maps*. London: Routledge.
Grabowski, Joachim (1999): *Raumrelationen: Kognitive Auffassung und sprachlicher Ausdruck*. Opladen & Wiesbaden: Westdeutscher Verlag.
Grady, Joseph E. (2007). Metapher. In: Dirk Geeraerts & Hubert Cuyckens (Hrsg.), *The Oxford Handbook of Cognitive Linguistics*. Oxford: Oxford University Press, 188–213.
Greeno, James G. (1994): Gibson's affordances. *Psychological Review* 101(2), 336–342.
Gregory, Richard L. (1972): Cognitive contours. *Nature* 238(5358), 51–51.
Gumperz, John J. & Levinson, Stephen C. (Hrsg.) (1996): *Rethinking Linguistic Relativity*. Cambridge: Cambridge University Press.
Günzel, Stephan (Hrsg.) (2010): *Raum. Ein interdisziplinäres Handbuch*. Stuttgart & Weimar: Metzler.
Günzel, Stephan (Hrsg.) (2012): *Texte zur Theorie des Raums*. Stuttgart: Reclam.
Günzel. Stephan (2018): *Raum. Eine kulturwissenschaftliche Einführung*. Bielefeld: Transcript.
Hamburger, Kai & Röser, Florian (2011): The meaning of gestalt for human wayfinding – how much does it cost to switch modalities? *Gestalt Theory* 33(3/4), 363–282.
Hampe, Beate (Hrsg.) (2005): *From Perception to Meaning. Image Schemas in Cognitive Linguistics*. Berlin & New York: Moutin de Gruyter.
Handke, Jürgen (1995): *The Structure of the Lexicon: Human vs. Machine*. Berlin: de Gruyter.

Haun, Daniel B.M. & Rapold, Christian J. (2009): Variation in memory for body movements across cultures. *Current Biology* 19(23), 1068–1069.
Haun, Daniel B.M., Rapold, Christian J., Janzen, Gabriele & Levinson, Stephen C. (2011): Plasticity of human spatial cognition: Spatial language and cognition across cultures. *Cognition* 119, 70–80.
Hauser, Marc, Chomsky, Noam & Fitch, Tecumseh (2002): The faculty of language: What is it, who has it, and how did it evolve? *Science* 298, 1569–1579.
Hauser, Marc, Yang, Charles, Berwick, Robert, Tattersall, Ian, Ryan, Michael, Watumull, Jeffrey, Chomsky, Noam & Lewontin, Richard (2014): The mystery of language evolution. *Frontiers in Psychology* 5, 1–12.
Heft, Harry (2013): Wayfinding, navigation, and Environmental cognition from a naturalist's stance. In: David Waller & Lynn Nadel (Hrsg.), *Handbook of Spatial Cognition.* Washington: United Book Press, 265–294.
Heeschen, Volker (1977): Weltansicht. Reflexionen über einen Begriff Wilhelm von Humboldts. In: Ernst Frideryk & Konrad Koerner (Hrsg.), *Historiographia Linguistica. International Journal for the History of Linguistics.* Vol. IV. Benjamins, 159–199.
Heeschen, Volker (1982): Some systems of spatial deixis in Papuan languages. In: Jürgen Weissenborn & Wolfgang Klein (Hrsg.), *Here and There: Cross-Linguistic Studies on Deixis and Demonstration.* Amsterdam: Benjamins, 81–109.
Heeschen, Volker (1987): Oben und Unten. Die Kategorisierung der Umwelt in den Sprachen Neuguineas. In: Mark Münzel (Hrsg.), *Neuguinea. Nutzung und Deutung der Umwelt.* Frankfurt am Main: Museum für Völkerkunde, Vol. II, 599–618.
Heeschen, Volker (1990): *Ninye bún. Mythen, Erzählungen, Lieder und Märchen der Eipo im zentralen Bergland von Irian Jaya (West-Neuguinea), Indonesien.* Beiträge zum interdisziplinären Schwerpunktprogramm der Deutschen Forschungsgemeinschaft. 20. Beitrag zur Schriftenreihe Mensch, Kultur und Umwelt im Zentralen Bergland von West-Neuguinea. Berlin: Reimer.
Heeschen, Volker (1992): The position of the Mek languages of Irian Jaya among the Papuan languages: history, typology, and speech. *Bijdragen tot de Taal-, Land- en Volkenkunde* 148(3–4), 465–488.
Heeschen, Volker (1998): *An Ethnographic Grammar of the Eipo Language spoken in the central mountains of Irian Jaya (West New Guinea), Indonesia.* Beiträge zum interdisziplinären Schwerpunktprogramm der Deutschen Forschungsgemeinschaft. 23. Beitrag zur Schriftenreihe Mensch, Kultur und Umwelt im Zentralen Bergland von West-Neuguinea. Berlin: Reimer.
Heeschen, Volker (2014): Weltansicht: Beiträge einer Feldforschung in Westneuguinea. In: Die Neo-Whorfian Theorie: Das Wiedererstarken des linguistischen Relativitätsprinzips (Sonderband; Martin Thiering Hrsg.). *Zeitschrift für Semiotik* 35(1–2), 109–140.
Heeschen, Volker & Schiefenhövel, Wulf (1983): *Wörterbuch der Eipo-Sprache. Eipo–Deutsch–Englisch.* Berlin: Reimer.
Hellwig, Birgit & Lüpke, Frederike (2001): Caused positions. In Stephen C. Levinson & Nick J. Enfield (Hrsg.), *Manual for the field season 2001.* Nijmegen: Max Planck Institute for Psycholinguistics. (http://fieldmanuals.mpi.nl/volumes/2001/caused-positions/)
Herskovits, Annette (1986): *Language and Spatial Cognition: An Interdisciplinary Study of the Prepositions in English.* Cambridge: Cambridge University Press.
Hill, Clifford A. (1978): Linguistic representation of spatial and temporal orientation. *Proceedings of the 4th Annual Meeting of the Berkeley Linguistics Society,* 524–538.

Hirtle, Stephen C. (2013): Models of spatial cognition. In: David Waller & Lynn Nadel, (Hrsg.), *Handbook of Spatial Cognition*. Washington: United Book Press, 211–226.
Hjelmslev, Louis (1974) [1943]: *Prolegomena zu einer Sprachtheorie*. München: Hueber.
Hoek, Karen van (1999): Cognitive linguistics. In: Robert A. Wilson & Frank C. Keil (Hrsg.), The MIT Encyclopedia of the Cognitive Sciences. Cambridge, MA: MIT Press, 134–135.
Hoek, Karen van (2007): Pronominal anaphora. In: Dirk Geeraerts & Hubert Cuyckens (Hrsg.), *The Oxford Handbook of Cognitive Linguistics*. Oxford: Oxford University Press, 890–915.
Hoijer, Harry (1946): Introduction. In: Cornelius Osgood (Hrsg.), *Linguistic Structures of Native America*. Viking Fund Publications in Anthropology, Vol. 6. New York: Viking Fund, 9–29.
Hoijer, Harry (1951): Cultural implications of some Navaho linguistic categories. *Language*, 27(2), 111–120.
Holland, Dorothy & Quinn, Naomi (Hrsg.) (2000) [1987]: *Cultural Models in Language and Thought*. Cambridge: Cambridge University Press.
Horst, Steven (1999): Computational theory of mind. In: Robert A. Wilson & Frank C. Keil (Hrsg.), *The MIT Encyclopedia of the Cognitive Sciences*. Cambridge, MA: MIT Press. 170–171.
Huang, Weidong (2014): *Handbook of Human Centric Visualization*. Heidelberg & New York u.a.: Springer.
Humboldt, Wilhelm von (1820): Über das vergleichende Sprachstudium in Beziehung auf die verschiedenen Epochen der Sprachentwickelung. Berliner Akademie der Wissen-schaften, 29.6.1820. In: Wilhelm von Humboldt. 1963. *Gesammelte Werke*, Band 3. Berlin: Rütten & Loening, 1–25.
Humboldt, Wilhelm von (1836): Über die Verschiedenheit des menschlichen Sprachbaues und ihren Einfluß auf die geistige Entwicklung des Menschengeschlechtes. (= Über die Kawi-Sprache auf der Insel Java. Einleitung). Berlin: Königlich-Preussische Akademie der Wissenschaften; in Kommission: Bonn u.a.: F. Dümmler. In: Wilhelm von Humboldt 1963. *Gesammelte Werke*, Band 3. Berlin: Rütten & Loening, 368–756.
Hunt, Earl & Agnoli, Franca (1991): The Whorfian hypothesis: a cognitive psychology perspective. *Psychological Review* 98(3), 377–389.
Hurford, James (2004): Language beyond our grasp: what mirror neurons can, and cannot, do for language evolution. In: Kimbrough Oller, D. & Ulrike Griebel (Hrsg.), *The Evolution of Communication Systems: A Comparative Approach*. Cambridge MA: The Vienna Series in Theoretical Biology, MIT Press, 297–313.
Hurford, James (2012): *The Origins of Grammar. Language in the Light of Evolution*. Oxford & New York: Oxford University Press.
Hutchins, Edwin (1983): Understanding Micronesian navigation. In: Dedre Gentner & Albert Stevens (Hrsg.), *Mental Models*. Hillsdale: Erlbaum, 191–225.
Hutchins, Edwin (1996): *Cognition in the Wild*. Cambridge, MA: MIT Press.
Hutchins, Edwin (2008): The role of cultural practices in the emergence of modern human intelligence. *Philosophical Transactions of the Royal Society B* 363, 2011–2019.
Jackendoff, Ray (1983): *Semantics and Cognition*. Cambridge, MA: MIT Press.
Jackendoff, Ray (1987a): *Consciousness and the Computational Mind*. Cambridge, MA: MIT Press.
Jackendoff, Ray (1987b): On beyond Zebra: The relation of linguistic and visual information. *Cognition* 26, 89–114.
Jackendoff, Ray (1988): Conceptual semantics. In: Umberto Eco, Marco Santambrogio & Patrizia Violi (Hrsg.), *Meaning and Mental Representations*. Bloomington & Indianapolis: Indiana University Press, 81–97.

Jackendoff, Ray (1996): The architecture of the linguistic-spatial interface. In: Paul Bloom, Mary A. Peterson, Lynn Nadel & Merrill F. Garrett (Hrsg.), *Language and Space*. Cambridge, MA: MIT Press, 1–30.

Jackendoff, Ray & Landau, Barbara (2002): Spatial language and spatial cognition. In: Ray Jackendoff. *Languages of the Mind*. Cambridge, MA: MIT Press, 99–124.

Jakobson, Roman & Halle, Morris (1956): *Fundamentals of Language*. Den Haag: Mouton.

Jastrow, Joseph (1899): The mind's eye. *Popular Science Monthly*, 54, 299–312.

Johnson, Mark (1987): *The Body in the Mind: The Bodily Basis of Meaning, Imagination, and Reason*. Chicago: University Press.

Johnson-Laird, Philip N. (1983): *Mental Models. Towards a Cognitive Science of Language, Inference, and Consciousness*. Cambridge, MA: Harvard University Press.

Johnson-Laird, Philip N. (1999): Mental models. In: Robert A. Wilson & Frank C. Keil (Hrsg.), *The MIT Encyclopedia of the Cognitive Sciences*. Cambridge, MA: MIT Press, 525–527.

Johnson-Laird, Philip N. (2005): Mental models and thought. In: Keith J. Holyoak & Robert G. Morrison (Hrsg.), *The Cambridge Handbook of Thinking and Reasoning*. New York: Cambridge University Press, 185–208.

Johnson-Laird, Philip N. (2006): *How we Reason*. Oxford: Oxford University Press.

Kanizsa, Gaetano (1976): *Organization in Vision. Essay on Gestalt Perception*. New York: Praeger.

Kant, Immanuel (1768): *Von dem ersten Grunde des Unterschiedes der Gegenden im Raum*. Veröffentlichung anläßlich der 7. Mitglieder Versammlung der Maximilian-Gesellschaft, Frankfurt am Main, 09.10.1920. Steglitz: Tieffenbach. Siehe auch: Herman Cohen, Arthur Buchenau & Otto Buek u.a. (Hrsg.) 1922. *Immanuel Kants Werke, Volume 2: Vorkritische Schriften*: Band II. Berlin: Cassirer, 375–383.

Kari, James (1979): Athabaskan Verb Theme Categories: Ahtna. *Alaska Native Language Center Research Papers*, Vol. 2. Fairbanks: University of Alaska.

Kari, James (1989): Affix position and zones in the Athapaskan verb complex: Ahtna and Navajo. *International Journal of American Linguistics* 55, 424–454.

Kari, James (2011): A case study in Ahtna Athabascan geographic knowledge. In: David M. Mark, Andrew G. Turk,, Niclas Burenhult & David Stea (Hrsg.), *Landscape in Language: Transdisciplinary Perspectives*. Amsterdam & Philadelphia: Benjamins, 239–260.

Kitchin, Rob & Blades, Mark (2002): *The Cognition of Geographic Space*. London & New York: Tauris.

Klemperer, Victor (1996) [1947]: *LTI. Notizen eines Philologen*. Leipzig: Reclam.

Knauff, Markus (1997): *Räumliches Wissen und Gedächtnis. Zur Wissenspsychologie des kognitiven Raumes*. Wiesbaden: Deutscher Universitäts Verlag.

Knauff, Markus (2013): *Space to Reason. A Spatial Theory of Human Thought*. Cambridge, MA: MIT Press.

Knight, Chris, Studdert-Kennedy, Michael & Hurford, James (Hrsg.) (2004) [2000]: *The Evolutionary Emergence of Language: Social Function and the Origins of Linguistic Form*. Cambridge: Cambridge University Press.

Knight, Chris & Lewis, Jerome (Hrsg.) (2014): *The Social Origins of Language*. Oxford: Oxford University Press.

Koch, Gerd & Schiefenhövel, Wulf (1979): *Eipo (West New Guinea, Central Highlands)-Reconstruction of the Sacral Men's House at Munggona*. Institut für den Wissenschaftlichen Film. IWF; http://www.iwf.de/IWF) Göttingen.

Koffka, Kurt (1930): Some problems of space perception. In: Carl A. Murchison (Hrsg.). *International University Series in Psychologies of 1930*. Worcester, MA: Clark University Press, 161–187.
Koffka, Kurt (1935): *Principles of Gestalt Psychology*. New York: Harcourt.
Köhler, Wolfgang (1920): *Die physischen Gestalten in Ruhe und im stationären Zustand: Eine naturphilosophische Untersuchung*. Braunschweig: Vieweg.
Köhler, Wolfgang (1929): *Gestalt Psychology*. New York: Liveright.
Kosslyn, Stephen M. (1980): *Images and Mind*. Cambridge, MA: Harvard.
Kosslyn, Stephen M., Pick, Herbert L. & Fariello, Griffin R. (1974): Cognitive maps in children and men. *Child Development* 45(3), 707–716.
Kuipers, Benjamin (1978): Modeling spatial knowledge. *Cognitive Science* 2, 129–153.
Kuipers, Benjamin (1982): The "map in the head" metaphor. *Environment and Behavior* 14, 202–220.
Kutscher, Silvia & Eva Schultze-Berndt (2007): Why a folder lies in the basket although it is not lying: the semantics and use of German positional verbs with inanimate figures. Special Issue: Felix Ameka & Stephen C. Levinson (Hrsg.), The Typology and Semantics of Locative Predicates: Posturals, Positionals, and Other Beasts. *Linguistics* 54(5/6), 983–1028.
Krämer, Sybille, Kogge, Werner & Grube, Gernot (Hrsg.) (2007): *Spur: Spurenlesen als Orientierungstechnik und Wissenskunst*. Frankfurt am Main: Suhrkamp.
Krause, Johannes, Lalueza-Fox, Charles, Orlando, Ludovic, Enard, Wolfgang, Green, Richard E., Burbano, Hérnan, Hublin, Jean Jascques, Hänni, Catherine, Fortea, Javier, de la Rasilla, Marco, Bertranpetit, Jaume, Rosas, Antonio & Pääbo, Svante (2007): The derived FOXP2 variant of modern humans was shared with Neandertals. *Current Biology* 17(21), 1908–12.
Kronenfeld, David B., Bennardo, Giovanni, de Munck, Victor C. & Fischer, Michael D. (Hrsg.) (2011): *A Companion to Cognitive Anthropology*. Malden, MA: Wiley-Blackwell.
Labov, William (1973): The boundaries of words and their meanings. In. Charles-James N. Bailey & Roger W. Shuy (Hrsg.), *New Ways of Analyzing Variation in English*. Washington: Georgetown University Press, 340–373.
Lakoff, Georg (1987): *Women, Fire and Dangerous Things. What Categories Reveal about the Mind*. Chicago: Chicago Press.
Lakoff, Georg & Johnson, Mark (2006) [1980]: *Metaphors we Live By*. Chicago: University of Chicago Press.
Lang, Ewald, Carstensen, Kai-Uwe & Simmons, Geoffrey (1991): *Modelling Spatial Knowledge on a Linguistic Basis: Theory–Prototype–Integration*. Berlin: Springer.
Langacker, Ronald W. (1979): Grammar as image. *Linguistic Notes from La Jolla* 6, 88–126.
Langacker, Ronald W. (1982): Space Grammar, Analysability, and the English Passive. *Linguistic Society of America* 58(1), 22–80.
Langacker, Ronald W. (1987): *Foundations of Cognitive Grammar. Volume I: Theoretical Prerequisites*. Stanford: Stanford University Press.
Langacker, Ronald W. (1988): An overview of cognitive grammar. In: Brygida Rudzka-Ostyn (Hrsg.), *Topics in Cognitive Linguistics*. Philadelphia: Benjamins, 3–48.
Langacker, Ronald W. (1990): *Concept, Image, and Symbol: The Cognitive Basis of Grammar*. Berlin: Mouton de Gruyter.
Langacker, Ronald W. (1991): *Foundations of Cognitive Grammar. Volume II: Descriptive Application*. Stanford: Stanford University Press.
Langacker, Ronald W. (2000): *Grammar and Conceptualization*. Berlin: Mouton de Gruyter.

Langacker, Ronald. W. (2008): *Cognitive Grammar: A Basic Introduction*. New York: Oxford University Press.
Langacker, Ronald W. (2009): *Investigations in Cognitive Grammar*. Berlin: De Gruyter.
Langacker, Ronald W. (2013): *Essentials of Cognitive Grammar*. New York: Oxford University Press.
Langacker, Ronald W. (2014): Culture and Cognition, Lexicon and Grammar. In: Masataka Yamaguchi, Dennis Tay & Benjamin Blount (Hrsg.), *Approaches to Language, Culture, and Cognition. The Intersection of Cognitive Linguistics and Linguistic Anthropology*. Houndmills & New York: Palgrave, 27–49.
Leavitt, John (2015): Ethnosemantics. In: Farzad Shairifian (Hrsg.), *The Routledge Handbook of Language and Culture*. London & New York: Routledge, 51–65.
Leech, Geoffrey N. (1969): *Towards a Semantic Description of English*. London: Longman.
Leer, Jeff (1989): Directional systems in Athapaskan and Na-Dene. In: Eung-Do Cook & Keren Rice (Hrsg.), *Athapaskan Linguistics: Current Perspectives on a language family*. Berlin: Mouton de Gruyter, 575–622.
Lefebvre, Henri (1991) [1974]: *The Production of Space*. Oxford: Basil Blackwell.
Legrand, Dorothée (2010): Myself with No Body? Body, Bodily-Consciousness and Self-consciousness. In: Shaun Gallagher & Daniel Schmicking (Hrsg.), *Handbook of Phenomenology and Cognitive Science*. Dordrecht/New York: Springer, 181–200.
Lehar, Steven (2003): *The World in Your Head. A Gestalt View of the Mechanism of Conscious Experience*. New Jersey: Erlbaum.
Levelt, Willem (1989): *Speaking. From Intention to Articulation*. MIT Press.
Levinson, Stephen C. (1996): Frames of reference and Molyneux's question: Crosslinguistic evidence. In: Paul Bloom, Mary A. Peterson, Lynn Nadel & Merrill F. Garrett (Hrsg.), *Language and Space*. Cambridge, MA: MIT Press, 109–169.
Levinson, Stephen C. (2001): Motion verb stimulus, version 2. In: Stephen C. Levinson & Nick J. Enfield (Hrsg.), *Manual for the field season 2001*. Nijmegen: Max Planck Institute for Psycholinguistics, 9–13. (http://fieldmanuals.mpi.nl/volumes/2001/motion-verb-stimulus/)
Levinson, Stephen C. (2003): *Space in Language and Cognition. Explorations in Cognitive Diversity*. Cambridge: Cambridge University Press.
Levinson, Stephen C., Kita, Sotaro, Haun, Daniel B.M. & Rasch, Björn H. 2002. Returning the tables: language affects spatial reasoning. *Cognition* 84, 155–188.
Levinson, Stephen C. & Wilkins, David (Hrsg.) (2006): *Grammars of Space*. Cambridge: Cambridge University Press.
Levy-Strauss, Claude (1967) [1958]: *Strukturale Anthropologie I*. Frankfurt am Main: Suhrkamp.
Levy-Strauss, Claude (1968) [1962]: *Das wilde Denken*. Frankfurt am Main: Suhrkamp.
Levy-Strauss, Claude (1971) [1964]: *Mythologica I. Das Rohe und das Gekochte*. Frankfurt am Main: Suhrkamp.
Levy-Strauss, Claude (1972) [1966]: *Mythologica II. Vom Honig zur Asche*. Frankfurt am Main: Suhrkamp.
Levy-Strauss, Claude (1973) [1968]: *Mythologica III, Vom Ursprung der Tischsitten*. Frankfurt am Main: Suhrkamp.
Lewin, Kurt (1936): *Principles of Topological Relations*. New York/London: McGraw-Hill.
Lewis, Richard L. (1999): Cognitive modelling, symbolic. In: Robert A. Wilson & Frank C. Keil (Hrsg.), *The MIT Encyclopedia of the Cognitive Sciences*. Cambridge, MA: MIT Press, 141–143.

Li, Fang-Kuei (1946): Chipewyan. In: Cornelius Osgood (Hrsg.), *Linguistic Structures of Native America. Viking Fund Publications in Anthropology*, Vol. 6. New York: Viking Fund, 398–423.
Li, Peggy & Gleitman, Lila (2002): Turning the tables. Language and spatial reasoning. *Cognition*, 265–294.
Lieberman, Philip (1984): *The Biology and Evolution of Language*. Cambridge, MA. & London: Harvard University Press.
Lotman, Jurij (1973) [1970]: *Die Struktur des künstlerischen Textes*. Frankfurt am Main: Suhrkamp.
Lucy, John A. (1992a): *Language Diversity ad Thought: A Reformulation of the Linguistic Relativity Hypothesis*. New York: Cambridge University Press.
Lucy, John A. (1992b): *Grammatical Categories and Cognition: A Case Study of the Linguistic Relativity Hypothesis*. Cambridge: Cambridge University Press.
Lucy, John A. (1996): The scope of linguistic relativity: An analysis and review of empirical research. In: John J. Gumperz & Stephen C. Levinson (Hrsg.), *Rethinking Linguistic Relativity*. Cambridge: Cambridge University Press, 37–69.
Lucy, John A. (2014): Methodological approachesin the study of linguistic relativity. In: Luna Filipović & Martin Pütz (Hrsg.), *Multilingual Cognition and Language Use: Processing and typological perspectives*. Amsterdam/Philadelphia. Benjamins, 17–44.
Lynch, Kevin (1960): *The Image of the City*. Cambridge, MA: MIT Press.
Madzia, Roman & Jung, Matthias (Hrsg.) (2016): *Pragmatism and Embodied Cognitive Science: From Bodily Intersubjectivity to Symbolic Articulation*. Berlin: De Gruyter.
Majid, Asifa, Bowerman, Melissa, Kita, Sotaro, Haun, Daniel B.M. & Levinson, Stephen C. (2004): Can language restructure cognition? The case for space. *Trends in Cognitive Science* 8(3), 108–114.
Malotki, Ekkehart (1979): *Hopi-Raum. Eine sprachwissenschaftliche Analyse der Raumvorstellungen in der Hopi-Sprache*. Tübingen: Narr.
Malotki, Ekkehart (1983): *Hopi Time: A Linguistic Analysis of the Temporal Concepts in the Hopi Language*. Berlin & New York: Mouton de Gruyter.
Mani, Inderjeet & Pustejovski, James (2012): *Interpreting Motion. Grounded Representations for Spatial Language*. Oxford: Oxford University Press.
Mark, David M., Turk, Andrew G., Burenhult, Niclas & Stea, David (Hrsg.) (2011): *Landscape in Language: Transdisciplinary Perspectives*. Amsterdam & Philadelphia: Benjamins.
Marr, David (1982): *Vision. A Computational Investigation into Human Representation and Processing of Visual Information*. San Francisco: Freeman.
Marquardt, Beate (1984): *Die Sprache des Menschen und ihre biologischen Voraussetzungen*. Tübingen: Narr.
McDonough, Joyce (2000): On a bipartite model of the Athabaskan verb. In: Theodore Fernald & Paul Platero (Hrsg.), *The Athabascan Languages*. Oxford: Oxford University Press, 139–166.
McGregor, William B. (2006): Prolegomenon to a Warrwa grammar of space. In: Stephen C. Levinson & David Wilkins (Hrsg.), *Grammars of Space*. Cambridge: Cambridge University Press, 115–156.
McNamara, Timothy (2013): Spatial memory: properties and organization. In: David Waller & Lynn Nadel (Hrsg.), *Handbook of Spatial Cognition*. Washington: United Book Press, 173–190.
McNeill, David (1992): *Hand and Mind*. Chicago: University of Chicago Press.

McNeill, David (Hrsg.) (2000): *Language and Gesture*. Cambridge: Cambridge University Press.
McNeill, David (2005): *Gesture and Thought*. Chicago: University of Chicago Press.
Merleau-Ponty, Morice (1974) [1945]: *Die Struktur des Verhaltens*. Berlin: Mouton de Gruyter.
Merleau-Ponty, Morice (1976) [1942]: *Phänomenologie der Wahrnehmung*. Berlin: Mouton de Gruyter.
Metzler, Wolfgang (1953): *Gesetze des Sehens*. Frankfurt am Main: Kramer.
Miller, Georg A. & Johnson-Laird, Philip N. (1976): *Language and Perception*. Cambridge, London: Cambridge University Press.
Miller, Robert (1968): *The Linguistic Relativity Principle and Humboldtian Ethnolinguistics*. The Hague Paris: Mouton.
Minsky, Marvin (1975): A framework for representing knowledge. In: Patrick Henry Winston (Hrsg.), *The Psychology of Computer Vision*. New York u.a.: McGraw-Hill, 211–277.
Minsky, Marvin (1977): Frame-system theory. In: Philip N. Johnson-Laird & Peter C. Wason (Hrsg.). *Thinking. Readings in Cognitive Science*. Cambridge: Cambridge University Press, 355–376.
Montello, Daniel R. (2005): Navigation. In: Priti Shah & Akira Miyake (Hrsg.), *The Cambridge Handbook of Visuospatial Thinking*. Cambridge & New York u. a.: Cambridge University Press, 257–294.
Montello, Daniel R. & Raubal, Martin (2013): Functions and applications of spatial cognition. In: David Waller & Lynn Nadel (Hrsg.), *Handbook of Spatial Cognition*. Washington: United Book Press, 249–264.
Morris, Charles W. (1938): *Foundations of the Theory of Signs*. Chicago: University of Chicago Press.
Morris, Charles W. (1946): *Signs, Language, and Behavior*. New York: Prentice Hall.
Mortelmans, Tanja (2007): Modality in cognitive linguistics. In: Dirk Geeraerts & Hubert Cuyckens (Hrsg.), *The Oxford Handbook of Cognitive Linguistics*. Oxford: Oxford University Press, 869–889.
Mufwene, Salikoko S. (2004): [2001]: *The Ecology of Language Evolution*. Cambridge, Edingburg: Cambridge University Press.
Müller, Cornelia, Cienki, Alan, Fricke, Ellen, Ladewig, Silva H., McNeill, David & Teßendorf, Sedinha (Hrsg.) (2013): *Body – Language – Communication: An International Handbook on Multimodality in Human Interaction*. (Handbooks of Linguistics and Communication Science 38.1.). Berlin & Boston: De Gruyter Mouton.
Müller, Cornelia, Cienki, Alan, Fricke, Ellen, Ladewig, Silva H., McNeill, David & Bressem, Jana (Hrsg.) (2014): *Body – Language – Communication: An International Handbook on Multimodality in Human Interaction*. (Handbooks of Linguistics and Communication Science 38.2.). Berlin & Boston: De Gruyter Mouton.
Müller-Lyer, Franz C. (1889): Optische Täuschungen. In: Emil Du Bois-Reymond (Hrsg.), *Archiv für Physiologie*. Leipzig: Veit, 263–270 + Appendix Map IX.
Nadel, Lynn (2013) Cognitive maps. In: David Waller & Lynn Nadel (Hrsg.), *Handbook of Spatial Cognition*. Washington: United Book Press, 155–171.
Neisser, Ulric (1976): *Cognition and Reality. Principles and Implications of Cognitive Psychology*. San Francisco: Freemann
Nejasmic, Jelica, Bucher, Leandra & Knauff, Markus (2015): The construction of spatial mental models – A new view on the continuity effect. *The Quarterly Journal of Experimental Psychology* 68(9), 1794–1812.

Noë, Alva (2004): *Action in Perception*. Cambridge, MA: Cambridge University Press.
Nöth, Winfried (2000): *Handbuch der Semiotik*. Berlin: Metzler.
Nuyts, Jan & Pedeson, Eric (1999): *Language and Conceptualization*. Cambridge: Cambridge University Press.
Oakley, Todd (2007): Image schemas. In: Dirk Geeraerts & Hubert Cuyckens (Hrsg.), *The Oxford Handbook of Cognitive Linguistics*. Oxford, US: Oxford University Press, 214–235.
Oatley, Keith G. (1977): Inference, navigation, and cognitive maps. In: Philip N. Johnson-Laird & Paul C. Wason. (Hrsg.), *Thinking: Readings in Cognitive Science*. London: Cambridge University Press, 537–547.
Ogden, Charles Kay & Richards, Ivor Armstrong (1923): *The Meaning of Meaning. A Study of the Influence of Language upon Thought and of the Science of Symbolism*. London & New York: Routledge.
Oller, Kimbrough, D. & Griebel, Ulrike (Hrsg.) (2006): *The Evolution of Communication Systems: A Comparative Approach*. Cambridge MA: The Vienna Series in Theoretical Biology, MIT Press.
O'Meara, Carolyn & Pérez Báez, Gabriela (2011): Spatial frames of reference in Mesoamerican languages. *Language Sciences* 33(6), 837–852.
Özdamar, Emine Sevgi (2008) [1998]: *Die Brücke vom Goldenen Horn*. Kiepenheuer & Witsch.
Palmer, Gary B. (1996): *Toward a Theory of Cultural Linguistics*. Austin: University of Texas Press.
Palmer, Gary B. (2007): Cognitive linguistics and anthropological linguistics. In: Dirk Geeraerts & Hubert Cuyckens (Hrsg.), *The Oxford Handbook of Cognitive Linguistics*. Oxford, US: Oxford University Press, 1045–1073.
Papafragou, Anna (2007): *Space and the language- cognition interface*. In: Peter Carruthers, Stephen Laurence & Stephen Stich (Hrsg.), *The Innate Mind*. Vol. 3. *Foundations and the Future*. Oxford: Oxford University Press, 272–289.
Pederson, Eric (2007): Cognitive linguistics and linguistic relativity. In: Dirk Geeraerts & Hubert Cuyckens (Hrsg.), *The Oxford Handbook of Cognitive Linguistics*. Oxford: Oxford University Press, 1012–1044.
Pederson, Eric & Schmitt, Bernadette (1993): Eric's maze task. *Cognition and Space Kit Version 1.0*. Nijmegen: Cognitive Anthropology Research Group at the Max Planck Institute for Psycholinguistics, 73–76.
Peirce, Charles S. (1983): *Phänomen und Logik der Zeichen*. Frankfurt am Main: Suhrkamp
Pelz, Heidrun (1984): *Linguistik für Anfänger. (Linguistik. Eine Einführung (1996))*. Hamburg: Hoffmann & Campe.
Penn, Julia M. (1972): *Linguistic Relativity Versus Innate Ideas. The Origins of the Sapir-Whorf Hypothesis in German Thought*. The Hague Paris: Mouton.
Perry, John (1993): *The Problem of the Essential Indexical and Other Essays*. New York: Oxford University Press.
Peterson, Mary A., Cacciamani, Laura, Mojica, Andrew J. & Sanguinetti, Joseph L. (2012): Meaning can be accessed for the ground side of a figure. *Gestalt Theory* 34(3/4), 297–314.
Piaget, Jean (1976): *Die Äquilibration der kognitiven Strukturen*. Stuttgart: Klett.
Piaget, Jean (1992): *Biologie und Erkenntnis*. Frankfurt am Main: Fischer.
Piaget, Jean & Inhelder, Bärbel (1956): *The Child's Conception of Space*. New York: The Humanities Press.
Piatelli-Palmerini, Massimo (Hrsg.) (1980): *Language and Learning. The Debate between Jean Piaget and Noam Chomsky*. Harvard, MA: Harvard University Press.

Pinker, Steven (1994): *The Language Instinct*. London
Pinna, Baingio (2010): New gestalt principles of perceptual organization: an extension from grouping to shape and meaning. *Gestalt Theory* 32(1), 11–78.
Portugali, Juval (Hrsg.) (1996): *The Construction of Cognitive Maps*. Dordrecht: Kluwer.
Posner, Roland, Robering, Klaus & Sebeok, Thomas A. (1997): Semiotik/Semiotics. Ein Handbuch zu den zeichentheoretischen Grundlagen von Natur und Kulture/A Handbook on the Sign-Theoretic Foundations of Nature and Culture. Berlin & New York: De Gruyter. [3 Bände: Band I: 1997, Band II: 1998, Band III: 2003]
Pouget, Alexandre & Driver, Jon (1999): Visual neglect. In: Robert A. Wilson & Frank C. Keil (Hrsg.), *The MIT Encyclopedia of the Cognitive Sciences*. Cambridge, MA: MIT Press, 869–871.
Pullum, Geoffrey (1991): *The Great Eskimo Vocabulary Hoax and Other Irrelevant Essays on the Study of Language*. Chicago: University of Chicago Press.
Pütz, Martin & Verspoor, Marjolijn H. (Hrsg.) (2000): *Explorations in Linguistic Relativity*. Amsterdam & Philadelphia: Benjamins.
Reichmann, Oskar (2004): Die weltbildende Kraft der Sprache. In: Hans Gebhardt & Helmuth Kiesel (Hrsg.), *Weltbilder*. Berlin & Heidelberg, 285–328.
Rice, Keren (1989): *A Grammar of Slave*. Berlin & New York: Mouton de Gruyter.
Rice, Sally (1997): Giving and taking in Chipewyan: The semantics of THING-marking classificatory verbs. In: John Newman (Hrsg.), *The Linguistics of Giving* [Typological Studies in Language, 36]. Amsterdam/Philadelphia: Benjamins, 97–134.
Rice, Sally (2002): Posture and existence predicates in Dene Sulinë (Chipewyan): lexical and semantic density as a function of the 'stand'/'sit'/'lie' continuum. In: John Newman (Hrsg.), *The Linguistics of Sitting, Standing, and Lying*. Amsterdam & Philadelphia: Benjamins, 61–78.
Rice, Sally & Wood, Valerie (1996): Postpositions and lexicalization patterns in the Chipewyan verb. Vortrag auf der jährlichen Athapaskan Languages Konferenz, University of Alberta, 15 Juni 1996.
Richerson, Peter J. & Boyd, Robert (2010): Why possibly language evolved. *Biolinguistics* 4, 289–306.
Richter, Kai-Florian & Winter, Stephan (2014): *Landmarks. GIScience for Intelligent Services*. Heidelberg & New York: Springer.
Rickheit, Gert & Sichelschmidt, Lorenz (1999): Mental models. Some answers, some questions, some suggestions. In: Gert Rickheit & Christopher Habel (Hrsg.), *Mental Models in Discourse Processing and Reasoning*. Dordrecht: Elsevier, 9–40.
Riesenberg, Saul H. (1972): The organization of navigational knowledge on Puluwat. *The Journal of the Polynesian Society* 81(1), 19–56.
Robering, Klaus (2014): Von Whorf zu Malotki – Eine Reise durch Hopi-Raum und Hopi-Zeit. In: Martin Thiering (Hrsg.), Die Neo-Whorfian Theorie: Das Wiedererstarken des linguistischen Relativitätsprinzips. *Zeitschrift für Semiotik* 35(1/2), 29–62.
Robbins, Philip & Aydede, Murat (Hrsg.) (2009): *The Cambridge Handbook of Situated Cognition*. Cambridge & New York: Cambridge University Press.
Rohrer, Tim (2007): Embodiment and Experientialism. In: Dirk Geeraerts & Hubert Cuyckens (Hrsg.), *The Oxford Handbook of Cognitive Linguistics*. Oxford: Oxford University Press, 25–47.

Rosch, Eleanor (1973): On the internal structure of perceptual and semantic categories. In: Timothy E. Moore (Hrsg.), *Cognitive Development and the Acquisition of Language*. New York: Academic Press, 111–44.

Rosch, Eleanor (1977): Classification of real-world objects: Origins and representations in cognition. In: Philip N. Johnson-Laird & Paul C. Wason (Hrsg.), *Thinking: Readings in Cognitive Science*. London: Cambridge University Press, 212–222.

Rosch, Eleanor (1978): Principles of categorization. In: Eleanor Rosch & Barbara B. Lloyd (Hrsg.), *Cognition and Categorization*. Hillsdale, NJ: Lawrence Erlbaum, 27–48.

Rosch, Eleanor & Lloyd, Barbara B. (Hrsg.) (1978): *Cognition and Categorization*. Hillsdale, NJ: Lawrence Erlbaum.

Ross, Norbert, Shenton, Jeffrey, Hertzog, Werner & Kohut, Mike (2014): Language, culture, and spatial cognition: Bringing Anthropology to the table. *The Baltic International Yearbook of Cognition, Logic and Communication* 9, 1–18.

Rubin, Edgar (1921): *Visuell wahrgenommene Figuren*. Copenhagen: Gyldendalske.

Rumelhart, David & McClelland (1986): *Parallel Distributed Processing: Explorations in the Microstructure of Cognition*. Cambridge, MA: MIT Press.

Sapir, Edward (1915): The Na-Dene Languages, a Preliminary Report. *American Anthropologist, New Series* 17(3), 534–558.

Sarfert, Ernst. 1911. Zur Kenntnis der Schiffahrtskunde der Karoliner. *Korrespondenzblatt der Deutschen Gesellschaft fuer Anthropologie, Ethnologie, und Urgeschichte* 42, 131–136.

Saussure, Ferdinand de (2001) [franz. 1916; dt. Übersetzung 1931]: *Grundfragen der allgemeinen Sprachwissenschaft*. Berlin & New York: De Gruyter.

Scheerer, M. (1931): *Die Lehre von der Gestalt*. Berlin & New York: De Gruyter.

Schemmel, Matthias (Hrsg.) (2016): *Spatial Thinking and External Representation Towards a Historical Epistemology of Space*. Berlin: Max Planck Research Library for the History and Development of Knowledge Studies 8.

Schiersch, Martin (2018): *Räumliche Referenzrahmen: Zuschreibung intrinsischer Eigenschaften auf externe Objekte*. Unveröffentlichte Masterarbeit Institut für Sprache und Kommunikation im Fachbereich Allgemeine Linguistik, Technische Universität Berlin.

Schleiermacher, Uta (2018): Gar nichts aufs Geratewohl. *Tageszeitung* (TAZ; 3/4 März), 43.

Schmid, Hans-Jörg (2007): Entrenchment, Salience, and Basic Levels. In: Dirk Geeraerts & Hubert Cuyckens (Hrsg.), *The Oxford Handbook of Cognitive Linguistics*. Oxford: Oxford University Press, 117–138.

Schmidt, Siegfried (1994): *Kognitive Autonomie und soziale Orientierung: Konstruktivistische Bemerkungen zum Zusammenhang von Kognition, Kommunikation, Medien und Kultur*. Frankfurt am Main: Suhrkamp.

Schmidt, Siegfried (1996): *Der Diskurs des Radikalen Konstruktivismus*. Frankfurt am Main: Suhrkamp.

Schmidt, Siegfried (1998): *Die Zähmung des Blicks. Konstruktivismus – Empirie – Wissenschaft*. Frankfurt am Main: Suhrkamp.

Schück, Albert (1882): Die astronomischen, geographischen und nautischen Kenntnisse der Bewohner der Karolinen- und Marshallinseln im westlichen Großen Ozean, *Aus allen Weltteilen* 13, 51–57.

Schultze-Berndt, Eva (2006): Sketch of a Jaminjung grammar of space. In: Stephen C. Levinson & David Wilkins (Hrsg.), *Grammars of Space*. Cambridge: Cambridge University Press, 63–114.

Schwarz-Friesel, Monika (2008) [1992; unter dem Namen Monika Schwarz]: *Einführung in die Kognitive Linguistik.* Tübingen: Francke.
Senft, Gunter (1986): *Kilivila. The Language of the Trobriand Islanders.* Berlin & New York: Mouton de Gruyter.
Senft, Gunter (1997): *Referring to space: Studies in Austronesian and Papuan Languages.* Oxford: Clarendon Press.
Senft, Gunther (2006): Prolegomena to a Kilivila grammar of space. In: Stephen C. Levinson & David Wilkins (Hrsg.), *Grammars of Space.* Cambridge: Cambridge University Press, 206–229.
Shepard, Roger N. & Metzler Jacqueline (1977): Mental rotation of three-dimensional objects. In: Philip Johnson-Laird & Paul C. Wason (Hrsg.), *Thinking. Readings in Cognitive Science.* Cambridge: Cambridge University Press, 532–536.
Sharifian, Farzad (2011): *Cultural Conceptualisations and Language.* Amsterdam & Philadelphia: Benjamins.
Sharifian, Farzad (2014): Advances in cultural linguistics. In: Masataka Yamaguchi, Dennis Tay & Benjamin Blount (Hrsg.), *Approaches to Language, Culture, and Cognition. The Intersection of Cognitive Linguistics and Linguistic Anthropology.* New York: Palgrave, 99–123.
Shairifian, Farzad (Hrsg.) (2015): *The Routledge Handbook of Language and Culture.* London & New York: Routledge.
Sharifian, Farzad (Hrsg.) (2017): *Advances in Cultural Linguistic.* Singapore: Springer Nature.
Sharma, Geeriet (2016): *Komponieren mit skulpturalen Klangphänomenen in der Computermusik.* Universität für Musik und Darstellende Kunst Graz Künstlerisch-wissenschaftliches Doktoratsstudium Komposition und Musiktheorie. (Unveröffentlichtes Manuskript).
Sharma, Gerriet K., Frank, Matthias & Zotter, Franz (2015): Towards understanding and verbalizing spatial sound phenomena in electronic music. Proceedings of in SONIC 2015, Aesthetics of Spatial Audio in Sound, Music and Sound Art.
Sharma, Gerriet K. & Schultz, Frank (2017): Are Loudspeaker Arrays Musical Instruments? Onlinezugriff: https://www.researchgate.net/publication/315808259_Perception_of_Spatial_Sound_Phenomena_Created_by_the_Icosahedral_Loudspeaker
Shepard, Roger N. & Metzler, Jacqueline (1971): Mental rotation of three-dimensional objects. *Science* 171, 701–703.
Siegel, Alexander W. & White, Sheldon H. (1975): The development of spatial representations of large-scale environments. In: Hayne W. Reese (Hrsg.), *Advances in Child Development and Behavior.* New York: Academic Press, 10–55.
Sinha, Chris (1988): *Language and Representation: A Socio-Naturalistic Approach to Human Development.* Hemel Hempstead, Harvester-Wheatsheaf & New York: New York University Press.
Sinha Chris (2010): *Languages, Culture and Mind. 10 lectures on development, evolution and cognitive linguistics.* Beijing: Foreign Language Teaching and Research Press.
Sinha, Chris & Jensen de López, Kristine (2000): Language, culture and the embodiment of spatial cognition. *Cognitive Linguistics* 11, 17–41.
Sinha, Chris, da Silva Sinha, Vera, Zinken, Jörg & Sampaio, Wany (2011): When time is not space: The social and linguistic construction of time intervals and temporal event relations in an Amazonian culture. *Language and Cognition* 3(1), 137–169.

Skinner, Burrhus Frederic (1957): *Verbal Behavior.* New York: Appleton Century–Crofts.
Slobin, Dan (1996): From "thought and language" to thinking for speaking". In: John J. Gumperz & Stephen C. Levinson (Hrsg.), *Rethinking Linguistic Relativity.* Cambridge: Cambridge University Press, 70–96.
Slobin, Dan (2004): The many ways to search for a frog: linguistic typology and the expression if motion events. In: Sven Strömqvist & Ludo Verhoven (Hrsg.), *Relating Events in Narrative. Typological and Contextual Perspectives.* Mahwah: Erlbaum, 219–257.
Stamm, Peter (2018): *Die sanfte Gleichgültigkeit der Welt.* Frankfurt am Main: Fischer.
Stefanowitsch, Anatol & Gries, Stefan T. (2003): Collostructions: Investigating the interaction of words and constructions. *International Journal of Corpus Linguistics*, 8(2), 209–243.
Stefanowitsch, Anatol & Gries, Stefan T. (2005): Covarying collexemes. *Corpus Linguistics and Linguistic Theory* 1(1), 1–43.
Strauss, Claudia (2015): Language and culture in cognitive anthropology. In: Farzad Shairifian (Hrsg.), *The Routledge Handbook of Language and Culture.* London & New York: Routledge, 386–400.
Strauss, Claudia & Quinn, Naomi (1997): *A Cognitive Theory of Cultural Meaning.* Cambridge & New York: Cambridge University Press.
Štrain, Darko (2018): Art, politics, and failed education. In: Daniela Kirchstein, Johann Georg Lughofer & Uwe Schütte (Hrsg.), *Gesamtkunstwerk Laibach. Klang, Bild und Politik.* Klagenfurt: Drava, 121–136.
Strube, Gerhard, Becker, Barbara, Freksa, Christian, Hahn, Udo, Opwis, Klaus & Palm, Günter. (Hrsg.) (1996): *Wörterbuch der Kognitionswissenschaft.* Stuttgart: Klett-Cotta.
Svorou, Soteria (1994): *The Grammar of Space.* Amsterdam & Philadelphia: Benjamins.
Sweetser, Ewe (1990): *From etymology to pragmatics: metaphorical and cultural aspects of semantic structure.* Cambridge: Cambridge University Press.
Talmy, Leonard (1978): Figure and Ground in complex sentences. In: Joseph Greenberg, Charles Ferguson & Edith Moravcsik (Hrsg.), *Universals of Human Language.* Stanford: Stanford University Press, 627–649.
Talmy, Leonard (1983): How to structure space. In: Herbert Pick & Linda Acredolo (Hrsg.), *Spatial Orientation: Theory, Research, and Application.* New York: Plenum Press, 225–282.
Talmy, Leonard (1988): The relation of grammar to cognition. In: Brygida Rudzka-Ostyn (Hrsg.), *Topics in Cognitive Linguistics.* Amsterdam: Benjamins, 165–205.
Talmy, Leonard (2000): *Towards a Cognitive Semantics, Vol. I+II.* Cambridge, MA: MIT Press.
Talmy, Leonard (2015): Relating Language to Other Cognitive Systems: An Overview. *Cognitive Semantics* 1(1), 1–44.
Tarr, Michael J., & Pinker, Steven (1989): Mental rotation and orientation-dependence in shape recognition. *Cognitive Psychology* 21, 233–282.
Tarr, Michael J. (1999): Mental rotation. In: Robert A. Wilson & Frank C. Keil (Hrsg.),*The MIT Encyclopedia of the Cognitive Sciences.* Cambridge, MA: MIT Press, 531–533.
Tawada, Yoko (2000) [1996]: *Talisman.* Tübingen: Konkursbuch.
Tawada, Yoko (2016): *Akzentfrei.* Tübingen: Konkursbuch.
Taylor, Holly A. & Brunyé, Tad T. (2013): I go right, North and over: processing spatial language. In: David Waller & Lynn Nadel (Hrsg.), *Handbook of Spatial Cognition.* Washington: American Psychological Association, 229–248.
Tenbrink, Thora (2007): *Space, Time, and the Use of Language. An Investigation of Relationships.* Berlin & New York: De Gruyter.

Tenbrink, Thora (2011): Reference frames of space and time in language. *Journal of Pragmatics* 43, 704–722.
Tenbrink, Thora, Wiener, Jan & Claramunt, Christophe (Hrsg.) (2013): *Representing Space in Cognition. Interrelations of Behaviour, Language, and Formal Models*. Oxford, UK: Oxford University Press.
Thiering, Martin (2004): A case study on language loss: Spatial semantics in Dene Suline, *Working Papers in Athabaskan Languages*. Alaska Native Language Center Working Papers, Vol. 4. Fairbanks: University of Alaska, Alaska Native Language Center.
Thiering, Martin (2005): *The Spatial Categorization Elicitation Tool (SPACE)*. Entwickelt am Fachbereich Linguistik, Universiät Alberta, Kanada (Eigentum des Autoren und dem Daghida Projekt).
Thiering, Martin (2006): Topological Relations in an Athapaskan Language. *PETL: Papers in Experimental and Theoretical Linguistics*. Department of Linguistics Working Papers, Vol. 1. University of Alberta: Edmonton.
Thiering, Martin (2007): *The Construction of Topological Space*. University of Alberta, Department of Linguistics. Unveröffentlichte Dissertation.
Thiering, Martin (2009a): Language loss in spatial semantics: Dene Suliné. In: James N. Stanford & Dennis R. Preston (Hrsg.), *Variation in Indigenous Minority Languages*. Amsterdam & Philadelphia: Benjamins, 485–516.
Thiering, Martin (2009b): Linguistic categorization of topological spatial relations. In: Matthias Schemmel (Hrsg.), *TOPOI: Towards a Historical Epistemology of Space*. Max Planck Institute for the History of Science Preprint Series, Vol. 373. Berlin: Max Planck Institute for the History of Science.
Thiering, Martin (2011): Figure-ground reversals in language. *Gestalt Theory* 33(3/4), 245–276.
Thiering, Martin (2012): Topographical Coordinates and Spatial Language. *Preceedings of the 35th International LAUD Symposium Cognitive Psycholinguistics: Bilingualism, Cognition and Communication*. 26–29. März, Universität Koblenz-Landau, Landau/Pfalz, 1–58.
Thiering, Martin (2013): Degree of specificity in spatial semantics. In: Monika Reif Justyna Robinson & Martin Pütz (Hrsg.), *Variation in Language and Language Use. Linguistics, Socio-Cultural and Cognitive Perspectives*.(Duisburg Papers on Research in Language and Culture), Frankfurt am Main: Peter Lang, 367–420.
Thiering, Martin (2015): *Spatial Semiotics and Spatial Mental Models: Figure-Ground Asymmetries in Spatial Language and Cognition*. Applied Cognitive Linguistics, 27, hg. von Gitte Kristiansen und Francisco J. Ruiz de Mendoza Ibáñez. Berlin: De Gruyter Mouton.
Thiering, Martin (Hrsg.) (2014): Die Neo-Whorfian Theorie: Das Wiedererstarken des linguistischen Relativitätsprinzips. *Zeitschrift für Semiotik* 35(1/2).
Thiering, Martin & Schiefenhövel, Wulf (2013b): Representations of spaces in Eipo and Dene Chipewyan: Spatial language and environment. In: Matthias Schemmel (Hrsg.), *Spatial Thinking and External Representation: Towards a Historical Epistemology of Space*. TOPOI Excellence Cluster, Humboldt-Universität zu Berlin and Max Planck Institute for the History of Science, Berlin, 35–92.
Thiering, Martin & Wulf Schiefenhövel (2016): Representations of spaces in Eipo and Dene Chipewyan: Spatial language and environment. In: Matthias Schemmel (Hrsg.), *Spatial Thinking and External Representation: Towards a Historical Epistemology of Space*. Max Planck Institute for the History of Science, Edition Open Access, Max Planck Research Library for the History and Development of Knowledge Studies 8, Berlin, 35–92.

Tolman, Edward C. (1932): *Purposive Behavior in Animals and Men*. New York: Appleton–Century–Crofts.
Tolman, Edward C. (1948): Cognitive maps in rats and man. *Psychological Review* 55, 189–208.
Tomasello, Michael (1999): *The Cultural Origins of Human Cognition*. Cambridge, MA: Harvard University Press.
Tomasello, Michael (2003): *Constructing a Language. A Usage-Based Theory of Language Acquisition*. Cambridge, MA: Harvard University Press.
Tomasello, Michael (2008): *Origins of Human Communication*. Cambridge, MA: MIT Press.
Tomasello, Michael (2014): *A Natural History of Human Thinking*. Cambridge, MA: Harvard University Press.
Trabant, Jürgen (1996) [1976]: *Elemente der Semiotik*. Stuttgart: UTB.
Trabant, Jürgen (2012): *Weltansichten. Wilhelm von Humboldts Sprachprojekt*. München: Beck.
Trabant, Jürgen (2013): Von der Hand in den Mund? Über den Zusammenhang von oraler Artikulation und Gebärde. In: Hartmut Böhme & Beate Slominski (Hrsg.), *Das Orale. Die Mundhöhle in Kulturgeschichte und Zahnmedizin*. München: Fink, 33–42.
Trabant, Jürgen (2016): Verkörperungsphilosophie und Semiotik. In: Klaus Sachs-Hombach (Hrsg), *Verstehen und Verständigung. Intermediale, multimodale und interkulturelle Aspekte von Kommunikation und Ästhetik*. Köln: Halem, 33–46.
Trabant, Jürgen & Ward, Sean (Hrsg.) (2001): *New Essays on the Origin of Language*. Berlin & New York: Mouton de Gruyter.
Tuggy, David (1993): Ambiguity, Polysemy, and Vagueness. *Cognitive Linguistics* 4, 273–290.
Tuggy, David (2003): The Nawatl verb kīsa: A case study in polysemy. In: Hubert Cuyckens, René Dirven & John R. Taylor (Hrsg.), *Cognitive Approaches to Lexical Semantics*. Berlin: Mouton de Gruyter, 323–362.
Tversky, Barbara (1993): Cognitive maps, cognitive collages, and spatial mental models. In: Andrew U. Frank & Irene Campari (Hrsg.), *COSIT 1993: Spatial Information Theory A Theoretical Basis for GIS*. Berlin & Heidelberg: Springer, 14–24.
Tversky, Barbara (2003): Navigating by mind and by body. In: Christian Freksa, Wilfried Brauer, Christopher Habel & Karl Friedrich Wender (Hrsg.), *Spatial Cognition III: Routes and Navigation, Human Memory and Learning, Spatial Representation and Spatial Reasoning*. Berlin: Springer, 1–10.
Tversky, Barbara (2005): Functional Significance of Visuospatial Representations. In: Priti Shah & Akira Miyake (Hrsg.), *The Cambridge Handbook of Visuospatial Thinking*. Cambridge, New York: Cambridge University Press, 1–34.
Tversky, Barbara (2006): Gestalts of thought. In: Liliana Albertazzi (Hrsg.), *Visual Thought. The Depictive Space of Perception*. Amsterdam & Philadelphia: Benjamins, 155–163.
Tversky, Barbara (2014): Visualizing thought. In: Weidong Huang (Hrsg.), *Handbook of Human Centric Visualization*. New York & Dordrecht: Springer, 3–40.
Tversky, Barbara & Hart, Bridgette Martin (2009): Embodied and disembodied cognition: Spatial perspective-taking. *Cognition* 110, 124–129.
Ulbaek, Ib (1998): The origin of language and cognition. In: James R. Hurford, Michael Studdert-Kennedy & Chris Knight (Hrsg), *Approaches to the Evolution of Language: Social and Cognitive Bases*. Cambridge: Cambridge University Press, 30–43.
Ungerer, Friedrich & Schmid, Hans-Jörg (2006)[1996]: *An Introduction to Cognitive Linguistics*. Harlow: Pearson Education Limited.

Vandeloise, Claude (1990): Representation, prototypes, and centrality. In Savas L. Tsohatzidis (Hrsg.), *Meaning and Prototypes: Studies on Linguistic Categorization*. New York: Routledge, 401–434.
Vandeloise, Claude (1991): *Spatial Relations: A Case Study from French*. Chicago: University of Chicago Press.
Varela, Francisco J., Thompson, Evan & Rosch, Eleanor (1991): *The Embodied Mind. Cognitive Science and Human Experience*. Cambridge, MA: MIT Press.
Verhagen, Arie (2007): Construal and perspectivization. In: Dirk Geeraerts & Hubert Cuyckens (Hrsg.), *The Oxford Handbook of Cognitive Linguistics*. Oxford: Oxford University Press, 48–81.
Wagner, Roy (2001): *An Anthropology of the Subject. Holographic Worldview in New Guinea and its Meaning and Significance for the World of Anthropology*. Berkeley & Los Angeles: University of California Press.
Waller, David & Nadel, Lynn (Hrsg.) (2013): *Handbook of Spatial Cognition*. Washington: United Book Press.
Warf, Barney & Arias, Santa (2009): *The Spatial Turn. Interdisciplinary Perspectives*. London & New York: Routledge.
Weins, Michael (2002): *Goldener Reiter*. Hamburg: Mairisch.
Weisgerber, Johan L. (1929): *Muttersprache und Geistesbildung*. Göttingen: Vandenhoeck.
Weisgerber, Johan L. (1949–1950): *Von den Kräften der deutschen Sprache*. Düsseldorf: Pädagogischer Verlag Schwann. 4 Bände (Band I: *Grundzüge der inhaltbezogenen Grammatik*. Band II: *Die sprachliche Gestaltung der Welt*. Band III: *Die Muttersprache im Aufbau unserer Kultur*. Band IV: Die geschichtliche Kraft der deutschen Sprache)
Wender, Karl Friedrich (1980): *Modelle des menschlichen Gedächtnisses*. Stuttgart: Kohlhammer.
Werlen, Iwar (2002): *Sprachliche Relativität. Eine problemorientierte Einführung*. Tübingen: Francke.
Wertheimer, Max (1923): Untersuchungen zur Lehre von der Gestalt II. *Psychologische Forschung* 4, 301–350.
Wertheimer, Max. (1925): *Über Gestalttheorie*. Vortrag vor der Kant-Gesellschaft, Berlin am 17. Dezember 1924. Erlangen: Verlag der Philosophischen Akademie.
Whorf, Benjamin Lee (1956): *Language, Thought, and Reality*. Cambridge, MA: MIT Press. (Herausgegeben von John B. Carroll)
Wildgen, Wolfgang (2012) [2008]: *Kognitive Grammatik. Klassische Paradigmen und neue Perspektiven*. De Gruyter Mouton Studienbuch:
Wilhem, Andrea (2007): *Telicity and durativity: a study of aspect in Dëne Sųłiné (Chipewyan) and German*. New York: Routledge.
Wilkins, David P. (2006): Towards an Arrernte grammar of space. In: Stephen C. Levinson & David Wilkins (Hrsg.), *Grammars of Space*. Cambridge: Cambridge University Press, 24–62.
Wilson, Robert A. (1999): Philosophy. In: Robert A. Wilson & Frank C. Keil (Hrsg.), *The MIT Encyclopedia of the Cognitive Sciences*. Cambridge, MA: MIT Press, xv–xxxvii.
Wilson, Robert A. & Keil, Frank C. (Hrsg.) (1999): *The MIT Encyclopedia of the Cognitive Sciences*. Cambridge, MA: MIT Press.
Wittgenstein, Ludwig (1982) [1953]: *Philosophische Untersuchungen*. Frankfurt am Main: Suhrkamp.
Wittgenstein, Ludwig (1989): *Logisch-philosophische Abhandlung. Tractatus Logico-Philosophicus*. Frankfurt am Main: Suhrkamp.

Wolff, Phillip & Malt, Barbara (2010): Introduction: The language-thought interface. In: Barbara Malt & Phillip Wolff (Hrsg.), *Words and the mind: How Words Capture Human Experience*. Oxford: Oxford University Press, 3–15.
Wolff, Philip & Holmes, Kevin J. (2011): Linguistic Relativity. *Advanced Review* 2(5/6), 253–265.
Wygotski, Lew S (1964): *Denken und Sprechen*. Berlin: Akademie Verlag.
Yamaguchi, Masataka, Tay Dennis & Blount, Benjamin (Hrsg.) (2014): *Approaches to Language, Culture, and Cognition. The Intersection of Cognitive Linguistics and Linguistic Anthropology*. Houndmills & New York: Palgrave.
Young, Robert W. & Morgan, William (1980): *The Navajo Language: A Grammar and Colloquial Dictionary*. Albuquerque, New Mexico: University of New Mexico Press.
Young, Robert W. & Morgan, William (1992): *Analytical Lexicon of Navajo*. Albuquerque, New Mexico: University of New Mexico Press.
Ziemke, Tom, Zlatev, Jordan & Frank, Roslyn M. (Hrsg.) (2007): *Body, language, and mind. Volume 1, Embodiment*. Berlin: De Gruyter.
Zlatev, Jordan (1997): *Situated Embodiment: Studies in the Emergence of Spatial Meaning*. Stockholm: Gotab.
Zlatev, Jordan (2003): Holistic spatial semantics of Thai. In: Eugene Cassad & Gary B. Palmer (Hrsg.), *Cognitive Linguistics and Non-Indo-European Languages*. Berlin: Mouton de Gruyter, 305–336.
Zlatev, Jordan (2007): Spatial semantics. In: Dirk Geeraerts & Hubert Cuyckens (Hrsg.), *The Oxford Handbook of Cognitive Linguistics*. New York: Oxford University Press, 318–350.
Zlatev, Jordan (2010): Phenomenology and cognitive linguistics. In: Shaun Gallagher & Daniel Schmicking (Hrsg.), *Handbook of Phenomenology and Cognitive Science*. Dordrecht: Springer, 415–443.
Zlatev, Jordan (2014): The co-evolution of human intersubjectivity, morality, and language. In: Daniel Dor, Chris Knight & Jerome Lewis (Hrsg.), *The Social Origins of Language*. Oxford: Oxford University Press, 249–266.
Zlatev, Jordan (2015): Cognitive semiotics. In: Peter P. Trifonas (Hrsg.), *International Handbook of Semiotics*. Dordrecht, u.a.: Springer, 1043–1067.
Zlatev, Jordan (2016): Turning back to experience in Cognitive Linguistics via phenomenology. *Cognitive Linguistics* 27(4), 559–572.
Zlatev, Jordan (2017): Embodied intersubjectivity. In: Barbara Dancygier (Hrsg.), *The Cambridge Handbook of Cognitive Linguistics*. Cambridge, UK & New York: Cambridge University Press, 172–187.
Zlatev, Jordan, Racine, Timothy, Sinha, Chris & Itkonen, Esa (Hrsg.) (2008): *The Shared Mind. Perspectives on Intersubjectivity*. Amsterdam: Benjamins.
Zlatev, Jordan & Blomberg, Johan (2014): Die Möglichkeit sprachlichen Einflusses auf das Denken. In: Martin Thiering (Hrsg.), *Die Neo-Whorfian Theorie: Das Wiedererstarken des linguistischen Relativitätsprinzips. Zeitschrift für Semiotik* 35(1/2), 63–83.

Index

(Re)Präsentation, 29, 94, 196, 233
2,5-D, 134
3-D, 144
absoluter Referenzrahmen, 133, 148, 205, 305
Abstand, 76, 120, 124, 138, 185, 210, 211, 218, 244, 295, 299, 301, 324
affordances, 2, 62, 80, 121, 127, 131, 196, 268, 269, 298, 299, 337
Ahtna, 97, 116, 117, 156, 157, 158, 159, 160, 340
Algorithmus, 73, 225
Alltagspraktiken, 82, 296, 299
Alltagswissen, 76, 77, 223, 226, 238, 239, 267, 279, 301
Arbeitsspeicher, 235, 236
Art und Weise, 13, 18, 65, 82, 94, 95, 111, 171, 172, 176, 188, 213, 231, 293, 305, 312, 315
Aspektsehen, 281, 285
Asymmetrie, 98, 106, 210, 217, 220, 269, 278, 350
Audiodeskription, 247, 248, 253
Audioguide, 255
Bewegung, 17, 61, 83, 86, 95, 120, 121, 126, 128, 171, 172, 174, 175, 176, 177, 211, 213, 221, 224, 231, 235, 236, 238, 239, 249, 253, 258, 263, 285, 297
Black box, 14, 301
Bühnenanalogie, 262
Bühnenmetapher, 11, 19, 137, 186, 194, 281, 282, 300, 301
cognitive representation, 57, 191
common sense, 25, 63, 103, 223, 232, 336, 337
construal, 127, 187, 278, 292, 352
coordinates, 85, 95, 99, 125, 135, 139, 165, 167, 186, 317, 350
coordinate systems, 98, 186, 188, 333
culture, 1, 2, 7, 9, 10, 25, 38, 43, 64, 67, 71, 77, 84, 97, 105, 106, 111, 136, 140, 142, 183, 290, 302, 332, 335, 336, 338, 342, 347, 348, 349, 350, 353
dead reckoning, 116, 307

Deixis, 18, 33, 51, 59, 151, 152, 154, 183, 197, 332, 338
deklaratives Wissen, 236
Dene Chipewyan, 86, 117, 156, 158, 160, 350
Dimensione, 4, 218, 241, 266, 267
distributed cognition, 9, 256, 304
Dritte Insel, 304, 306, 308, 309, 312
Ebbinghaus Täuschung, 277
Eipomek, 134, 156, 160, 291, 323, 324, 325
enzyklopädisches Wissen, 41, 55, 190, 203, 246, 296
Erhebungsverfahren, 25, 27, 31, 76, 143, 150, 179, 180, 182
Etak, 306, 309, 311, 312, 313, 314, 315
Ewe, 85, 121, 155, 178, 179, 331, 349
experiencing-for-speaking, 61, 196
Familienähnlichkeiten, 14, 15, 16, 129
Fernraum, 95, 96, 192, 196, 305
Figur, 35, 45, 46, 106, 114, 118, 119, 121, 122, 126, 132, 137, 138, 145, 146, 162, 169, 171, 174, 176, 186, 188, 209, 211, 217, 218, 219, 220, 227, 244, 254, 261, 265, 269, 278, 279, 281, 282, 283, 284
Figure, 99, 115, 145, 163, 167, 173, 186, 187, 195, 197, 209, 210, 217, 218, 219, 220, 233, 245, 267, 278, 279, 281, 349
Figur-Grund-Relation, 35, 122, 137, 209, 210, 217, 218, 261, 277, 300
First-Nations-Sprachen, 23, 80, 122
FOXP2-Sprachgen, 234
frames of reference, 105, 133, 138, 155, 179, 186, 345
spatial frame of reference, 97, 98, 183
frog story, 140, 177, 178
Gehirn, 1, 19, 48, 59, 206, 224, 232, 234, 258, 268, 285, 288, 289, 290, 291, 292
Geometrie, 160, 208, 217, 218, 219
geometrischen Referenzrahmen, 125
Gestaltprinzipien, 39, 60, 206, 243, 256, 263, 267, 269, 304, 315
Gestaltpsychologie, 45, 46
Gestalt psychology, 261, 263, 264, 278, 341

Gestalttheorie, 17, 26, 30, 35, 41, 45, 53, 68, 69, 77, 97, 98, 105, 111, 114, 197, 209, 210, 218, 226, 243, 244, 258, 261, 264, 295, 300, 301, 352
Geste, 13, 17, 18, 56, 183
Gestik, 6, 106, 184, 197, 247
GIS, 18
goal, 120, 170, 171, 172, 173, 175, 176, 193, 196, 221, 240, 306
Grad der Spezifität, 119, 120, 122, 146, 203, 267, 279
Ground, 115, 123, 209, 210, 217, 218, 219, 220, 261, 278, 281, 343, 349, 350
Grouping, 264
Grund, 35, 46, 69, 122, 137, 147, 174, 176, 177, 194, 206, 209, 210, 217, 219, 220, 261, 264, 269, 277, 278, 300
Handlungen, 6, 9, 11, 17, 33, 51, 62, 80, 82, 87, 90, 156, 184, 185, 223, 225, 231, 232, 257, 293, 296, 299, 302
Hase-Enten-Kopf, 17, 35, 218, 269, 283
Himmelsrichtungen, 23, 32, 96, 107, 116, 158, 237, 305, 319
hodologisch, 101, 135, 137, 207, 242, 301
Hopi, 25, 27, 47, 75, 79, 83, 123, 343, 346
imagery, 134, 135, 136, 163, 164, 190, 193, 244, 320
implizites Wissen, 76, 90, 223, 285, 325
inference, 85, 125, 237, 304, 340, 345
intrinsischen Rahmen, 138, 162
intrinsische Referenzrahmen, 22, 32, 100, 114, 125, 127, 138
intrinsischer Referenzrahmen, 114, 134, 181
Jaminjung (australische Sprache), 85, 152, 153, 347
Kanizsa Dreieck, 269, 270, 271, 272, 277
Kardinalrichtungen, 97, 138, 153
Karten, 17, 18, 20, 22, 93, 102, 107, 128, 135, 151, 165, 191, 192, 199, 231, 232, 233, 237, 240, 256, 301, 304, 312
Kartierung, 199, 311, 312
Kasus, 53, 86, 171, 207
Kategorisierung, 4, 7, 51, 58, 59, 62, 72, 75, 120, 206, 266, 338
Kategorisierungsprozessen, 5, 13, 281, 298
Kegel, 147

Kippfiguren, 17, 35, 60, 61, 69, 218, 247, 266, 301
Klassifikationsverben, 118, 122, 207
klassifikatorische Verben, 80, 86, 122, 227, 268
Kognition, 1, 3, 4, 5, 8, 9, 10, 25, 26, 29, 30, 32, 33, 37, 42, 43, 45, 47, 49, 56, 58, 59, 63, 64, 66, 70, 73, 83, 84, 85, 86, 88, 97, 105, 106, 111, 126, 140, 141, 167, 179, 184, 202, 206, 224, 226, 230, 256, 289, 291, 302, 304, 325
Kognitive Anthropologie, 1, 2, 3, 4, 8, 9, 13, 32, 33, 34, 35, 37, 105, 141, 179, 289, 325
kognitive Grammatik, 2, 11, 28, 29, 33, 352
Kognitive Karten, 18, 22, 23, 93, 179, 192, 304, 323
kognitive Konturen, 53, 242, 268
Kognitive Linguistik, 2, 9, 11, 12, 13, 24, 28, 29, 30, 32, 33, 34, 38, 44, 69, 83, 111, 141, 178, 194, 269, 279, 289, 348
Kognitiven Psychologie, 15, 64, 73, 83, 93, 105, 106, 193, 224, 283, 295
Kognitive Parameter, 35, 189, 212, 214
kognitive Prozesse, 4, 19, 194, 261, 302
Kognitive Semantik, 1, 2, 4, 26, 28, 29, 30, 33, 35, 261, 289, 325
Kompass, 96, 104, 107, 116, 154, 156, 307, 312, 315, 316, 317, 319
Konstruktion, 13, 19, 53, 69, 86, 171, 173, 196, 199, 200, 226, 227, 229, 230, 244, 245, 248, 254, 270, 272, 274, 297, 324
Konzeptualisierungen, 189, 323
Koordinaten, 22, 60, 107, 114, 160, 197, 322
Koordinatensystem, 23, 93, 98, 102, 108, 116, 125, 126, 130, 133, 136, 153, 156, 157, 158, 160, 162, 186, 192, 197, 205, 209, 311
Koppelungsverfahren, 116, 154, 307
Körper, 12, 22, 33, 59, 77, 108, 110, 111, 125, 137, 167, 183, 189, 192, 205, 224, 233, 234, 253, 258, 265, 285, 288, 289, 290, 291, 293, 295, 298
Körperraum, 108, 110, 111, 196, 232
Körperteile, 86, 118, 120, 123, 125, 258, 300
Kreis, 56, 76, 86, 146, 153, 154, 175, 244
Kugel, 121, 147

Kultur, 1, 5, 10, 13, 23, 24, 25, 32, 37, 38, 41, 42, 44, 49, 50, 56, 63, 68, 75, 76, 78, 83, 126, 136, 139, 153, 156, 167, 181, 256, 300, 312, 324, 338
kulturelle Praktiken, 6, 91, 141, 272
Kurzzeitgedächtnis, 236
Landmarken, 18, 99, 102, 105, 137, 140, 152, 153, 155, 156, 181, 184, 200, 201, 202, 206, 213, 221, 241, 316, 322, 323
language acquisition device (LAD), 73, 234
Langzeitgedächtnis, 41, 235, 236, 258
Langzeitspeicher, 235, 236
linguistischen Relativitätstheorie, 39, 88, 91, 105, 262, 277
linguistische Relativitätsprinzip, 13, 35, 64
Makroraum, 95, 96, 154, 159, 220, 226
Manner, 169, 171, 172, 173, 176, 177, 315
maps, 9, 10, 17, 23, 96, 100, 101, 102, 107, 127, 128, 135, 191, 192, 193, 232, 290, 304, 331, 337, 341, 344, 345, 346, 351
Maßstab, 20, 229, 301, 324
Maßstäben, 207
mentale Bilder, 243
mentale Modelle, 4, 22, 35, 41, 57, 58, 59, 69, 76, 77, 102, 128, 193, 209, 214, 220, 224, 229, 230, 235, 236, 237, 238, 244, 246, 247, 254, 255, 256, 257, 269, 292, 304, 309, 323, 325
mentale Repräsentation, 18, 29, 57, 191, 196, 224, 244, 267, 289, 294, 299
mentale Rotation, 160, 164, 207
mentale Triangulation, 303, 311, 313, 322
mental model, 191, 230, 231, 236, 237, 244, 336, 339, 340, 344, 346, 350, 351
Metrik, 207
mikronesischen Kulturen, 257, 320
Mikroraum, 154, 156
Modell, 54, 57, 102, 229, 235, 238, 241, 243, 244, 245, 248, 249, 250, 255, 256, 283, 285, 296, 325
motion, 126, 128, 167, 168, 170, 171, 172, 173, 220, 315, 342, 349
Nahraum, 93, 94, 95, 153, 197, 205, 305
navigation, 221, 302, 304, 310, 312, 316, 337
Navigation, 3, 22, 35, 76, 93, 100, 107, 116, 154, 187, 193, 199, 220, 221, 231, 240, 254, 255, 256, 257, 259, 302, 303, 304, 305, 307, 310, 311, 312, 316, 318, 321, 337
Navigationspraktiken, 256
Navigationssystem, 180
Navigationstechniken, 199, 254, 256, 290, 304, 309, 310, 312, 315, 321
Navigieren, 17, 23, 81, 154, 181, 199, 239, 240, 244, 315
Necker-Würfel, 265, 266, 269
Neo-Whorfian Theorie, 13, 44, 65, 100, 133, 140, 141, 142, 177, 332, 338, 346, 350, 353
Niederländisch, 85, 149, 166, 167
Notinsel, 309
n-Raum, 3, 23, 93, 171, 199, 231, 232, 290, 291, 302
Organon-Modell, 54, 55, 57, 296
Orientierung, 3, 17, 18, 22, 23, 33, 39, 60, 94, 97, 100, 102, 103, 104, 106, 107, 115, 116, 117, 118, 136, 154, 156, 180, 187, 192, 196, 200, 205, 221, 226, 231, 240, 243, 255, 257, 281, 294, 295, 304, 315, 316, 317, 323
Ort, 18, 37, 76, 102, 104, 118, 137, 138, 140, 143, 144, 147, 153, 184, 185, 189, 204, 208, 305, 307, 311, 324, 331
Parameter, 23, 32, 35, 39, 114, 117, 120, 145, 146, 184, 189, 196, 199, 209, 211, 212, 213, 214, 220, 241, 269, 295
path, 94, 157, 163, 167, 168, 169, 172, 173, 176, 196, 220, 268, 294
perception, 19, 46, 66, 99, 112, 143, 191, 195, 196, 236, 255, 263, 264, 265, 266, 278, 284, 285, 286, 289, 294, 295, 300, 331, 334, 336, 337, 340, 341, 344, 348, 351
Perspektive, 3, 12, 19, 23, 28, 33, 37, 41, 48, 50, 54, 57, 60, 61, 74, 100, 110, 114, 126, 130, 135, 136, 137, 155, 183, 187, 199, 207, 220, 223, 241, 243, 255, 281, 284, 292, 297, 298, 301, 312, 321, 323, 352
perspektivische Täuschungen, 60
Phänomenologie, 12, 17, 26, 69, 77, 267, 344
Phantominsel, 309
plans, 18, 23, 232
Polysemie, 16, 120, 131, 282
polysynthetisch, 80, 297
Ponzo-Illusion, 269, 274, 275

position, 7, 23, 42, 48, 103, 111, 114, 115, 130, 133, 150, 163, 201, 210, 233, 255, 280, 288, 299, 302, 304, 306, 307, 309, 315, 318, 338, 340
Positionsverb, 81, 118, 120, 123, 132, 148, 209, 210, 217, 227, 267, 268
Praktiken, 2, 6, 13, 21, 22, 23, 35, 49, 55, 59, 60, 67, 72, 82, 88, 91, 97, 141, 184, 229, 235, 256, 272, 291, 296, 300, 301, 302, 303, 304, 310, 320, 323, 325
Präpositionen, 31, 86, 128, 129, 131, 140, 141, 144, 147, 148, 171, 174, 175, 209, 217, 218, 219, 226, 243, 298
projected reality, 195
prozedurales Wissen, 224, 236, 259, 295, 296
Puluwat, 257, 304, 305, 306, 311, 320, 321, 323, 337, 346
Raum, 2, 3, 8, 11, 16, 18, 21, 22, 31, 32, 33, 34, 93, 98, 100, 106, 107, 108, 110, 111, 133, 160, 163, 171, 173, 175, 176, 192, 196, 197, 198, 199, 209, 217, 220, 221, 229, 231, 239, 241, 242, 245, 250, 251, 255, 258, 279, 283, 285, 299, 302, 305
Raumdeixis, 35, 197
Raumgedächtnis, 220
Raumkognition, 2, 3, 4, 11, 17, 23, 44, 48, 98, 101, 110, 114, 123, 133, 137, 144, 160, 165, 179, 184, 232, 285, 304, 319
räumlicher Referenzrahmen, 22, 106, 133, 162, 185
Raumlinguistik, 2, 11, 179
Raummatrix, 160, 197, 199
Raumorientierung, 9, 35, 39, 59, 76, 95, 97, 101, 107, 111, 117, 128, 138, 152, 179, 182, 189, 190, 191, 192, 204, 219, 220, 226, 253, 255, 279, 291, 303
Raumpraktiken, 77, 179, 180, 302
Raumrelation, 100, 123, 131, 138, 146, 208, 217, 219, 337
Raumsprache, 101, 123, 133, 144, 165, 245
Raumwahrnehmung, 4, 10, 11, 33, 100, 123, 125, 128, 189, 196, 226, 256, 302, 328
Referenzpunkt, 18, 94, 95, 97, 98, 106, 107, 108, 125, 145, 159, 167, 176, 200, 203, 204, 206, 208, 213, 217, 219, 227, 280, 309, 310, 312, 319

Referenzrahmen, 17, 19, 22, 32, 35, 40, 48, 59, 85, 86, 94, 95, 97, 98, 99, 100, 102, 105, 106, 108, 110, 111, 113, 114, 116, 117, 118, 125, 126, 127, 133, 134, 136, 137, 138, 139, 141, 154, 155, 156, 159, 160, 162, 166, 167, 181, 183, 185, 186, 187, 188, 192, 198, 205, 244, 256, 262, 272, 274, 294, 297, 300, 302, 305
relativer Referenzrahmen, 110, 114, 120, 148, 181
Repräsentation, 18, 19, 21, 29, 50, 57, 60, 64, 74, 88, 89, 95, 112, 128, 143, 165, 189, 191, 193, 195, 196, 200, 218, 224, 230, 231, 238, 244, 257, 267, 289, 290, 292, 293, 294, 299
Richtung, 8, 17, 18, 74, 95, 102, 117, 118, 173, 176, 181, 183, 191, 192, 207, 248, 249, 269, 284, 295, 297, 298, 299, 305, 307, 308, 309
Sapir-Whorf-Ansatz, 13, 24, 39, 40, 42, 45, 70, 77, 82, 107, 294, 337, 345
satellite-framed, 120, 172, 173, 176, 178, 297
Seh-Akt, 60, 61, 265, 266, 270, 274
Semiotik, 7, 29, 44, 57, 59, 70, 78, 232, 332, 335, 338, 345, 346, 350, 351, 353
sidereal compass, 311
Signifikant, 38, 56, 57, 58, 70, 88, 147
Signifikat, 56, 57, 58, 70, 88
source, 38, 71, 108, 120, 172, 195, 202, 285, 290, 306
spatial representation, 112, 183, 191, 200, 201, 279, 348, 351
Sprachpraxis, 7
Sprachspiel, 6, 41, 42, 51, 52, 56, 59, 62, 69, 139, 278, 282
Sprechakt, 6, 8, 41, 52, 53, 54, 55, 265
stage model, 186, 194
Strukturalismus, 43, 70, 73
Survey knowledge, 222
Syllogismus, 127
Test, 49, 122, 144, 145, 151, 154, 163, 166, 181, 182, 305
thinking-for-speaking, 40, 50, 61, 84, 105, 176, 196
Topologisch, 118, 121, 145, 146, 147, 150, 151, 171, 175, 208, 209, 213, 217, 219, 267

Toponyme, 105, 117, 156, 157, 159, 208, 321, 322
Trajektor, 46, 140, 174, 176, 188, 194, 206, 261
Triangulation, 102, 199, 302, 303, 305, 311, 313, 322
Tzeltal, 85, 96, 114, 115, 116, 149, 155, 165, 166, 167, 183, 332
Ultrakurzzeitgedächtnis, 41, 235, 236
Umwelt, 4, 5, 7, 18, 21, 32, 67, 74, 93, 99, 184, 198, 221, 222, 224, 229, 233, 285, 288, 290, 293, 295, 296, 302, 309, 311, 338
umweltbedingten Referenzrahmen, 125
Universalien, 2, 13, 25, 27, 28, 35, 39, 68, 84, 106, 185, 186, 188
Upper Necaxa Totonac (UNT), 86, 123, 331
Vektor, 121, 197
Vektorperspektive, 207, 301
Vektorraum, 197, 219
Verankerungspunkte, 197, 198, 199, 200, 205
Verb, 2, 53, 82, 118, 119, 122, 126, 157, 172, 173, 174, 175, 176, 177, 179, 209, 297, 298, 340, 342
verb-framed, 172, 176, 177, 178, 297
verkörpertes Denken, 58, 59, 88
Verkörperung, 51, 77, 289, 290, 292, 293
Verkörperungstheorien, 17, 33, 35, 111, 195, 224, 229, 232, 256, 288, 289
Vexierbildern, 17, 35, 218
visuellen Wahrnehmung, 17, 26, 35, 41, 53, 72, 112, 218, 234, 243, 261, 267, 270, 272, 274, 281, 299, 300, 301, 330
Wahrnehmung, 4, 8, 10, 17, 19, 26, 27, 30, 33, 35, 37, 41, 45, 46, 53, 60, 69, 77, 102, 104, 106, 112, 194, 196, 218, 226, 231, 232, 234, 243, 261, 262, 264, 265, 266, 267, 268, 270, 272, 274, 278, 282, 283, 284, 285, 294, 295, 300, 301, 330
Wahrnehmungsprozesse, 8, 112, 233, 234, 261
Wahrnehmungsraum, 100, 246
Warrwa, 85, 150, 154, 343
Weg, 95, 101, 117, 120, 137, 144, 166, 167, 168, 169, 171, 172, 173, 174, 176, 180, 181, 182, 183, 184, 189, 190, 191, 192, 197, 221, 223, 281, 298, 306, 314

Wegbeschreibung, 18, 39, 107, 153, 179, 190, 248, 255, 299
Wegfindung, 20, 179, 180, 183, 191, 192, 240
Weltansicht, 4, 8, 24, 26, 28, 35, 40, 50, 61, 62, 63, 64, 65, 67, 68, 75, 79, 80, 81, 88, 226, 248, 325, 338, 351
Weltwissen, 41, 53, 190, 235, 240, 246, 283, 296, 297
Wissensformen, 6, 22, 77, 82, 98, 190, 193, 196, 220, 223, 224, 226, 229, 235, 237, 243, 262, 265, 270, 285, 291, 292, 295, 296, 298, 312, 320, 321, 324
Wissensprozesse, 222, 223, 224, 288, 295
Wissensspeicher, 6, 193
Wissenssystem, 2, 22, 58, 102, 103, 128, 189, 193, 220, 224, 226, 247, 254, 256, 257, 258, 259, 273, 291, 301, 302, 303, 320
Würfel, 132, 147, 217, 226, 227, 265, 266, 267, 268, 269, 282, 330
Zöllner-Illusion, 276
Zylinder, 147

www.ingramcontent.com/pod-product-compliance
Lightning Source LLC
Chambersburg PA
CBHW051556230426
43668CB00013B/1868